Gebührenordnungen
für Ärzte und Zahnärzte



dtv

# Gebührenordnungen für Ärzte und Zahnärzte

mit Gebührenverzeichnissen für ärztliche und zahnärztliche Leistungen

Textausgabe mit Sachverzeichnis
und einer kommentierenden Einführung
von Hon.-Prof. Dr. Karsten Scholz

14., aktualisierte Auflage

Stand 1. Juli 2024

dtv

dtv.de | beck.de

**Sonderausgabe**
dtv Verlagsgesellschaft mbH & Co. KG,
Tumblingerstraße 21, 80337 München

Satz, Druck und Bindung: Druckerei C.H.Beck Nördlingen
(Adresse wie Verlag)
Umschlagtypographie auf der Grundlage
der Gestaltung von Celestino Piatti

chbeck.de/nachhaltig

ISBN 978-3-423-53262-4 (dtv)
ISBN 978-3-406-82676-4 (C.H.Beck)

# Inhaltsübersicht

## Inhaltsübersicht

# Abkürzungsverzeichnis

| | |
|---|---|
| Abs. | Absatz |
| Anm. | Anmerkung |
| Art. | Artikel |
| BAnz | Bundesanzeiger |
| BÄO | Bundesärzteordnung |
| BGB | Bürgerliches Gesetzbuch |
| BGBl. I | Bundesgesetzblatt Teil I |
| BGH | Bundesgerichtshof |
| BPflV | Bundespflegesatzverordnung |
| BVerfG | Bundesverfassungsgericht |
| BVerwG | Bundesverwaltungsgericht |
| DÄBl. | Deutsches Ärzteblatt (Zeitschrift) |
| f. | und der/die folgende |
| ff. | und die folgenden |
| G | Gesetz(e) |
| GG | Grundgesetz |
| GKV | Gesetzliche Krankenversicherung |
| GBl. | Gesetzblatt |
| GOÄ | Gebührenordnung für Ärzte |
| GOP | Gebührenordnung für Psychologische Psychotherapeuten |
| GOZ | Gebührenordnung für Zahnärzte |
| i. d. F. | in der Fassung |
| i. V. m. | in Verbindung mit |
| KHEntgG | Krankenhausentgeltgesetz |
| LG | Landgericht |
| MBO-Ä. | Musterberufsordnung für die deutschen Ärztinnen und Ärzte |
| MedR | Medizinrecht (Zeitschrift) |
| NJW | Neue Juristische Wochenschrift (Zeitschrift) |
| OLG | Oberlandesgericht |
| OVG | Oberverwaltungsgericht |
| PKV | Private Krankenversicherung |
| PsychThG | Psychotherapeutengesetz |
| S. | Satz, Seite |
| SGB V | Fünftes Buch Sozialgesetzbuch |
| StGB | Strafgesetzbuch |
| usw. | und so weiter |
| VersR | Versicherungsrecht (Zeitschrift) |
| VGH | Verwaltungsgerichtshof |
| vgl. | vergleiche |
| VVG | Versicherungsvertragsgesetz |
| z. B. | zum Beispiel |
| ZHG | Zahnheilkundegesetz |

# Einführung

von Hon.-Prof. Dr. Karsten Scholz, Hannover

## A. Das Arzthonorar bei privater Behandlung

### I. Einleitung

#### 1. Zur Entstehung der GOÄ

Die Gebührenordnung für Ärzte regelt, für welche Leistungen und in welcher Höhe Ärzte von Privatpatienten Honorare fordern können. Mit der **Bundesärzteordnung** (BÄO) von 1961 wurde die bundesgesetzliche Grundlage zum Erlass einer ärztlichen Gebührenordnung geschaffen. § 11 BÄO lautet: „Die Bundesregierung wird ermächtigt, durch Rechtsverordnung mit Zustimmung des Bundesrates die Entgelte für ärztliche Tätigkeit in einer Gebührenordnung zu regeln. In dieser Gebührenordnung sind Mindest- und Höchstsätze für die ärztlichen Leistungen festzusetzen. Dabei ist den berechtigten Interessen der Ärzte und der zur Zahlung der Entgelte Verpflichteten Rechnung zu tragen". Eine entsprechende Vorschrift wurde als § 15 in das **Zahnheilkundegesetz** (ZHG) aufgenommen.

Auf Grund dieser Ermächtigungsvorschriften wurde 1965 die bis dahin geltende Preußische Gebührenordnung (PreuGO) von 1924 durch getrennte **Gebührenordnungen für Ärzte** (GOÄ) und **Zahnärzte** (GOZ) abgelöst, die ebenso wie ihre Vorgängerin anzuwenden waren, wenn zwischen Arzt bzw. Zahnarzt und Zahlungspflichtigem keine besondere Honorarvereinbarung – was die Regel war – getroffen wurde (sog. primäre Dispositivtaxe).

Die GOÄ von 1965 galt unverändert fort bis zum Inkrafttreten der neuen **Gebührenordnung für Ärzte** (GOÄ) vom 12.11.1982 (BGBl. I S. 1522). Diese hat einige Liquidationsvorschriften grundlegend geändert. So ist die Gebührenordnung zwingend anzuwenden; von ihr kann nur noch hinsichtlich der Gebührenhöhe durch Vereinbarung abgewichen werden. Gleichwohl ist sie eine Taxe iS des § 612 Abs. 2 BGB (BGHZ 138, 91, 95 = NJW 1998, 1778). Der Gebührenrahmen wurde auf das Dreieinhalbfache (bei persönlichen ärztlichen Leistungen) bzw. auf das Zweieinhalbfache (bei medizinisch-technischen Leistungen) der Einfachsätze begrenzt. Innerhalb der beiden Gebührenrahmen wurde ein Schwellenwert (2,3fach bzw. 1,8fach) eingeführt, der nur mit Begründung überschritten werden darf. Die GOÄ von 1982 ist inzwischen zwölfmal geändert worden. Durch die 2. Änderungsverordnung wurde eine Gebührenminderungspflicht für stationär im Krankenhaus erbrachte privatärztliche Leistungen eingeführt. Die am 1.1.1996 in Kraft getretene 4. Änderungsverordnung (BGBl. I S. 1861) lässt eine abweichende Honorarvereinbarung für medizinisch-technische Leistungen nicht mehr zu und begrenzt den Gebührenrahmen für Laborleistungen auf das 1,3fache der Einfachsätze (Schwellenwert 1,15fach). Die 5. Änderungsverordnung v. 21.10.2019 (BGBl. I S. 1470) betrifft die Vergütung der Leichenschau ab 1.1.2020.

Bei Erlass der GOÄ von 1982 wurde von Ärzten in Verfassungsbeschwerden dem Bund das Recht zur Regelung des ärztlichen Gebührenrechts bestritten.

Das **Bundesverfassungsgericht** hat durch Beschluss vom 12.12.1984 (BVerfGE 68, 319 = NJW 1985, 2185) entschieden, dass der Bundesgesetzgeber nach Art. 74 Abs. 1 Nr. 11 GG (Recht der Wirtschaft) befugt war, die Bundesregierung in § 11 BÄO zu ermächtigen, die ärztlichen Gebühren durch Rechtsverordnung zu regeln. Das Gericht hat zugleich entschieden, dass § 11 BÄO nach Inhalt, Zweck und Ausmaß der Ermächtigungsvorschrift nicht gegen Art. 80 Abs. 1 Satz 2 GG verstößt.

Auch von ärztlichen Berufsorganisationen wurden Einwände gegen die GOÄ erhoben, insbesondere sahen sie die Vertragsfreiheit zwischen Arzt und Patient dadurch eingeschränkt, dass in Honorarvereinbarungen nicht mehr von der Gebührenordnung insgesamt, zB durch Vereinbarung einer anderen Abrechnungsgrundlage oder eines Pauschalhonorars, sondern nur in der Vergütungshöhe abgewichen werden kann (vgl. DÄBl. 1982 S. A-17). Solche Einwände müssen im Lichte des Sozialstaatsprinzips des Grundgesetzes (Art. 20 Abs. 1 und 28 Abs. 1 GG) gesehen werden, das angemessene Schutzvorschriften für den Patienten fordert und die Vertragsfreiheit inhaltlich bestimmt und begrenzt (vgl. auch BVerfGE 8, 274 = NJW 1959, 475). Die Einschränkung freier Honorarvereinbarungen durch die Bindung an die Abrechnungstatbestände der GOÄ ist durch vernünftige Gründe des Gemeinwohls gerechtfertigt und für den Arzt auch zumutbar (BVerfG NJW 1992, 737).

Seit 1.1.2007 (Art. 7 des G. vom 22.12.2006, BGBl. I S. 3439) gelten im gesamten Bundesgebiet einheitliche Gebührensätze.

## 2. Sinn und Zweck der Gebührenordnung

Die GOÄ hat auf Grund des gesetzlichen Auftrags (§ 11 BÄO) die Aufgabe, sowohl die berechtigten Interessen der Ärzte als auch die der Privatpatienten zu berücksichtigen und zu einem gerechten Ausgleich zu bringen. Sie dient den **Interessen der Ärzte,** weil bei diesem seiner Natur nach freien Beruf (§ 1 Abs. 2 Hs. 2 BÄO) nicht wie in der gewerblichen Wirtschaft der Preiswettbewerb, sondern der Leistungswettbewerb mit Anforderungen wie Vertrauenswürdigkeit, ärztlichem Können, Qualität der Leistungen im Vordergrund steht. Bei einer darauf abgestellten Tätigkeit soll die Gebührenordnung sicherstellen, dass der Arzt ein seiner Leistung angemessenes (leistungsgerechtes) Honorar erzielen kann. Die GOÄ hat als preisrechtliche Vorschrift vor allem auch ihre Berechtigung, weil die Gesundheit des Menschen keine Handelsware, sondern eines der wichtigsten Rechtsgüter ist. Auch deshalb können die ärztlichen Gebühren nicht marktwirtschaftlichen Prinzipien überlassen werden, nach denen sich der Preis nach Angebot und Nachfrage auf dem Markt bildet. Im Einklang damit steht es, dass der ärztliche Berufsstand kein Gewerbe ist (§ 1 Abs. 2 Hs. 1 BÄO), sondern eine öffentliche Aufgabe erfüllt. Die Gebührenordnung räumt dem Arzt aber einen der ärztlichen Berufsfreiheit im Rahmen des Art. 12 Abs. 1 GG gerecht werdenden Gestaltungsspielraum ein.

Gleichermaßen dient die GOÄ den **Interessen der** über achteinhalb Millionen **Privatpatienten,** insbesondere dem Verbraucherschutz. Mit ihr soll dem Privatpatienten eine medizinische Behandlung zu tragbaren Preisen zur Verfügung stehen. Durch die Gebührenordnung soll der Patient ferner vor unangemessenen Honorarforderungen geschützt und vor Streitigkeiten über das geforderte Honorar bewahrt werden. Zugleich bietet sie den Vorteil, dass Arzt und Patient nicht vor Beginn der Behandlung erst das Honorar aushandeln müssen. Wenn der Patient nicht ausdrücklich schriftlich eine von der Gebühren*höhe* abweichende

Honorarvereinbarung abgeschlossen hat, ist das Honorar ausschließlich nach den Steigerungssätzen der Gebührenordnung zu berechnen. Damit wird das für die Behandlung und ihren Erfolg so wichtige Vertrauensverhältnis zwischen Patient und Arzt regelmäßig nicht durch Gebührenverhandlungen belastet.

### 3. Geltungsbereich der Gebührenordnung

**a) Privatbehandlung.** Die GOÄ gilt nur für die ambulante und bei Inanspruchnahme der ärztlichen Wahlleistung auch für die stationäre ärztliche **Behandlung von Privatpatienten** in Krankenhäusern oder Rehabilitationskliniken. Zum Kreis der Privatpatienten gehören insbesondere Selbständige, Freiberufler, Beamte und Richter sowie diejenigen Angestellten und Arbeiter, die wegen Überschreitens der Jahresarbeitsentgeltgrenze in der gesetzlichen Krankenversicherung nicht versicherungspflichtig sind (§ 6 Abs. 1 Nr. 1, Abs. 6, 7 SGB V). Die GOÄ ist auch Abrechnungsgrundlage für die ärztliche Behandlung der im Beamtenverhältnis verbliebenen Bediensteten der privatisierten Unternehmen von Bahn und Post sowie Versorgungsempfänger und Hinterbliebene, die bei eigenen Versicherungsträgern (Krankenversorgung der Bundesbahnbeamten, Postbeamtenkrankenkasse) versichert sind. Ebenso gilt die GOÄ, wenn Patienten mit gewöhnlichem Aufenthalt im Ausland in Deutschland behandelt werden, sofern keine abweichende Rechtswahl erfolgt (Spickhoff, Medizinrecht, 3. Aufl. 2022, § 1 GOÄ Rn. 9).

**Keine Anwendung** findet die GOÄ auf **Patienten,** die **in der gesetzlichen Krankenversicherung** (GKV) verpflichtend (§ 5 SGB V) oder freiwillig (§ 6 SGB V) bzw. familienversichert (§ 10 SGB V) sind und die ärztliche Behandlung als Sachleistung durch Vorlage ihrer elektronischen Gesundheitskarte bei einem zur vertragsärztlichen Versorgung zugelassenen Vertragsarzt, zugelassenen medizinischen Versorgungszentrum, ermächtigten Arzt oder einer ermächtigten Einrichtung in Anspruch nehmen können. Die in der gesetzlichen Krankenversicherung Versicherten können aber „anstelle der Sach- und Dienstleistung" der Krankenkasse **Kostenerstattung** (§ 13 Abs. 2 SGB V) oder bei einzelnen Krankenkassen besondere Tarife für Kostenerstattung mit einjähriger Mindestbindungsfrist (§ 53 Abs. 4 SGB V) wählen. Das Kostenerstattungsverfahren gibt den Versicherten die Möglichkeit, sich als Privatpatienten behandeln zu lassen. Kosten werden höchstens in Höhe der Kassenvergütung und nur für ärztliche Leistungen erstattet, die zum Leistungskatalog der GKV gehören. Die Versicherten, die ihre Krankenkasse vor Inanspruchnahme zu unterrichten haben und an ihre Wahl der Kostenerstattung mindestens ein Kalendervierteljahr gebunden sind (§ 13 Abs, 2 S. 3 und 12 SGB V), sollten sich wegen möglicher erheblicher finanzieller Mehrbelastungen zuvor von ihrer Krankenkasse im Rahmen der allgemeinen Beratungsrechte nach §§ 13ff. SGB I beraten lassen. Für diese private Behandlung im Rahmen der Kostenerstattung können grundsätzlich nur zur vertragsärztlichen Versorgung zugelassene Leistungserbringer in Anspruch genommen werden (BSG NJW 1996, 807).

Auch die sog. Individuellen Gesundheitsleistungen **(IGeL),** bei denen es sich um Leistungen handelt, die nicht zum Leistungskatalog der GKV gehören bzw. von privaten Krankenversicherern nicht als medizinisch notwendig anerkannt sind, werden den Patienten vom Arzt nach Maßgabe der GOÄ in Rechnung gestellt. Der Arzt darf dem Patienten diese Leistungen nicht aufdrängen und muss ihn rechtzeitig über den Nutzen (u. a. Wirksamkeit, Risiken) aufklären (§ 630e BGB) sowie über die Kosten in Textform (§ 126b BGB) informieren

(§ 630c Abs. 3 BGB). Darüber hinaus verpflichtet der Bundesmantelvertrag – Ärzte den Arzt, vorher die schriftliche Zustimmung des Versicherten einzuholen (§ 18 Abs. 8 BMV-Ä).

Bei einem straffreien Schwangerschaftsabbruch nach vorgeschriebener Konfliktberatung (§ 218a Abs. 1 StGB) umfasst die Leistungspflicht der gesetzlichen Krankenversicherung nicht die Vornahme des Abbruchs selbst und die ärztliche Nachsorge bei komplikationslosem Verlauf (§ 24b Abs. 3 SGB V). Die hierzu im Einzelnen erforderlichen Leistungen (vgl. § 24b Abs. 4 SGB V) sind vom Arzt nach der GOÄ zu berechnen (§§ 2, 5a GOÄ) und der Versicherten in Rechnung zu stellen.

Die GOÄ ist auch nicht auf ärztliche Leistungen anzuwenden, für die bundesgesetzliche Vergütungsregelungen bestehen. Dies trifft insbesondere auf die Behandlung von Patienten mit Anspruch auf freie Heilfürsorge wie zB Soldaten und Polizeibeamte (§ 75 Abs. 3 SGB V), von einigen Sozialhilfeempfängern (§ 48 SGB XII), von Asylbewerbern (§ 4 Asylbewerberleistungsgesetz – AsylbLG), von Geschädigten mit Anspruch auf Leistungen der sozialen Entschädigung (§ 41 Abs. 1 SGB XIV), von Leistungsempfängern nach dem Bundesversorgungsgesetz (§ 18c Abs. 4 BVG) sowie auf die Vergütung von ärztlichen Sachverständigen nach dem Justizvergütungs- und -entschädigungsgesetz (JVEG) zu. Solche bundesgesetzlichen Vergütungsregelungen gehen der GOÄ vor (§ 1 Abs. 1 GOÄ).

Auch Vereinbarungen zwischen Krankenhausträgern und niedergelassenen Ärzten (sog. Konsiliararztverträge) über deren Zuziehung und Vergütung im Rahmen allgemeiner Krankenhausleistungen (s. S. XV) unterliegen nicht den Vorschriften der GOÄ (BGH MedR 2010, 555).

Die GOÄ wird angewendet, wenn **öffentlich-rechtliche Kostenträger** die Vergütung für ärztliche Leistungen zu zahlen haben (§ 11 Abs. 1 GOÄ). Abweichend davon regelt die auf Grundlage des § 34 Abs. 3 SGB VII (gesetzliche Unfallversicherung) abgeschlossene UV-GOÄ die Vergütung der Ärzte und Zahnärzte sowie die Art und Weise der Abrechnung im Rahmen der Heilbehandlung nach Arbeitsunfällen. Nicht verbindlich ist die Vereinbarung der Bundesärztekammer mit der Bundesagentur für Arbeit bei der Erstellung von Befundberichten (DÄBl 2022, A-147).

**b) Nichtärztliche Psychotherapeuten.** Für die Heilberufe der Psychologischen Psychotherapeuten und der Kinder- und Jugendlichenpsychotherapeuten nach § 1 Abs. 1 Satz 4 des Psychotherapeutengesetzes (PsychThG) wurde die Gebührenordnung (GOP) vom 8.6.2000 (BGBl. I S. 818) erlassen. Danach richten sich die Vergütungen für die Leistungen dieser Heilberufe im Sinne von § 1 Abs. 3 PsychThG in der bis 31.8.2020 geltenden Fassung bei Privatbehandlung nach der GOÄ und den Abschnitten B und G des Gebührenverzeichnisses der GOÄ.

**c) Bindungswirkung.** Der Arzt ist bei der Erbringung seiner Leistungen und ihrer Liquidation an die amtliche Gebührenordnung gebunden. Er darf also seine ärztlichen Leistungen nur auf der Grundlage der GOÄ dem Privatpatienten in Rechnung stellen. Anders als noch bei den früheren Gebührenordnungen kann der Arzt die geltende GOÄ nicht mehr abdingen, dh ihre Anwendung durch eine besondere Vereinbarung mit dem Patienten ausschließen. Vereinbart werden kann nur noch eine von der Gebührenordnung abweichende **Gebührenhöhe;** im Übrigen ist die GOÄ vollinhaltlich anzuwenden. Auch Pauschalhonorare sind ausgeschlossen.

Die Anwendung ergibt sich aber auch aus dem **ärztlichen Berufsrecht.** Nach § 12 Abs. 1 der Musterberufsordnung (MBO-Ä) für die deutschen Ärzte (www.bundesaerztekammer.de/themen/recht/berufsrecht), der in die als verbindliches Satzungsrecht erlassenen Berufsordnungen der Landesärztekammern übernommen worden ist, ist für die Berechnung der Honorare die amtliche Gebührenordnung die Grundlage. Verstöße hiergegen können geahndet werden, wenn die geltend gemachte Gebührenforderung nicht mehr mit guten Gründen vertretbar ist (Landesberufsgericht NRW MedR 2016, 914).

Die GOÄ ist auch zwingend auf die Abrechnung kosmetischer Operationen anzuwenden, unabhängig davon, ob diese medizinisch indiziert oder nicht zur Heilung einer Gesundheitsstörung erforderlich waren (BGH MedR 2006, 424). Das gilt nicht, wenn Leistungserbringer eine nach § 30 GewO konzessionierte Privatkrankenanstalt ist und diese nach Aufnahme stationäre Leistungen erbringt, ohne dass sie in räumlicher Nähe zu einem Plankrankenhaus liegt und mit diesem organisatorisch verbunden ist.

## II. Die allgemeinen Liquidationsgrundsätze

### 1. Aufbau der Gebührenordnung

Die GOÄ ist eine Rechtsverordnung, die von der Bundesregierung mit Zustimmung des Bundesrates erlassen wird. Sie gliedert sich in den eigentlichen Verordnungstext, der die allgemeinen Liquidationsvorschriften enthält (Paragraphenteil), und in ein der Verordnung anliegendes Gebührenverzeichnis. Wie in der Verordnungsermächtigung des § 11 BÄO bestimmt, ist die GOÄ eine Rahmengebührenordnung, dh der Arzt hat innerhalb des vorgegebenen Gebührenrahmens einen nach billigem Ermessen wahrzunehmenden Spielraum (§ 5 Abs. 2 Satz 1 GOÄ), um seine Gebühren dem Einzelfall angemessen festlegen zu können. Zu den tragenden Liquidationsgrundsätzen gehört ferner, dass der Arzt die Gebührenordnung nur bezüglich der Gebührenhöhe abdingen kann (§ 2 GOÄ).

Abrechenbar sind grundsätzlich nur die vom Arzt persönlich erbrachten (§ 4 Abs. 2 GOÄ), medizinisch notwendigen und nach den Regeln der ärztlichen Kunst durchgeführten Leistungen (§ 1 Abs. 2 GOÄ). Bei der Gebührenbemessung innerhalb des Gebührenrahmens hat der Arzt die besonderen Umstände des einzelnen Falles nach vorgegebenen Bemessungskriterien zu berücksichtigen (§ 5 GOÄ).

In weiteren Vorschriften werden u. a. die sonstigen Vergütungen, wie zB der Auslagenersatz für die bei der Erbringung der Leistungen verbrauchten Materialien (§ 10 GOÄ), und die Anforderungen an die Arztrechnung (§ 12 GOÄ) geregelt.

### 2. Anwendung der Gebührenordnung

Die GOÄ ist bei der ambulanten Behandlung von Privatpatienten anzuwenden sowie bei der stationären Behandlung von Patienten, wenn diese die Wahlleistung Arzt in Anspruch nehmen.

**a) Ambulante Behandlung.** Die ambulante ärztliche Behandlung wird überwiegend von in eigener Praxis niedergelassenen Ärzten sowie medizinischen Versorgungszentren in Trägerschaft von Krankenhäusern und außerdem von leitenden Krankenhausärzten (Chefärzten) durchgeführt, die im Krankenhaus eine Ambulanz betreiben (Chefarztambulanz). Die niedergelassenen Ärzte können auch in Berufsausübungsgemeinschaften (Gemeinschaftspraxis, Ärztepartnerschaft) oder in ihnen gehörenden medizinischen Versorgungszentren ihren Beruf gemeinsam ausüben. Am 4.4.2024 hat der Bundesgerichtshof entschieden (GesR 2024, 364), dass auch eine **GmbH,** welche heilberufliche Leistungen durch bei ihr angestellte approbierte Ärzte erbringt, an die GOÄ gebunden ist ).

Die GOÄ begründet selbst keine Honoraransprüche, sondern diese ergeben sich erst aus dem zur ärztlichen Behandlung – in der Regel durch konkludentes Handeln – zwischen Arzt und Privatpatient abgeschlossenen **Behandlungsvertrag.** Durch den Behandlungsvertrag, der eigenständig in den §§ 630a bis 630h BGB geregelt ist, verpflichtet sich der Arzt zur Leistung der versprochenen Behandlung und der Patient zur Zahlung der vereinbarten Vergütung, die sich bei Privatpatienten ausschließlich nach der GOÄ richtet.

Ein Liquidationsanspruch kann auch aufgrund einer Geschäftsführung ohne Auftrag bestehen (§ 683 BGB), wenn sich der Kranke oder Unfallverletzte infolge Bewusstlosigkeit nicht äußern kann.

Der Arzt schuldet die sachgerechte Behandlung des Patienten nach den Regeln der ärztlichen Kunst (§ 1 Abs. 2 Satz 1 GOÄ) bzw. grundsätzlich dem allgemein anerkannten fachlichen Standard (§ 630a Abs. 2 BGB), nicht aber den Erfolg seiner Tätigkeit, dh die Erhaltung und Wiederherstellung der Gesundheit.

Der Patient kann den Arzt frei wählen **(freie Arztwahl).** Dementsprechend ist auch der Arzt in der Ausübung seines Berufes frei. Nach § 7 Abs. 2 Satz 2 MBO-Ä kann er die ärztliche Behandlung von Privatpatienten – abgesehen von Notfällen oder besonderen rechtlichen Verpflichtungen, etwa bei fehlenden Alternativen für den Patienten – ablehnen. Ein Ablehnungsgrund kann zB dann vorliegen, wenn er der Überzeugung ist, dass das notwendige Vertrauensverhältnis zwischen ihm und dem Patienten nicht (mehr) besteht. Die einmalige Beanstandung einer Honorarforderung durch den Patienten reicht für sich allein nicht aus, um eine künftige Behandlungsverweigerung anzudrohen oder gar eine noch laufende Behandlung abzubrechen.

Die **Vergütung** für die ärztliche Dienstleistung richtet sich nach der GOÄ. Erfordert die Behandlung die Einschaltung eines weiteren Arztes, wie zB eines Laborarztes oder eines Konsiliararztes, schließt der behandelnde Arzt regelmäßig stellvertretend für den Patienten in dessen Namen mit dem betreffenden Arzt einen zusätzlichen Vertrag ab, der den Patienten zur unmittelbaren Zahlung der Gebühren verpflichtet. Für den behandelnden Arzt besteht in solchen Fällen die Verpflichtung, den Patienten zu informieren (§ 4 Abs. 5 GOÄ). Die Verpflichtung zur wirtschaftlichen Aufklärung gilt insbesondere dann, wenn die Laboruntersuchungen nicht erforderlich sind (OLG Köln MedR 2014, 317).

Bei einer **ambulanten Behandlung im Krankenhaus** schließt der Privatpatient den Behandlungsvertrag idR mit dem leitenden Arzt (Chefarzt) ab, der die Ambulanz betreibt und auf Grund einer Abmachung mit dem Krankenhausträger liquidationsberechtigt ist. Das gilt auch dann, wenn in Abwesenheit des Chefarztes nur ein nachgeordneter Krankenhausarzt tätig wird (vgl. BGH NJW 1989, 769). Abweichendes gilt für spezielle vereinbarte oder bestimmte Leistung, die sowohl ambulant als auch stationär erbracht werden (§ 115f SGB V) und deren Vergütungsvereinbarung auch für Privatpatienten maßgeblich ist (§ 1 Abs. 3 S. 3 KHEntgG). Daneben bleiben (auch ärztliche) Wahlleistungen möglich (BT-Drs. 20/4708, 94).

**b) Stationäre Behandlung. aa)** Nimmt der Patient die Wahlleistung Arzt in Anspruch, so wird die vollstationäre, teilstationäre sowie vor- und nachstationäre Behandlung von den leitenden Krankenhausärzten (Chefärzten) durchgeführt (sog. **wahlärztliche Leistungen**). Sie wird ferner von solchen niedergelassenen Ärzten durchgeführt, die zugleich als Belegärzte im Krankenhaus tätig sind (sog. **belegärztliche Leistungen**). Diagnostische und therapeutische Wahlleistungen werden auch von Psychologischen Psychotherapeuten und Kinder- und Jugendlichenpsychotherapeuten im Rahmen ihrer beruflichen Leistungen erbracht (s. hierzu S. XII).

Wesentlichen Einfluss auf die Rechtsbeziehungen zwischen Patient und Krankenhausträger hat das Krankenhausentgeltgesetz (KHEntgG) vom 23.4.2002 (BGBl. I S. 1422), zuletzt geändert am22.3.3024 (BGBl. I Nr. 105), das auch gegenüber Privatpatienten Anwendung findet (OLG Oldenburg MedR 2009, 536).

Das KHEntgG bestimmt in § 7, dass alle für die voll- und teilstationäre Versorgung des Patienten erforderlichen **allgemeinen Krankenhausleistungen** (das sind Unterkunft, Verpflegung, ärztliche, pflegerische und medikamentöse Versorgung, Versorgung mit Heil- und Hilfsmitteln) mit den Krankenhausentgelten (diagnosebezogene Fallpauschalen, ergänzende Entgelte) abgegolten werden. Zu den allgemeinen Krankenhausleistungen gehören auch die vom Krankenhaus veranlassten Leistungen Dritter (§ 2 Abs. 2 KHEntgG). Je nach Krankenhausstandard kann das Zweibettzimmer auch zu den allgemeinen Krankenhausleistungen gehören. Auf die voll- und teilstationäre Behandlung in psychiatrischen Einrichtungen (wie zB psychiatrische Krankenhäuser, selbständige, gebietsärztlich geleitete psychiatrische Abteilungen an Allgemeinkrankenhäusern) ist nicht das KHEntgG, sondern die Bundespflegesatzverordnung (BPflV), zuletzt geändert am20.12.2022 (BGBl. I S. 2793, 2812) anzuwenden (§ 1 BPflV). Es besteht ein eigenständiges pauschaliertes Entgeltsystem (§ 17d KHG).

Die Vergütung für die vor- und nachstationäre Behandlung wird zwischen Krankenkassen und Krankenhäusern auf Landesebene vereinbart (§ 115a Abs. 3 SGB V) und ist auch für Privatpatienten maßgebend (§ 1 Abs. 3 Satz 1 KHEntgG; § 1 Abs. 3 BPflV). Die vor- und nachstationäre Behandlung ermöglicht es, Patienten ohne Unterkunft und Verpflegung im Krankenhaus zu behandeln, um die Notwendigkeit einer vollstationären Behandlung zu klären oder diese vorzubereiten (vorstationär) oder im Anschluss an eine vollstationäre Krankenhausbehandlung den Behandlungserfolg zu sichern oder zu festigen (nachstationär).

Neben den mit den Krankenhausentgelten abgegoltenen allgemeinen Krankenhausleistungen, die eine medizinische Vollversorgung gewährleisten, können noch sog. **Wahlleistungen** erbracht und gesondert berechnet werden, wenn die Patienten dies schriftlich vor Erbringung mit dem Krankenhaus vereinbart haben (§ 17 Abs. 1 u. Abs. 2 KHEntgG). **Die Wahlleistungsvereinbarung** ist nur rechtswirksam, wenn sie – außer vom Patienten – auch vom Krankenhausträger unterzeichnet ist (BGH NJW 1998, 1778). Es handelt sich hierbei um Patienten, die auf ihren Wunsch hin in einem Ein- oder Zweibettzimmer untergebracht (Wahlleistung Unterkunft) bzw. von einem Arzt ihrer Wahl, regelmäßig einem Chefarzt, behandelt werden wollen (Wahlleistung Arzt).

Der Patient ist vor Abschluss der Wahlleistungsvereinbarung über die Entgelte der Wahlleistungen und deren Inhalt im Einzelnen zu unterrichten (§ 17 Abs. 2 KHEntgG). Die Anforderungen an diese wirtschaftliche **Unterrichtungspflicht** sind nach der Rechtsprechung (BGH NJW 2004, 684 und 686) erfüllt, wenn der Wahlleistungspatient folgende Informationen erhält:

(1) Kurze Charakterisierung des Inhalts wahlärztlicher Leistungen verbunden mit dem Hinweis, dass der Patient auch ohne Abschluss der Wahlleistungsvereinbarung die medizinisch notwendige Versorgung durch hinreichend qualifizierte Ärzte erhält,

(2) Kurze Erläuterung der Preisermittlung für ärztliche Leistungen nach der GOÄ bzw. GOZ verbunden mit dem Hinweis auf die Gebührenminderung nach § 6a GOÄ bzw. § 7 GOZ,

(3) Hinweis auf mögliche erhebliche finanzielle Mehrbelastungen durch die Wahlleistungsvereinbarung,

(4) Hinweis, dass sich die Vereinbarung auf alle beteiligten liquidationsberechtigten Ärzte erstreckt (Wahlarztkette), und

(5) Hinweis auf die Möglichkeit, GOÄ und GOZ auf Wunsch einzusehen.

Unterbleibt die Unterrichtung, ist die Wahlleistungsvereinbarung unwirksam (BGH NJW 2004, 686).

Die Entgelte für die Wahlleistungen dürfen in keinem unangemessenen Verhältnis zu den Leistungen stehen (§ 17 Abs. 1 KHEntgG). Das Wahlleistungsentgelt ist dann unangemessen, wenn zwischen dem objektiven Wert der Wahlleistung und dem dafür zu entrichtenden Preis ein (bereits „einfaches") Missverhältnis besteht (BGH NJW 2001, 892). Auch die Wahlleistungen sind Krankenhausleistungen (§ 2 Abs. 1 KHEntgG). Bei der voll- und teilstationären Behandlung in psychiatrischen Einrichtungen (§ 1 BPflV) richtet sich die Vereinbarung und Berechnung von Wahlleistungen nach den Vorschriften des § 17 KHEntgG (§ 16 BPflV).

**bb)** Der **Krankenhausaufnahmevertrag** ist nach herrschender Rechtsauffassung ein gemischter Vertrag, soweit er die ärztliche Behandlung umfasst ein Behandlungsvertrag nach den §§ 630a ff. BGB (Hasselbach/Böhm/Reinhold MedR 2024, 9). Nach der BPflV bzw. dem KHEntgG ist **Regelfall der totale Krankenhausaufnahmevertrag,** der zwischen dem Patienten und dem Krankenhausträger als alleinigem Vertragspartner des Patienten abgeschlossen wird. Hat der Patient in diesem Vertrag die Wahlleistung Arzt vereinbart, ist nach der Rechtsprechung des BGH (NJW 1985, 2189; 1993, 779) davon auszugehen, dass die Behandlung durch den gewählten Arzt in der Regel auf Grund eines Krankenhausaufnahmevertrags mit **Arztzusatzvertrag** erfolgt; dann hat der Patient zwei Vertragspartner.

Ein weiterer, seltener Vertragstyp ist der sog. **gespaltene Krankenhausaufnahmevertrag.** Bei diesem ist der Vertrag mit dem Krankenhausträger auf Unterkunft, Verpflegung, Pflege, Versorgung mit Arznei-, Heil- und Hilfsmittel beschränkt, während die ärztliche Behandlung auf Grund eines besonderen Vertrages (Behandlungsvertrag) mit dem Chefarzt durchgeführt wird. Wird ein solcher Vertrag in vorformulierten Vertragsbedingungen vereinbart, muss dem Patienten hinreichend verdeutlicht werden, dass der Krankenhausträger nicht Schuldner der ärztlichen Leistung ist und ihm auch für etwaige Fehlleistungen nicht haftet (BGH NJW 1993, 779). Die Wahlleistung Arzt kann jeder Patient

„hinzukaufen“, unabhängig davon, ob er Kassenpatient ist oder reiner Privatpatient.

Der Behandlung durch einen **Belegarzt** liegt regelmäßig der gespaltene Krankenhausaufnahmevertrag zugrunde. Belegärzte sind in der Regel niedergelassene (nicht am Krankenhaus angestellte) Ärzte, die berechtigt sind, ihre Patienten (Belegpatienten) im Krankenhaus unter Inanspruchnahme der hierfür bereitgestellten Dienste, Einrichtungen und Mittel stationär oder teilstationär zu behandeln, ohne hierfür vom Krankenhaus eine Vergütung zu erhalten (§ 18 Abs. 1 Satz 1 KHEntgG; § 16 Satz 1 BPflV; vgl. aber § 121 Abs. 5 SGB V). Die belegärztliche Tätigkeit fokussiert sich im Wesentlichen auf bestimmte Arztgruppen, wie zB Hals-Nasen-Ohrenärzte, Mund-Kiefer-Gesichtschirurgen, Chirurgen, Frauenärzte, Urologen, Augenärzte.

**cc)** Die **Vergütung** für seine **wahlärztlichen Leistungen** hat der Chefarzt nach der GOÄ zu berechnen (§ 1 GOÄ). Liquidiert das Krankenhaus, hat es für die Berechnung der wahlärztlichen Leistungen die GOÄ entsprechend anzuwenden (§ 17 Abs. 3 Satz 7 KHEntgG). Hat der Patient die Wahlleistung Arzt vereinbart, kann er diese nicht auf einzelne liquidationsberechtigte Krankenhausärzte beschränken. Wahlärztliche Leistungen werden nur als Einheit angeboten. Die Vereinbarung erstreckt sich daher auf alle an der Behandlung beteiligten Chefärzte des Krankenhauses, also auch auf Chefärzte in sog. Funktionsbereichen, wie zB Anästhesie, Labormedizin, Radiologie (§ 17 Abs. 3 Satz 1 KHEntgG). Diese sind unmittelbar gegenüber dem Patienten liquidationsberechtigt **(Wahlarztkette).** Die Wahlleistungsvereinbarung erstreckt sich darüber hinaus auch auf die von den behandelnden Chefärzten veranlassten Leistungen von Ärzten und ärztlich geleiteten Einrichtungen außerhalb des Krankenhauses (§ 17 Abs. 3 Satz 1 KHEntgG), wenn zB bestimmte Leistungen von Ärzten des Krankenhauses nicht erbracht werden können (externe Wahlarztkette). Hierauf ist in der Vereinbarung hinzuweisen.

Nicht zu den nach § 17 Abs. 1 Satz 1 KHEntgG liquidationsberechtigten Ärzten zählen sog. **Honorarärzte,** die auf Grund eines Kooperationsvertrags im Krankenhaus tätig werden, ohne dort angestellt zu sein. Zum Schutz der Privatpatienten kann davon auch nicht im Wege einer unmittelbar zwischen dem behandelnden (nicht liquidationsberechtigten) Honorararzt und dem Patienten zustande gekommenen individuellen Vergütungsabrede abgewichen werden (BGH NJW 2015, 1675). Der Honorararzt kann auch nicht in der Wahlleistungsvereinbarung zwischen Krankenhausträger und Patient als liquidationsberechtigter Wahlarzt bestimmt werden (BGH NJW 2019, 1519).

Die Wahl eines Ein- oder Zweibettzimmers als Wahlleistung darf nicht von einer Vereinbarung über sonstige Wahlleistungen, also zB der wahlärztlichen Leistung, abhängig gemacht werden (sog. einseitige Entkoppelung; § 17 Abs. 4 KHEntgG). Wegen der (nur) einseitigen Entkoppelung der Unterkunft lässt es das KHEntgG zu, dass das Krankenhaus eine Vereinbarung über wahlärztliche Leistungen davon abhängig macht, dass der Patient auch das Ein- oder Zweibettzimmer wählt. Jedoch können landesrechtliche Vorschriften Abweichendes vorsehen.

Auch für die **Vergütung** der **belegärztlichen Leistungen** gilt die GOÄ. Dazu gehören die persönlichen Leistungen des Belegarztes, der ärztliche Bereitschaftsdienst für Belegpatienten, die vom Belegarzt veranlassten Leistungen nachgeordneter Krankenhausärzte desselben Fachgebiets wie der Belegarzt sowie die von ihm veranlassten Leistungen von Ärzten und ärztlich geleiteten Einrichtungen außerhalb des Krankenhauses (§ 18 Abs. 1 Satz 2 KHEntgG;

§ 16 Satz 1 BPflV). Sind zusätzlich Chefärzte des Krankenhauses aus einem anderen Fachgebiet als dem des Belegarztes bei der Behandlung tätig geworden, wie zB ein Anästhesist oder ein Radiologe, sind ihre Leistungen mit den Krankenhausentgelten abgegolten. Diese Ärzte können ihre Leistungen bei belegärztlicher Behandlung nur dann nach der GOÄ berechnen, wenn für ihre Inanspruchnahme mit dem Patienten wahlärztliche Leistungen vereinbart worden sind.

### 3. Leistungserbringung nach den Regeln der ärztlichen Kunst

Der Arzt darf Vergütungen nur für Leistungen berechnen, die **nach den Regeln der ärztlichen Kunst** erbracht worden sind (§ 1 Abs. 2 GOÄ). Der Anspruch des Patienten auf Behandlung nach den allgemeinen Regeln der ärztlichen Kunst ergibt sich bereits aus dem Behandlungsvertrag (§ 630a BGB) sowie aus dem ärztlichen Berufsrecht (§ 2 Abs. 3 MBO-Ä). Die Behandlung muss in Übereinstimmung mit dem aktuellen Stand der medizinischen Wissenschaft und Technik erfolgen; der Arzt hat deren allgemein anerkannte Grundsätze zu beachten und geeignete Materialien zu verwenden. Dies gilt auch für die Auswahl der Medikamente.

Der Inhalt der im Gebührenverzeichnis der GOÄ aufgeführten Leistungen ist daher nicht der subjektiven Einschätzung des Arztes überlassen, sondern richtet sich nach den Regeln der ärztlichen Kunst. Das Einhalten dieser Regeln garantiert allerdings keinen therapeutischen Erfolg.

Auch für die Anwendung von schulmedizinisch umstrittenen Methoden in der Naturheilkunde gibt es Regeln der ärztlichen Kunst, die zu berücksichtigen sind (LG Stuttgart MedR 1992, 48).

### 4. Medizinisch notwendige Leistungen

Der Arzt darf Vergütungen ferner nur für Leistungen berechnen, die für eine **notwendige ärztliche Versorgung** erforderlich sind. Gehen die Leistungen über das Maß einer notwendigen ärztlichen Versorgung hinaus, darf er sie nur berechnen, wenn sie auf Verlangen des Patienten erbracht worden sind (§ 1 Abs. 2 GOÄ). Die Verpflichtung des Arztes, den Gesichtspunkt der wirtschaftlichen Leistungserbringung zu beachten, ergibt sich als Nebenpflicht aus dem Behandlungsvertrag, insbesondere aus dem auf ihn anzuwendenden Grundsatz von Treu und Glauben (§ 242 BGB).

Die Gebührenvorschrift deckt sich auch mit den im Bereich der Erstattungssysteme geltenden Regelungen für die Kostenerstattung, die ebenfalls die medizinische Notwendigkeit voraussetzen (siehe S. XLVII). Schlägt der Arzt dem Patienten eine stationäre Behandlung vor, obgleich eine Therapie auch in ambulanter Behandlung medizinisch sinnvoll und praktikabel ist, muss er den Patienten darüber aufklären, dass der private Krankenversicherer des Patienten die Krankenhausbehandlung möglicherweise nicht als notwendig ansieht (BGH NJW 1983, 2630). Die wirtschaftliche Aufklärungspflicht wird generell bestehen, wenn Behandlungsalternativen in Betracht kommen, die den Patienten mit unterschiedlichen Kosten belasten.

Der Arzt bestimmt das medizinische Vorgehen auf Grund seiner Sachkunde und seiner Verantwortung gegenüber dem Patienten und legt den Umfang der Behandlungsmaßnahmen fest. Bei seinem Vorgehen wird dem Arzt in objektivierten Grenzen ein Ermessens- und Entscheidungsspielraum eingeräumt (BGH NJW 1979, 1250). Entscheidend ist deshalb für den Liquidationsanspruch, dass die Behandlungsmaßnahmen nach objektiven medizinischen Befunden und Erkenntnissen im Zeitpunkt der Behandlung notwendig waren.

Im Streitfall trägt der Arzt die volle Darlegungs- und Beweislast für die medizinische Notwendigkeit der von ihm erbrachten Leistungen (vgl. LG Stuttgart MedR 1992, 48). Dazu kann ein Sachverständigengutachten erforderlich werden. Hierbei kann der ärztlichen Dokumentation eine gewichtige Rolle zukommen.

### 5. Leistungen auf Verlangen des Patienten

Leistungen, die über das Maß einer medizinisch notwendigen ärztlichen Versorgung hinausgehen, darf der Arzt nur dann berechnen, wenn sie auf Verlangen des Patienten erbracht worden sind (§ 1 Abs. 2 Satz 2 GOÄ). „Auf Verlangen" heißt, dass eine Absprache zwischen Arzt und Patient im Rahmen des Behandlungsvertrages über die Leistungserbringung geschlossen wird. Diese Absprache setzt voraus, dass der Arzt zur Erbringung solcher Leistungen bereit ist und keine gesetzlichen Vorschriften zB des Berufsrechts oder Strafrechts entgegenstehen. Das betrifft insbesondere medizinisch nicht indizierte Leistungen.

Diese Vorschrift schützt den Patienten vor überraschenden Gebührenforderungen, indem sie für Leistungen, die über das erforderliche Maß hinausgehen, von der Beweislast des Arztes für die vertragliche Vereinbarung ausgeht. Leistungen, die auf Verlangen erbracht worden sind, sind als solche in der Arztrechnung zu kennzeichnen (§ 12 Abs. 3 GOÄ). Die Kosten der medizinisch nicht notwendigen Leistungen werden dem Patienten in der Regel von den kostenerstattenden Stellen nicht erstattet.

### 6. Verpflichtung des Arztes zur persönlichen Leistung

**a) Grundsatz der persönlichen Leistungserbringung.** Der Behandlungsvertrag ist eine besondere Form des Dienstvertrages nach § 611 BGB; deshalb schreibt § 630b BGB auch vor, dass neben den §§ 630a ff. BGB ergänzend die Vorschriften über den Dienstvertrag anzuwenden sind. Dies bedeutet, dass auf ihn auch § 613 BGB Anwendung findet, wonach der zur Dienstleistung Verpflichtete die Dienste im Zweifel **in Person zu leisten** hat. § 19 MBO-Ä schreibt vor, dass der Arzt seine Praxis persönlich ausüben muss und die Beschäftigung angestellter Ärzte die Leitung der Praxis durch ihn voraussetzt. Dazu muss er die Praxisvorgänge durch sein eigenes Tätigwerden maßgeblich bestimmen und den Praxisbetrieb laufend überwachen. Der Grundsatz der persönlichen Leistungserbringung bedeutet demnach nicht, dass der Arzt alle Leistungen „eigenhändig" erbringen muss.

Für die Abrechnung der Gebühren hat die GOÄ den Grundsatz der persönlichen Leistungserbringung wie folgt normiert (§ 4 Abs. 2 Satz 1): „Der Arzt kann Gebühren nur für selbständige ärztliche Leistungen berechnen, die er selbst erbracht hat oder die **unter seiner Aufsicht nach fachlicher Weisung** erbracht wurden (eigene Leistungen)." Dementsprechend darf sich der Arzt bei der Ausübung seiner beruflichen Tätigkeit auch der Mithilfe ärztlicher (zB in der Praxis tätiger Assistent) und nichtärztlicher Mitarbeiter bedienen, wenn diese unter seiner Anleitung, Aufsicht und Verantwortung tätig werden. Der Arzt muss aber an der Leistungserbringung mitwirken und darf sich nicht auf lediglich organisatorische Anweisungen beschränken.

Anhaltspunkte dafür, **welche Leistungen** im Rahmen der GOÄ **delegationsfähig** sind, geben einerseits die Bekanntmachung Persönliche Leistungserbringung Möglichkeiten und Grenzen der Delegation ärztlicher Leistungen der Kassenärztlichen Bundesvereinigung und der Bundesärztekammer (DÄBl. 2008 S. A 2173) und andererseits die für den vertragsärztlichen Bereich geltende Vereinbarung der Kassenärztlichen Bundesvereinigung und des Spitzenverbandes Bund der Krankenkassen über die Delegation ärztlicher Leistungen an nichtärztliches Personal in der ambulanten vertragsärztlichen Versorgung gemäß § 28 Abs. 1 S. 3 SGB V (Anlage 24 des Bundesmantelvertrages-Ärzte; DÄBl 2013, S. A-1757; 2014, A-1112). Danach sind solche Leistungen nicht delegationsfähig, die wegen ihrer Schwierigkeit, Gefährlichkeit oder wegen möglicher Komplikationen ärztliches Fachwissen voraussetzen und deshalb in die Hand des Arztes gehören, wie insbesondere die Anamnese, Indikationsstellung, ärztliche Untersuchung, ärztliche Aufklärung und Beratung, Entscheidung über Therapiemaßnahmen, alle operativen Eingriffe. **Im Einzelfall** werden als delegationsfähig angesehen intravenöse, subkutane und intramuskuläre Injektionen, Blutentnahmen, Röntgenleistungen (technische Anfertigung des Röntgenbildes). Der Arzt ist aber in jedem Fall für die Anordnung und ordnungsgemäße Durchführung der Eingriffe sowie für die Auswahl und Überwachung des Hilfspersonals verantwortlich. Als **grundsätzlich delegationsfähig** auf entsprechend qualifizierte Hilfskräfte sind zB Anamnesevorbereitung, Leistungen des Basislabors, Wechsel einfacher Verbände, Verabreichung von Medikamenten am Augapfel. Die Delegation hängt aber stets vom Einverständnis des Patienten ab. Die allgemeinen Grundsätze zur Delegation gelten auch bei der Anwendung nichtionisierender Strahlung.

**b) Erbringung von Laborleistungen.** Auch für alle Laborleistungen des Abschnitts M des Gebührenverzeichnisses gilt der Grundsatz, dass nur eigene Leistungen, dh vom Arzt selbst oder unter seiner Aufsicht nach fachlicher Weisung erbrachte Leistungen, berechnet werden dürfen (§ 4 Abs. 2 Satz 1 GOÄ). Von diesem Grundsatz ausgenommen sind lediglich die Leistungen des sog. **Basislabors** (Gebührennummern 3541 bis 3621), die der Arzt auch dann als eigene Leistungen berechnen kann, wenn sie entweder in Laborgemeinschaften nach fachlicher Weisung unter der Aufsicht eines anderen Arztes oder in von Ärzten ohne eigene Liquidationsberechtigung geleiteten Krankenhauslaboren erbracht werden (§ 4 Abs. 2 Satz 2 GOÄ). Die Möglichkeit, Laborleistungen bei anderen Ärzten oder ärztlichen Einrichtungen in Auftrag zu geben und als eigene Leistungen abzurechnen, ist damit auf die 48 Leistungen des Basislabors beschränkt. Sämtliche übrigen Laborleistungen können nur von dem mit der Durchführung der Laboratoriumsuntersuchungen beauftragten Arzt abgerechnet werden. Ärzte, die die Untersuchungen des **Speziallabors** (Gebührennummern 3630 bis 4787) selbst durchführen, müssen nach Auffassung der Bundesärztekammer nachweislich fachkundig sein und die Leistungserbringung durch persönliche Anwesenheit im Labor beaufsichtigen (DÄBl. 1996 S. A-562, 564 und 2000, S. A-2058). Geringere Anforderungen an die Mitwirkung bei der Leistungserbringung stellen OLG Düsseldorf MedR 2017, 557 m. Anm. Dann medstra 2017, 365 und vorgehend ausführlich LG Düsseldorf MedR 2016, 353.

**c) Persönliche Leistungserbringung durch den Chefarzt.**

**aa)** Das Gebot der persönlichen Leistungserbringung gilt auch für den Chefarzt (Wahlarzt) bei der ambulanten (siehe bb), stationsäquivalenten, tagesstationären, vollstationären und teilstationären sowie vor- und nachstationären Behandlung von Privatpatienten. Nimmt ein Patient die **Wahlleistung Arzt** in Anspruch, so ist der liquidationsberechtigte Chefarzt nach der Rechtsprechung grundsätzlich gehalten, den Patienten persönlich („höchstpersönlich") zu behandeln (OLG Celle NJW 1982, 2129; OLG Karlsruhe NJW 1987, 1489; OLG Düsseldorf MedR 1996, 25). Mit der Wahl der gesondert berechenbaren ärztlichen Leistungen „erkauft" sich der Patient einen Anspruch auf persönliche Behandlung durch den Chefarzt. Einen anderen Sinn als den, vom Chefarzt persönlich, insbesondere auch bei Operationen, behandelt zu werden, kann die Inanspruchnahme von ärztlichen Wahlleistungen nicht haben.

Nach der Rechtsprechung ist davon auszugehen, dass sich der Chefarzt nur dann vertreten lassen kann, und zwar durch seinen – in der Wahlleistungsvereinbarung gem. § 4 Abs. 2 S. 3 GOÄ namentlich benannten – ständigen ärztlichen Vertreter, wenn er durch ein plötzliches, unvorhergesehenes Ereignis verhindert ist und die Behandlung, zB eine Operation, nicht verschoben werden kann (OLG Hamm NJW 1995, 794; s. auch BGH MedR 2008, 155). Nach der amtlichen Begründung zur GOÄ (BR-Drs. 295/82) stehen die wahlärztlichen Leistungen und ihre Vergütung in einem Verhältnis von Leistung und Gegenleistung. Dies erfordert es, dass der Wahlarzt durch sein Tätigwerden der wahlärztlichen Behandlung eines Patienten sein persönliches Gepräge gibt. Dazu gehört es, dass sich der Wahlarzt zu Beginn, während und zum Abschluss der Behandlung mit dem Patienten persönlich befasst. Andernfalls muss davon ausgegangen werden, dass seine Kenntnis über Behandlungsnotwendigkeit und -verlauf unzureichend ist und er seinem Behandlungsauftrag als Wahlarzt nicht genügend nachkommen kann. Die Chefärztin einer psychosomatischen Klinik muss das Behandlungskonzept entwickeln und überwachten, selbst regelmäßig Therapiemaßnahmen durchführen und die Behandlung im Übrigen durch Supervisionen, Nachbesprechungen und Übergabegespräche steuern (OLG Celle MedR 2015, 821; OLG Stuttgart MedR 2019, 307). Dementsprechend stellt die GOÄ an die Erbringung und **Berechnung wahlärztlicher Leistungen** (Gebührenanspruch) besondere Anforderungen:

(1) Die Grundleistungen (Nrn. 1 bis 62 des Gebührenverzeichnisses) innerhalb des ersten Tages nach der Aufnahme und des letzten Tages vor der Entlassung sowie Visiten, bestimmte Verbände, Blutentnahmen, Injektionen, Infusionen und die Verweilgebühr während der gesamten Dauer der stationären Behandlung dürfen nur dann (als eigene Leistungen) berechnet werden, wenn sie vom Wahlarzt selbst oder dessen ständigen, fachgebietsgleichen Vertreter, der dem Patienten vor Abschluss des Wahlarztvertrages benannt werden muss, persönlich erbracht werden (§ 4 Abs. 2 Satz 3 GOÄ). Werden diese Leistungen, die zum Kernbereich wahlärztlicher Leistungen gehören, von anderen Ärzten erbracht, können sie nicht berechnet werden. Eine in abgegrenzte Funktionsbereiche gegliederte Krankenhausabteilung kann aber auf Grund Arbeitsteilung oder funktionaler Schwerpunktbildung mehrere ständige Fachvertreter des Chefarztes haben (OLG Hamburg GesR 2018, 454; OLG Karlsruhe GesR 2021, 186). Für die Berechnung der aufgeführten Leistungen darf der Wahlleistungspatient jedoch nur von ein und demselben – ihm vor Abschluss des Wahlarztvertrages benannten – ständigen Vertreter behandelt werden (DÄBl. 1996 S. B-2132). Es ist daher nicht zulässig, in der Wahlleistungsvereinbarung *alle* Fachvertreter des Chefarztes als Behandler aufzuführen.

(2) Die physikalisch-medizinischen Leistungen nach Abschnitt E des Gebührenverzeichnisses kann der Wahlarzt nur berechnen, wenn er sie selbst oder sein ständiger ärztlicher Vertreter erbracht hat oder wenn der Wahlarzt oder

sein ständiger ärztlicher Vertreter durch die Zusatzbezeichnung „Physikalische Therapie" oder durch die Gebietsbezeichnung „Facharzt für Physikalische und Rehabilitative Medizin" qualifiziert ist und die Leistungen nach fachlicher Weisung und unter ihrer Aufsicht erbracht werden (§ 4 Abs. 2 Satz 4 GOÄ).

(3) Alle übrigen Leistungen des Gebührenverzeichnisses kann der Wahlarzt berechnen, wenn es sich um „eigene" Leistungen (§ 4 Abs. 2 Satz 1 GOÄ) handelt; dies ist der Fall, wenn er diese Leistungen entweder selbst erbringt oder auf Ärzte und Hilfspersonal in den Grenzen des Vertrags- und Berufsrechts delegiert.

**bb)** Auch für den leitenden Krankenhausarzt, der u. a. zur ambulanten Behandlung von Privatpatienten im Krankenhaus eine **Chefarztambulanz** betreibt, gilt für die Abrechnung der erbrachten ärztlichen Leistungen das Gebot der persönlichen Leistungserbringung nach § 4 Abs. 2 S. 1 und 2 GOÄ. Entgegen OLG Frankfurt a. M. MedR 2012, 396 können von nachgeordneten Ärzten erbrachte Leistungen aber nicht nur dann abgerechnet werden, wenn der Chefarzt erreichbar und in der Lage ist, unverzüglich persönlich einzuwirken zu können. Wie in der Praxis eines niedergelassenen Arzt muss der Chefarzt sie nur in dem Sinne leiten, dass er den Ambulanzbetrieb durch seine Entscheidungen, Anweisungen und die Vorgabe von Behandlungspfaden maßgeblich bestimmt und laufend überwacht und so „seinen Stempel aufdrückt"; problematische Fälle muss er selbst behandeln.

### 7. Unterrichtungspflicht bei Leistungserbringung durch Dritte

Müssen im Rahmen einer ärztlichen Behandlung Leistungen durch Dritte erbracht werden, die ihre Leistungen dem Patienten auf Grund eigenen Vergütungsanspruchs unmittelbar berechnen, hat der Arzt den Patienten darüber zu unterrichten (§ 4 Abs. 5 GOÄ). Überweist zB der behandelnde Arzt einen Privatpatienten zur Durchführung zusätzlich notwendiger diagnostischer oder therapeutischer Maßnahmen an einen anderen Arzt, muss er den Patienten darüber informieren, dass dieser Arzt ein **eigenes Liquidationsrecht** hat und demzufolge auch eine zusätzliche Rechnung erstellt. Dies gilt auch bei Überweisung mit entsprechender ärztlicher Verordnung an selbständig tätige nichtärztliche Behandler, wie zB Logopäden oder Physiotherapeuten. Die Unterrichtungspflicht besteht auch in den Fällen, in denen der Arzt zum Patienten nicht in unmittelbare Beziehung tritt, es also nicht zu einer Arzt-Patienten-Begegnung kommt, wie zB bei Übersendung von Untersuchungsmaterial an einen niedergelassenen Laborarzt. Hingewiesen werden muss der Patient auch auf die Hinzuziehung weiterer liquidationsberechtigter Ärzte (Wahlarztkette) im Rahmen einer stationären Krankenhausbehandlung, wenn der Patient die Wahlleistung Arzt in Anspruch nimmt (§ 17 Abs. 3 KHEntgG).

## III. Abweichende Honorarvereinbarungen

### 1. Keine Abweichung von der Gebührenordnung im Ganzen

Durch Vereinbarung zwischen Arzt und Zahlungspflichtigem kann eine von der GOÄ abweichende **Gebührenhöhe** festgelegt werden (§ 2 Abs. 1 GOÄ). In diesem Fall richtet sich die Höhe der Gebühren nach der **Vereinbarung.**

Die abweichende Honorarvereinbarung ist aber **nicht für alle Leistungen** zulässig; sie ist ausgeschlossen

(1) für Leistungen nach den Abschnitten A, E, M und O, also für die medizinisch-technischen Leistungen einschließlich Laborleistungen (§ 2 Abs. 3 GOÄ),

(2) für Leistungen nach § 5a GOÄ bei einem straffreien Schwangerschaftsabbruch nach vorgeschriebener Konfliktberatung (§ 2 Abs. 1 GOÄ) und

(3) für wahlärztliche Leistungen, die nicht vom Wahlarzt (Chefarzt) höchstpersönlich erbracht werden (§ 2 Abs. 3 GOÄ).

Auch bei einer abweichenden Honorarvereinbarung muss der Arzt seiner Liquidation das Gebührenverzeichnis zugrunde legen und die Rechnung nach den Grundsätzen des § 12 Abs. 2 bis 4 GOÄ ausstellen. Dadurch ist gewährleistet, dass auch im Abbedingungsfall die Honorarforderung für den Patienten transparent und nachprüfbar ist und die Kostenerstattung durch die Erstattungssysteme erleichtert wird.

### 2. Nur Vereinbarungen über die Gebührenhöhe

Abdingbar ist die Höhe der Gebühren. Eine abweichende Vereinbarung kann sowohl für Gebührensätze **innerhalb als auch außerhalb des Gebührenrahmens** getroffen werden. Von Bedeutung sind Vereinbarungen mit einer Vergütung zwischen dem Schwellenwert (2,3fach) und dem Höchstsatz (3,5fach) und insbesondere mit einer Vergütung über dem 3,5fachen Satz. Zur Disposition steht nur die Höhe der Gebühren im Ganzen. Einzelne Bestandteile, aus denen sich die Gebührenhöhe zusammensetzt, dürfen aus dem Bemessungsgefüge nicht herausgebrochen werden. Aus § 2 Abs. 2 GOÄ folgt, dass nur ein Steigerungssatz und dessen Betrag vereinbart werden können. Daher ist bei der Vereinbarung einer abweichenden Gebührenhöhe stets von den jeweiligen Gebührensätzen des Gebührenverzeichnisses („Gebühr in Euro") auszugehen und ein **Steigerungsfaktor festzulegen** (zB 4facher Gebührensatz) sowie der sich daraus ergebende Betrag.

Entsprechend dem Bestimmtheitsgebot der §§ 2 und 5 GOÄ und dem allgemeinen Transparenzgebot der GOÄ muss die Abweichung von den Gebühren nach den Vorschriften der GOÄ für den Patienten erkennbar sein, damit er die auf ihn zukommende Honorarforderung auch übersehen kann.

Aus § 2 Abs. 2 GOÄ folgt auch, dass ein **Pauschalhonorar** nicht rechtswirksam vereinbart werden kann (vgl. BGH GesR 2024, 364).

### 3. Angemessene Gebührenhöhe

Die Gebühren können nicht in beliebiger Höhe vereinbart werden. Der Fixierung der Gebührenhöhe, dh des Steigerungssatzes, sind durch andere Rechtsvorschriften, insbesondere durch Berufsrecht und Bürgerliches Recht, Grenzen gesetzt. Zu den Berufspflichten des Arztes gehört es nach § 12 MBO-Ä, dass die Honorarforderung des Arztes angemessen sein muss und dass der Arzt bei dem Abschluss einer Honorarvereinbarung auf die Einkommens- und Vermögensverhältnisse des Patienten Rücksicht zu nehmen hat.

Die Gebührenhöhe muss sich an dem Verhältnis von Leistung und Gegenleistung orientieren. So sind **unterschiedliche Steigerungssätze zu vereinbaren,** wenn in einem Behandlungsfall nach Schwierigkeitsgrad und Zeitaufwand unterschiedlich zu bewertende Leistungen erbracht werden. Soweit für einzelne Leistungen die reguläre Vergütung angemessen ist, sind solche Behandlungsschritte von der Honorarvereinbarung auszunehmen.

Eine sachlich nicht begründbare, willkürliche Honorarforderung wäre mit der Verpflichtung zu angemessener Honorarberechnung nicht vereinbar und daher auch berufsrechtlich zu beanstanden. Eine Honorarvereinbarung kann wegen Wuchers oder wucherähnlichen Verhaltens nichtig sein (§ 138 BGB).

### 4. Anforderungen an die Honorarvereinbarung

Die abweichende Vereinbarung muss zum Schutz des Patienten vor übereilten Bindungen folgende formelle und inhaltliche Anforderungen erfüllen (§ 2 Abs. 2 GOÄ):

(1) Die Vereinbarung ist **vor Erbringung der ärztlichen Leistung** zu treffen. Dies schließt nach der amtlichen Begründung aber nicht aus, dass die Vereinbarung auch noch während einer laufenden Behandlung für zukünftige Leistungen getroffen wird (vgl. LG Frankfurt ZMGR 2019, 176).

(2) Die Vereinbarung bedarf der **persönlichen Absprache** zwischen Arzt und Zahlungspflichtigem.

(3) Die Vereinbarung muss **schriftlich** („in einem Schriftstück") abgeschlossen werden. Die Unterzeichnung muss von den Vertragsparteien eigenhändig und auf demselben Schriftstück erfolgen (§ 126 BGB). Vertragspartner sind auf Patientenseite bei Minderjährigen in der Regel die Eltern (BGH NJW 2022, 2269). Ansonsten ist es regelmäßig der Zahlungspflichtige selbst. Wenn zB ein naher Angehöriger eine abweichende Vereinbarung für einen bewusstlosen Patienten abschließt, hängt die Wirksamkeit der Vereinbarung von der nachträglichen Genehmigung des vertretenen Patienten ab (§ 177 BGB). Im Rahmen des § 1358 Abs. 1 Nr. 2 besteht ein vorübergehendes Notvertretungsrecht des Ehegatten zum Abschluss von Krankenhausverträgen. Auf Grund § 2 Abs. 2 GOÄ ist davon auszugehen, dass die Vereinbarung vom Arzt eigenhändig unterschrieben werden muss.

    Will ein nur **mittelbar tätiger Arzt,** der keinen direkten Kontakt zum Patienten hat, wie zB ein Laborarzt oder ein Pathologe, eine abweichende Vereinbarung treffen, hat er die Möglichkeit, sich durch den behandelnden Arzt vertreten zu lassen, der in Vollmacht für ihn die Vereinbarung mit dem Patienten abschließt. § 2 Abs. 2 GOÄ stellt eine gesetzliche Formvorschrift iSv § 126 BGB dar, mit der Folge, dass eine nur mündlich getroffene Abrede nichtig ist (OLG Köln MedR 1993, 349).

(4) In der Vereinbarung müssen ausdrücklich die Nummer und die Bezeichnung der Leistung, der Steigerungssatz und dessen Betrag (= vereinbarter **Betrag**) aufgeführt werden.

(5) Die Vereinbarung darf **keine anderen Erklärungen enthalten.** Der Inhalt der Vereinbarung muss sich daher ausschließlich auf die Liquidation und auf solche Hinweise beziehen, die unmittelbar mit der Liquidation in Zusammenhang stehen, wie zB eine Begründung für die Höhe der vereinbarten Gebühren. Auch das Einverständnis mit der Einschaltung einer Verrechnungsstelle muss auf einem gesonderten Schriftstück eingeholt werden. Beziehen sich die Erläuterungen in der Vergütungsvereinbarung zwar auf die Gebührenhöhe, sind sie aber inhaltlich so formuliert, dass sie die Freiheit des Patienten beeinträchtigen, sich für oder gegen die Vereinbarung zu ent-

scheiden, ist die Honorarvereinbarung unwirksam (BGH NJW 1998, 1786). Eine mit anderen Rechtsgeschäften, wie zB einer Wahlleistungsvereinbarung, auf demselben Schriftstück abgeschlossene Honorarvereinbarung ist ebenfalls unwirksam (§ 134 BGB).

(6) Die Vereinbarung muss in jedem Fall die **Feststellung enthalten,** dass eine **Erstattung** der Vergütung durch die kostenerstattenden Stellen (privates Krankenversicherungsunternehmen, Beihilfestelle des öffentlichen Dienstes) **möglicherweise nicht in vollem Umfang gewährleistet ist.** Durch diese Feststellung soll der Patient darauf hingewiesen werden, dass die Erstattungsansprüche in der Regel auf den Umfang der nach der GOÄ regulär vorgesehenen Vergütungshöhe begrenzt sind (siehe S. XLVII). Über die Bedeutung und die Auswirkungen der von der GOÄ abweichenden Gebührenhöhe muss der Patient hinreichend aufgeklärt werden, wobei der Umfang der gebotenen Belehrung von den Umständen des jeweiligen Einzelfalles abhängt (OLG Hamburg NJW 1987, 2937).

(7) Der Arzt hat dem Zahlungspflichtigen einen **Abdruck der Vereinbarung auszuhändigen.** Zweckmäßigerweise wird dem Zahlungspflichtigen zusätzlich ein Auszug aus dem Gebührenverzeichnis (einschließlich Gebührensätzen) für die betreffenden ärztlichen Leistungen ausgehändigt.

### 5. Keine routinemäßige Formularvereinbarung

Die abweichende Honorarvereinbarung ist nur rechtswirksam, wenn sie „nach persönlicher Absprache im Einzelfall zwischen Arzt und Zahlungspflichtigem" getroffen worden ist (§ 2 Abs. 2 Satz 1 GOÄ). Dies bedeutet, dass der Arzt mit seinem Patienten über ein von der GOÄ abweichendes Honorar eine **Individualvereinbarung** treffen muss und routinemäßige Formularabbedingungen nicht zulässig sind. Das schließt an die Rechtsprechung an (BGH NJW 1992, 746), die entschieden hatte, dass formularmäßige Abweichungen von (den Leitlinien) der GOÄ wegen Verstoßes gegen das damalige AGB (Allgemeine Geschäftsbedingungen)-Gesetz (heute §§ 307 ff. BGB) nichtig sind. Es begegnet keinen verfassungsrechtlichen Bedenken, dass eine Überschreitung des § 5 GOZ (wie auch des § 5 GOÄ) nur auf Grundlage einer (schriftlichen) Individualvereinbarung moglich ist (BVerfG NJW 2005, 1036). Die Anforderungen an das Vorliegen einer Individualvereinbarung müssen aber im Lichte des Art. 12 Abs. 1 GG gesehen werden und schließen die Verwendung teilweise vorformulierter Texte nicht aus, wenn – wie in dem entschiedenen Fall – bei einer zahnärztlichen Behandlung

(1) auf der Grundlage eines zuvor individuell erstellten Heil- und Kostenplans die zwei wesentlichen individuellen Parameter eingetragen werden:

(2) die individuelle Leistung durch die Gebührenziffer gekennzeichnet ist, deren Inhalt sich durch eine Anlage erschließt, und

(3) ein vorher nicht abstrakt definierter Gebührensatz (also der Preis), der je nach Gebührenziffer variiert.

Der Patientenschutz verlangt nicht, eine Individualvereinbarung nur dann zuzulassen, wenn der Preis zur Verhandlungssache erklärt wird. Allerdings muss der Patient ausreichend Zeit haben zu überlegen, ob er die Behandlung zu den Konditionen durchführen lassen will (LG Frankfurt ZMGR 2019, 176).

## 6. Keine Abbedingung bei Notfallbehandlung

Bei einer Notfallbehandlung oder einer akuten Schmerzbehandlung, insbesondere in solchen Fällen, in denen der Arzt zur sofortigen Hilfeleistung verpflichtet ist (§ 323c StGB), darf die Übernahme der Behandlung nicht von dem Abschluss einer abweichenden Honorarvereinbarung abhängig gemacht werden (§ 2 Abs. 1 GOÄ). Dies gilt auch bei Einlieferung eines schwer erkrankten oder schwer verletzten Patienten in ein Krankenhaus. Auch darf eine abweichende Vereinbarung nicht von Patienten verlangt werden, die sich in einer Situation befinden, die ihre freie Willensentscheidung beeinträchtigt, wie zB unmittelbar vor einem operativen Eingriff. In solchen Fällen ist eine abweichende Vereinbarung vor Behandlungsbeginn nicht möglich; sie kann ggf. noch nach der notfallmäßigen Versorgung für zukünftige Leistungen abgeschlossen werden.

## 7. Begründungspflicht für die Honorarvereinbarung

Da sich die Honorarvereinbarung nur auf die Gebührenhöhe erstrecken kann, sind die Vorschriften über die Arztrechnung (§ 12 GOÄ) nicht abdingbar. Zu diesen Vorschriften gehört auch das Erfordernis, das Überschreiten des Schwellenwertes (2,3facher Satz) in der Rechnung zu begründen (§ 12 Abs. 3 GOÄ). Diese Begründung wird bei einer **über dem Höchstsatz** des Gebührenrahmens (3,5facher Satz) liegenden Vergütung durch die Vereinbarung ersetzt. In diesen Fällen ist ein Hinweis in der Rechnung auf die Honorarvereinbarung als Begründung als ausreichend anzusehen. Für den Fall aber, dass auch ohne die abweichende Vereinbarung ein Überschreiten des Schwellenwertes gerechtfertigt gewesen wäre, ist das Überschreiten auf Verlangen des Zahlungspflichtigen zu begründen (§ 12 Abs. 3 Satz 3 GOÄ). Diese Vorschrift ist deshalb erforderlich, weil bei der Kostenerstattung nach den Versicherungsbedingungen der privaten Krankenversicherung und nach den Beihilfevorschriften des öffentlichen Dienstes auch bei einer Honorarvereinbarung für den Patienten durchaus die Möglichkeit besteht, wie in den Fällen ohne Vereinbarung bei entsprechender Begründung eine Erstattung bis zum Höchstsatz des Gebührenrahmens zu erhalten.

# IV. Die ärztlichen Gebühren

## 1. Die einzelnen Gebührenpositionen

**a) Gebühr, Gebührensatz.** Das Vergütungssystem der GOÄ basiert auf einer **Einzelleistungsvergütung,** dh für jede selbständige ärztliche Leistung ist grundsätzlich eine eigene Gebühr im Gebührenverzeichnis enthalten. Unter **Gebühr** ist also begrifflich die Vergütung für die im Gebührenverzeichnis aufgeführte ärztliche Leistung zu verstehen (§ 4 Abs. 1 GOÄ). Die einzelne Gebühr setzt sich aus der Gebührennummer, der Leistungsbeschreibung, der Punktzahl und dem Gebührensatz („Gebühr in Euro“) zusammen. Der **Gebührensatz** ist der Einfachsatz und errechnet sich durch Multiplikation der Punktzahl der jeweiligen Gebühr mit dem einheitlichen Punktwert von 5,82873 Cent (§ 5 Abs. 1 GOÄ).

Die vom Arzt für seine Leistung dann tatsächlich geforderte Gebühr ergibt sich aus der Steigerung des (einfachen) Gebührensatzes innerhalb des Gebührenrahmens (§ 5 Abs. 2 GOÄ), wie zB das 2,3fache des Gebührensatzes, auch als Steigerungssatz bezeichnet (§ 12 Abs. 3 S. 3 GOÄ).

**b) Selbständige ärztliche Leistungen.** Gebühren können nur für selbständige ärztliche Leistungen berechnet werden (§ 4 Abs. 2 S. 1 GOÄ). Demzufolge handelt es sich bei den im Gebührenverzeichnis beschriebenen Leistungen ganz überwiegend um selbständige Leistungen (vgl. auch BGH MedR 2005, 228; VersR 2010, 1042). Nur für wenige sonst unselbständige Leistungen, also solche, die im Regelfall als Bestandteil einer anderen selbständigen Leistung erbracht werden, enthält das Gebührenverzeichnis eine Gebühr für den Fall, dass sie als selbständige Leistungen erbracht werden, wie zB die Nr. 1625, 1783, 1804.

**c) Zielleistungsprinzip.** Werden mehrere selbständige ärztliche Leistungen gleichzeitig oder im Zusammenhang erbracht, ist bei ihrer Nebeneinanderberechnung § 4 Abs. 2a S. 1 GOÄ zu beachten, wonach für eine Leistung eine Gebühr dann nicht berechnet werden kann, wenn sie Bestandteil oder eine besondere Ausführung einer anderen Leistung des Gebührenverzeichnisses ist, für die der Arzt eine Gebühr berechnet (§ 4 Abs. 2a S. 1 GOÄ; sog. **Zielleistungsprinzip**). Das gilt auch für die zur Erbringung der im Gebührenverzeichnis aufgeführten operativen Leistungen methodisch notwendigen operativen Einzelschritte (§ 4 Abs. 2a S. 2 GOÄ). Die Parallelvorschrift der GOZ (§ 4 Abs. 2 S. 4) enthält hierfür eine Definition, die auch für die GOÄ gelten kann: Eine Leistung ist methodisch notwendiger Bestandteil einer anderen Leistung, wenn sie inhaltlich von der Leistungsbeschreibung der anderen Leistung (Zielleistung) umfasst und auch in deren Bewertung berücksichtigt worden ist. Nach der Rechtsprechung können Fragen zur Abgrenzung der gebührenrechtlich selbständigen Leistungen von nicht berechnungsfähigen unselbständigen Leistungen nicht allein anhand der Begrifflichkeit beantwortet werden, vielmehr ist auch zu prüfen, in welchem Sinnzusammenhang die betreffenden Leistungsbeschreibungen zueinander stehen und welche Bewertung sie im Gebührenverzeichnis erhalten haben (BGHZ 159, 142; BGH MedR 2006, 655). Auch muss zuvor Klarheit über den jeweiligen Leistungsumfang (Umfang an Einzelverrichtungen einer Leistung) gewonnen werden (BGH MedR 2008, 669). Ausnahmsweise kann eine Regelungslücke der GOÄ durch den Ansatz einer (Analog-)Ziffer geschlossen werden, wenn eine Komplexbehandlung aufgrund des medizinischen Fortschritts ärztliche Leistungen beinhaltet, die in der Bewertung einer im Gebührenverzeichnis beschriebenen Zielleistung noch nicht berücksichtigt sind (BGH MedR 2005, 228). Für die zusätzliche Leistung muss eine eigenständige medizinische Indikation bestehen und sie darf sich als bloße besondere (neue) Ausführungsarzt darstellen (GesR 2022, 30).

## 2. Die Abrechnungsbestimmungen des Gebührenverzeichnisses

Das Gebührenverzeichnis enthält eine Reihe von Abrechnungsbestimmungen, die vom Arzt bei seiner Liquidation zu berücksichtigen sind. Diese Abrechnungsbestimmungen sind notwendig, um das Bewertungsgefüge des Gebührenverzeichnisses einzuhalten. In der Regel handelt es sich nach der amtlichen Begründung um

(1) Bestimmungen, die die einzelnen Leistungen voneinander abgrenzen und damit den Inhalt der jeweiligen Leistung bestimmen (zB wird in der Gebührennummer 8 festgelegt, welche Leistungen von einer Untersuchung zur Erhebung des Ganzkörperstatus umfasst werden, deshalb neben dieser Leistung nicht berechnungsfähig sind).

(2) Bestimmungen, die den in § 4 Abs. 2a GOÄ enthaltenen Grundsatz konkretisieren, dass mit der Gebühr für die umfassendere Leistung auch die Teilleistung abgegolten ist (zB ist der einfache Befundbericht mit der Gebühr für die zugrundeliegende Labor- oder Röntgenleistung abgegolten).

(3) Bestimmungen, die den Besonderheiten bei der Leistungserbringung Rechnung tragen (zB Berechnung der Gebühr nach Nr. 4 nur einmal im Behandlungsfall).

### 3. Das Gebührenverzeichnis

An den Paragraphenteil der GOÄ (§§ 1 bis 12) schließt sich das Gebührenverzeichnis als Anlage zu § 4 GOÄ an. Das Gebührenverzeichnis ist Bestandteil der Verordnung und hat die gleiche Rechtsverbindlichkeit. Es ist in die Abschnitte A bis P gegliedert und umfasst etwa 3000 einzelne Gebührenpositionen (Gebührentatbestände), die folgenden Abschnitten zugeordnet sind:

(1) **Abschnitt A:** Gebühren in besonderen Fällen
Dieser Abschnitt enthält – aus regelungstechnischen Gründen – eine Zusammenstellung von Leistungen, die sich in anderen Abschnitten des Gebührenverzeichnisses befinden, für die aber nur der Gebührenrahmen mit dem 1- bis 2,5fachen Gebührensatz gelten soll. Es handelt sich – wie auch bei den Gebühren nach den Abschnitten E und O – um Leistungen, die weitgehend unter Einschaltung von Hilfspersonal oder Apparaten erbracht werden können.

(2) **Abschnitt B** (Nrn. 1 bis 109): Grundleistungen und allgemeine Leistungen
Dieser Abschnitt enthält eine Reihe von Leistungen, die zum Kernbereich jeder ärztlichen Tätigkeit gehören und – einzeln oder nebeneinander – bei jeder Arzt-Patient-Begegnung anfallen können. Es handelt sich insbesondere um Leistungen der „sprechenden" Medizin, wie zB Beratungen des Patienten in den verschiedenen Formen, und um die persönlichen und arbeitsintensiven körperlichen Untersuchungen, wie zB symptombezogene Untersuchung, Untersuchung nach Organsystemen, Ganzkörperstatus und die präventiven Untersuchungen. Schließlich werden nach Abschnitt B u. a. der Hausbesuch, die Visiten im Krankenhaus, das ärztliche Konsil als kollegiale Beratung mehrerer Ärzte nach Untersuchung des Patienten, der Beistand eines anderen Arztes (Assistenz) sowie ärztliche Berichte und Behandlungspläne berechnet. Der letzte Unterabschnitt betrifft die Todesfeststellung; er wurde durch die 5. Änderungsverordnung m. W. z. 1.1.2020 vollständig neu gefasst und die Leistungen deutlich höher bewertet. Die Leichenschau dauert lange, weil sie an der vollständig entkleideten Leiche erfolgt und alle Körperregionen einzubeziehen hat.

Zu einer Reihe dieser Leistungen können Zuschläge berechnet werden, wenn diese Leistungen zu besonderen Zeiten, wie zB außerhalb der Sprechstunde, bei Nacht oder an Samstagen, Sonn- und Feiertagen, oder bei Kleinkindern bis zum vollendeten 4. Lebensjahr erbracht werden (siehe näher S. XXXI).

(3) **Abschnitt C** (Nrn. 200 bis 449): Nichtgebietsbezogene Sonderleistungen
Hierunter fallen Leistungen, die im Rahmen einer ärztlichen Behandlung neben den Grund- und allgemeinen Leistungen nach Abschnitt B krankheitsbezogen notwendig werden, wie zB Verbände, Blutentnahmen, Infusionen, Injektionen, Punktionen, Kontrastmitteleinbringung, Impfungen,

sonographische und intensivmedizinische Leistungen. In Abschnitt C sind auch die Zuschläge geregelt, die der Arzt bei ambulanten Operationen für bestimmte Operations- und Anästhesieleistungen zusätzlich zu den Gebühren für diese Leistungen berechnen kann.

(4) **Abschnitt D** (Nrn. 450 bis 498): Anästhesieleistungen
Dieser Abschnitt führt die ambulant und stationär erbringbaren Anästhesieleistungen auf.

(5) **Abschnitt E** (Nrn. 500 bis 569): Physikalisch-medizinische Leistungen
Die physikalisch-medizinischen Leistungen, zu denen u. a. Krankengymnastik, Massagen, Packungen, Bäder, Elektro- und Lichttherapie gehören, können vom niedergelassenen Arzt als ärztliche Leistungen abgerechnet werden, wenn sie in seiner Praxis unter seiner Verantwortung (§ 4 Abs. 2 GOÄ) von Hilfspersonal erbracht werden. Bei einer stationären Behandlung kann der Chefarzt (Wahlarzt) diese Leistungen nur unter den Voraussetzungen des § 4 Abs. 2 Satz 4 GOÄ berechnen (siehe S. XXI).

(6) **Abschnitt F bis L** (Nrn. 600 bis 3321): Innere Medizin, Kinderheilkunde, Dermatologie, Neurologie, Geburtshilfe, Augenheilkunde, Hals-Nasen-Ohrenheilkunde, Chirurgie, Orthopädie, Urologie
In diesen Abschnitten sind die in den jeweiligen ärztlichen Fachgebieten spezifisch erbringbaren Leistungen aufgeführt.

(7) **Abschnitt M** (Nrn. 3500 bis 4787): Laboratoriumsuntersuchungen
Dieser Abschnitt enthält die rd. 900 Leistungen der Laboratoriumsmedizin. Die Laborleistungen werden nach der Art ihrer Erbringung dem Praxislabor (Nrn. 3500 bis 3532), Basislabor (Nrn. 3541 bis 3621) und Speziallabor (Nrn. 3630 bis 4787) zugeordnet. Zum Praxislabor gehören die Laborleistungen, die regelmäßig in der Praxis des niedergelassenen Arztes vorgehalten werden. Zum Basislabor rechnen diejenigen Leistungen, die vom Arzt delegiert werden können durch Bezug von einer Laborgemeinschaft oder von einem – von einem Arzt ohne eigene Liquidationsberechtigung geleiteten – Krankenhauslabor. Laborgemeinschaften sind Gemeinschaftseinrichtungen niedergelassener Ärzte, in denen diese unter Aufsicht eines anderen Arztes Laborleistungen des Basislabors als eigene Leistungen erbringen lassen. Nicht delegierbar sind die Leistungen des Speziallabors, die nicht von dem auftraggebenden Arzt, sondern nur von dem beauftragten, die Laboratoriumsuntersuchungen durchführenden Arzt berechnet werden können.
Zu beachten sind auch die Höchstwertregelungen in diesem Abschnitt, durch die für bestimmte Laboratoriumsuntersuchungen die Berechnungsfähigkeit auf einen unter Berücksichtigung der medizinisch sinnvollen Menge festgelegten Höchstwert begrenzt wird.

(8) **Abschnitte N, O und P** (Nrn. 4800 bis 6018): Histologie, Zytologie und Zytogenetik; Strahlendiagnostik, Nuklearmedizin, Magnetresonanztomographie und Strahlentherapie; Sektionsleistungen
In Abschnitt N sind die histologischen, zytologischen und zytogenetischen Leistungen aufgeführt. Dem Abschnitt O sind bildgebende Verfahren, wie zB Röntgen, Angiographie, Computertomographie (CT), Magnetresonanztomographie (Kernspintomographie), die diagnostischen und therapeutischen Leistungen der Nuklearmedizin sowie die strahlentherapeutischen Leistungen zugeordnet. Mit Abschnitt P, der die Sektionsleistungen enthält, ist das Gebührenverzeichnis abgeschlossen.

### 4. Ergänzung des Gebührenverzeichnisses

**a) Analoge Bewertung von Leistungen.** Selbständige ärztliche Leistungen, die nicht in das Gebührenverzeichnis aufgenommen worden sind, können vom Arzt entsprechend einer nach Art, Kosten- und Zeitaufwand gleichwertigen Leistung des Gebührenverzeichnisses berechnet werden (§ 6 Abs. 2 GOÄ). Diese Regelung gilt für alle medizinischen Leistungen, die nicht im Gebührenverzeichnis enthalten sind, und zwar gleichgültig, ob sie der Schulmedizin zuzurechnen sind oder nicht. Die Vorschrift hat eine erhebliche praktische Bedeutung, weil die meisten Abschnitte den Stand der Medizin im Jahr 1982 widerspiegeln; im Jahr 1996 wurden letztmals einige wenige Abschnitte überarbeitet.

Voraussetzung für die analoge Bewertung sowie Berechnung ist, dass es sich bei der zu bewertenden Leistung um eine selbständige ärztliche Leistung handelt, die sich nicht lediglich als eine besondere Ausführung einer im Gebührenverzeichnis abgebildeten Leistung darstellt (§ 4 Abs. 2a GOÄ). Die Selbständigkeit einer ärztlichen Leistung ist – auch bei ihrer Einstufung als analoge Leistung – danach zu beurteilen, ob für sie eine eigenständige medizinische Indikation besteht (BGH VersR 2010, 1042). Analog heranzuziehen ist diejenige Leistung des Gebührenverzeichnisses, die der neu zu bewertenden Leistung unter Berücksichtigung der drei genannten Kriterien am nächsten kommt. Bei der Heranziehung dieser Kriterien ist nicht in besonderer Weise auf die Vergleichbarkeit der Art der ausgeführten Leistung abzustellen, bei der das Ziel der Leistung oder der Ablauf der Behandlung (oder der Behandlungserfolg) im Vordergrund stehen, sondern gleichrangig sind auch Kosten- und Zeitaufwand zu berücksichtigen (BGH VersR 2003, 633). Die zu bewertende Leistung muss sich in das Bewertungsgefüge des Gebührenverzeichnisses einpassen. Daher kann der einfache Gebührensatz als Produkt aus Punktzahl und Punktwert nicht verändert werden.

Das Recht zur analogen Bewertung hat der einzelne Arzt, der damit unter den genannten Voraussetzungen das Gebührenverzeichnis selbst ergänzen kann, sog. **Selbstergänzungsrecht des Arztes.** Um eine möglichst einheitliche Handhabung zu erreichen, hat die Bundesärztekammer Grundsätze analoger Bewertungen aufgestellt (DÄBl. 1997, A-1960, vgl. auch die „Betriebsanleitung für die analoge Bewertung " DÄBl. 1984, A-485) und einen Zentralen Konsultationsausschuss für Gebührenordnungsfragen unter Beteiligung von Vertretern des Verbandes der privaten Krankenversicherung sowie der für die GOÄ und das Beihilferecht zuständigen Bundesministerien etabliert. Zudem gibt sie für bestimmte neue Leistungen in unregelmäßigen Abständen bis zur überfälligen Novellierung des Gebührenverzeichnisses Analogbewertungen heraus, die im Deutschen Ärzteblatt (www.aerzteblatt.de) unter (www.bundesaerztekammer.de) veröffentlicht werden. Dort findet man auch einen GOÄ-Ratgeber. Die der Analogabrechnung zugrunde liegende Gleichwertigkeitsbetrachtung unterliegt uneingeschränkter gerichtlicher Überprüfung.

**b) Zugriff auf die zahnärztliche Gebührenordnung (GOZ).** Ärzte können grundsätzlich nicht die Gebührenordnung für Zahnärzte (GOZ) anwenden. Eine Ausnahme besteht für Mund-Kiefer-Gesichtschirurgen, Hals-Nasen-Ohrenärzte und Chirurgen, wenn diese im Rahmen ihrer beruflichen Tätigkeit auch einzelne zahnärztliche Leistungen erbringen müssen (§ 6 Abs. 1 GOÄ). Die Vergütungen für diese Leistungen sind nach dem Gebührenverzeichnis und den Liquidationsvorschriften der GOZ zu berechnen.

## 5. Zuschläge zu den Gebühren

Zu den Gebühren sind auch die im Gebührenverzeichnis aufgeführten Zuschläge zu rechnen, die auf einzelne Leistungen aufgeschlagen werden können. Die Zuschläge werden entweder mit Großbuchstaben oder mit Gebührennummern bezeichnet und sind – von wenigen Ausnahmen (zB Nrn. 402, 403) abgesehen – nur mit dem einfachen Gebührensatz berechnungsfähig. Zuschläge kann der Arzt berechnen

(1) zu Beratungen, Untersuchungen, Besuchen usw., wenn er diese Leistungen zu besonderen Zeiten (zB bei Nacht) erbringt oder Kleinkinder bis zum 4. Lebensjahr behandelt (Abschnitt B II und V des Gebührenverzeichnisses),

(2) zu sonographischen Leistungen (Abschnitt C VI),

(3) zu ambulanten Operations- und Anästhesieleistungen (Abschnitt C VIII) und

(4) zu weiteren Leistungen insbesondere in Abschnitt O.

## 6. Berechnung von Kosten neben den Gebühren

Bei der Berechnung von Kosten – neben den Gebühren für die ärztlichen Leistungen – ist zu unterscheiden zwischen sog. Praxiskosten, die für das Betreiben einer Arztpraxis notwendig und mit den Gebühren abgegolten sind (§ 4 Abs. 3 GOÄ), und solchen Kosten, die bei der individuellen Behandlung des Patienten entstehen und gesondert nach Maßgabe des § 10 GOÄ – als Auslagenersatz – berechnet werden dürfen.

**a) Abgeltung der Praxiskosten mit den Gebühren.** Die ärztlichen Gebühren enthalten sämtliche allgemeinen Praxiskosten einschließlich der Kosten für den Sprechstundenbedarf sowie die Kosten für die Anwendung von Instrumenten und Apparaten, soweit nicht in der GOÄ etwas anderes bestimmt ist (§ 4 Abs. 3 Satz 1 GOÄ). Solche Kosten dürfen nicht gesondert berechnet werden; sie sind mit den Gebühren abgegolten (§ 4 Abs. 4 GOÄ). Diese Regelung ist abschließend. Daher müssen Ausnahmen in der GOÄ (in § 10 und im Gebührenverzeichnis) ausdrücklich zugelassen sein. Deshalb bleibt für den Aufwendungsersatz nach § 670 BGB nach der amtlichen Begründung nur Raum für andere als ärztliche Leistungen (zB wenn der Arzt Laborleistungen von Nichtärzten bezieht) oder wenn der Arzt einen Dolmetscher hinzuzieht.

Zu den mit den Gebühren abgegoltenen Kosten sind alle Aufwendungen zu rechnen, die für das Betreiben einer Praxis notwendig sind, wie zB Raumkosten, Personalkosten, Einrichtungskosten für Apparate und Instrumente sowie Kosten, die durch die Anwendung von Apparaten und Instrumenten entstehen, die der Arzt bei vielen Patienten einsetzt, wie zB EKG-, Sonographie oder Röntgengerät. Zu dem in diese Regelung einbezogenen Sprechstundenbedarf gehören diejenigen Sprechstundenbedarfsmaterialien, die nicht nach § 10 GOÄ als Auslagenersatz berechnet werden können.

**b) Kostenregelung bei Leistungserbringung unter Inanspruchnahme Dritter.** Sofern leitende **Krankenhausärzte** (Chefärzte) bei der **ambulanten Behandlung** Personal, Einrichtungen und Material des Krankenhauses in Anspruch nehmen und dem Krankenhaus die Erstattung der hierdurch entstehenden Kosten schulden, sind diese Kosten mit den liquidierten Gebühren abgegolten (§ 4 Abs. 3 Satz 2). Das Krankenhaus kann daher seine Sachkosten nicht gegenüber dem Patienten, sondern nur gegenüber dem Arzt geltend machen.

Der Arzt darf seinen Vergütungsanspruch in Höhe solcher Kosten auch nicht an den den Krankenhausträger, abtreten (**Abtretungsverbot** nach § 4 Abs. 4 Satz 2 GOÄ). Eine Vollabtretung des gesamten Vergütungsanspruchs, zB zur Einziehung durch eine Verrechnungsstelle, wird dadurch aber nicht ausgeschlossen.

**c) Besonders berechnungsfähige Kosten.** Abschließend aufgeführte Kosten, die bei der individuellen Behandlung des Patienten entstehen und nicht zu den Praxiskosten iS des § 4 Abs. 3 GOÄ zählen, können als **Auslagenersatz** gesondert neben den Gebühren berechnet werden (§ 10 GOÄ). Es handelt sich vor allem um Kosten für Sprechstundenbedarfsmaterialien. Die Kosten dürfen nur in tatsächlich entstandener Höhe gefordert werden und müssen in der Arztrechnung entsprechend der Vorschrift des § 12 Abs. 2 Nr. 5 GOÄ aufgeschlüsselt werden. Beim Einkauf erzielte Mengenrabatte müssen an die Patienten weitergegeben werden.

Besonders berechnungsfähig sind

(1) Kosten für diejenigen Arzneimittel, Verbandmittel und sonstigen Materialien, die der Patient zur weiteren Verwendung behält oder die mit einer einmaligen Anwendung verbraucht sind (§ 10 Abs. 1 Nr. 1 GOÄ). Hiervon ausgenommen sind aber die Kosten für bestimmte Kleinmaterialien und Einmalartikel (§ 10 Abs. 2 GOÄ).

(2) Versand- und Portokosten, die aber nur von dem Arzt berechnet werden dürfen, dem die gesamten Kosten für Versandmaterial, Versandgefäße sowie Versand und Transport entstanden sind. Innerhalb einer Laborgemeinschaft oder des Krankenhausgeländes sind solche Kosten nicht berechnungsfähig (§ 10 Abs. 3 GOÄ). Portokosten für den Versand der Arztrechnung sind als Praxiskosten mit den zugrundeliegenden Gebühren abgegolten (§ 10 Abs. 3 GOÄ).

(3) Kosten für verbrauchte radioaktive Stoffe (§ 10 Abs. 1 Nr. 3 GOÄ) und

(4) Kosten, die nach den Vorschriften des Gebührenverzeichnisses, wie zB nach der Gebührennummer 1812, als gesondert berechnungsfähige Kosten ausgewiesen sind (§ 10 Abs. 1 Nr. 4 GOÄ).

## V. Die Bemessung der ärztlichen Gebühren

Zu den tragenden Grundsätzen der GOÄ gehört es, dass sich die Höhe des Arzthonorars nach den Besonderheiten der jeweiligen Erkrankung und der hierzu erforderlichen Behandlung richtet. Dies kommt insbesondere zum Ausdruck

(1) durch eine relative Bewertung aller ärztlichen Leistungen mit Punktzahlen,

(2) durch die Festsetzung eines (einfachen) Gebührensatzes für jede Leistung,

(3) durch die Vorgabe eines Gebührenrahmens mit Mindest- und Höchstsätzen,

(4) durch die Festlegung von – abschließend aufgezählten – Bemessungskriterien und

(5) durch das Gebot, die ärztliche Gebühr unter Berücksichtigung dieser Bemessungskriterien nach billigem Ermessen durch Steigerung der (einfachen) Gebührensätze innerhalb des Gebührenrahmens zu bestimmen (Bemessungsschema).

## 1. Punktzahl und Punktwert

Jede im Gebührenverzeichnis aufgeführte Gebühr setzt sich aus einer laufenden Nummer, der Leistungslegende (-beschreibung), einer Punktzahl und dem einfachen Gebührensatz in Euro zusammen (§ 5 Abs. 1 Satz 2 GOÄ). Die Punktzahl ist die eigentliche Bewertung der Leistung, gibt über die relative Bewertung aller Leistungen untereinander Auskunft und bliebe bei einer Punktwerterhöhung unverändert. Der einfache Gebührensatz ist das Produkt aus Punktzahl und Punktwert. Der Punktwert, der seit dem 2.1.2002 unverändert 5,82873 Cent beträgt (§ 5 Absatz 1 Satz 3 GOÄ), hat eigentlich die Funktion, die wirtschaftliche Entwicklung aufzufangen, dh eine Punktwerterhöhung würde eine lineare Anhebung aller Gebührensätze bedeuten.

Bei der Gebührenbemessung sind nach den Vorgaben der GOÄ Bruchteile eines Cents unter 0,5 abzurunden und Bruchteile von 0,5 und mehr auf volle Centbeträge aufzurunden (§ 5 Abs. 1 Satz 4 GOÄ). Zur einfacheren Anwendung der Gebührentabelle ist in dieser Ausgabe nicht nur der Euro-Betrag des Einfachsatzes, sondern auch der Euro-Betrag des sog. Schwellenwertes, also das 2,3-, 1,8- bzw. 1,15fache des Gebührensatzes, ausgedruckt. Die gegenstandslos gewordene „Gebühr in DM" hat der Verordnungsgeber bisher nicht aufgehoben.

## 2. Die Gebührenrahmen

Die privatärztlichen Gebühren sind Rahmengebühren, dh es wird für die jeweilige Leistung nicht – wie in der gesetzlichen Krankenversicherung – eine Einheitsgebühr berechnet, sondern die Gebühr wird nach den individuellen Gegebenheiten bei der Leistungserbringung innerhalb eines vorgegebenen Gebührenrahmens bemessen. Die GOÄ kennt drei Gebührenrahmen:

(1) den **1- bis 3,5fachen** Gebührenrahmen (§ 5 Abs. 1 Satz 1 GOÄ). Dieser Rahmen ist auf alle **ärztlichen Leistungen** anzuwenden;

(2) den 1- bis 2,5fachen Gebührenrahmen (§ 5 Abs. 3 GOÄ), der für die medizinisch**-technischen Leistungen** gilt. Zu den medizinisch-technischen Leistungen gehören alle Leistungen nach den Abschnitten A (Gebühren in besonderen Fällen), E (Physikalisch-medizinische Leistungen) und O (Strahlendiagnostik, Nuklearmedizin, Magnetresonanztomographie und Strahlentherapie) des Gebührenverzeichnisses und

(3) den **1- bis 1,3fachen** Gebührenrahmen (§ 5 Abs. 4 GOÄ) für die **Laboratoriumsuntersuchungen** nach Abschnitt M des Gebührenverzeichnisses und nach Nr. 437.

Der 3,5-, 2,5- bzw. 1,3fache Satz des Gebührenrahmens wird auch als Höchstsatz bezeichnet, der – mit Ausnahme des 3,5fachen Gebührenrahmens im Falle einer Abbedingung – nicht überschritten werden darf. Gesteigert wird der Einfachsatz der jeweiligen Leistung. Eine Ausnahme gilt für die Leichenschau. Diese ist nur mit dem einfachen Gebührensatz berechnungsfähig (Nr. 5 der Allg. Bestimmungen zu Abschnitt B VII).

## 3. Die Regelspanne innerhalb des Gebührenrahmens

Die GOÄ begrenzt die Gebühren für ärztliche Leistungen nicht nur durch Einordnung in Gebührenrahmen, sondern enthält innerhalb der Gebührenrahmen noch eine sog. **Regelspanne,** innerhalb derer die Gebühren im Normalfall zu berechnen sind:

(1) Nur bis zum **2,3fachen** des Gebührensatzes dürfen im Regelfall **rein** ärztliche **Leistungen** innerhalb des 1- bis 3,5fachen Gebührenrahmens berechnet werden (§ 5 Abs. 2 Satz 4 GOÄ);

(2) bis zum **1,8fachen** des Gebührensatzes dürfen in der Regel die **medizinisch-technischen Leistungen** innerhalb des 1- bis 2,5fachen Gebührenrahmens berechnet werden (§ 5 Abs. 3 Satz 2 GOÄ) und

(3) bis zum **1,15fachen** dürfen im Regelfall die **Laborleistungen** innerhalb des 1- bis 1,3fachen Gebührenrahmens berechnet werden (§ 5 Abs. 4 GOÄ).

Der 2,3-, 1,8- bzw. 1,15fache Satz der Regelspanne wird auch als **Schwellenwert** bezeichnet. Die Bemessung der Gebühren bis zum Schwellenwert bedarf keiner Begründung gegenüber dem Patienten. Der Schwellenwert ist aber keine Mittelgebühr; vielmehr ist eine Gebühr zwischen dem 1- und 2,3fachen (1,8- bzw. 1,15fachen) im Einzelfall festzusetzen (§ 5 Abs. 2 Satz 4 GOÄ). Es stellt aber keinen Fehlgebrauch des Ermessens dar, wenn der Arzt persönlich-ärztliche und medizinisch-technische Leistungen durchschnittlicher Schwierigkeit mit dem jeweiligen Höchstsatz der Regelspanne, also dem 2,3fachen bzw. dem 1,8fachen des Gebührensatzes, abrechnet (BGH MedR 2008, 90).

| | Leistungen des Arztes | | |
|---|---|---|---|
| | ärztliche | medizinisch-technische | Labor |
| Gebührenrahmen | 1- bis 3,5 | 1- bis 2,5 | 1- bis 1,3 |
| Regelspanne | 1- bis 2,3 | 1- bis 1,8 | 1- bis 1,15 |

### 4. Besondere Gebührenrahmen

**a) Wahlärztliche Leistungen.** Bei wahlärztlichen Leistungen, die weder vom Wahlarzt noch von dessen – dem Patienten vor Abschluss des Wahlarztvertrages nach § 4 Abs. 2 S. 3 GOÄ benannten – ständigen ärztlichen Fachvertreter persönlich erbracht werden, dürfen die Gebühren für diese Leistungen nur zwischen dem 1fachen und 2,3- bzw. 1,8fachen berechnet werden (§ 5 Abs. 5 GOÄ). Einen Schwellenwert gibt es für diese Leistungen nicht. Für Laborleistungen ist in diesen Fällen nach Sinn und Zweck der Vorschrift des § 5 Abs. 5 GOÄ ein Gebührenrahmen vom 1- bis 1,15fachen einzuhalten.

**b) Straffreier Schwangerschaftsabbruch.** Im Falle eines straffreien Schwangerschaftsabbruchs nach vorgeschriebener Konfliktberatung (§ 218a Abs. 1 StGB) sind die Leistungen für die Vornahme des Abbruchs und die Nachbehandlung bei komplikationslosem Verlauf (§ 24b Abs. 4 SGB V) nur bis zum 1,8fachen (Laborleistungen offensichtlich nur bis zum 1,15fachen) berechnungsfähig (§ 5a GOÄ). Diese Gebührensätze gelten sowohl für Kassen- als auch für Privatpatientinnen (siehe auch DÄBl. 2001 S. B-412).

**c) Basis-, Standard- und Notlagentarif der PKV.** Die ärztlichen Leistungen einschließlich der belegärztlichen Leistungen für Versicherte in dem brancheneinheitlichen Basistarif nach § 152 des Versicherungsaufsichtsgesetzes (VAG), den brancheneinheitlichen Standardtarifen der privaten Krankenversicherung (PKV) nach § 257 Abs. 2a Nr. 3 iVm § 403 bzw. § 404 SGB V und dem Notlagentarif nach § 153 VAG sind wie folgt zu vergüten (§ 75 Abs. 3a SGB V):

(1) bis zum 1,16fachen des Gebührensatzes für die in Abschnitt M und Nummer 437 des Gebührenverzeichnisses genannten Leistungen,

(2) bis zum 1,38fachen des Gebührensatzes für die in den Abschnitten A, E und O des Gebührenverzeichnisses genannten Leistungen und

(3) bis zum 1,8fachen des Gebührensatzes für die übrigen Leistungen des Gebührenverzeichnisses.

Die vorstehenden Gebührensätze galten aber nur solange, bis die nachstehend genannten Vertragsparteien nichts anderes vereinbart hatten (§ 75 Abs. 3b SGB V). Nach der vom 28.1.2010 datierenden Vereinbarung zwischen der Kassenärztlichen Bundesvereinigung und dem Verband der privaten Krankenversicherung e. V. im Einvernehmen mit den Beihilfekostenträgern bezüglich der Honorierung ambulanter ärztlicher und belegärztlicher Leistung im Basistarif (www.kbv.de/media/sp/Vereinbarung_Honorierung_Leistungen_PKV.pdf) werden die Leistungen des Abschnitts M sowie die Leistungen nach Nr. 437 GOÄ des Gebührenverzeichnisses mit dem 0,9-fachen des Gebührensatzes vergütet, die Leistungen der Abschnitte A, E und O des Gebührenverzeichnisses mit dem 1,0-fachen Gebührensatz, die übrigen Leistungen mit dem 1,2-fachen Gebührensatz.

Die Gebührenbegrenzung betrifft allerdings keine wahlärztliche Leistungen im Rahmen einer stationären Krankenhausbehandlung, denn diese sind kein Leistungsbestandteil der Versicherung im Basis- bzw. Standard- oder Notlagentarif der PKV.

Die gesetzliche Einführung des Basistarifs, der den Versicherungsunternehmen der PKV u. a. einen Kontrahierungszwang mit bisher Nichtversicherten und Kündigungsausschluss auferlegt (§§ 193, 206 Versicherungsvertragsgesetz; vgl. auch BGH NJW 2012, 376), ist verfassungsgemäß (BVerfG NJW 2009, 2033).

Die bisherige Vergütungsregelung des § 5b GOÄ ist nur noch anzuwenden, sofern sich bei Anwendung der gesetzlichen Normen Regelungslücken zeigen.

### 5. Bestimmung nach billigem Ermessen

Innerhalb des Gebührenrahmens (und damit auch der Regelspanne) sind die Gebühren vom Arzt im Einzelfall unter Berücksichtigung der Schwierigkeit, des Zeitaufwands und der Umstände bei der Ausführung der einzelnen Leistung nach billigem Ermessen zu bestimmen (§ 5 Abs. 2 GOÄ). Der Grundsatz der Bestimmung nach **billigem Ermessen** bedeutet, dass der Arzt die Gebühr unter Berücksichtigung der vorgenannten, in der GOÄ abschließend aufgezählten Bemessungskriterien so festsetzen muss, dass diese dem Wert seiner ärztlichen Leistung entspricht, dh **angemessen** ist. Die **Bemessungskriterien** müssen objektiv und leistungsbezogen angewendet werden. Ob der Arzt bei seiner Ermessensausübung diese Kriterien richtig angewendet hat, kann im einzelnen Behandlungsfall gerichtlich nachgeprüft werden. Nach § 12 Abs. 2 MBO-Ä kann der Arzt mittellosen Patienten das Honorar ganz oder teilweise erlassen.

### 6. Die einzelnen Bemessungskriterien

Die vorgenannten Bemessungskriterien sind nicht nur bei Überschreitung des Schwellenwertes anzuwenden, sondern auch bei der Gebührenbemessung innerhalb der Regelspanne. Bemessungskriterien, die bereits in der Leistungsbeschreibung berücksichtigt worden sind, haben hierbei außer Betracht zu bleiben (§ 5 Abs. 2 Satz 3 GOÄ). Die persönliche Qualifikation des Arztes ist kein Bemessungskriterium (Landesberufsgericht NRW MedR 2016, 914).

**a) Schwierigkeit der Leistung.** Zunächst ist zu beachten, dass der für die einzelne Leistung typische Schwierigkeitsgrad im Gebührenverzeichnis bei der Festsetzung der Punktzahl und des (einfachen) Gebührensatzes seinen Niederschlag gefunden hat. Dieser kann bei der Gebührenbemessung nicht mehr berücksichtigt werden. Vielmehr können nur solche Schwierigkeiten gebührensteigernd berücksichtigt werden, die sich **konkret** bei der Ausführung der Leistung aus dem Krankheitsbild, dem Zustand oder Verhalten des Patienten ergeben.

Die Schwierigkeit der einzelnen Leistung kann auch durch die **Schwierigkeit des Krankheitsfalles** begründet sein (§ 5 Abs. 2 Satz 2 GOÄ). Ein insgesamt schwieriger Krankheitsfall ist also unabhängig von den Schwierigkeiten der einzelnen Leistungen für sich ein eigenes Kriterium für die Bemessung der Gebühren. Dies gilt aber nicht bei medizinisch-technischen Leistungen sowie nach Entstehung und Sinn und Zweck der Regelung auch nicht für die Laborleistungen; hier kommt es allein auf die Schwierigkeit der einzelnen Leistung an.

**b) Zeitaufwand der Leistung.** Ein weiteres Bemessungskriterium ist der Zeitaufwand für die Erbringung der einzelnen Leistung. Aber auch hier ist zu beachten, dass der Zeitaufwand – neben der Schwierigkeit – der Leistung beim Gebührenansatz im Gebührenverzeichnis Berücksichtigung gefunden hat und dass daher bei einer naturgemäß zeitaufwendigen Leistung dieses Merkmal generell nicht herangezogen werden kann. Der Zeitaufwand kann gebührensteigernd berücksichtigt werden, wenn er aus besonderen Gründen das übliche Maß übersteigt.

**c) Umstände bei der Ausführung der Leistung.** Auch besondere Umstände bei der Ausführung der ärztlichen Leistung wirken sich gebührensteigernd aus. Dazu rechnen nach der amtlichen Begründung zB besondere Wünsche des Patienten.

Auch bei **Notfallbehandlungen** können sich außergewöhnliche Umstände (zB bei Verkehrsunfällen) gebührensteigernd auswirken. Zu beachten ist aber auch hier, dass eine bereits durch Zuschläge zu den Gebühren ausdrücklich berücksichtigte Erschwernis (zB beim Nachtbesuch, bei Behandlung außerhalb der Sprechstunde) nicht herangezogen werden darf.

### 7. Festlegung des Steigerungssatzes

**a) Innerhalb der Regelspanne.** Unter Berücksichtigung der vorgenannten Bemessungskriterien hat der Arzt nach billigem Ermessen die Gebühr für jede einzelne Leistung seiner Behandlung durch **Steigerung des Einfachsatzes** innerhalb des Gebührenrahmens festzulegen. Der Steigerungssatz ist in der Arztrechnung anzugeben (§ 12 Abs. 2 Nr. 2 GOÄ). Bei der Gebührensteigerung ist zunächst zu beachten, dass „in der Regel" eine Gebühr zwischen dem 1- und 2,3fachen, 1- und 1,8fachen bzw. 1- und 1,15fachen **(Regelspanne)** zu bemessen ist (§ 5 Abs. 2, 3 u. 4 GOÄ). Dies bedeutet nach der amtlichen Begründung, dass die Ermessensausübung des Arztes dadurch eingeschränkt ist, dass bei einer Leistung von mittlerer Schwierigkeit und durchschnittlichem Zeitaufwand die Gebühr innerhalb der Regelspanne zu bemessen ist. Deshalb kann nicht ohne Weiteres der **Höchstsatz der Regelspanne,** der sog. **Schwellenwert,** berechnet werden. In der Abrechnungspraxis hat sich aber die Übung durchgesetzt, im Normalfall den Schwellenwert als Gebühr zu berechnen. Diese ständige Praxis wird durch ein Urteil des BGH (MedR 2008, 90) gestützt, der entschied, dass ein Arzt das ihm vom Verordnungsgeber eingeräumte Ermessen nicht verletzt, wenn er nach Schwierigkeit und Zeitaufwand durchschnittliche ärztliche Leistungen mit dem Höchstsatz der Regelspanne (Schwellenwert) abrechnet. Dem Verordnungsgeber sei die Abrechnungspraxis seit vielen Jahren bekannt und er habe davon abgesehen, den Bereich der Regelspanne deutlicher abzugrenzen. Das Gericht hält aber daran fest, dass der Arzt seine Leistungen nicht schematisch mit dem Höchstsatz der Regelspanne berechnen darf, sondern sich bei einfachen ärztlichen Verrichtungen im unteren Bereich der Regelspanne bewegen muss. Die Entscheidung des BGH bedeutet allerdings nicht, dass bei in Schwierigkeitsgrad und Zeitaufwand über dem Durchschnitt liegenden Leistungen grundsätzlich der Höchstsatz der Regelspanne (Schwellenwert) überschritten werden darf. Eine Überschreitung des Schwellenwertes kommt nur in Ausnahmefällen für die nachfolgend unter Buchst. b) beschriebenen Leistungen in Betracht. Für die große Mehrzahl aller Behandlungsfälle ist die Regelspanne der Maßstab, so dass auch die Mehrzahl der schwierigeren und aufwendigeren Behandlungsfälle im Rahmen der Regelspanne abzudecken ist (BVerwG NJW 1994, 3023). Die Ermessensentscheidung ist im Gegensatz zur Anwendung der zugrunde gelegten Bemessungskriterien nur eingeschränkt gerichtlich überprüfbar.

**b) Bei Überschreitung des Schwellenwertes.** Der Schwellenwert stellt eine Grenze dar, die nur überschritten werden darf, wenn **Besonderheiten bei der Leistungserbringung** dies rechtfertigen (§ 5 Abs. 2 Satz 4 GOÄ). Dies ist nach der amtlichen Begründung dann der Fall, wenn sich die Besonderheiten im Einzelfall von den üblicherweise vorliegenden Umständen unterscheiden und ihnen nicht bereits in der Leistungsbeschreibung des Gebührenverzeichnisses Rechnung getragen wurde. Berücksichtigt werden können ausschließlich Besonderheiten bei den in § 5 Abs. 2 Satz 1 GOÄ abschließend aufgeführten Bemessungskriterien. Die Überschreitung des Schwellenwerts ist nur ausnahmsweise und nur bei überdurchschnittlichem Zeitaufwand und außergewöhnlichen Schwierigkeiten zulässig. Sie kommt nur in Ausnahmefällen in Betracht. Die Besonderheiten müssen jenseits dessen liegen, was ein Arzt normalerweise zu leisten hat. Andersartige Kriterien als die in § 5 Abs. 2 GOÄ aufgeführten können für die Überschreitung des Schwellenwerts nicht herangezogen werden. Insbesondere rechtfertigt die Behauptung, das Behandlungsergebnis sei von „weit überdurchschnittlicher Qualität und Präzision" für sich genommen keine Überschreitung (AG Köln MedR 1992, 287 betr. GOZ). Das gilt auch für die Behauptung, es habe sich um eine Untersuchung im „oberen Sorgfaltsbereich" gehandelt (AG Essen NJW 1988, 1525). Die Annahme von „Besonderheiten" hat Ausnahmecharakter und setzt voraus, dass Besonderheiten gerade bei der Behandlung des Patienten abweichend von der großen Mehrzahl der Behandlungsfälle aufgetreten sind. Diesem Ausnahmecharakter widerspricht es, wenn schon eine vom Arzt allgemein und häufig, dh nicht nur bei einzelnen Patienten wegen in ihrer Person liegender Schwierigkeiten, angewandte Verfahrensweise bei der Ausführung einer im Gebührenverzeichnis beschriebenen Leistung als eine das Überschreiten des Schwellenwerts rechtfertigende Besonderheit angesehen würde (BVerwG a. a. O.).

Auch bei einer Überschreitung des Schwellenwertes sind die Gebühren differenziert zu berechnen; das Vorliegen von Besonderheiten bei einigen Leistungen begründet nicht die Überschreitung des Schwellenwerts bei sämtlichen Behandlungsleistungen. Der Höchstsatz des Gebührenrahmens ist nur anwendbar, wenn gravierende Besonderheiten dies rechtfertigen.

**c) Begründungspflicht bei Überschreiten des Schwellenwertes.** Die Überschreitung des Schwellenwertes muss in der Arztrechnung **schriftlich begründet** werden (§ 12 Abs. 3 Satz 1 GOÄ). Die Begründung muss für den Patienten verständlich und nachvollziehbar sein. Auf dessen Verlangen hin muss sie näher erläutert werden (§ 12 Abs. 3 Satz 2 GOÄ). Die Begründung kann sich nur auf die obengenannten Bemessungskriterien beziehen; eine bloße Wiederholung der Bemessungskriterien reicht allerdings nicht aus. Die Begründung muss vielmehr die konkrete patientenbezogene Situation so darstellen, dass sich aus ihr ausreichende Anhaltspunkte für eine Überschreitung des Schwellenwertes ergeben.

Der Schwellenwert stellt eine Beweislastgrenze dar. Für die Überschreitung des Schwellenwertes trifft den **Arzt** im Streitfall die **Darlegungs- und Beweislast.** Als Folge der Begründungspflicht hat der Arzt die Gründe für die Überschreitung darzulegen und zu beweisen. Andererseits hat der Patient die Gründe darzulegen und zu beweisen, wenn er behauptet, dass eine Gebühr nach billigem Ermessen unterhalb des Schwellenwertes anzusetzen ist (OLG Koblenz NJW 1988, 2309).

## 8. Gebührenminderung bei stationärer Behandlung

**a) Minderung der Gebühren.** Sowohl mit den Krankenhausentgelten bzw. Fallpauschalen (sogen. DRGs oder Hybrid-DRGs) als auch mit den Gebühren nach der GOÄ werden Personal- und Sachkosten ärztlicher Leistungen abgegolten. Um eine Doppelbelastung der Patienten, die die Wahlleistung Arzt bzw. den Belegarzt im Krankenhaus in Anspruch nehmen, mit diesen Kosten zu verhindern, verpflichtet die GOÄ mit einer pauschalierenden Regelung den liquidierenden Wahlarzt bzw. den Belegarzt, die Gebühren und Zuschläge für die wahl- bzw. belegärztlichen Leistungen zu mindern (§ 6a Abs. 1 GOÄ). Diese Minderungspflicht gilt sowohl für voll-, tages- und teilstationäre als auch für stationsäquivalente sowie vor- und nachstationäre Leistungen. Sie erstreckt sich auch auf privatärztliche Leistungen in Einrichtungen, die nicht dem Anwendungsbereich der BPflV bzw. des KHEntgG unterliegen, wie zB Kurkrankenhäuser sowie Vorsorge- und Rehabilitationseinrichtungen (vgl. auch VGH BW MedR 2011, 669). Die Minderung ist unterschiedlich hoch und beträgt für **Wahlärzte 25 vH** der nach der GOÄ berechneten Gebühren einschließlich der darauf entfallenden Zuschläge und für **Belegärzte** und andere niedergelassene Ärzte für stationäre Leistungen **15 vH** der Gebühren und Zuschläge. Die Minderungspflicht ist vertraglich nicht abdingbar (BGH NJW 1999, 868).

Es gibt nach der Rechtsprechung des BGH auch keine **Ausnahmen** von der Minderungspflicht für solche privatärztlichen Leistungen, die im Einzelfall in der aufnehmenden Einrichtung nicht erbracht werden können und deshalb an Ärzte oder ärztlich geleitete Einrichtungen außerhalb der aufnehmenden Einrichtung vergeben werden müssen. Erbringt ein externer niedergelassener Arzt oder ein ihm insoweit gleichgestellter externer liquidationsberechtigter Krankenhausarzt auf Veranlassung des aufnehmenden Krankenhauses ärztliche Leistungen, die im Zusammenhang mit der Krankenhausbehandlung eines Wahlleistungspatienten stehen, unterliegt sein Honorar auch dann der Gebührenminderung um 15 vH, wenn er seine Leistungen in eigener Praxis erbringt und Personal und Einrichtungen des aufnehmenden Krankenhauses nicht in Anspruch nimmt (BGH MedR 2002, 582). Ebenso hat ein niedergelassener Arzt, der in von ihm auf dem Krankenhausgelände angemieteten Praxisräumen Herzkatheteruntersuchungen und Koronardilatationen an stationären Wahlleistungspatienten durchführt, die ausschließlich zur Durchführung dieser Eingriffe (mit ihrer notwendigen stationären Vor- und Nachsorge) in das Krankenhaus aufgenommen wurden, und damit dem Krankenhaus obliegende allgemeine Krankenhausleistungen als Wahlarzt erbringt, seine Gebühren um 15 vH zu mindern (BGH NJW 1998, 1790). Die Minderungspflicht besteht für den niedergelassenen Arzt in solchen Fällen auch dann, wenn der Patient stationär in ein Belegkrankenhaus aufgenommen wird (BGH NJW 1999, 868). Die Rechtsprechung des BGH zu § 6a GOÄ, die dazu führt, dass alle Ärzte, die Leistungen an einem stationär aufgenommenen Patienten erbringen, ihre Gebühren mindern müssen, ist verfassungsrechtlich nicht zu beanstanden (BVerfG NJW 2004, 3172).

Werden ärztliche Leistungen an Ärzte oder ärztlich geleitete Einrichtungen außerhalb des Krankenhauses vergeben, muss der Patient nach § 4 Abs. 5 GOÄ iVm § 17 Abs. 3 Satz 1 KHEntgG in der Wahlleistungsvereinbarung darauf hingewiesen werden, dass solche Leistungen ihm gesondert berechnet werden. Von der Minderungspflicht ausgenommen ist der Zuschlag nach Buchstabe J in Abschnitt B V des Gebührenverzeichnisses.

**b) Berechnung von Kosten.** Neben den geminderten Gebühren darf der Arzt Kosten nicht berechnen. Davon unberührt bleiben Wegegeld und Reiseentschädigung nach den §§ 7 bis 9 und Ersatz von Auslagen („Sachkosten“) nach § 10 GOÄ (§ 6a Abs. 2 GOÄ). Die liquidationsberechtigten **Krankenhausärzte** dürfen aber den Wahlleistungspatienten die bei der Erbringung von Wahlleistungen anfallenden Sachkosten für die vom Krankenhaus zur Verfügung gestellten Materialien nicht berechnen; diese Kosten gehen vielmehr als „pflegesatzfähig“ in die von den Patienten zu entrichtenden Krankenhausentgelte (sogen. DRGs) ein (s. S. XV). Anders wird die Frage von der Rechtsprechung bei der Hinzuziehung **externer Ärzte** beurteilt. Die zur Behandlung von stationären Wahlleistungspatienten – von einem liquidationsberechtigten Krankenhausarzt – extern zugezogenen niedergelassenen Ärzte können ihre aufgewendeten Sachkosten nach § 10 GOÄ neben den geminderten Gebühren dem Wahlleistungspatienten in Rechnung stellen (BGH MedR 2011, 510).

Auch ein zur belegärztlichen Behandlung – von einem Belegarzt – in einem Belegkrankenhaus zugezogener niedergelassener Arzt ist berechtigt, neben den geminderten Gebühren die von ihm aufgewendeten Sachkosten zu berechnen (BGH NJW 1999, 868). In dem entschiedenen Fall verfügte das reine Belegkrankenhaus über keine Abteilung, in der Leistungen aus dem (radiologischen) Fachgebiet des externen Arztes erbracht werden und demzufolge enthält auch das Krankenhausentgelt keine Kosten für solche Leistungen einschließlich der hierbei anfallenden Sachmittel.

## VI. Die sonstigen Vergütungen

Neben den Gebühren stehen dem Arzt als weitere Vergütungsbestandteile noch Entschädigungen für Besuche und Ersatz von Auslagen zu (§ 3 GOÄ).

Die Vorschrift des § 3 ist keine selbständige Anspruchsgrundlage; das sind die §§ 7–10.

### 1. Entschädigung für Besuche

Als Entschädigungen für Besuche erhält der Arzt **Wegegeld** und **Reiseentschädigung** (§ 7 GOÄ). Mit dem Wegegeld (§ 8) und der Reiseentschädigung (§ 9) sind sowohl die Zeitversäumnisse, die zB durch das Zurücklegen der Wege entstehen, als auch die durch den Besuch bedingten Mehrkosten abgegolten. Daneben stehen dem Arzt Gebühren für den Besuch (zB Gebührennummern 48 bis 51) und für die ggf. anlässlich des Besuchs noch erbrachten Leistungen zu. Soweit ein Konsiliararzt in einem festen Vertragsverhältnis zum Krankenhausträger steht, das ihn berechtigt und verpflichtet, die dort stationär aufgenommenen Patienten konsiliarisch zu betreuen, ist eine Ansatz der Besuchsgebühr und des Wegegeldes nicht zu rechtfertigen (Bundesärztekammer MedR 1994, 244).

### 2. Ersatz von Auslagen

Im Zusammenhang mit der Erbringung der ärztlichen Leistungen können dem Arzt Kosten entstehen, die nicht mit den Praxiskosten abgegolten sein sollen (vgl. § 4 Abs. 3 GOÄ), wie zB Kosten für diejenigen Arzneimittel, Verbandmittel und sonstigen Materialien, die der Patient zur weiteren Verwendung behält oder die mit einer einmaligen Anwendung verbraucht sind. Solche Kosten sind als Ersatz von Auslagen neben den Gebühren für die ärztlichen Leistungen gesondert berechnungsfähig (§ 10 GOÄ), siehe näher S. XXXI.

## VII. Die Abrechnung des Honorars (Arztrechnung)

### 1. Fälligkeit des Honorars

Die GOÄ normiert spezielle, dh von § 630b iVm § 614 BGB abweichende Fälligkeitsvoraussetzungen. Die ärztliche Vergütung wird fällig, wenn dem Zahlungspflichtigen eine spezifizierte, nachprüfbare Rechnung erteilt wurde, die den Vorschriften des § 12 GOÄ entspricht. In der Regel wird die Arztrechnung erst nach Abschluss der Behandlung erstellt. § 12 Abs. 1 GOÄ hindert den Arzt aber nicht, auch schon vor dem Abschluss der Behandlung für die erbrachten Leistungen, wie zB bei einer längeren Erkrankung oder wenn einzelne Behandlungskomplexe abgeschlossen sind, dem Zahlungspflichtigen sofort danach eine Rechnung zu erteilen.

Die Fälligkeit der Honorarforderung tritt in jedem Fall erst ein, wenn die Rechnung den inhaltlichen Anforderungen des § 12 Abs. 2 bis 4 GOÄ entspricht. Fehlt es an einer dieser Anforderungen, ist das Honorar trotz Rechnungserteilung nicht fällig; in diesen Fällen führen auch eine Mahnung, Fristablauf nach § 286 Abs. 3 BGB, Erhebung einer Leistungsklage oder Zustellung eines Mahnbescheids nicht zum Verzug des Zahlungspflichtigen (§ 286 BGB). Enthält die Liquidation keine oder nur eine unzureichende Begründung nach § 12 Abs. 3 GOÄ, ist das Honorar noch nicht fällig (VG Frankfurt a. M. MedR 1994, 116).

Für die Fälligkeit der Forderung kommt es nicht darauf an, ob sich einzelne vom Arzt berechnete Gebührenpositionen als berechtigt erweisen, dh mit dem materiellen Gebührenrecht übereinstimmen; maßgeblich ist allein die Beachtung der formellen Voraussetzungen für die Rechnungsstellung (BGH MedR 2007, 172).

Verfassungsrechtlich ist es nicht zu beanstanden, die Fälligkeit der ärztlichen Gebührenforderung von der Erteilung einer Rechnung abhängig zu machen, welche in der in § 12 GOÄ angeordneten Art und Weise aufgegliedert ist (BVerfG NJW 1985, 2187).

Die ärztliche Dienstleistung ist eine Vorleistung (§ 614 BGB). Hieraus und aus § 12 GOÄ folgt, dass der Arzt Vorauszahlungen vom Patienten grundsätzlich nicht fordern kann. Abweichendes gilt etwa, wenn die Behandlung von anderweitig nicht verwendbaren Spezialanfertigungen abhängt; dann kann bereits vorher Auslagenersatz verlangt werden.

## 2. Notwendiger Inhalt der Rechnung

Um die Fälligkeit des Honorars auszulösen, muss die Arztrechnung folgende Angaben (Mindestangaben) enthalten (§ 12 Abs. 2 bis 4 GOÄ):

### a) Bei Gebühren

(1) das **Datum** der Erbringung der Leistung. Werden die Leistungen an verschiedenen Tagen erbracht, müssen die jeweiligen Behandlungstage angegeben werden.

(2) die **Gebührennummer** der einzelnen Leistung nach dem Gebührenverzeichnis der GOÄ. Aufzuführen sind auch die mit Großbuchstaben bezeichneten Zuschläge im Anschluss an die zugeordnete Leistung.

(3) die **Bezeichnung der einzelnen Leistung,** dh die Leistungsbeschreibung der Gebührenposition. Anstatt der vollen Leistungsbeschreibung kann nach der amtlichen Begründung in der Rechnung auch eine – die Leistung vollinhaltlich beschreibende – Kurzbezeichnung angegeben werden. Die Bezeichnung der Leistung kann aber auch entfallen, wenn der Rechnung eine Zusammenstellung beigefügt wird, der die Bezeichnung für die abgerechnete Leistungsnummer entnommen werden kann (§ 12 Abs. 3 GOÄ). Ferner ist die ggf. in der Leistungsbeschreibung genannte **Mindestdauer** (zB Nummern 101 – 102 bei der Leichenschau) anzugeben.

(4) den **Betrag** für die einzelne Leistung, dh die sich aus der Anwendung des Steigerungssatzes ergebende Gebühr (Rechnungsbetrag).

(5) den **Steigerungssatz** (Multiplikator).

(6) die **Begründung** für das **Überschreiten des Schwellenwertes.**

Werden die Schwellenwerte überschritten, ist dies schriftlich (in der Regel in der Rechnung) verständlich und nachvollziehbar zu begründen. Grundsätzlich reicht nach der amtlichen Begründung eine stichwortartige Kurzbegründung aus. Die bloße Wiederholung der Bemessungskriterien nach § 5 Abs. 2 GOÄ ist keine ausreichende (Kurz-)Begründung. Der Zahlungspflichtige kann verlangen, dass die (in der Rechnung gegebene) Begründung vom Arzt näher erläutert wird (§ 12 Abs. 3 GOÄ). Wegen der Begründungspflicht bei einer Honorarvereinbarung nach § 2 Abs. 1 GOÄ siehe S. XXVI.

(7) die **Kennzeichnung der Verlangensleistungen.** Nach § 1 Abs. 2 Satz 2 GOÄ darf der Arzt Leistungen, die über das Maß einer medizinisch notwendigen Versorgung hinausgehen, nur berechnen, wenn sie auf Verlangen

des Zahlungspflichtigen erbracht worden sind. Solche Leistungen sind in der Rechnung entsprechend zu kennzeichnen, weil ihre Kosten in der Regel dem Privatpatienten nicht erstattet werden.

(8) die **Beschreibung analog bewerteter Leistungen.** Wird eine im Gebührenverzeichnis nicht enthaltene selbständige Leistung erbracht, kann diese entsprechend (analog) einer nach Art, Kosten- und Zeitaufwand gleichwertigen Leistung des Gebührenverzeichnisses berechnet werden (§ 6 Abs. 2 GOÄ). Wird eine solche Leistung berechnet, ist sie für den Zahlungspflichtigen verständlich zu beschreiben und mit dem Zusatz „entsprechend" sowie der Gebührennummer und der Bezeichnung der als gleichwertig herangezogenen Leistung zu versehen; häufig wird der Gebührennummer der Buchstabe A (für analog) angefügt.

(9) den **Minderungsbetrag bei stationären Leistungen.** Bei vollstationären, stationsäquivalenten, tagesstationären, teilstationären sowie vor- und nachstationären wahlärztlichen Leistungen muss der liquidationsberechtigte Chefarzt bzw. der Belegarzt die Gebühren für seine Leistungen nach § 6a GOÄ mindern (siehe S. XXXVIII). Dieser Minderungsbetrag muss in der Rechnung ausgewiesen werden.

**b) Bei Entschädigungen und Auslagen**

(1) Bei **Entschädigungen** nach den §§ 7 bis 9 GOÄ sind die Art der Entschädigung (Wegegeld oder Reiseentschädigung), die Berechnung und der in Rechnung gestellte Betrag anzugeben.

(2) Beim **Ersatz von Auslagen** nach § 10 GOÄ wird die Angabe von Art und Betrag der Auslage gefordert. Zusätzlich ist der Rechnung ein Beleg oder sonstiger Nachweis beizufügen, wenn die einzelne Auslage den Betrag von 25,56 Euro übersteigt.

Nach § 12 GOÄ braucht die Rechnung vom Arzt nicht unterschrieben zu werden. Auch die Angabe der Diagnose auf der Arztrechnung wird von der GOÄ nicht verlangt, erfolgt aber üblicherweise, um eine Erstattung durch die Private Krankenversicherung oder die Beihilfestelle zu ermöglichen.

### 3. Verjährung des Honoraranspruchs

Die ärztliche Honorarforderung – mit Einschluss der Auslagen – unterliegt der regelmäßigen Verjährungsfrist von **drei Jahren** (§ 195 BGB). Die Verjährung beginnt mit dem Schluss des Jahres, in welchem der Vergütungsanspruch entstanden ist (§ 199 BGB).

Die Fälligkeit des Vergütungsanspruchs hängt von der ordnungsgemäßen Ausstellung einer Rechnung ab (§ 12 Abs. 1 GOÄ). Maßgebend für den Verjährungsbeginn ist daher der **Zugang der Arztrechnung,** die den Anforderungen des § 12 Abs. 2 bis 4 GOÄ entspricht, beim zahlungspflichtigen Patienten. Allerdings kann sich der Patient bei einer unangemessen verspätet gestellten Rechnung die Einwendung der Verwirkung der Honorarforderung geltend machen; als Maßstab kann man grds. auf die Verjährungsfrist abstellen.

Der Eintritt der Verjährung kann durch **Verjährungshemmung** verlängert werden (§§ 203 ff. BGB). Die Verjährung ist zB auf Grund laufender Verhandlungen über den Honoraranspruch zwischen Arzt und Zahlungspflichtigem solange gehemmt, bis einer der Beteiligten die Fortsetzung der Verhandlungen verweigert (§ 203 BGB). Die Verjährung wird auch gehemmt, wenn der Arzt seinen Honoraranspruch gerichtlich geltend macht (§ 204 Abs. 1 BGB), wie insbesondere durch Erhebung einer Leistungsklage oder durch Zustellung eines Mahnbescheides. Die Hemmung endet sechs Monate nach der rechtskräftigen Entscheidung (§ 204 Abs. 2 BGB). Von diesem Zeitpunkt an läuft die bis zum Eintritt der Hemmung noch nicht verstrichene Verjährungsfrist weiter (§ 209 BGB). Bei einem rechtskräftig festgestellten Anspruch des Arztes beginnt mit der Rechtskraft der Entscheidung die 30jährige Verjährungsfrist (§ 197 BGB).

Gibt der Zahlungspflichtige ein Schuldanerkenntnis ab, zB durch Abschlagszahlung, beginnt die Verjährung erneut (§ 212 BGB), dh die bis dahin verstrichene Verjährungszeit bleibt außer Betracht.

Durch eine bloße Mahnung bzw. durch Ablauf der 30-Tagefrist (§ 286 Abs. 3 BGB) wird die Verjährung nicht gehemmt; sie bewirken lediglich, dass der Schuldner in Verzug gerät und dann Verzugszinsen und einen evtl. weitergehenden Schaden zahlen muss (§§ 286 ff. BGB).

## 4. Rechnungserteilung durch Verrechnungsstellen

Die ärztlichen Leistungen werden grundsätzlich unmittelbar zwischen Arzt und Patienten abgerechnet. Zur Abrechnung setzt der Arzt häufig sein Praxispersonal ein oder beauftragt eine **Verrechnungsstelle,** welche eine **externe Abrechnung** durchführt. Es gibt zwei Formen von Verrechnungsstellen, zum einen die berufsständischen (privatärztlichen) Verrechnungsstellen, die nur für ihre Mitglieder, ausschließlich Ärzte und Zahnärzte, tätig werden, und zum anderen gewerbliche Verrechnungsstellen. Die Arbeit der berufsständischen Verrechnungsstellen beruht regelmäßig auf einer Einziehungsabtretung, dh der Arzt behält die uneingeschränkte Verfügungsgewalt über seine Forderung (DÄBl. 1993 S. B-1524). Gewerbliche Verrechnungsstellen erwerben Honorarforderungen auch durch Vollabtretung oder durch Ankauf einschließlich Verwaltung, dem sog. Factoring. Zum Factoring hinzu tritt die Abtretung der Forderung. Beim „echten" Factoring wird auch das Delkredererisiko übernommen.

Die Weiterleitung der Abrechnungsunterlagen des Patienten an eine Verrechnungsstelle bedarf wegen der ärztlichen Schweigepflicht der **Zustimmung des Patienten.** Daran ändert nichts, dass auch Angehörige einer privatärztlichen Verrechnungsstelle (nach § 203 Abs. 1 Nr. 7 StGB) der Schweigepflicht unterliegen (BGH NJW 1991, 2955; 1993, 2371). Der Arzt muss um die Zustimmung des Patienten in verständlicher und leicht zugänglicher Form sowie in einer klaren und einfachen Sprache nachsuchen. Ein Hinweis im Wartezimmer reicht nicht aus; der für die Datenverarbeitung Verantwortliche muss nachweisen können, dass die betroffene Person eingewilligt hat (Art. 7 Abs. 1–2 EU-DSGVO). Die Abtretung der Honorarforderung an eine Verrechnungsstelle unter Übergabe der Abrechnungsunterlagen ist wegen Verletzung der ärztlichen Schweigepflicht (§ 203 Abs. 1 Nr. 1 StGB) gem. § 134 BGB nichtig, wenn der Patient ihr nicht zugestimmt hat (BGH NJW 2014, 141). Für die externe Rechnungserteilung bei zahnärztlicher Behandlung schreibt die GOZ (§ 10 Abs. 6) nunmehr vor, dass der Zahnarzt die schriftliche Einwilligung des Patienten einzuholen hat. Entsprechend gibt § 12 Abs. 2 MBO-Ä vor, dass die Übermittlung von Daten an Dritte zum Zweck der privatärztlichen Abrechnung nur zulässig ist, wenn der Patient in die Übermittlung der für die Abrechnung erforderlichen Daten nachweisbar eingewilligt hat.

Für die Abrechnung **wahlärztlicher Leistungen** hat auch der liquidationsberechtigte Krankenhausarzt die Möglichkeit, eine Abrechnungsstelle außerhalb des Krankenhauses zu beauftragen oder die Abrechnung dem Krankenhausträger zu überlassen (§ 17 Abs. 3 Satz 2 KHEntgG). Bei externer Abrechnung ist der Krankenhausarzt verpflichtet, für die Übermittlung der personenbezogenen Daten an die Abrechnungsstelle die Einwilligung des Patienten einzuholen, die jederzeit widerrufen werden kann (§ 17 Abs. 3 Satz 6 KHEntgG). Für die Abrechnung durch das Krankenhaus ist eine solche Einwilligung nicht erforderlich (vgl. auch LG Itzehoe NJW 1993, 794).

### 5. Überprüfung der Liquidation durch Ärztekammern

Die GOÄ enthält keine Vorschriften für die **außergerichtliche Überprüfung** von Arztrechnungen auf ihre Angemessenheit und Richtigkeit. Allerdings kann durch Landesgesetz bestimmt werden, dass eine zivilgerichtliche Klage bis zu 750 Euro erst zulässig ist, nachdem von nach einer durch die Landesjustizverwaltung eingerichteten oder anerkannten Gütestelle der Versuch einer einvernehmlichen Streitbeilegung übernommen worden ist (§ 15a Abs. 1 Satz 1 Nummer 1 EGZPO).

Die Gesetzgebungskompetenz für die Regelung der ärztlichen Berufsausübung besitzen die Bundesländer (vgl. Art. 70 u. 74 Abs. 1 Nr. 19 GG), die in den sog. Kammergesetzen bzw. Heilberufsgesetzen den als Körperschaften des öffentlichen Rechts errichteten Ärztekammern das Recht verliehen haben, die Berufspflichten der Ärzte in einer Berufsordnung zu regeln. Die Kammergesetze der Länder sehen vor, dass in die Berufsordnung auch Regelungen über die Angemessenheit und Nachprüfbarkeit des ärztlichen Honorars aufgenommen werden können. Eine entsprechende – dort allerdings systemfremde – Regelung enthält § 12 Abs. 4 MBO-Ä, der von den meisten Ärztekammern in die als Satzungsrecht erlassenen Berufsordnungen übernommen worden ist. Danach gibt die Ärztekammer auf Antrag eines Beteiligten, wie zB des zahlungspflichtigen Patienten, eine gutachtliche Äußerung über die Angemessenheit der Honorarforderung ab. Aufgabe der Ärztekammer ist es also, das Liquidationsverhalten des einzelnen Arztes als Teil der Berufsausübung im Interesse der Allgemeinheit zu überwachen. Im Falle einer unangemessenen Liquidation hat sie den Vorwurf einer Berufspflichtverletzung zu prüfen. Es stellt keine Rufschädigung dar, wenn sich der Patient mit sachbezogenen Vorwürfen über ein Behandlungsgeschehen an die Ärztekammer wendet (OLG Köln Beschl. v. 12.2.1988 – 27 W5/88).

Rechtsgrundlage für die streitschlichtende Tätigkeit der Ärztekammern ist nicht die jeweilige Berufsordnung, sondern das Heilberufs- und Kammergesetz selbst. Danach ist es Pflichtaufgabe der Kammern, Streitigkeiten zwischen Kammermitgliedern, also Ärzten und Dritten, dh insbesondere auch Patienten, die aus der Berufsausübung entstanden sind, zu schlichten. Das umfasst auch Auseinandersetzungen um die Berechtigung zur Liquidation in der festgelegten Höhe. An die Ärztekammern können sich aber auch die Beihilfestellen wenden, denn zu den Pflichtaufgaben der Kammern gehört es auch, Behörden bei ihrer Verwaltungstätigkeit zu unterstützen und ggfs. Gutachten zu erstatten.

Die **Rechtsaufsicht** über die Ärztekammern obliegt den Ländern und wird vom Gesundheitsministerium des jeweiligen Landes ausgeübt. Entscheidungen der Ärztekammern über das Liquidationsverhalten eines einzelnen Arztes können durch die Rechtsaufsicht insbesondere daraufhin überprüft werden, ob die Kammer von falschen tatsächlichen Voraussetzungen ausgegangen ist oder erkennbar sachfremde Erwägungen angestellt hat.

Durch die Möglichkeit, eine ärztliche Honorarforderung von der Ärztekammer überprüfen zu lassen, wird der **Rechtsweg** zu den Gerichten nicht ausgeschlossen. Die Honorarforderung des Arztes unterliegt vielmehr uneingeschränkt gerichtlicher Überprüfung (vgl. auch BVerwG NJW 1996, 3094).

## VIII. Die Erstattung der Kosten für ärztliche Behandlung

### 1. Die Kostenerstattungssysteme

Der Privatpatient ist Vertragspartner des Arztes und muss die Arztrechnung selbst bezahlen (Selbstzahler). Die über achteinhalb Millionen vollversicherten Privatpatienten haben in der Regel Anspruch auf Erstattung der Kosten für ärztliche Behandlung auf Grund eines Versicherungsverhältnisses zu einem Unternehmen der privaten Krankenversicherung (PKV) oder auf Grund eines Beschäftigungsverhältnisses im öffentlichen Dienst. Die **private Krankenversicherung** und das **Beihilfesystem des öffentlichen Dienstes** sind neben der gesetzlichen Krankenversicherung (GKV) die Träger der sozialen Sicherung im Krankheitsfall. PKV und Beihilfe sind reine Kostenerstattungssysteme, die keine Sachleistungen gewähren. Der Privatpatient reicht die Arztrechnung zur Erstattung ein, entweder vor oder nach ihrer Bezahlung. Die Bedingungen der Erstattungssysteme haben grundsätzlich keinen Einfluss auf die Rechtsbeziehungen zwischen Arzt und Patient, insbesondere haben Versicherungsausschlüsse keine Bedeutung für die Gebührenfestsetzung. Der Arzt ist bei seiner Liquidation allein an die Vorschriften der GOÄ gebunden.

Bei privat krankenversicherten Patienten liegt es nach der amtlichen Begründung zu § 630c BGB grundsätzlich im Verantwortungsbereich des Patienten, sich hinreichende Kenntnisse über Inhalt und Umfang seines Versicherungsvertrages zu verschaffen (BT-Drs. 17/10488, 22). Hat der Arzt aber einen Informationsvorsprung und weiß, weil er eine neue, noch nicht allgemein anerkannte Behandlungsmethode anwendet, um die Unsicherheit der (vollständigen) Kostenübernahme durch die Krankenkasse oder Beihilfestelle, ist er verpflichtet, den Patienten in Textform (§ 126b BGB) in wirtschaftlicher Hinsicht zu informieren (§ 630c Abs. 3 BGB; BGH NJW 2020, 1211). Auch § 12 Abs. 5 MBO-Ä schreibt in diesen Fällen eine schriftliche Information des Patienten vor.

### 2. Die private Krankenversicherung

Die Träger der privaten Krankenversicherung (PKV) sind im Verband der privaten Krankenversicherung in Köln zusammengeschlossen. Sie bieten zum einen eine **Krankheitskosten-Versicherung** (Vollversicherung) für ausschließlich privatversicherte Personen an und zum anderen **Zusatzversicherungen,** wie zB die Versicherung für Wahlleistungen im Krankenhaus oder zahnärztliche Zusatzleistungen, die insbesondere von in der gesetzlichen Krankenversicherung (GKV) versicherten Personen als Ergänzung zu den GKV-Leistungen abgeschlossen wird. Die Krankheitskosten-Versicherung stellt bei Beamten auf das Beihilfesystem ab, das in der Regel zwischen 50 und 80 Prozent der Aufwendungen erstattet. Versichert ist in Prozenttarifen die Differenz zwischen diesen Sätzen und 100 Prozent.

Soweit die PKV für bestimmte Versicherungsgruppen besondere Tarife in der Krankheitskosten-Versicherung anbietet, deren Erstattungssätze unterhalb der

Schwellenwerte der GOÄ liegen, wie zB den Studententarif (PSKV), liegt die Entscheidung, die Behandlung zu den niedrigeren Gebührensätzen durchzuführen, beim Arzt. Für Basis-, Standard- und Notlagentarif-Versicherte sind die Gebühren in § 75 Abs. 3a SGB V geregelt (s. näher S. XXXV).

Die Erstattung der Gebühren für die ärztlichen Leistungen richtet sich nach den abgeschlossenen Tarifen und Versicherungsbedingungen. Die zentrale Bedingung ist regelmäßig, dass nur die „medizinisch notwendige Heilbehandlung" wegen Krankheit und Unfallfolgen versichert ist (§ 1 Abs. 2 Musterbedingungen MB/KK 2009). Zu diesem Begriff liegt umfangreiche Rechtsprechung vor.

Der privat krankenversicherte Patient hat nunmehr bei einer Heilbehandlung, deren Kosten voraussichtlich 2000 Euro übersteigen, einen Auskunftsanspruch in Textform über den Umfang des Versicherungsschutzes und der Kostenübernahme gegenüber seinem Versicherungsunternehmen. Die Auskunft ist spätestens nach vier Wochen, in dringlichen Fällen unverzüglich, spätestens nach zwei Wochen zu erteilen (§ 192 Abs. 8 VVG).

Der Verband der privaten Krankenversicherung hat einen **Ombudsmann** mit Sitz in Berlin bestellt (www.pkv-ombudsmann.de), der die Aufgabe hat, im Fall von erfolglosen Beschwerden gegenüber Krankenversicherungsunternehmen zwischen Privatversicherten, Krankenversicherungsunternehmen sowie Versicherungsvermittlern und Versicherungsberatern zu vermitteln. Das Tätigwerden des Ombudsmanns selbst ist für die Versicherten kostenfrei.

Privatrechtlich geführte Krankenversicherer (Aktiengesellschaften und Versicherungsvereine auf Gegenseitigkeit) unterliegen der staatlichen **Versicherungsaufsicht** durch die Bundesanstalt für Finanzdienstleistungsaufsicht (BaFin) in Bonn. Für öffentlich-rechtliche Versicherer sind Aufsichtsbehörden der Länder zuständig. Zu den Aufgaben der Aufsichtsbehörden gehört auch die Bearbeitung von Beschwerden der Versicherungsnehmer.

### 3. Das Beihilfesystem

Das Beihilfesystem des öffentlichen Dienstes hat seine Grundlage in den Beamtengesetzen und ist durch bundes- und landesrechtliche Beihilfevorschriften geregelt. Beihilfeleistungen erhalten Beamte, Richter und Versorgungsempfänger, mit Einschränkungen auch auf Grund tarifvertraglicher Regelungen Angestellte und Arbeiter des öffentlichen Dienstes. Wer Beihilfe erhält, ist nicht in der GKV versicherungspflichtig (§ 6 Abs. 1 Nr. 2 SGB V). Die Beihilfe wird von den öffentlichen Arbeitgebern anstelle des Arbeitgeberbeitrages zur GKV für die versicherungspflichtigen Arbeitnehmer gezahlt. Aus diesem Grund erstattet die Beihilfe auch nur einen bestimmten Prozentsatz, der zwischen 50 und 80 Prozent der beihilfefähigen Aufwendungen liegt. In vielen Bundesländern ist die Inanspruchnahme von (ärztlichen) Wahlleistungen bei einem Krankenhausaufenthalt nicht mehr beihilfefähig. Dies ist verfassungsrechtlich nicht zu beanstanden (BVerfGE 106, 225 = NJW 2003, 2158).

Nach der Beihilfeverordnung des Bundes (BBhV) vom 13.2.2009 (BGBl. I S. 326), zuletzt geändert durch Artikel 3 des Gesetzes vom 6.3.2024 (BGBl. I Nr. 92), sind grundsätzlich nur notwendige und wirtschaftlich angemessene Aufwendungen beihilfefähig. Die wirtschaftliche Angemessenheit der Aufwendungen für ärztliche und zahnärztliche Leistungen wird grundsätzlich nach den Gebührenrahmen der GOÄ und GOZ beurteilt. Als nicht wirtschaftlich angemessen gelten Aufwendungen, die auf einer abweichenden Honorarvereinbarung (§ 2 GOÄ und GOZ) beruhen (§ 6 BBhV). Die BBhV verzichtet damit auf eine eigenständige Umschreibung des Begriffs der Angemessenheitund verweist insoweit auf die GOÄ und GOZ. Auslagen sowie Material- und Laborkosten für zahnärztliche und zahntechnische Leistungen (§ 4 Abs. 3 und § 9 GOZ) sind zu 40 Prozent beihilfefähig (§ 16 BBhV). Das nach Maßgabe der sachbezogenen Kriterien des § 5 GOÄ in Übereinstimmung damit berechnete Honorar für ärztliche Leistungen ist auch ohne weiteres im Sinne des Beihilferechts angemessen (OVG Bremen MedR 1988, 198). Im Falle einer abweichenden Honorarvereinbarung kann die Beihilfe für die über dem Schwellenwert liegenden Gebühren versagt werden, wenn die Begründung nach § 12 Abs. 3 Satz 1 GOÄ für das Überschreiten der Schwellenwerte fehlt oder unzureichend ist (OVG Rh-Pf MedR 1992, 232). Auch bei beihilfeberechtigten Patienten ist für eine Analogberechnung zahnärztlicher Leistungen nach § 6 Abs. 1 GOZ die Vorschrift des § 5 Abs. 2 S. 4 GOZ maßgebend; eine Begründungspflicht für die Berechnung des 2,3fachen Gebührensatzes (Schwellenwert) besteht nicht (VGH BW MedR 2011, 447).

Bei einer stationären Krankenhausbehandlung sind auch die extern von einem niedergelassenen Arzt erbrachten Leistungen nur mit dem nach § 6a GOÄ geminderten Betrag beihilfefähig (BVerwG MedR 2005, 475).

Aufwendungen für ärztliche und zahnärztliche Leistungen, deren Berechnung auf einer zweifelhaften Auslegung der einschlägigen Gebührenordnung beruht, sind beihilferechtlich schon dann als angemessen anzusehen, wenn der vom Arzt bzw. Zahnarzt in Rechnung gestellte Betrag einer zumindest vertretbaren Auslegung der Gebührenordnung entspricht und der beihilfe-pflichtige Dienstherr nicht für rechtzeitige Klarheit über seinen Rechtsstandpunkt durch veröffentlichten Hinweis (zB im Ministerialblatt) gesorgt hat (BVerwG NJW 1994, 3023). Diese Auslegung des Gerichts greift aber nur in den Ausnahmefällen Platz, wo bei objektiver Betrachtung ernsthaft widerstreitende Auffassungen über die Berechtigung eines Gebührenansatzes bestehen (BVerwG NJW 1996, 3094).

## B. Das Honorar des Zahnarztes bei privater Behandlung

### I. Einleitung

#### 1. Vorbemerkung

Die Gebührenordnung für Zahnärzte (GOZ) vom 22.10.1987 (BGBl. I S. 2316) regelt die Vergütung der Zahnärzte bei der Behandlung von Privatpatienten, insbesondere für welche zahnärztlichen Leistungen und in welcher Höhe Honorare gefordert werden können. Seit dem 1.1.2012 gilt die GOZ i. d. F. der 1. Änderungsverordnung vom 5.12.2011 (BGBl. I S. 2661), durch die eine Reihe von allgemeinen Liquidationsvorschriften (Paragraphenteil) geändert, das zahnärztliche Gebührenverzeichnis (Anlage 1 der Verordnung) neu gefasst und ein verbindlicher Rechnungsvordruck (Anlage 2 der Verordnung) eingeführt worden ist. Da die GOZ nicht alle beruflichen Leistungen des Zahnarztes enthält, legt sie auch fest, dass einige Leistungen dem Zahnarzt nach der Gebührenordnung für Ärzte zu vergüten sind.

Die allgemeinen Liquidationsvorschriften der GOZ für die Berechnung der zahnärztlichen Leistungen entsprechen grundsätzlich denen der Gebührenordnung für Ärzte. Von wenigen im Folgenden dargestellten Unterschieden abgesehen, gelten daher die in der Einführung zur Gebührenordnung für Ärzte dargestellten Grundsätze auch für die Privatliquidation des Zahnarztes.

## 2. Geltungsbereich der GOZ

Wie die GOÄ gilt die GOZ nicht, wenn in Bundesgesetzen für die zahnärztliche Behandlung andere Vergütungsregelungen getroffen worden sind (§ 1 Abs. 1 GOZ). Insbesondere trifft dies in der GKV auf Versicherte zu, die die zahnärztliche Behandlung einschließlich kieferorthopädischer Behandlung als Sachleistung (§§ 28 Abs. 2, 29 SGB V) erhalten. Auch die Versorgung mit Zahnersatz einschließlich Zahnkronen und Suprakonstruktionen ist Kassenleistung. Sie wird in Form von befundbezogenen Festzuschüssen mit einem Bonussystem für regelmäßige Zahnpflege (§ 55 Abs. 1 SGB V) gewährt. Die Versicherten können jedoch aufwendigeren Zahnersatz, aufwendigere Zahnfüllungen sowie Mehrleistungen bei kieferorthopädischen Behandlungen als notwendig wählen, müssen dann aber die Mehrkosten für den die Kassenversorgung übersteigenden Teil der Behandlung selbst tragen (§§ 28 Abs. 2, 29 Abs. 5, 55 Abs. 4 SGB V). Die Mehrkostenvereinbarung ist bei Zahnfüllungen und kieferorthopädischen Behandlungen vor Beginn der Behandlung schriftlich zwischen Zahnarzt und Versichertem zu treffen. Sollen im Rahmen einer kieferorthopädischen Behandlung Mehr- oder Zusatzleistungen erbracht werden, ist der Versicherte vor Beginn über Behandlungsalternativen mündlich aufzuklären und ist eine schriftliche oder elektronische Vereinbarung zu treffen, in der die von der Krankenkasse und die vom Versicherten zu tragenden Kostenanteile aufgeschlüsselt nach Leistungen gegenübergestellt werden (§ 29 Abs. 7 SGB V). Nur die Mehrkosten kann der Zahnarzt nach der GOZ berechnen (§ 87e SGB V).

Die Versicherten der GKV können sich im Rahmen der Kostenerstattung nach § 13 Abs. 2 SGB V oder wenn sie bei ihrer Krankenkassen einen besondere Tarif für Kostenerstattung (§ 53 Abs. 4 SGB V) wählen als Privatpatienten behandeln lassen. Die Versicherten, die im ersten Fall an ihre Wahl der Kostenerstattung mindestens ein Kalendervierteljahr gebunden sind, sollten sich wegen möglicher erheblicher finanzieller Mehrbelastungen zuvor von ihrer Krankenkasse im Rahmen der allgemeinen Beratungsrechte nach §§ 13ff. SGB I beraten lassen. Die Patienten dürfen von Zahnärzten nicht zur Kostenerstattung gedrängt werden. Für diese (private) Behandlung dürfen grundsätzlich nur zur vertragszahnärztlichen Versorgung der GKV zugelassene oder ermächtigte Zahnärzte und Einrichtungen sowie medizinische Versorgungszentren in Anspruch genommen werden.

Nicht zur vertragszahnärztlichen Versorgung der GKV gehören funktionsanalytische und -therapeutische Leistungen sowie – von eng begrenzten Ausnahmen abgesehen – implantologische Leistungen (§ 28 Abs. 2 SGB V). Solche Behandlungen werden dem Kassenpatienten privat nach der GOZ vom Zahnarzt in Rechnung gestellt. Bei bestimmten Ausnahmeindikationen sind implantologische Leistungen einschließlich Suprakonstruktionen jedoch Kassenleistung (§ 28 Abs. 2 SGB V).

## II. Die allgemeinen Liquidationsgrundsätze

### 1. Aufbau der Gebührenordnung

Die GOZ ist – wie die GOÄ für Ärzte – eine Rechtsverordnung der Bundesregierung, die der Zustimmung des Bundesrates bedarf (§ 15 ZHG). Sie gliedert sich in den eigentlichen Verordnungstext, der die allgemeinen Liquidationsvorschriften für den Zahnarzt enthält, und in ein der Verordnung anliegendes Gebührenverzeichnis (§ 4 Abs. 1 GOZ). Auf Grund der gesetzlichen Ermächtigung (§ 15 ZHG) ist die GOZ als **Rahmengebührenordnung** erlassen worden, dh der Zahnarzt hat innerhalb des Gebührenrahmens einen **Bemessungsspielraum,** um sein Honorar den Gegebenheiten des jeweiligen Behandlungsfalles anzupassen.

Die allgemeinen Liquidationsgrundsätze der GOZ entsprechen – mit wenigen Ausnahmen auf Grund zahnärztlicher Besonderheiten – denen der GOÄ. Dies bedeutet, dass

(1) die GOZ vom Zahnarzt **zwingend anzuwenden** ist (§ 1 Abs. 1 GOZ),

(2) nur bezüglich einer Teilregelung, nämlich der **Gebührenhöhe,** von der GOZ durch Vereinbarung abgewichen werden kann (§ 2 Abs. 1 GOZ),

(3) grundsätzlich nur **zahnmedizinisch notwendige Leistungen** berechnet werden können (§ 1 Abs. 2 GOZ),

(4) die Leistungen vom Zahnarzt grundsätzlich **persönlich zu erbringen** sind (§ 4 Abs. 2 GOZ),

(5) die Gebühren für die zahnärztlichen Leistungen **individuell zu bemessen** sind (§ 5 GOZ) und

(6) eine **spezifizierte Zahnarztrechnung** auszustellen ist (§ 10 GOZ).

Abweichend von der GOÄ geregelt sind

(1) das Erfordernis einer schriftlichen Vereinbarung bei nicht notwendigen zahnärztlichen Leistungen in einem Heil- und Kostenplan (§ 2 Abs. 3 GOZ),

(2) die Kosten für den Sprechstundenbedarf, die generell mit den Gebühren für die zahnärztlichen Leistungen abgegolten sind (§ 4 Abs. 3 GOZ),

(3) als weitere zahnärztliche Besonderheit der Ersatz von Auslagen für zahntechnische Leistungen („Laborkosten") neben den Gebühren (§ 9 Abs. 1 GOZ) und

(4) das Erstellen eines Kostenvoranschlags für Laborkosten (§ 9 Abs. 2 GOZ).

### 2. Anwendung der Gebührenordnung

Die GOZ ist bei der ambulanten und stationären zahnärztlichen Behandlung von Privatpatienten anzuwenden. Sie begründet selbst keinen Honoraranspruch des Zahnarztes, sondern dieser ergibt sich erst aus dem zwischen Zahnarzt und Privatpatient ohne besondere Form – in der Regel durch konkludentes Handeln – geschlossenen Behandlungsvertrag. Durch den **Behandlungsvertrag** (§ 630a BGB) verpflichtet sich der Zahnarzt zur Leistung der versprochenen Behandlung nach den Regeln der zahnärztlichen Kunst (§ 1 Abs. 2 Satz 1 GOZ) bzw. grundsätzlich dem allgemein anerkannten fachlichen Standard (§ 630a Abs. 2 BGB) und der Privatpatient zur Zahlung der vereinbarten Vergütung, die sich ausschließlich nach der GOZ und – nach Maßgabe des § 6 Abs. 2 GOZ – der GOÄ richtet. Auch einer zahnprothetischen Behandlung liegt grundsätzlich ein Behandlungsvertrag zugrunde. Es gilt aber das **Gewährleistungsrecht des Werkvertrages** (§§ 631 ff. BGB), soweit eine spezielle zahnärztliche Behandlung nicht vorliegt, sondern es sich zB nur um das technische Anfertigen einer Prothese handelt (BGH NJW 1975, 592). Der Herstellung einer Zahnbrücke liegt ein Behandlungsvertrag zugrunde (OLG Koblenz MedR 1994, 30).

Auch der durch das externe zahntechnische Labor angefertigte und vom Zahnarzt eingegliederte Zahnersatz ist Teil der zahnärztlichen Behandlung. Der Zahnarzt ist Auftraggeber für das Labor; ein Vertrag zwischen Patient und Labor kommt nicht zustande.

Zur Vereinbarung von zahnärztlichen Wahlleistungen und belegzahnärztlichen Leistungen bei einer stationären zahnärztlichen Behandlung im Krankenhaus wird auf die Einführung zur GOÄ verwiesen (siehe S. XV).

### 3. Leistungen nach den Regeln der zahnärztlichen Kunst

Der Zahnarzt darf Gebühren nur für Leistungen berechnen, die er nach den Regeln der zahnärztlichen Kunst erbracht hat (§ 1 Abs. 2 GOZ). Die Pflicht zur Behandlung nach den allgemeinen Regeln der zahnärztlichen Kunst er-gibt sich bereits aus dem Behandlungsvertragsrecht und dem zahnärztlichen Berufsrecht. Zahnheilkunde ist die auf zahnärztlich wissenschaftlichen Erkenntnissen beruhende Feststellung und Behandlung von Zahn-, Mund- und Kieferkrankheiten (§ 1 Abs. 3 ZHG). Die diagnostischen und therapeutischen Verfahren müssen in Übereinstimmung mit dem aktuellen Stand der Zahnheilkunde angewendet und ordnungsgemäß durchgeführt werden. Das gilt auch für die zahntechnischen Laborarbeiten einschließlich der verwendeten Werkstoffe. Das eingegliederte zahntechnische Werkstück ist integraler Bestandteil der zahnärztlichen Behandlung.

Im konkreten Behandlungsfall ist der Inhalt der im Gebührenverzeichnis der GOZ aufgeführten Leistungen also nicht der subjektiven Einschätzung des Zahnarztes überlassen, sondern er richtet sich nach den Regeln der zahnärztlichen Kunst.

Ist eine fehlerhafte Leistung des Zahnarztes, etwa eine Implantatversorgung, für den Patienten ohne Interesse und völlig unbrauchbar, hat er einen unmittelbar auf Befreiung von der Vergütungspflicht gerichteten Schadenersatzanspruch; sind die Leistungen des Zahnarztes zwar fehlerhaft, aber nicht völlig unbrauchbar, entsteht ein Schadensersatzanspruch wegen der Kosten für die fehlerbedingt erforderlich gewordene Nachbehandlung bei einem anderen Zahnarzt, der dem fortbestehenden Honoraranspruch des Zahnarztes im Wege der Aufrechnung entgegengehalten werden kann (BGH NJW 2018, 3513).

### 4. Zahnmedizinisch notwendige Leistungen

Der Zahnarzt darf Vergütungen nur für Leistungen berechnen, die für eine **notwendige zahnärztliche Versorgung** erforderlich sind (§ 1 Abs. 2 Satz 1 GOZ). Gehen die Leistungen über das Maß einer notwendigen Versorgung hinaus, darf er sie nur berechnen, wenn sie auf Verlangen des Patienten erbracht worden sind (§ 1 Abs. 2 Satz 2 GOZ).

Im Unterschied zur Medizin, die weitgehend auf den Selbstheilungskräften des Organismus basiert, beruht die Therapie in der Zahnheilkunde in großem Umfang auf Rekonstruktion, insbesondere dem Ersatz fehlender Zähne durch körperfremdes Material. In dem Bereich der Prothetik kann die Therapie nach Umfang und Aufwand sehr verschieden sein, zB sind im Bereich des Zahnersatzes funktionale Lösungen vom **Notwendigen bis zum Optimalen** an Präzision und Material möglich. In solchen Fällen entscheidet der Zahnarzt im Rahmen seiner Therapiefreiheit nach Information und **Aufklärung des Patienten** über die zahnmedizinisch gleichermaßen indizierten Alternativen und nach dessen **Einwilligung** (§§ 630c bis e BGB), welche Behandlungsalternative durchgeführt wird, um die zahnmedizinische Versorgung zu erreichen.

Als zahnmedizinisch notwendig wird diejenige Behandlungsalternative anzusehen sein, die das Behandlungsziel, wie zB die Versorgung eines Lückengebisses oder eines zahnlosen Kiefers, durch eine sachgerechte Lösung mit angemessenen konstruktiv-technischen Mitteln erreicht (schlüssiges und ausgewogenes Therapiekonzept). Wird zB nach Abstimmung mit dem Patienten eine Behandlungsform gewählt, die der Diagnose entspricht, aber von zwei guten Alternativen die teurere ist, können sich Krankenversicherer auf die vom Patienten regelmäßig nach den Versicherungsbedingungen zu beachtende **Obliegenheit** berufen, das medizinisch notwendige Maß nicht zu überschreiten, und nur die Kosten für die kostengünstigere Versorgungsform erstatten. Eine zwar zum gleichen Behandlungserfolg führende, jedoch von ihrer Anlage her um ein vielfaches teurere Heilbehandlung (wie zB bei ausreichendem Restgebiss die Versorgung mit einer implantatgestützten Unterkieferprothese anstelle einer teleskopierenden Prothese) stellt Luxus dar, nicht aber eine notwendige Heilbehandlung (OLG Köln VersR 1995, 1177).

Der Zahnarzt hat den Patienten über alle ernsthaft in Betracht kommenden Behandlungsalternativen aufzuklären, sofern diese den Patienten unterschiedlich mit Kosten belasten (vgl. auch BGH NJW 1983, 2630). Nach der amtlichen Begründung (BR-Drs. 566/11) reicht eine schematische Aufklärung und Beratung dazu nicht aus, weil der Patient in der Regel nur unzureichende Kenntnisse über Ausmaß, Aufwand und Schwierigkeitsgrad der erforderlichen Behandlung und deren Kosten hat. Auf Grund des besonderen Vertrauensverhältnisses zwischen Zahnarzt und Patient sind an den Umfang der Aufklärungs- und Beratungspflicht umso höhere Anforderungen zu stellen, je aufwendiger die zahnärztliche Versorgung einschließlich zahntechnischer Leistungen und je höher die finanzielle Belastung (durch hohe Eigenanteile) des Patienten ist.

Bei einer aufwendigen Zahnbehandlung kann es sich für den Patienten empfehlen, noch bei einem zweiten Zahnarzt einen Heil- und Kostenplan einzuholen (sog. **Zweitmeinung**), um die Notwendigkeit des Behandlungsumfangs und die Höhe der Behandlungskosten vergleichen zu können. Der Patient kann aber auch auf der Grundlage des Heil- und Kostenplans seines Zahnarztes bei einem anderen Zahnarzt eine alternative Kostenschätzung einholen. Denn es ist nicht zu beanstanden, wenn ein Zahnarzt auf der Grundlage des Heil- und Kostenplans eines anderen Zahnarztes, der den Patienten schließlich begutachtet hat, ohne eine persönliche Untersuchung eine alternative Kostenschätzung abgibt (BGH NJW 2011, 2207). Selbst die Abgabe von alternativen Kostenschätzungen durch andere Zahnärzte auf einer geschäftlichen **Internetplattform,** auf der ein anfragender Patient den Heil- und Kostenplan seines Zahnarztes zum Zwecke des Preisvergleichs und einer kostengünstigeren Behandlung einstellt, ist nicht berufsrechtswidrig und auch nicht unlauter (BGH a. a. O.; BVerfG

NJW 2011, 665). Vielmehr soll das Geschäftsmodell der Internetplattform gewährleisten, dass die Spielräume, die die Gebührenordnung einem Zahnarzt einräumt, zugunsten des Patienten genutzt werden.

## 5. Leistungen auf Verlangen des Patienten

Der Zahnarzt darf Leistungen, die über das Maß einer zahnmedizinisch notwendigen zahnärztlichen Versorgung hinausgehen, nur berechnen, wenn diese auf Verlangen des Patienten erbracht worden sind (§ 1 Abs. 2 Satz 2 GOZ). Die Erbringung solcher Leistungen erfordert eine entsprechende Vereinbarung zwischen Zahnarzt und Patient in einem Heil- und Kostenplan (§ 2 Abs. 3 Satz 1 GOZ) und setzt ferner voraus, dass keine gesetzlichen Vorschriften zB des Berufsrechts oder Strafrechts entgegenstehen, was bei medizinisch nicht indizierten Leistungen der Fall sein kann. In Ausnahmefällen kann sich der Patient nicht darauf berufen, dass es zu keiner schriftlichen Vereinbarung gekommen ist (BGH MedR 2017, 478). Zu den Leistungen auf Verlangen können auch Leistungen gehören, die ausschließlich der Verbesserung der Ästhetik dienen, wie zB die Überkronung gesunder Frontzähne aus kosmetischen Gründen, oder bei denen der konstruktiv-technische Aufwand über den objektiv notwendigen Rahmen hinausgeht. Auf Verlangen des Patienten erbrachte zahnmedizinisch nicht notwendige Leistungen müssen in der Zahnarztrechnung als solche gekennzeichnet werden (§ 10 Abs. 3 S. 7 GOZ). Ihre Kosten werden dem Patienten in der Regel von den kostenerstattenden Stellen nicht erstattet (siehe S. XLVI).

## 6. Verpflichtung des Zahnarztes zur persönlichen Leistungserbringung

Der Zahnarzt ist ebenso wie der Arzt verpflichtet, seine zahnärztlichen Leistungen gegenüber dem Privatpatienten **persönlich zu erbringen** (§§ 613, 630b BGB) Daher ist für die Abrechnung der Gebühren auch vorgeschrieben, dass der Zahnarzt Gebühren nur für zahnärztliche Leistungen berechnen kann, die er selbst erbracht hat oder die unter seiner Aufsicht nach fachlicher Weisung erbracht worden sind (§ 4 Abs. 2 GOZ). Welche Leistungen der Zahnarzt auf nichtzahnärztliche **Mitarbeiter delegieren** darf, richtet sich nach dem zahnärztlichen Berufsrecht. Danach ist die Ausübung der Zahnheilkunde nur approbierten Zahnärzten oder solchen mit einer Berufserlaubnis gestattet (§ 1 Abs. 1, § 13 ZHG). Nach der gesetzlichen Definition ist Ausübung der Zahnheilkunde die berufsmäßige, auf zahnärztlich wissenschaftliche Erkenntnisse gegründete Feststellung und Behandlung von Zahn-, Mund- und Kieferkrankheiten. Als Krankheit ist jede von der Norm abweichende Erscheinung im Bereich der Zähne, des Mundes und der Kiefer anzusehen, einschließlich der Anomalien der Zahnstellung und des Fehlens von Zähnen (§ 1 Abs. 3 ZHG). Alle zur Behandlung dieser Krankheiten notwendigen Leistungen sind vom Zahnarzt persönlich zu erbringen. Die nichtzahnärztlichen Mitarbeiter können nur unter Aufsicht und Verantwortung des Zahnarztes im Rahmen ihrer beruflichen Kenntnisse unterstützend tätig werden. Nach § 1 Abs. 5 und 6 ZHG können auf entsprechend qualifizierte nichtzahnärztliche Mitarbeiter zB delegiert werden: Röntgenaufnahmen, Entfernung von supra- und klinisch erreichbaren subgingivalen Zahnbelägen, Politur von Füllungen, provisorische Zahnverschlüsse, Herstellung provisorischer Kronen, provisorischer Brücken und von Situationsabdrücken, Trockenlegen des Arbeitsfeldes, prophylaktische Maßnahmen sowie bestimmte kieferorthopädische Arbeiten. Die Pflicht zur persönlichen Leistungserbringung besteht auch für den leitenden Krankenhauszahnarzt bei einer **stationären Behandlung** des Patienten (siehe S. XX).

### 7. Unterrichtungspflicht bei Leistungserbringung durch Dritte

Muss der Zahnarzt in seine Behandlung andere Zahnärzte oder Ärzte oder Einrichtungen einschalten, die ihre Leistungen auf Grund eines eigenen Vergütungsanspruchs dem Patienten unmittelbar berechnen, hat er den Patienten darüber zu unterrichten (§ 4 Abs. 5 GOZ). Diese Regelung betrifft nicht die zahntechnischen Leistungen (§ 9 GOZ), weil die gewerblichen zahntechnischen Labore ihre Leistungen wegen fehlender vertraglicher Beziehungen gegenüber dem Patienten nicht selbst abrechnen können.

## III. Abweichende Honorarvereinbarungen

Die GOZ bestimmt unmittelbar die Höhe der Vergütung für die zahnärztliche Behandlung. Hiervon kann aber durch Vereinbarung zwischen Zahnarzt und Patient wie folgt abgewichen werden:

(1) Durch Vereinbarung kann eine von der GOZ abweichende Höhe der Gebühren festgelegt werden (§ 2 Abs. 1 GOZ). Dies gilt – wie sich aus § 2 Abs. 3 S. 1 GOZ ergibt – ausschließlich für Leistungen einer zahnmedizinisch notwendigen zahnärztlichen Versorgung.

(2) Einer Vereinbarung bedürfen nunmehr alle Leistungen nach § 1 Abs. 2 S. 2 GOZ, die über das Maß einer zahnmedizinisch notwendigen Versorgung hinausgehen (§ 2 Abs. 3 GOZ).

### 1. Vereinbarung bei abweichender Gebührenhöhe

Für zahnmedizinisch notwendige Leistungen kann eine von der GOZ **abweichende Höhe der Gebühren vereinbart werden** (§ 2 Abs. 1 GOZ); die übrigen Vorschriften der GOZ einschließlich des Gebührenverzeichnisses sind nicht abdingbar. Diese Einschränkung der freien Honorarvereinbarung durch die Bindung an die Abrechnungstatbestände der GOZ ist durch vernünftige Gründe des Gemeinwohls gerechtfertigt (BVerfG NJW 2005, 1036).

Der Vereinbarung ist nur die Höhe der Gebühren im Ganzen zugänglich, die **Berechnungsgrundlagen** für die Gebühren **sind nicht abdingbar,** dh es kann stets nur ein Steigerungssatz und der sich daraus ergebende Betrag vereinbart werden. Dies bedeutet, dass weder die Punktzahl der Leistung im Gebührenverzeichnis noch der Punktwert (§ 5 Abs. 1 GOZ) abweichend vereinbart und auch kein Pauschalhonorar festgelegt werden kann. Wird lediglich der Gebührenrahmen abweichend von § 5 Abs. 1 GOZ vereinbart und bleibt es dem Zahnarzt überlassen, die Gebühren im Anschluss an die Behandlung nach den Maßstäben des § 5 Abs. 2 GOZ einseitig zu bestimmen, wird die Vergütung nicht wirksam iS des § 2 Abs. 1 GOZ festgelegt (BGH NJW 1998, 1786). Dem Patienten muss vor Beginn der Behandlung deutlich gemacht werden, welche Vergütung er dem Zahnarzt nach der Honorarvereinbarung schuldet.

Die abweichende Vereinbarung ist für zahnärztliche **Wahlleistungen** bei einer Krankenhausbehandlung nur für vom Wahlzahnarzt persönlich erbrachte Leistungen zulässig (§ 2 Abs. 4 GOZ).

Für die abweichende Vereinbarung gelten grundsätzlich dieselben **inhaltlichen und formalen Voraussetzungen** (§ 2 Abs. 2 GOZ) wie für die entsprechenden Vereinbarungen der Ärzte (siehe S. XXIV).

**Anwendungsfälle** können nach der amtlichen Begründung vorliegen, wenn bei besonders schwierigem Krankheitsbild, zB nach vorausgegangenen unzulänglichen Behandlungen, eine in üblicher Zeit und mit normalen Mitteln nicht zu erbringende Leistung notwendig ist oder wenn eine weit überdurchschnittliche Qualität und Präzision der zahnärztlichen Leistung mit einem darauf abgestellten Praxisaufwand erbracht wird. Eine Bezugnahme auf diesen Teil der amtlichen Begründung in der Honorarvereinbarung kann jedoch die Willensbildung des Zahlungspflichtigen beeinträchtigen und führt – als weitere Erklärung iS des § 2 Abs. 2 Satz 3 GOZ – zur Unwirksamkeit der Honorarvereinbarung (BGH NJW 2000, 1794).

Zur Verwendung teilweise vorformulierter Texte für die Honorarvereinbarung, zur Abbedingung bei Notfallbehandlung, zur Angemessenheit der vereinbarten Vergütung und zur Begründungspflicht für die Vereinbarung siehe die Einführung zur GOÄ auf S. XXIII.

## 2. Vereinbarung bei nicht notwendigen Leistungen

Alle Leistungen nach § 1 Abs. 2 S. 2 GOZ und ihre Vergütung müssen in einem Heil- und Kostenplan schriftlich vereinbart werden (§ 2 Abs. 3 S. 1 GOZ). Dies sind Leistungen, die über das Maß einer zahnmedizinisch notwendigen zahnärztlichen Versorgung hinausgehen und auf Verlangen des Zahlungspflichtigen erbracht werden (sog. **Verlangensleistungen**). Dabei wird es sich regelmäßig um Leistungen handeln, die in den Gebührenverzeichnissen der GOZ und GOÄ enthalten sind und dem Stand der zahnmedizinischen Wissenschaft und Technik entsprechen. Unter Vergütung ist hier hinsichtlich der Gebühren die nach den Berechnungsgrundlagen der GOZ festgelegte Vergütung zu verstehen, nicht aber eine von der Verordnung im Ganzen abweichende Vergütung. Daher kann letztlich – wie bei der vorstehenden Vereinbarung nach § 2 Abs. 1 GOZ – nur ein Steigerungssatz und dessen Betrag vereinbart werden.

Die Vereinbarung muss vor Erbringung der Leistung schriftlich abgeschlossen werden. Sie muss aus einem Heil- und Kostenplan bestehen, der die einzelnen Leistungen und ihre Vergütung sowie die Feststellung enthalten muss, dass es sich um Leistungen auf Verlangen des Patienten handelt und dass eine Erstattung durch die Kostenträger möglicherweise nicht gewährleistet ist (§ 2 Abs. 3 S. 2 GOZ).

## 3. Weitere abweichende Regelungen

(1) Sollen bei einer kieferorthopädischen Behandlung abweichend von den mit den Gebühren für die Multibandbehandlung nach den Nrn. 6100, 6120, 6140 und 6150 des Gebührenverzeichnisses bereits abgegoltenen Standardmaterialien (wie zB unprogrammierte Edelstahlbrackets, unprogrammierte Attachments, Edelstahlbänder) qualitativ darüber hinausgehende Materialien Anwendung finden, können die Mehrkosten dafür gesondert berechnet werden, wenn dies vor ihrer Anwendung mit dem Zahlungspflichtigen nach persönlicher Absprache schriftlich vereinbart worden ist. In den Allgemeinen Bestimmungen zu Abschnitt G des Gebührenverzeichnisses werden mehrere Abgaben benannt, die in die Vereinbarung aufzunehmen sind, da-

runter auch die Erklärung, dass eine Erstattung durch die Erstattungsstellen möglicherweise nicht in vollem Umfang gewährleistet ist

(2) Bei den Gebühren nach den Nrn. 0050, 0060, 0090, 1000, 1010, 1030 und 2410 kann durch dort aufgenommene besondere Abrechnungsbestimmungen bei Vorliegen besonderer Voraussetzungen von den sonst für diese Gebühren geltenden Abrechnungsbestimmungen abgewichen werden. Der Zahnarzt hat in diesen Fällen nach der amtlichen Begründung gegenüber dem Patienten eine Informationspflicht; darüber hinaus muss die Abweichung in der Zahnarztrechnung besonders begründet werden.

## IV. Die zahnärztlichen Gebühren

### 1. Die einzelnen Gebührenpositionen

Unter Gebühr ist begrifflich die Vergütung zu verstehen, die der Zahnarzt für die im Gebührenverzeichnis der GOZ – sowie nach Maßgabe des § 6 Abs. 2 GOZ für die im Gebührenverzeichnis der GOÄ – aufgeführten zahnärztlichen Leistungen berechnen darf (§§ 3, 4 Abs. 1 GOZ). Hierzu gehören auch die analog berechneten Leistungen (§ 6 Abs. 1 GOZ).

Für die Berechnung der Gebühren gilt das sog. **Zielleistungsprinzip** (§ 4 Abs. 2 GOZ), dh der Zahnarzt kann eine Gebühr nur für selbständige Leistungen berechnen. Für eine Leistung, die Bestandteil einer anderen – berechneten – Leistung nach dem Gebührenverzeichnis ist, besteht kein Gebührenanspruch. So ist zB das Einfügen einer provisorischen Einlagefüllung unselbständiger Leistungsteil der Gebühren für die (definitive) Einlagenfüllung nach den Nrn. 2150 bis 2170 (BGH NJW 1992, 2360). Das Zielleistungsprinzip ist ausdrücklich auch bei zahnärztlichen Operationen zu beachten (s. näher Einführung zur GOÄ S. XXVII).

Das Gebührenverzeichnis der GOZ enthält – wie die GOÄ – eine Reihe von Abrechnungsbestimmungen zu einzelnen Abschnitten oder Gebührenpositionen, die vom Zahnarzt bei seiner Liquidation zu beachten sind.

### 2. Das Gebührenverzeichnis für zahnärztliche Leistungen

An den allgemeinen Teil der GOZ (§§ 1 bis 12) schließt sich als Anlage zu § 4 Abs. 1 GOZ das in elf Abschnitte gegliederte Gebührenverzeichnis an. Für beruflichen Leistungen des Zahnarztes, die darin nicht enthalten sind, ist ergänzend das Gebührenverzeichnis der GOÄ nach Maßgabe des § 6 Abs. 2 GOZ anwendbar. Dies betrifft insbesondere Beratungen, Röntgen der Zähne und auf kieferchirurgische Leistungen, die in der GOÄ beschrieben sind.

Die zahnärztlichen Leistungen sind folgenden Abschnitten zugeordnet:

(1) **Abschnitt A (Nrn. 0010 bis 0120):** Allgemeine zahnärztliche Leistungen. Der Abschnitt A umfasst allgemeine zahnärztliche Leistungen, die in der Regel einer Behandlung vorausgehen, wie zB eingehende Untersuchung zur Feststellung von Zahn-, Mund- und Kiefererkrankungen, Aufstellung eines Heil- und Kostenplans, Abformung der Kiefer, Vitalitätsprüfung der Zähne, Anästhesieleistungen. Enthalten sind auch Zuschläge für bestimmte Leistungen, die bei Anwendung eines Operationsmikroskops oder eines Lasers zusätzlich zu den Gebühren berechnet werden können.

(2) **Abschnitt B (Nrn. 1000 bis 1040):** Prophylaktische Leistungen. Die Leistungen der Individualprophylaxe sollen der Vorbeugung gegen Karies und Parodontalerkrankungen dienen. Die fünf Gebührenpositionen sind nicht abschließend; prophylaktischen Leistungen finden sich auch in anderen Abschnitten, wie zB bei den konservierenden und parodontologischen Leistungen in den Abschnitten C und E.

Nach der amtlichen Begründung kann der Zahnarzt trotz der Einbeziehung prophylaktischer Leistungen in das Gebührenverzeichnis der GOZ nicht für jede Art von Beratung und Motivierung des Patienten zur Mundhygiene eine gesonderte Vergütung verlangen. denn die allgemeine Aufklärung ist grundsätzlich integraler Bestandteil jeder zahnärztlichen Leistung . Deshalb sind die Gebühren dieses Abschnitts nur für solche Leistungen vorgesehen, die gezielt eingesetzt werden und damit dem umschriebenen Leistungsumfang entsprechen. Sie sind nur bei Einzelunterweisung (sog. Individualprophylaxe) berechnungsfähig.

(3) **Abschnitt C (Nrn. 2000 bis 2440)**: Konservierende Leistungen. In diesem Abschnitt sind vor allem solche zahnärztlichen Leistungen zusammengefasst, die der Erhaltung kariöser Zähne dienen. Dies sind insbesondere die restaurativen Leistungen wie zB die Versorgung mit plastischen Füllungen („Plomben“), Einlagefüllungen („Inlays“), Veneers (Verblendschalen) und mit Einzelkronen (Voll- und Teilkronen). Bei den Gebühren für die plastischen Füllungen wird zwischen verschiedenen Füllungsmaterialien und Anwendungstechniken unterschieden. Die Kosten für das Füllungsmaterial sind bereits mit den Gebühren abgegolten (§ 4 Abs. 3 S. 1 GOZ). Dagegen wird bei den Gebühren für Vollkronen nicht nach den einzelnen Kronenarten unterschieden, sondern allein danach, in welcher Weise der Zahn zur Aufnahme der Krone präpariert wird. Zu den Vollkronen zählen daher auch Jacketkronen und Verblendkronen. Zu den konservierenden Leistungen gehören auch die endodontischen Leistungen wie zB die Wurzelkanalbehandlung bei Entzündung des Zahninnern (Zahnmarks) sowie die Behandlung zur Erhaltung des Zahnmarks.

(4) **Abschnitt D (Nrn. 3000 bis 3310):** Chirurgische Leistungen. Abschnitt D enthält die typischen zahnärztlich-chirurgischen Leistungen, wie zB das Ziehen von Zähnen, und die Eingriffe zur Erhaltung von Zähnen und zur Gestaltung des Prothesenlagers (u. a. Wurzelspitzenresektion, Zystenoperationen, Reimplantation bzw. Transplantation eines Zahnes). Damit ist aber nur ein Teilbereich der zahnärztlichen Chirurgie, die sog. dentoalveoläre Chirurgie, erfasst. Weitergehende chirurgische Maßnahmen, wie zB bei Kieferbruch, kann der Zahnarzt nach Abschnitt L IX (Mund-, Kiefer- und Gesichtschirurgie) der GOÄ berechnen (§ 6 Abs. 2 GOZ).

(5) **Abschnitt E (Nrn. 4000 bis 4150):** Leistungen bei Erkrankungen der Mundschleimhaut und des Parodontiums. Es handelt sich um Leistungen bei krankhaften Veränderungen der Mundschleimhaut sowie am Stütz- und Weichgewebe der Zähne, dem sog. Zahnbett (Parodontium). Der Abschnitt enthält die für eine systematische Parodontalbehandlung notwendigen Leistungen, wie zB Diagnose, professionelle Zahnreinigung, chirurgische Eingriffe, Nachsorge. Einzelne Leistungen sind sowohl prophylaktisch als auch therapeutisch einsetzbar.

(6) **Abschnitt F (Nrn. 5000 bis 5340):** Prothetische Leistungen. In der zahnärztlichen Prothetik werden vor allem verlorengegangene Zähne

durch Konstruktionen aus körperfremdem Material ersetzt (Zahnersatz). Zu den prothetischen Leistungen gehört insbesondere die Versorgung mit Brücken, Teilprothesen (einschließlich Modellgussprothesen), Kombinationsprothesen und Totalprothesen (einschließlich Deckprothesen). Die damit verbundenen zahnärztlichen Leistungen, wie zB Planen, Anpassen, Einsetzen, werden durch die Gebühren nach Abschnitt F abgegolten. Die zahntechnischen Werkstücke sind Laborleistungen, die nach Maßgabe des § 9 GOZ vom Zahnarzt als Auslagenersatz berechnet werden.

(7) **Abschnitt G (Nrn. 6000 bis 6260):** Kieferorthopädische Leistungen. Durch die kieferorthopädische Behandlung werden insbesondere in der Wachstumsphase (Kindes- und Jugendalter) Anomalien in der Zahnstellung sowie Kieferdeformationen mit vorwiegend funktionellen Methoden behoben. Für die Behandlung werden insbesondere herausnehmbare Apparaturen (zB Headgear) oder festsitzende Apparaturen (Multiband-Technik) verwendet.
Die kieferorthopädische Behandlung ist in der Regel eine Langzeitbehandlung. Daher können die Gebühren nach den Nrn. 6030 bis 6050 (je Kiefer) und 6060 bis 6080 nur einmal für eine Behandlungsdauer bis zu vier Jahren berechnet werden. Für die Langzeitbehandlung stehen jeweils drei dieser Gebührenpositionen zur Verfügung, wobei sich die Einstufung in die richtige Gebührenposition entsprechend dem Schwierigkeitsgrad der Behandlung nach objektivierten Kriterien richtet. Bei einer im Ausnahmefall notwendigen Verlängerung der Behandlung über vier Jahre hinaus können die genannten Gebühren erneut in – dem Umfang der Nachbehandlung entsprechender – angemessener Höhe berechnet werden.

Sollen bei einer Multibandbehandlung über Standardmaterialien qualitativ hinausgehende Materialien Verwendung finden, ist zuvor mit dem Zahlungspflichtigen eine schriftliche Vereinbarung über die voraussichtlichen Mehrkosten abzuschließen (s. S. LV).

(8) **Abschnitt H (Nrn. 7000 bis 7100):** Eingliederung von Aufbissbehelfen und Schienen. In diesem Abschnitt sind die Leistungen für Aufbissbehelfe und Schienen zusammengefasst. Es handelt sich bei diesen Leistungen um temporäre Maßnahmen im Rahmen einer längerfristigen Behandlung.

(9) **Abschnitt J (Nrn. 8000 bis 8100):** Funktionsanalytische und funktionstherapeutische Leistungen. Bei diesen Leistungen handelt es sich um diagnostische Verfahren, mit denen insbesondere bei subjektive Beschwerden verursachenden Störungen des Kausystems die Funktionen der Kiefergelenke, der Kaumuskulatur und der Zahnkontakte erfasst und dokumentiert werden. Aus den Ergebnissen dieser Verfahren werden therapeutische Maßnahmen zur Wiederherstellung der beschwerdefreien Funktion des Kauorgans abgeleitet. Die Behandlung beginnt mit einer umfangreichen Befunderhebung und deren Dokumentation.

(10) **Abschnitt K (Nrn. 9000 bis 9170):** Implantologische Leistungen. Im Rahmen der zahnärztlichen Implantologie werden künstliche Pfeiler (Implantatkörper), üblicherweise aus Titan, in den Kieferknochen implantiert, die zur Aufnahme von Kronen und Brücken bzw. zur Fixierung von Prothesen dienen. Möglich sind Sofortimplantationen nach Extraktion eines Zahnes und Spätimplantationen. Neu aufgenommen wurden Gebühren für Leistungen, die bei fehlender Knochensubstanz des Kiefers (zB bei Atrophie) der Implantatverankerung für den Knochenaufbau vorausgehen.

Mit verschiedenen Operationstechniken wird der Knochenabbau durch Einbringen von körpereigenem Knochengewebe oder synthetischem Knochenersatzmaterial wieder aufgefüllt (wie zB durch Augmentation, internen oder externen Sinus-Lift, Bone-Splitting).

Der langfristige Erfolg einer Implantation hängt wesentlich von der Indikationsstellung, der Qualifikation des operierenden Zahnarztes und der Motivation des Patienten ab.

Kosten, die dem Zahnarzt durch eine Bevorratung von Implantaten entstehen (sog. Lagerkosten), sind als Praxiskosten mit den Gebühren abgegolten (BGH MedR 2005, 92).

(11) **Abschnitt L (Nrn. 0500 bis 0530):** Zuschläge zu bestimmten zahnärztlich-chirurgischen Leistungen. Bei nichtstationärer Behandlung können für abschließend aufgezählte zahnärztlich-chirurgische Leistungen, die in der Praxis niedergelassener Zahnärzte oder ambulant im Krankenhaus erbracht werden, Zuschläge zu diesen Leistungen berechnet werden.

## 3. Ergänzung des Gebührenverzeichnisses

Über die im Gebührenverzeichnis der GOZ aufgeführten Leistungen hinaus kann der Zahnarzt weitere Leistungen erbringen und berechnen.

(1) Für selbständige zahnärztliche Leistungen, die nicht in das Gebührenverzeichnis aufgenommen worden sind, kann der Zahnarzt eine nach Art, Kosten- und Zeitaufwand gleichwertige Leistung des Gebührenverzeichnisses berechnen (§ 6 Abs. 1 GOZ). Das Recht zur **analogen Bewertung** hat der Zahnarzt, der damit unter den genannten Voraussetzungen das Gebührenverzeichnis der GOZ und nachrangig das Gebührenverzeichnis der GOÄ selbst ergänzen kann (s. näher Einführung zur GOÄ S. XXX).

(2) Das Gebührenverzeichnis der GOZ wird – neben der Erweiterung durch analoge Bewertung von Leistungen – um solche Leistungen ergänzt, die der Zahnarzt **nach der GOÄ** berechnen kann (§ 6 Abs. 2 GOZ). Offen steht dem Zahnarzt nicht das gesamte Gebührenverzeichnis der GOÄ, sondern nur die Abschnitte, die Leistungen enthalten, die berufsrechtlich auch zur Zahnheilkunde gehören.

## 4. Zuschläge zu den Gebühren

Zu den Gebühren sind auch die im Gebührenverzeichnis der GOZ aufgeführten Zuschläge zu rechnen, die auf einzelne Leistungen aufgeschlagen werden können. Zuschläge kann der Zahnarzt berechnen

(1) zu bestimmten, sich auf verschiedene Abschnitte des Gebührenverzeichnisses der GOZ verteilende Leistungen für die Anwendung eines Operationsmikroskops oder eines Lasers (Abschn. A),

(2) bei nichtstationärer Behandlung zu bestimmten zahnärztlich-chirurgischen Leistungen, wenn diese in der Praxis niedergelassener Zahnärzte oder ambulant im Krankenhaus erbracht werden, zur Abgeltung besonderer Materialkosten. Die Zuschläge richten sich nach den Punktzahlen der zuschlagsberechtigten Leistungen. Werden bei einer Operation mehrere dieser Leistungen erbracht, ist nur ein Zuschlag berechnungsfähig, und zwar derjenige für die Leistung mit der höchsten Punktzahl, und nur einmal je Behandlungstag (Abschn. L).

Die Zuschläge sind nur mit dem einfachen Gebührensatz berechnungsfähig; dabei gilt für den Zuschlag nach Nr. 0120 ein Höchstbetrag von 68 Euro.

### 5. Berechnung von Kosten neben den Gebühren

Mit den Gebühren sind die Praxiskosten einschließlich der Kosten für Füllungsmaterial, für den Sprechstundenbedarf, für die Anwendung von Instrumenten und Apparaten sowie für Lagerhaltung abgegolten, soweit nicht im Gebührenverzeichnis der GOZ etwas anderes bestimmt ist (§ 4 Abs. 3 GOZ). Es handelt sich bei dieser Vorschrift um ein Regel-/Ausnahmeverhältnis, dh die Abgeltung der Materialkosten mit den Gebühren ist die Regel; eine gesonderte Berechnung – neben den Gebühren für die zahnärztlichen Leistungen – ist nur zulässig, wenn dies im Gebührenverzeichnis der GOZ entweder bei den Allgemeinen Bestimmungen zu den Leistungsabschnitten oder bei den einzelnen Gebührenpositionen ausdrücklich bestimmt ist. Eine dritte Abrechnungsmöglichkeit gibt es – im Gegensatz zur GOÄ (§ 10) – nach der GOZ nicht. Kosten, die mit den Gebühren abgegolten sind, dürfen nicht gesondert berechnet werden (§ 4 Abs. 4 GOZ).

Die Vorschrift des § 10 GOÄ ist auf Leistungen nach dem Gebührenverzeichnis der GOZ nicht anwendbar, sondern nur auf solche Leistungen, die der Zahnarzt dem Gebührenverzeichnis der GOÄ (nach Maßgabe des § 6 Abs. 2 GOZ) entnimmt (vgl. auch BGH MedR 2005, 92). Hat der Zahnarzt zahnärztliche Leistungen unter Inanspruchnahme Dritter, die nicht selbst gegenüber dem Patienten liquidieren, erbracht, so sind die hierdurch entstandenen Kosten ebenfalls mit den Gebühren abgegolten (§ 4 Abs. 3 Satz 2 GOZ). Eine Abtretung des Vergütungsanspruchs in Höhe dieser Kosten ist gegenüber dem Zahlungspflichtigen unwirksam (§ 4 Abs. 4 Satz 2 GOZ). Beide Vorschriften entsprechen wortgleich der Regelung in der GOÄ (siehe S. XXXI).

Neben den Gebühren für die zahnärztlichen Leistungen können dem Zahlungspflichtigen die dem Zahnarzt tatsächlich entstandenen angemessenen Kosten für zahntechnische Leistungen („Laborkosten") als Auslagenersatz berechnet werden, soweit diese Kosten nicht nach den Bestimmungen des Gebührenverzeichnisses zur GOZ mit den Gebühren abgegolten sind (§ 9 GOZ). Im Einzelnen siehe S. LXI.

## V. Die Bemessung der zahnärztlichen Gebühren

Die Vorschriften über die Bemessung der Gebühren für die Leistungen des Zahnarztes (§ 5 Abs. 1 und 2 GOZ) und über die Gebührenminderung bei stationärer Behandlung (§ 7 GOZ) entsprechen im Wesentlichen denen für Ärzte (§ 5 Abs. 1 und 2 sowie § 6a GOÄ). Im Folgenden werden daher nur die Grundzüge für die individuelle Gebührenbemessung dargestellt.

### 1. Punktzahl und Punktwert

Jede im Gebührenverzeichnis der GOZ aufgeführte Gebühr setzt sich aus einer laufenden Nummer, der Leistungsbeschreibung und einer Punktzahl zusammen. Die Punktzahlen spiegeln die relative Bewertung aller zahnärztlichen Leistungen zueinander wider. Der einfache Gebührensatz ist das Produkt aus Punktzahl und Punktwert, der seit dem 2.1.2002 5,62421 Cent beträgt (§ 5 Abs. 1 Satz 2 und 3 GOZ). Bei der Gebührenbemessung sind Bruchteile eines

Cents unter 0,5 ab- und Bruchteile von 0,5 und mehr aufzurunden. Die Rundung ist erst nach der Multiplikation mit dem Steigerungsfaktor vorzunehmen (§ 5 Abs. 1 S. 4 GOZ).

Zur leichteren Anwendung des Gebührenverzeichnisses sind in dieser Ausgabe – über den Verordnungstext hinaus – der Einfachsatz und der 2,3 fache Gebührensatz abgedruckt worden.

### 2. Der Gebührenrahmen

Die GOZ kennt für alle zahnärztlichen Leistungen nur einen Gebührenrahmen, der vom einfachen bis dreieinhalbfachen Satz reicht (§ 5 Abs. 1 Satz 1 GOZ). Für Versicherte in dem brancheneinheitlichen Basistarif und dem brancheneinheitlichen Standardtarif sowie dem Notlagentarif der PKV (s. näher Einführung zur GOÄ auf S. XXV) sind die Gebühren für zahnärztliche Leistungen nur bis zum 2fachen des Gebührensatzes der GOZ berechnungsfähig (§ 75 Abs. 3a SGB V). Die „kleineren" Gebührenrahmen der GOÄ (§ 5 Abs. 3 und 4 GOÄ) sind aber auch vom Zahnarzt anzuwenden, wenn er im zulässigen Rahmen (§ 6 Abs. 2 GOZ) Leistungen nach der GOÄ erbringt, für die dort die kleinen Gebührenrahmen gelten, wie zB für Röntgenleistungen und bestimmte Laboratoriumsuntersuchungen.

### 3. Bestimmung nach billigem Ermessen

Innerhalb des Gebührenrahmens sind die Gebühren vom Zahnarzt **nach billigem Ermessen** unter Berücksichtigung der Schwierigkeit der einzelnen Leistung oder des Krankheitsfalles, des Zeitaufwands und der Umstände bei der Ausführung der einzelnen Leistung zu bestimmen (§ 5 Abs. 2 Satz 1 GOZ). Andere Bemessungskriterien können nicht angewendet werden. Die Schwierigkeit der einzelnen Leistung kann auch durch die Schwierigkeit des Krankheitsfalles begründet sein (§ 5 Abs. 2 Satz 2 GOZ). Bemessungskriterien, die bereits bei der Leistungsbeschreibung berücksichtigt worden sind, müssen bei der Gebührenbemessung außer Betracht bleiben (§ 5 Abs. 2 Satz 3 GOZ).

Zur Gebührenbemessung im Einzelnen siehe die Einführung zur GOÄ auf S. XXXV.

### 4. Der 2,3fache Gebührensatz als Regel

Die sog. Regelspanne, nach der eine Gebühr nur zwischen dem einfachen und dem 2,3fachen Gebührensatz bemessen werden darf (§ 5 Abs. 2 S. 4 GOZ a. F.), hat der Verordnungsgeber in der GOZ unter Berücksichtigung der jahrzehntelangen Abrechnungspraxis und der Rechtsprechung aufgegeben (BR-Drs. 566/11, S. 44). Nunmehr kann die durchschnittliche zahnärztliche Leistung mit dem 2,3fachen Satz berechnet werden (§ 5 Abs. 2 S. 4 GOZ). Leistungen mit unterdurchschnittlichem Schwierigkeitsgrad oder Zeitaufwand sind mit einem niedrigeren Gebührensatz zu berechnen.

Ein Überschreiten des 2,3fachen Satzes ist der Ausnahmefall und nur dann zulässig, wenn Besonderheiten der vier vorgenannten Bemessungskriterien dies rechtfertigen (s. näher Einführung zur GOÄ S. XXXVII).

## VI. Die sonstigen Vergütungen

Neben den Gebühren stehen dem Zahnarzt als weitere Vergütungsbestandteile noch Entschädigungen für Besuche und Ersatz von Auslagen zu (§ 3

GOZ). Die Vorschrift des § 3 GOZ ist keine selbständige Anspruchsgrundlage; das sind die §§ 8 und 9.

### 1. Entschädigungen

Als Entschädigung für Besuche erhält der Zahnarzt Wegegeld oder Reiseentschädigung nach Maßgabe des § 8 GOZ. Die Vorschriften sind vor allem für die Behandlung pflegebedürftiger Patienten von Bedeutung (vgl. § 87 Abs. 2i SGB V).

### 2. Auslagenersatz für zahntechnische Leistungen

**a) Laborkosten.** Bei der Versorgung zB mit Einlagefüllungen, Kronen, Brücken und Prothesen werden Teile von Zahnsubstanz bzw. fehlende Zähne ersetzt. Hierbei ist zu unterscheiden zwischen der reinen zahnärztlichen Tätigkeit und der technischen Anfertigung des Zahnersatzes durch den Zahntechniker. Zahntechnische Leistungen werden entweder von gewerblichen Handwerksbetrieben der Zahntechniker **(„gewerbliche Labors")** oder von zahntechnischen Labors der Zahnärzte **(„Praxislabors")** erbracht. In beiden Fällen kann der Zahnarzt dem Patienten die ihm tatsächlich entstandenen angemessenen Kosten für die zahntechnischen Leistungen (sog. Laborkosten) als Auslagenersatz – neben den Gebühren für die zahnärztlichen Leistungen – berechnen, soweit nicht im Gebührenverzeichnis der GOZ eine gesonderte Kostenberechnung ausdrücklich ausgeschlossen ist (§ 9 Abs. 1 GOZ). Beim praxiseigenen Labor darf ein angemessen kalkulierter Gewinnanteil als Teil der Auslagen geltend gemacht werden (BGH MedR 2024, 434).

Der Zahnarzt ist Auftraggeber für das gewerbliche Labor; er ist hierbei nach dem Behandlungsvertrag mit dem Patienten und dem allgemeinen Rechtsgrundsatz von Treu und Glauben (§ 242 BGB) verpflichtet, auch den wirtschaftlichen Interessen des Patienten Rechnung zu tragen. Der Zahnarzt übernimmt im Rahmen seiner Behandlung die volle Verantwortung für die zahntechnischen Leistungen.

Im Streitfall hat der Zahnarzt die Tatsachen darzulegen und zu beweisen, auf Grund derer er die Aufwendungen für erforderlich hält.

**b) Kostenvoranschlag.** Der Zahnarzt ist verpflichtet, vor Behandlungsbeginn dem Patienten einen unentgeltlichen **Kostenvoranschlag** über die voraussichtlichen Laborkosten anzubieten und auf dessen Verlangen schriftlich abzugeben, wenn die Laborkosten voraussichtlich den Betrag von 1000 Euro übersteigen (§ 9 Abs. 2 GOZ). Bei einer längerfristigen Behandlung auf der Grundlage eines Heil- und Kostenplans muss der Betrag bereits voraussichtlich innerhalb von sechs Monaten entstehen. Die Mindestangaben in dem Voranschlag sind vorgeschrieben; weitere in § 9 Abs. 2 S. 4 GOZ bezeichnete Angaben, wie zB der Herstellungsort des Zahnersatzes, sind dem Patienten auf Verlangen näher zu erläutern. Die Erläuterung kann mündlich, sollte aber aus Beweisgründen schriftlich erfolgen. Sobald sich herausstellt, dass eine Kostenüberschreitung um mehr als 15 vH zu erwarten ist, ist der Patient unverzüglich schriftlich darüber zu informieren (vgl. auch § 650 Abs. 2 BGB).

Von dem vorstehenden Kostenvoranschlag zu unterscheiden ist der **Heil- und Kostenplan** (Nrn. 0030 und 0040 des Gebührenverzeichnisses), der – neben der Planung der Behandlung – alle voraussichtlichen Behandlungskosten (das sind zahnärztliches Honorar, Materialkosten gem. § 4 Abs. 3 GOZ und Laborkosten gem. § 9 Abs. 1 GOZ) enthält.

## VII. Die Abrechnung des Honorars (Zahnarztrechnung)

### 1. Fälligkeit des Honorars

Die Vergütung für die zahnärztlichen Leistungen wird fällig, wenn dem Zahlungspflichtigen eine Rechnung erteilt worden ist, die den nach der GOZ vorgeschriebenen formalen und inhaltlichen Anforderungen entspricht (§ 10 Abs. 1 GOZ).

Bei den **kieferorthopädischen Langzeitmaßnahmen** (Nrn. 6030 bis 6080) hat sich die – grundsätzlich nicht zu beanstandende – Abrechnungspraxis durchgesetzt, Abschläge auf diese Gebühren im Behandlungsvertrag zu vereinbaren. Der Zahnarzt bzw. Kieferorthopäde schuldet auch in diesem Falle eine nach § 10 GOZ spezifizierte Schlussrechnung mit Angabe aller Sitzungen. Die – die Langzeitmaßnahmen – begleitenden Leistungen, wie zB die Gebührennummern 6000 bis 6020 und bei Multibandbehandlung die Gebührennummern 6100 bis 6170, können jeweils nach ihrer Erbringung gem. § 10 GOZ abgerechnet werden.

### 2. Form und Inhalt der Rechnung

Für die Zahnarztrechnung wird eine einheitliche Form durch einen Rechnungsvordruck nach Anlage 2 der GOZ vorgeschrieben. Inhaltlich muss die Rechnung – wie bisher – folgende Angaben (Mindestinhalt) enthalten (§ 10 Abs. 2 bis 4 GOZ):

#### a) Bei Gebühren

Für die Zahnarztrechnung werden dieselben Angaben gefordert wie für die Arztrechnung (siehe S. XLI zur GOÄ). Hinzu kommt bei der Zahnarztrechnung – als zweites Ordnungsprinzip – neben dem Datum der Erbringung der Leistung die verständliche **Bezeichnung des Zahnes.** Ausreichend ist die numerische Bezeichnung nach dem Zahnschema der Federation Dentaire International **(FDI-Zahnschema),** welches das Gebiss in vier Kieferhälften einteilt und die Zähne von der Kiefermitte ausgehend nummeriert.

Erwachsenengebiss

Oberkiefer
Kiefermitte

| rechts | | | | | | | | links | | | | | | | |
|---|---|---|---|---|---|---|---|---|---|---|---|---|---|---|---|
| 18 | 17 | 16 | 15 | 14 | 13 | 12 | 11 | 21 | 22 | 23 | 24 | 25 | 26 | 27 | 28 |
| 48 | 47 | 46 | 45 | 44 | 43 | 42 | 41 | 31 | 32 | 33 | 34 | 35 | 36 | 37 | 38 |

Unterkiefer

Das Milchzahngebiss hat die Ziffern 5 bis 8 für die Kieferhälften; die Zähne haben jeweils die Zahlen 1 bis 5.

#### b) Bei Entschädigungen und Auslagen

(1) Bei Wegegeld und Reiseentschädigung (§ 8 GOZ) sind die Berechnung und der Betrag in der Rechnung anzugeben (§ 10 Abs. 2 Nr. 4 GOZ).

(2) Bei Auslagenersatz für zahntechnische Leistungen (§ 9 GOZ) sind Art, Umfang und Ausführung der einzelnen Leistungen und deren Preise sowie die direkt zurechenbaren Materialien und deren Preise, insbesondere bei ver-

wendeten Edelmetalllegierungen deren Bezeichnung, Gewicht und Tagespreis in der Rechnung aufzuführen (§ 10 Abs. 2 Nr. 5 GOZ). Der Rechnung ist ein Beleg – die Rechnung des gewerblichen Labors – oder ein sonstiger Nachweis – der Eigenbeleg des Praxislabors – beizufügen (§ 10 Abs. 3 Satz 5 u. 6 GOZ). In der Zahnarztrechnung selbst muss daher nur der Gesamtbetrag für die zahntechnischen Leistungen aufgeführt werden.

(3) Materialkosten können vom Zahnarzt nur gesondert – neben den Gebühren – berechnet werden, wenn dies ausdrücklich im Gebührenverzeichnis so bestimmt ist (§ 4 Abs. 3 GOZ). Bei den danach gesondert berechnungsfähigen Kosten für Materialien sind in der Rechnung deren Art, Menge und Preis anzugeben (§ 10 Abs. 2 Nr. 6 GOZ). Der Patient kann hierzu eine nähere Erläuterung verlangen.

### 3. Rechnungserteilung durch Verrechnungsstellen

Die zahnärztlichen Leistungen werden grundsätzlich vom Zahnarzt unmittelbar mit dem Patienten (Zahlungspflichtigen) abgerechnet. Die Beauftragung eines Dritten, wie zB eine Verrechnungsstelle, mit der Abrechnung und Rechnungserteilung, setzt nach § 10 Abs. 6 GOZ), die schriftliche Einwilligung des Patienten voraus, mit der dieser den Zahnarzt insoweit von seiner ärztlichen Schweigepflicht (§ 203 Abs. 1 Nr. 1 StGB) entbindet (s. näher Einführung zur GOÄ auf S. XLIII).

# 1. Gebührenordnung für Ärzte (GOÄ)

In der Fassung der Bekanntmachung vom 9. Februar 1996 (BGBl. I S. 210)

Zuletzt geänd. durch Art. 3b Arzneimittel-Lieferengpassbekämpfungs- und VersorgungsverbesserungsG v. 19.7.2023 (BGBl. I Nr. 197)

**BGBl. III/FNA 2122-4**

## Inhaltsübersicht



**§ 1 Anwendungsbereich.** (1) Die Vergütungen für die beruflichen Leistungen der Ärzte bestimmen sich nach dieser Verordnung, soweit nicht durch Bundesgesetz etwas anderes bestimmt ist.

(2) Vergütungen darf der Arzt nur für Leistungen berechnen, die nach den Regeln der ärztlichen Kunst für eine medizinisch notwendige ärztliche Versorgung erforderlich sind. Leistungen, die über das Maß einer medizinisch notwendigen ärztlichen Versorgung hinausgehen, darf er nur berechnen, wenn sie auf Verlangen des Zahlungspflichtigen erbracht worden sind.

**§ 2 Abweichende Vereinbarung.** (1) Durch Vereinbarung kann eine von dieser Verordnung abweichende Gebührenhöhe festgelegt werden. Für Leistungen nach § 5 a ist eine Vereinbarung nach Satz 1 ausgeschlossen. Die Vereinbarung einer abweichenden Punktzahl (§ 5 Abs. 1 Satz 2) oder eines abweichenden Punktwerts (§ 5 Abs. 1 Satz 3) ist nicht zulässig. Notfall- und akute Schmerzbehandlungen dürfen nicht von einer Vereinbarung nach Satz 1 abhängig gemacht werden.

(2) Eine Vereinbarung nach Absatz 1 Satz 1 ist nach persönlicher Absprache im Einzelfall zwischen Arzt und Zahlungspflichtigem vor Erbringung der

Leistung des Arztes in einem Schriftstück zu treffen. Dieses muß neben der Nummer und der Bezeichnung der Leistung, dem Steigerungssatz und dem vereinbarten Betrag auch die Feststellung enthalten, daß eine Erstattung der Vergütung durch Erstattungsstellen möglicherweise nicht in vollem Umfang gewährleistet ist. Weitere Erklärungen darf die Vereinbarung nicht enthalten. Der Arzt hat dem Zahlungspflichtigen einen Abdruck der Vereinbarung auszuhändigen.

(3) Für Leistungen nach den Abschnitten A, E, M und O ist eine Vereinbarung nach Absatz 1 Satz 1 unzulässig. Im übrigen ist bei vollstationären, teilstationären sowie vor- und nachstationären wahlärztlichen Leistungen eine Vereinbarung nach Absatz 1 Satz 1 nur für vom Wahlarzt höchstpersönlich erbrachte Leistungen zulässig.

**§ 3 Vergütungen.** Als Vergütungen stehen dem Arzt Gebühren, Entschädigungen und Ersatz von Auslagen zu.

**§ 4 Gebühren.** (1) Gebühren sind Vergütungen für die im Gebührenverzeichnis (Anlage) genannten ärztlichen Leistungen.

(2) Der Arzt kann Gebühren nur für selbständige ärztliche Leistungen berechnen, die er selbst erbracht hat oder die unter seiner Aufsicht nach fachlicher Weisung erbracht wurden (eigene Leistungen). Als eigene Leistungen gelten auch von ihm berechnete Laborleistungen des Abschnitts M II des Gebührenverzeichnisses (Basislabor), die nach fachlicher Weisung unter der Aufsicht eines anderen Arztes in Laborgemeinschaften oder in von Ärzten ohne eigene Liquidationsberechtigung geleiteten Krankenhauslabors erbracht werden. Als eigene Leistungen im Rahmen einer wahlärztlichen stationären, teilstationären oder vor- und nachstationären Krankenhausbehandlung gelten nicht

1. Leistungen nach den Nummern 1 bis 62 des Gebührenverzeichnisses innerhalb von 24 Stunden nach der Aufnahme und innerhalb von 24 Stunden vor der Entlassung,
2. Visiten nach den Nummern 45 und 46 des Gebührenverzeichnisses während der gesamten Dauer der stationären Behandlung sowie
3. Leistungen nach den Nummern 56, 200, 250, 250 a, 252, 271 und 272 des Gebührenverzeichnisses während der gesamten Dauer der stationären Behandlung,

wenn diese nicht durch den Wahlarzt oder dessen vor Abschluß des Wahlarztvertrages dem Patienten benannten ständigen ärztlichen Vertreter persönlich erbracht werden; der ständige ärztliche Vertreter muß Facharzt desselben Gebiets sein. Nicht persönlich durch den Wahlarzt oder dessen ständigen ärztlichen Vertreter erbrachte Leistungen nach Abschnitt E des Gebührenverzeichnisses gelten nur dann als eigene wahlärztliche Leistungen, wenn der Wahlarzt oder dessen ständiger ärztlicher Vertreter durch die Zusatzbezeichnung „Physikalische Therapie„ oder durch die Gebietsbezeichnung „Facharzt für Physikalische und Rehabilitative Medizin„ qualifiziert ist und die Leistungen nach fachlicher Weisung unter deren Aufsicht erbracht werden.

(2a) Für eine Leistung, die Bestandteil oder eine besondere Ausführung einer anderen Leistung nach dem Gebührenverzeichnis ist, kann der Arzt eine Gebühr nicht berechnen, wenn er für die andere Leistung eine Gebühr berechnet. Dies gilt auch für die zur Erbringung der im Gebührenverzeichnis aufgeführten operativen Leistungen methodisch notwendigen operativen Einzelschritte. Die Rufbereitschaft sowie das Bereitstehen eines Arztes oder Arztteams sind nicht berechnungsfähig.

(3) Mit den Gebühren sind die Praxiskosten einschließlich der Kosten für den Sprechstundenbedarf sowie die Kosten für die Anwendung von Instrumenten und Apparaten abgegolten, soweit nicht in dieser Verordnung etwas anderes bestimmt ist. Hat der Arzt ärztliche Leistungen unter Inanspruchnahme Dritter, die nach dieser Verordnung selbst nicht liquidationsberechtigt sind, erbracht, so sind die hierdurch entstandenen Kosten ebenfalls mit der Gebühr abgegolten.

(4) Kosten, die nach Absatz 3 mit den Gebühren abgegolten sind, dürfen nicht gesondert berechnet werden. Eine Abtretung des Vergütungsanspruchs in Höhe solcher Kosten ist gegenüber dem Zahlungspflichtigen unwirksam.

(5) Sollen Leistungen durch Dritte erbracht werden, die diese dem Zahlungspflichtigen unmittelbar berechnen, so hat der Arzt ihn darüber zu unterrichten.

**§ 5 Bemessung der Gebühren für Leistungen des Gebührenverzeichnisses.** (1) Die Höhe der einzelnen Gebühr bemißt sich, soweit in den Absätzen 3 bis 5 nichts anderes bestimmt ist, nach dem Einfachen bis Dreieinhalbfachen des Gebührensatzes. Gebührensatz ist der Betrag, der sich ergibt, wenn die Punktzahl der einzelnen Leistung des Gebührenverzeichnisses mit dem Punktwert vervielfacht wird. Der Punktwert beträgt 5,82873 Cent. Bei der Bemessung von Gebühren sind sich ergebende Bruchteile eines Pfennigs unter 0,5 abzurunden und Bruchteile von 0,5 und mehr aufzurunden.

(2) Innerhalb des Gebührenrahmens sind die Gebühren unter Berücksichtigung der Schwierigkeit und des Zeitaufwandes der einzelnen Leistung sowie der Umstände bei der Ausführung nach billigem Ermessen zu bestimmen. Die Schwierigkeit der einzelnen Leistung kann auch durch die Schwierigkeit des Krankheitsfalles begründet sein; dies gilt nicht für die in Absatz 3 genannten Leistungen. Bemessungskriterien, die bereits in der Leistungsbeschreibung berücksichtigt worden sind, haben hierbei außer Betracht zu bleiben. In der Regel darf eine Gebühr nur zwischen dem Einfachen und dem 2,3fachen des Gebührensatzes bemessen werden; ein Überschreiten des 2,3fachen des Gebührensatzes ist nur zulässig, wenn Besonderheiten der in Satz 1 genannten Bemessungskriterien dies rechtfertigen.

(3) Gebühren für die in den Abschnitten A, E und O des Gebührenverzeichnisses genannten Leistungen bemessen sich nach dem Einfachen bis Zweieinhalbfachen des Gebührensatzes. Absatz 2 Satz 4 gilt mit der Maßgabe, daß an die Stelle des 2,3fachen des Gebührensatzes das 1,8fache des Gebührensatzes tritt.

(4) Gebühren für die Leistung nach Nummer 437 des Gebührenverzeichnisses sowie für die in Abschnitt M des Gebührenverzeichnisses genannten Leistungen bemessen sich nach dem Einfachen bis 1,3fachen des Gebührensatzes. Absatz 2 Satz 4 gilt mit der Maßgabe, daß an die Stelle des 2,3fachen des Gebührensatzes das 1,15fache des Gebührensatzes tritt.

(5) Bei wahlärztlichen Leistungen, die weder von dem Wahlarzt noch von dessen vor Abschluß des Wahlarztvertrages dem Patienten benannten ständigen ärztlichen Vertreter persönlich erbracht werden, tritt an die Stelle des Dreieinhalbfachen des Gebührensatzes nach § 5 Abs. 1 Satz 1 das 2,3fache des Gebührensatzes und an die Stelle des Zweieinhalbfachen des Gebührensatzes nach § 5 Abs. 3 Satz 1 das 1,8fache des Gebührensatzes.

**§ 5 a Bemessung der Gebühren in besonderen Fällen.** Im Falle eines unter den Voraussetzungen des § 218 a Abs. 1 des Strafgesetzbuches vorgenommenen Abbruchs einer Schwangerschaft dürfen Gebühren für die in § 24 b Abs. 4 des Fünften Buches Sozialgesetzbuch genannten Leistungen nur bis zum 1,8fachen des Gebührensatzes nach § 5 Abs. 1 Satz 2 berechnet werden.

**§ 5 b Bemessung der Gebühren bei Versicherten des Standardtarifes der privaten Krankenversicherung.** Für Leistungen, die in einem brancheneinheitlichen Standardtarif nach § 257 Abs. 2 a des Fünften Buches Sozialgesetzbuch versichert sind, dürfen Gebühren nur bis zum 1,7fachen des Gebührensatzes nach § 5 Abs. 1 Satz 2 berechnet werden. Bei Gebühren für die in den Abschnitten A, E und O des Gebührenverzeichnisses genannten Leistungen gilt Satz 1 mit der Maßgabe, dass an die Stelle des 1,7fachen des Gebührensatzes das 1,3fache des Gebührensatzes tritt. Bei Gebühren für die in Abschnitt M des Gebührenverzeichnisses genannten Leistungen gilt Satz 1 mit der Maßgabe, dass an die Stelle des 1,7fachen des Gebührensatzes das 1,1fache des Gebührensatzes tritt.

**§ 6 Gebühren für andere Leistungen.** (1) Erbringen Mund-Kiefer-Gesichtschirurgen, Hals-Nasen-Ohrenärzte oder Chirurgen Leistungen, die im Gebührenverzeichnis für zahnärztliche Leistungen – Anlage zur Gebührenordnung für Zahnärzte vom 22. Oktober 1987 (BGBl. I S. 2316) – aufgeführt sind, sind die Vergütungen für diese Leistungen nach den Vorschriften der Gebührenordnung für Zahnärzte in der jeweils geltenden Fassung zu berechnen.

(2) Selbständige ärztliche Leistungen, die in das Gebührenverzeichnis nicht aufgenommen sind, können entsprechend einer nach Art, Kosten- und Zeitaufwand gleichwertigen Leistung des Gebührenverzeichnisses berechnet werden.

**§ 6 a Gebühren bei stationärer Behandlung.** (1) Bei vollstationären, stationsäquivalenten, tagesstationären, teilstationären sowie vor- und nachstationären privatärztlichen Leistungen sind die nach dieser Verordnung berechneten Gebühren einschließlich der darauf entfallenden Zuschläge um 25 vom Hundert zu mindern. Abweichend davon beträgt die Minderung für Leistungen und Zuschläge nach Satz 1 von Belegärzten oder niedergelassenen anderen Ärzten 15 vom Hundert. Ausgenommen von der Minderungspflicht ist der Zuschlag nach Buchstabe J in Abschnitt B V des Gebührenverzeichnisses.

(2) Neben den nach Absatz 1 geminderten Gebühren darf der Arzt Kosten nicht berechnen; die §§ 7 bis 10 bleiben unberührt.

**§ 7 Entschädigungen.** Als Entschädigungen für Besuche erhält der Arzt Wegegeld und Reiseentschädigung; hierdurch sind Zeitversäumnisse und die durch den Besuch bedingten Mehrkosten abgegolten.

**§ 8 Wegegeld.** (1) Der Arzt kann für jeden Besuch ein Wegegeld berechnen. Das Wegegeld beträgt für einen Besuch innerhalb eines Radius um die Praxisstelle des Arztes von

1. bis zu zwei Kilometern 7,– Deutsche Mark, bei Nacht (zwischen 20 und 8 Uhr) 14,– Deutsche Mark,
2. mehr als zwei Kilometern bis zu fünf Kilometern 13,– Deutsche Mark, bei Nacht 20,– Deutsche Mark,
3. mehr als fünf Kilometern bis zu zehn Kilometern 20,– Deutsche Mark, bei Nacht 30,– Deutsche Mark,
4. mehr als zehn Kilometern bis zu 25 Kilometern 30,– Deutsche Mark, bei Nacht 50,– Deutsche Mark.

(2) Erfolgt der Besuch von der Wohnung des Arztes aus, so tritt bei der Berechnung des Radius die Wohnung des Arztes an die Stelle der Praxisstelle.

(3) Werden mehrere Patienten in derselben häuslichen Gemeinschaft oder in einem Heim, insbesondere in einem Alten- oder Pflegeheim besucht, darf der Arzt das Wegegeld unabhängig von der Anzahl der besuchten Patienten und deren Versichertenstatus insgesamt nur einmal und nur anteilig berechnen.

**§ 9 Reiseentschädigung.** (1) Bei Besuchen über eine Entfernung von mehr als 25 Kilometern zwischen Praxisstelle des Arztes und Besuchsstelle tritt an die Stelle des Wegegeldes eine Reiseentschädigung.

(2) Als Reiseentschädigung erhält der Arzt

1. 50 Deutsche Pfennige für jeden zurückgelegten Kilometer, wenn er einen eigenen Kraftwagen benutzt, bei Benutzung anderer Verkehrsmittel die tatsächlichen Aufwendungen,
2. bei Abwesenheit bis zu 8 Stunden 100,– Deutsche Mark, bei Abwesenheit von mehr als 8 Stunden 200,– Deutsche Mark je Tag,
3. Ersatz der Kosten für notwendige Übernachtungen.

(3) § 8 Abs. 2 und 3 gilt entsprechend.

**§ 10 Ersatz von Auslagen.** (1) Neben den für die einzelnen ärztlichen Leistungen vorgesehenen Gebühren können als Auslagen nur berechnet werden

1. die Kosten für diejenigen Arzneimittel, Verbandmittel und sonstigen Materialien, die der Patient zur weiteren Verwendung behält oder die mit einer einmaligen Anwendung verbraucht sind, soweit in Absatz 2 nichts anderes bestimmt ist,
2. Versand- und Portokosten, soweit deren Berechnung nach Absatz 3 nicht ausgeschlossen ist,
3. die im Zusammenhang mit Leistungen nach Abschnitt O bei der Anwendung radioaktiver Stoffe durch deren Verbrauch entstandenen Kosten sowie
4. die nach den Vorschriften des Gebührenverzeichnisses als gesondert berechnungsfähig ausgewiesenen Kosten.

Die Berechnung von Pauschalen ist nicht zulässig.

(2) Nicht berechnet werden können die Kosten für

1. Kleinmaterialien wie Zellstoff, Mulltupfer, Schnellverbandmaterial, Verbandspray, Gewebeklebstoff auf Histoacrylbasis, Mullkompressen, Holzspatel, Holzstäbchen, Wattestäbchen, Gummifingerlinge,
2. Reagenzien und Narkosemittel zur Oberflächenanästhesie,
3. Desinfektions- und Reinigungsmittel,
4. Augen-, Ohren-, Nasentropfen, Puder, Salben und geringwertige Arzneimittel zur sofortigen Anwendung sowie für
5. folgende Einmalartikel: Einmalspritzen, Einmalkanülen, Einmalhandschuhe, Einmalharnblasenkatheder, Einmalskalpelle, Einmalproktoskope, Einmaldarmrohre, Einmalspekula.

(3) Versand- und Portokosten können nur vom dem Arzt berechnet werden, dem die gesamten Kosten für Versandmaterial, Versandgefäße sowie für den Versand oder Transport entstanden sind. Kosten für Versandmaterial, für den Versand des Untersuchungsmaterials und die Übermittlung des Untersuchungsergebnisses innerhalb einer Laborgemeinschaft oder innerhalb eines Krankenhausgeländes sind nicht berechnungsfähig; dies gilt auch, wenn Material oder ein Teil davon unter Nutzung der Transportmittel oder des Versandweges oder der Versandgefäße einer Laborgemeinschaft zur Untersuchung einem zur Erbringung von Leistungen beauftragten Arzt zugeleitet wird. Werden aus demselben Körpermaterial sowohl in einer Laborgemeinschaft als auch von einem Laborarzt Leistungen aus Abschnitt M oder N ausgeführt, so kann der Laborarzt bei Benutzung desselben Transportweges Versandkosten nicht berechnen; dies gilt auch dann, wenn ein Arzt eines anderen Gebiets Auftragsleistungen aus Abschnitt M oder N erbringt. Für die Versendung der Arztrechnung dürfen Versand- und Portokosten nicht berechnet werden.

**§ 11 Zahlung durch öffentliche Leistungsträger.** (1) Wenn ein Leistungsträger im Sinne des § 12 des Ersten Buches Sozialgesetzbuch oder ein sonstiger öffentlich-rechtlicher Kostenträger die Zahlung leistet, sind die ärztlichen Leistungen nach den Gebührensätzen des Gebührenverzeichnisses (§ 5 Abs. 1 Satz 2) zu berechnen.

(2) Absatz 1 findet nur Anwendung, wenn dem Arzt vor der Inanspruchnahme eine von dem die Zahlung Leistenden ausgestellte Bescheinigung vorgelegt wird. In dringenden Fällen kann die Bescheinigung auch nachgereicht werden.

**§ 12 Fälligkeit und Abrechnung der Vergütung; Rechnung.** (1) Die Vergütung wird fällig, wenn dem Zahlungspflichtigen eine dieser Verordnung entsprechende Rechnung erteilt worden ist.

(2) Die Rechnung muß insbesondere enthalten:

1. das Datum der Erbringung der Leistung,
2. bei Gebühren die Nummer und die Bezeichnung der einzelnen berechneten Leistung einschließlich einer in der Leistungsbeschreibung gegebenenfalls genannten Mindestdauer sowie den jeweiligen Betrag und den Steigerungssatz,
3. bei Gebühren für stationäre, teilstationäre sowie vor- und nachstationäre

privatärztliche Leistungen zusätzlich den Minderungsbetrag nach § 6a,

4. bei Entschädigungen nach den §§ 7 bis 9 den Betrag, die Art der Entschädigung und die Berechnung,
5. bei Ersatz von Auslagen nach § 10 den Betrag und die Art der Auslage; übersteigt der Betrag der einzelnen Auslage 50,– Deutsche Mark, ist der Beleg oder ein sonstiger Nachweis beizufügen.

(3) Überschreitet eine berechnete Gebühr nach Absatz 2 Nr. 2 das 2,3fache des Gebührensatzes, ist dies auf die einzelne Leistung bezogen für den Zahlungspflichtigen verständlich und nachvollziehbar schriftlich zu begründen; das gleiche gilt bei den in § 5 Abs. 3 genannten Leistungen, wenn das 1,8fache des Gebührensatzes überschritten wird, sowie bei den in § 5 Abs. 4 genannten Leistungen, wenn das 1,15fache des Gebührensatzes überschritten wird. Auf Verlangen ist die Begründung näher zu erläutern. Soweit im Falle einer abweichenden Vereinbarung nach § 2 auch ohne die getroffene Vereinbarung ein Überschreiten der in Satz 1 genannten Steigerungssätze gerechtfertigt gewesen wäre, ist das Überschreiten auf Verlangen des Zahlungspflichtigen zu begründen; die Sätze 1 und 2 gelten entsprechend. Die Bezeichnung der Leistung nach Absatz 2 Nr. 2 kann entfallen, wenn der Rechnung eine Zusammenstellung beigefügt wird, der die Bezeichnung für die abgerechnete Leistungsnummer entnommen werden kann. Leistungen, die auf Verlangen erbracht worden sind (§ 1 Abs. 2 Satz 2), sind als solche zu bezeichnen.

(4) Wird eine Leistung nach § 6 Abs. 2 berechnet, ist die entsprechend bewertete Leistung für den Zahlungspflichtigen verständlich zu beschreiben und mit dem Hinweis „entsprechend„ sowie der Nummer und der Bezeichnung der als gleichwertig erachteten Leistung zu versehen.

(5) Durch Vereinbarung mit den in § 11 Abs. 1 genannten Leistungs- und Kostenträgern kann eine von den Vorschriften der Absätze 1 bis 4 abweichende Regelung getroffen werden.

**§ 13.** *(weggefallen)*

**§ 14.** (Inkrafttreten und Übergangsvorschrift)

## Redaktioneller Hinweis des Verlages

Das auf den nachfolgenden Seiten abgedruckte Gebührenverzeichnis ist bis auf die in den rechten Spalten angegebenen **E-Beträge** und die **2,3- bzw. 1,8- und 1,15fachen Gebühren** mit dem amtlichen Wortlaut, wie er im Bundesgesetzblatt Teil I abgedruckt ist, identisch. Die 2,3- bzw. 1,8- und 1,15-fachen Sätze sind lediglich zum leichteren Gebrauch für die Benutzer aufgenommen.

# Gebührenverzeichnis für ärztliche Leistungen
## (Anlage zur Gebührenordnung für Ärzte)

Anlageband zum Bundesgesetzblatt Teil 1 Nr. 10 vom 22. Februar 1996

## A. Gebühren in besonderen Fällen

Für die nachfolgend genannten Leistungen dürfen Gebühren nach Maßgabe des § 5 nur bis zum Zweieinhalbfachen des Vergütungssatzes bemessen werden: Nummern 2 und 56 in Abschnitt B, Nummern 250, 250 a, 402 und 403 in Abschnitt C, Nummern 602, 605 bis 617, 620 bis 624, 635 bis 647, 650, 651, 653, 654, 657 bis 661, 665 bis 666, 725, 726, 759 bis 761 in Abschnitt F, Nummern 855 bis 857 in Abschnitt G, Nummern 1001 und 1002 in Abschnitt H, Nummern 1255 bis 1257, 1259, 1260, 1262, 1263, 1268 bis 1270 in Abschnitt I, Nummern 1401, 1403 bis 1406, 1558 bis 1560 in Abschnitt J, Nummern 4850 bis 4873 in Abschnitt N.

## B. Grundleistungen und allgemeine Leistungen

**Allgemeine Bestimmungen**

1. Als Behandlungsfall gilt für die Behandlung derselben Erkrankung der Zeitraum eines Monats nach der jeweils ersten Inanspruchnahme des Arztes.
2. Die Leistungen nach den Nummern 1 und/oder 5 sind neben Leistungen nach den Abschnitten C bis O im Behandlungsfall nur einmal berechnungsfähig.
3. Die Leistungen nach den Nummern 1, 3, 5, 6, 7 und/oder 8 können an demselben Tag nur dann mehr als einmal berechnet werden, wenn dies durch die Beschaffenheit des Krankheitsfalls geboten war. Bei mehrmaliger Berechnung ist die jeweilige Uhrzeit der Leistungserbringung in der Rechnung anzugeben. Bei den Leistungen nach den Nummern 1, 5, 6, 7 und/oder 8 ist eine mehrmalige Berechnung an demselben Tag auf Verlangen, bei der Leistung nach Nummer 3 generell zu begründen.
4. Die Leistungen nach den Nummern 1, 3, 22, 30 und/oder 34 sind neben den Leistungen nach den Nummern 804 bis 812, 817, 835, 849, 861 bis 864, 870, 871, 886 sowie 887 nicht berechnungsfähig.
5. Mehr als zwei Visiten an demselben Tag können nur berechnet werden, wenn sie durch die Beschaffenheit des Krankheitsfalls geboten waren. Bei der Berechnung von mehr als zwei Visiten an demselben Tag ist die jeweilige Uhrzeit der Visiten in der Rechnung anzugeben. Auf Verlangen ist die mehr als zweimalige Berechnung einer Visite an demselben Tag zu begründen.
   Anstelle oder neben der Visite im Krankenhaus sind die Leistungen nach den Nummern 1, 3, 4, 5, 6, 7, 8 und/oder 15 nicht berechnungsfähig.
6. Besuchsgebühren nach den Nummern 48, 50 und/oder 51 sind für Besuche von Krankenhaus- und Belegärzten im Krankenhaus nicht berechnungsfähig.
7. Terminvereinbarungen sind nicht berechnungsfähig.
8. Neben einer Leistung nach Nummer 5, 6, 7 oder 8 sind die Leistungen nach den Nummern 600, 601, 1203, 1204, 1228, 1240, 1400, 1401 und 1414 nicht berechnungsfähig.

| Nummer | Leistung | Punktzahl | Gebühr in DM – einfach – | Gebühr in Euro – einfach – | Gebühr in Euro – 2,3-fach – – *1,8-fach – – **1,15-fach – |
|---|---|---|---|---|---|
| | **I. Allgemeine Beratungen und Untersuchungen** | | | | |
| 1 | Beratung – auch mittels Fernsprecher ........ | 80 | 9,12 | 4,66 | *10,72* |
| 2 | Ausstellung von Wiederholungsrezepten und/oder Überweisungen und/oder Übermittlung von Befunden oder ärztlichen Anordnungen – auch mittels Fernsprecher – durch die Arzthelferin und/oder Messung von Körperzuständen (z.B. Blutdruck, Temperatur) ohne Beratung, bei einer Inanspruchnahme des Arztes ........ | 30 | 3,42 | 1,75 | **3,15* |
| | *Die Leistung nach Nummer 2 darf anläßlich einer Inanspruchnahme des Arztes nicht zusammen mit anderen Gebühren berechnet werden.* | | | | |
| 3 | Eingehende, das gewöhnliche Maß übersteigende Beratung – auch mittels Fernsprecher ........ | 150 | 17,10 | 8,74 | *20,11* |
| | *Die Leistung nach Nummer 3 (Dauer mindestens 10 Minuten) ist nur berechnungsfähig als einzige Leistung oder im Zusammenhang mit einer Untersuchung nach Nummer 5, 6, 7, 8, 800 oder 801. Eine mehr als einmalige Berechnung im Behandlungsfall bedarf einer besonderen Begründung.* | | | | |
| 4 | Erhebung der Fremdanamnese über einen Kranken und/oder Unterweisung und Führung der Bezugsperson(en) – im Zusammenhang mit der Behandlung eines Kranken – ........ | 220 | 25,08 | 12,82 | |
| | *Die Leistung nach Nummer 4 ist im Behandlungsfall nur einmal berechnungsfähig.* | | | | |

*Die Leistung nach Nummer 4 ist neben den Leistungen nach den Nummern 30, 34, 801, 806, 807, 816, 817 und/oder 835 nicht berechnungsfähig.*

5 Symptom bezogene Untersuchung ........................................... 80 9,12 4,66 *10,72*

*Die Leistung nach Nummer 5 ist neben den Leistungen nach den Nummern 6 bis 8 nicht berechnungsfähig.*

6 Vollständige körperliche Untersuchung mindestens eines der folgenden Organsysteme: alle Augenabschnitte, der gesamte HNO-Bereich, das stomatognathe System, die Nieren und ableitenden Harnwege (bei Männern auch gegebenenfalls einschließlich der männlichen Geschlechtsorgane) oder Untersuchung zur Erhebung eines vollständigen Gefäßstatus – gegebenenfalls einschließlich Dokumentation – ............................... 100 11,40 5,83 *13,41*

*Die vollständige körperliche Untersuchung eines Organsystems nach der Leistung nach Nummer 6 beinhaltet insbesondere:*

– bei den Augen: beidseitige Inspektion des äußeren Auges, beidseitige Untersuchung der vorderen und mittleren Augenabschnitte sowie des Augenhintergrunds;

– bei dem HNO-Bereich: Inspektion der Nase, des Naseninnern, des Rachens, beider Ohren, beider äußerer Gehörgänge und beider Trommelfelle, Spiegelung des Kehlkopfs;

– bei dem stomatognathen System: Inspektion der Mundhöhle, Inspektion und Palpation der Zunge und beider Kiefergelenke sowie vollständiger Zahnstatus;

– bei den Nieren und ableitenden Harnwegen: Palpation der Nierenlager und des Unterbauchs, Inspektion des äußeren Genitale sowie Digitaluntersuchung des Enddarms, bei Männern zusätzlich Digitaluntersuchung der Prostata. Prüfung der Bruchpforten sowie Inspektion und Palpation der Hoden und Nebenhoden;

| Nummer | Leistung | Punktzahl | Gebühr in DM – einfach – | Gebühr in Euro – einfach – | Gebühr in Euro – 2,3-fach – – *1,8-fach – – **1,15-fach – |
|---|---|---|---|---|---|
| | – bei dem Gefäßstatus: Palpation und gegebenenfalls Auskultation der Arterien an beiden Handgelenken, Ellenbeugen, Achseln, Fußrücken, Sprunggelenken. Kniekehlen, Leisten sowie der tastbaren Arterien an Hals und Kopf, Inspektion und gegebenenfalls Palpation der oberflächlichen Bein- und Halsvenen. | | | | |
| | Die Leistung nach Nummer 6 ist neben den Leistungen nach den Nummern 5, 7 und/oder 8 nicht berechnungsfähig. | | | | |
| 7 | Vollständige körperliche Untersuchung mindestens eines der folgenden Organsysteme: das gesamte Hautorgan, die Stütz- und Bewegungsorgane, alle Brustorgane, alle Bauchorgane, der gesamte weibliche Genitaltrakt (gegebenenfalls einschließlich Nieren und ableitende Harnwege) – gegebenenfalls einschließlich Dokumentation – ........................................ | 160 | 18,24 | 9,33 | *21,45* |
| | *Die vollständige körperliche Untersuchung eines Organsystems nach der Leistung nach Nummer 7 beinhaltet insbesondere:* | | | | |
| | – bei dem Hautorgan: Inspektion der gesamten Haut. Hautanhangsgebilde und sichtbaren Schleimhäute, gegebenenfalls einschließlich Prüfung des Dermographismus und Untersuchung mittels Glasspatel; | | | | |
| | – bei den Stutz- und Bewegungsorganen: Inspektion, Palpation und orientierende Funktionsprüfung der Gelenke und der Wirbelsäule einschließlich Prüfung der Reflexe; | | | | |
| | – bei den Brustorganen: Auskultation und Perkussion von Herz und Lunge sowie Blutdruckmessung; | | | | |

| | | | | | |
|---|---|---|---|---|---|
| | – bei den Bauchorganen: Patpation, Perkussion und Auskultation der Bauchorgane einschließlich palpatorischer Prüfung der Bruchpforten und der Nierenlager; | | | | |
| | – bei dem weiblichen Genitaltrakt: bimanuelle Untersuchung der Gebärmutter und der Adnexe, Inspektion des äußeren Genitale, der Vagina und der Portio uteri. Digitaluntersuchung des Enddarms, gegebenenfalls Palpation der Nierenlager und des Unterbauchs. | | | | |
| | Die Leistung nach Nummer 7 ist neben den Leistungen nach den Nummern 5, 6 und/oder 8 nicht berechnungsfähig. | | | | |
| 8 | Untersuchung zur Erhebung des Ganzkörperstatus, gegebenenfalls einschließlich Dokumentation ...................................... | 260 | 29,64 | 15,15 | *34,86* |
| | *Der Ganzkörperstatus beinhaltet die Untersuchung der Haut, der sichtbaren Schleimhäute, der Brust- und Bauchorgane, der Stütz- und Bewegungsorgane, sowie eine orientierende neurologische Untersuchung.* | | | | |
| | *Die Leistung nach Nummer 8 ist neben den Leistungen nach den Nummern 5, 6, 7 und/oder 800 nicht berechnungsfähig.* | | | | |
| 11 | Digitaluntersuchung des Mastdarms und/oder der Prostata ....... | 60 | 6,84 | 3,50 | *8,04* |
| 15 | Einleitung und Koordination flankierender therapeutischer und sozialer Maßnahmen während der kontinuierlichen ambulanten Betreuung eines chronisch Kranken .......................................... | 300 | 34,20 | 17,49 | *40,22* |
| | *Die Leistung nach Nummer 15 darf nur einmal im Kalenderjahr berechnet werden.* | | | | |
| | *Neben der Leistung nach Nummer 15 ist die Leistung nach Nummer 4 im Behandlungsfall nicht berechnungsfähig.* | | | | |

| Nummer | Leistung | Punktzahl | Gebühr in DM – einfach – | Gebühr in Euro – einfach – | Gebühr in Euro – 2,3-fach – – *1,8-fach – – **1,15-fach – |
|---|---|---|---|---|---|

## II. Zuschläge zu Beratungen und Untersuchungen nach Nummer 1, 3, 4, 5, 6, 7 oder 8

**Allgemeine Bestimmungen**

Die Zuschläge nach den Buchstaben A bis D sowie K 1 sind nur mit dem einfachen Gebührensatz berechnungsfähig. Sie dürfen unabhängig von der Anzahl und Kombination der erbrachten Leistungen je Inanspruchnahme des Arztes nur einmal berechnet werden. Neben den Zuschlägen nach den Buchstaben A bis D sowie K 1 dürfen die Zuschläge nach den Buchstaben E bis J sowie K 2 nicht berechnet werden. Die Zuschläge nach den Buchstaben B bis D dürfen von Krankenhausärzten nicht berechnet werden, es sei denn, die Leistungen werden durch den liquidationsberechtigten Arzt oder seinen Vertreter nach § 4 Abs. 2 Satz 3 erbracht.

Die Zuschläge sind in der Rechnung unmittelbar im Anschluß an die zugrundeliegende Leistung aufzuführen.

| Nummer | Leistung | Punktzahl | Gebühr in DM – einfach – | Gebühr in Euro – einfach – | Gebühr in Euro – 2,3-fach – |
|---|---|---|---|---|---|
| A | Zuschlag für außerhalb der Sprechstunde erbrachte Leistungen ........ | 70 | 7,98 | 4,08 | |
| | *Der Zuschlag nach Buchstabe A ist neben den Zuschlägen nach den Buchstaben B, C und/oder D nicht berechnungsfähig. Der Zuschlag nach Buchstabe A ist für Krankenhausärzte nicht berechnungsfähig.* | | | | |
| B | Zuschlag für in der Zeit zwischen 20 und 22 Uhr oder 6 und 8 Uhr außerhalb der Sprechstunde erbrachte Leistungen ............ | 180 | 20,52 | 10,49 | |
| C | Zuschlag für in der Zeit zwischen 22 und 6 Uhr erbrachte Leistungen ........ | 320 | 36,48 | 18,65 | |
| | *Neben dem Zuschlag nach Buchstabe C ist der Zuschlag nach Buchstabe B nicht berechnungsfähig.* | | | | |

| Nr. | Leistung | Punkte | € | € | € |
|---|---|---|---|---|---|
| D | Zuschlag für an Samstagen, Sonn- oder Feiertagen erbrachte Leistungen | 220 | 25,08 | 12,82 | |
| | *Werden Leistungen innerhalb einer Sprechstunde an Samstagen erbracht, so ist der Zuschlag nach Buchstabe D nur mit dem halben Gebührensatz berechnungsfähig.* | | | | |
| | *Werden Leistungen an Samstagen, Sonn- oder Feiertagen zwischen 20 und 8 Uhr erbracht, ist neben dem Zuschlag nach Buchstabe D ein Zuschlag nach Buchstabe B oder C berechnungsfähig.* | | | | |
| | *Der Zuschlag nach Buchstabe D ist für Krankenhausärzte im Zusammenhang mit zwischen 8 und 20 Uhr erbrachten Leistungen nicht berechnungsfähig.* | | | | |
| K1 | Zuschlag zu Untersuchungen nach Nummer 5, 6, 7 oder 8 bei Kindern bis zum vollendeten 4. Lebensjahr | 120 | 13,68 | 6,99 | |

## III. Spezielle Beratungen und Untersuchungen

| Nr. | Leistung | Punkte | € | € | € |
|---|---|---|---|---|---|
| 20 | Beratungsgespräch in Gruppen von 4 bis 12 Teilnehmern im Rahmen der Behandlung von chronischen Krankheiten, je Teilnehmer und Sitzung (Dauer mindestens 50 Minuten) | 120 | 13,68 | 6,99 | *16,09* |
| | *Neben der Leistung nach Nummer 20 sind die Leistungen nach den Nummern 847, 862,864,871 und/oder 887 nicht berechnungsfähig.* | | | | |
| 21 | Eingehende humangenetische Beratung, je angefangene halbe Stunde und Sitzung | 360 | 41,04 | 20,98 | *48,26* |
| | *Die Leistung nach Nummer 21 darf nur berechnet werden, wenn die Beratung in der Sitzung mindestens eine halbe Stunde dauert.* | | | | |

| Nummer | Leistung | Punktzahl | Gebühr in DM – einfach – | Gebühr in Euro – einfach – | Gebühr in Euro – 2,3-fach – – *1,8-fach – – **1,15-fach – |
|---|---|---|---|---|---|
| | *Die Leistung nach Nummer 21 ist innerhalb eines halben Jahres nach Beginn des Beratungsfalls nicht mehr als viermal berechnungsfähig.* | | | | |
| | *Neben der Leistung nach Nummer 21 sind die Leistungen nach den Nummern 1, 3, 4, 22 und 34 nicht berechnungsfähig.* | | | | |
| 22 | Eingehende Beratung einer Schwangeren im Konfliktfall über die Erhaltung oder den Abbruch der Schwangerschaft – auch einschließlich Beratung über soziale Hilfen, gegebenenfalls auch einschließlich Beurteilung über das Vorliegen einer Indikation für einen nicht rechtswidrigen Schwangerschaftsabbruch – | 300 | 34,20 | 17,49 | *40,22* |
| | *Neben der Leistung nach Nummer 22 sind die Leistungen nach Nummer 1,3,21 oder 34 nicht berechnungsfähig.* | | | | |
| 23 | Erste Vorsorgeuntersuchung in der Schwangerschaft mit Bestimmung des Geburtstermins – einschließlich Erhebung der Anamnese und Anlegen des Mutterpasses sowie Beratung der Schwangeren über die Mutterschaftsvorsorge, einschließlich Hämoglobinbestimmung – | 300 | 34,20 | 17,49 | *40,22* |
| | *Neben der Leistung nach Nummer 23 sind die Leistungen nach den Nummern 1, 3, 5, 7 und/oder 3550 nicht berechnungsfähig.* | | | | |
| 24 | Untersuchung im Schwangerschaftsverlauf – einschließlich Beratung und Bewertung der Befunde, gegebenenfalls auch im Hinblick auf Schwangerschaftsrisiken – | 200 | 22,80 | 11,66 | *26,81* |
| | *Neben der Leistung nach Nummer 24 sind die Leistungen nach den Nummern 1, 3, 5 und/oder 7 nicht berechnungsfähig.* | | | | |

| | | | | | |
|---|---|---|---|---|---|
| 25 | Neugeborenen-Erstuntersuchung – gegebenenfalls einschließlich Beratung der Bezugsperson(en) – ........ | 200 | 22,80 | 11,66 | *26,81* |
| | *Neben der Leistung nach Nummer 25 sind die Leistungen nach den Nummern 1, 3, 4, 5, 6, 7 und/oder 8 nicht berechnungsfähig.* | | | | |
| 26 | Untersuchung zur Früherkennung von Krankheiten bei einem Kind bis zum vollendeten 14. Lebensjahr (Erhebung der Anamnese, Feststellung der Körpermaße, Untersuchung von Nervensystem, Sinnesorganen, Skelettsystem, Haut, Brust-, Bauch- und Geschlechtsorganen) – gegebenenfalls einschließlich Beratung der Bezugsperson(en) – ........ | 450 | 51,30 | 26,23 | *60,33* |
| | *Die Leistung nach Nummer 26 ist ab dem vollendeten 2. Lebensjahr je Kalenderjahr höchstens einmal berechnungsfähig.* | | | | |
| | *Neben der Leistung nach Nummer 26 sind die Leistungen nach den Nummern 1, 3, 4, 5, 6, 7 und/oder 8 nicht berechnungsfähig.* | | | | |
| 27 | Untersuchung einer Frau zur Früherkennung von Krebserkrankungen der Brust, des Genitales, des Rektums und der Haut – einschließlich Erhebung der Anamnese, Abstrichentnahme zur zytologischen Untersuchung, Untersuchung auf Blut im Stuhl und Urinuntersuchung auf Eiweiß, Zucker und Erythrozyten, einschließlich Beratung – ........ | 320 | 36,48 | 18,65 | *42,90* |
| | *Mit der Gebühr sind die Kosten für Untersuchungsmaterialien abgegolten.* | | | | |
| | *Neben der Leistung nach Nummer 27 sind die Leistungen nach den Nummern 1, 3, 5, 6, 7, 8, 297, 3500, 3511, 3650 und/oder 3652 nicht berechnungsfähig.* | | | | |
| 28 | Untersuchung eines Mannes zur Früherkennung von Krebserkrankungen des Rektums, der Prostata, des äußeren Genitales und der Haut – einschließlich Erhebung der Anamnese, Urinuntersuchung auf Eiweiß, Zucker und Erythrozyten sowie Untersuchung auf Blut im Stuhl, einschließlich Beratung – ........ | 280 | 31,92 | 16,32 | *37,54* |

| Nummer | Leistung | Punktzahl | Gebühr in DM – einfach – | Gebühr in Euro – einfach – | Gebühr in Euro – 2,3-fach – – *1,8-fach – – **1,15-fach – |
|---|---|---|---|---|---|
| | *Mit der Gebühr sind die Kosten für Untersuchungsmaterialien abgegolten.* | | | | |
| | *Neben der Leistung nach Nummer 28 sind die Leistungen nach den Nummern 1, 3, 5, 6, 7, 8, 11, 3500, 3511, 3650 und/oder 3652 nicht berechnungsfähig.* | | | | |
| 29 | Gesundheitsuntersuchung zur Früherkennung von Krankheiten bei einem Erwachsenen – einschließlich Untersuchung zur Erhebung des vollständigen Status (Ganzkörperstatus), Erörterung des individuellen Risikoprofils und verhaltensmedizinischer orientierter Beratung – | 440 | 50,16 | 25,65 | *58,99* |
| | *Neben der Leistung nach Nummer 29 sind die Leistungen nach den Nummern 1, 3, 5, 6, 7 und/oder 8 nicht berechnungsfähig.* | | | | |
| 30 | Erhebung der homöopathischen Erstanamnese mit einer Mindestdauer von einer Stunde nach biographischen und homöopathisch-individuellen Gesichtspunkten mit schriftlicher Aufzeichnung zur Einleitung einer homöopathischen Behandlung – einschließlich homöopathischer Repertorisation und Gewichtung der charakteristischen psychischen, allgemeinen und lokalen Zeichen und Symptome des jeweiligen Krankheitsfalls, unter Berücksichtigung der Modalitäten, Altemanzen, Kausal- und Begleitsymptome, zur Auffindung des homöopathischen Einzelmittels, einschließlich Anwendung und Auswertung standardisierter Fragebogen – | 900 | 102,60 | 52,46 | *120,65* |
| | *Dauert die Erhebung einer homöopathischen Erstanamnese bei einem Kind bis zum vollendeten 14. Lebensjahr weniger als eine Stunde, mindestens aber eine halbe Stunde, kann die* | | | | |

| | | | | | |
|---|---|---|---|---|---|
| | *Leistung nach Nummer 30 bei entsprechender Begründung mit der Hälfte der Gebühr berechnet werden.* | | | | |
| | *Die Leistung nach Nummer 30 ist innerhalb von einem Jahr nur einmal berechnungsfähig.* | | | | |
| | *Neben der Leistung nach Nummer 30 sind die Leistungen nach den Nummern 1, 3 und/oder 34 nicht berechnungsfähig.* | | | | |
| 31 | Homöopathische Folgeanamnese mit einer Mindestdauer von 30 Minuten unter laufender Behandlung nach den Regeln der Einzelmittelhomöopathie zur Beurteilung des Verlaufs und Feststellung der weiteren Vorgehens – einschließlich schriftlicher Aufzeichnungen – ........ | 450 | 51,30 | 26,23 | *60,33* |
| | *Die Leistung nach Nummer 31 ist innerhalb von sechs Monaten höchstens dreimal berechnungsfähig.* | | | | |
| | *Neben der Leistung nach Nummer 31 sind die Leistungen nach den Nummern 1, 3, 4, 30 und/oder 34 nicht berechnungsfähig.* | | | | |
| 32 | Untersuchung nach den §§ 32 bis 35 und 42 des Jugendarbeitsschutzgesetzes (Eingehende, das gewöhnliche Maß übersteigende Untersuchung – einschließlich einfacher Seh-, Hör- und Farbsinnprüfung –; Urinuntersuchung auf Eiweiß, Zucker und Erythrozyten; Beratung des Jugendlichen; schriftliche gutachtliche Äußerung; Mitteilung für die Personensorgeberechtigten; Bescheinigung für den Arbeitgeber) ........ | 400 | 45,60 | 23,31 | *53,62* |
| 33 | Strukturierte Schulung einer Einzelperson mit einer Mindestdauer von 20 Minuten (bei Diabetes, Gestationsdiabetes oder Zustand nach Pankreatektomie) – einschließlich Evaluation zur Qualitätssicherung unter diabetologischen Gesichtspunkten zum Erlernen und Umsetzen des Behandlungsmanagements, einschließlich der Auswertung eines standardisierten Fragebogens – ........ | 300 | 34,20 | 17,49 | *40,22* |

| Nummer | Leistung | Punktzahl | Gebühr in DM – einfach – | Gebühr in Euro – einfach – | Gebühr in Euro – 2,3-fach – – *1,8-fach – – **1,15-fach – |
|---|---|---|---|---|---|
| | *Die Leistung nach Nummer 33 ist innerhalb von einem Jahr höchstens dreimal berechnungsfähig.* | | | | |
| | *Neben der Leistung nach Nummer 33 sind die Leistungen nach den Nummern 1, 3, 15, 20, 847, 862, 864, 871 und/oder 887 nicht berechnungsfähig.* | | | | |
| 34 | Erörterung (Dauer mindestens 20 Minuten) der Auswirkungen einer Krankheit auf die Lebensgestaltung in unmittelbarem Zusammenhang mit der Feststellung oder erheblichen Verschlimmerung einer nachhaltig lebensverändernden oder lebensbedrohenden Erkrankung – gegebenenfalls einschließlich Planung eines operativen Eingriffs und Abwägung seiner Konsequenzen und Risiken –, einschließlich Beratung – gegebenenfalls unter Einbeziehung von Bezugspersonen – ........ | 300 | 34,20 | 17,49 | *40,22* |
| | *Die Leistung nach Nummer 34 ist innerhalb von 6 Monaten höchstens zweimal berechnungsfähig.* | | | | |
| | *Neben der Leistung nach Nummer 34 sind die Leistungen nach den Nummern 1, 3, 4, 15 und/oder 30 nicht berechnungsfähig.* | | | | |

## IV. Visiten, Konsiliartätigkeit, Besuche, Assistenz

| Nummer | Leistung | Punktzahl | Gebühr in DM – einfach – | Gebühr in Euro – einfach – | Gebühr in Euro – 2,3-fach – |
|---|---|---|---|---|---|
| 45 | Visite im Krankenhaus ........ | 70 | 7,98 | 4,08 | *9,38* |
| | *Die Leistung nach Nummer 45 ist neben anderen Leistungen des Abschnitts B nicht berechnungsfähig.* | | | | |
| | *Werden zu einem anderen Zeitpunkt an demselben Tag andere Leistungen des Abschnitts B erbracht, so können diese mit* | | | | |

*Angabe der Uhrzeit für die Visite und die anderen Leistungen aus Abschnitt B berechnet werden.*

*Anstelle oder neben der Visite im Krankenhaus sind die Leistungen nach den Nummern 1, 3, 4, 5, 6, 7, 8, 15, 48, 50 und/oder 51 nicht berechnungsfähig.*

*Wird mehr als eine Visite an demselben Tag erbracht, kann für die über die erste Visite hinausgehenden Visiten nur die Leistung nach Nummer 46 berechnet werden.*

*Die Leistung nach Nummer 45 ist nur berechnungsfähig, wenn diese durch einen liquidationsberechtigten Arzt des Krankenhauses oder dessen ständigen ärztlichen Vertreter persönlich erbracht wird.*

46 Zweitvisite im Krankenhaus ........ 50 5,70 2,91 *6,70*

*Die Leistung nach Nummer 46 ist neben anderen Leistungen des Abschnitts B nicht berechnungsfähig.*

*Werden zu einem anderen Zeitpunkt an demselben Tag andere Leistungen des Abschnitts B erbracht, so können diese mit Angabe der Uhrzeit für die Visite und die anderen Leistungen aus Abschnitt B berechnet werden.*

*Anstelle oder neben der Zweitvisite im Krankenhaus sind die Leistungen nach den Nummern 1, 3, 4, 5, 6, 7, 8, 15, 45, 48, 50 und/oder 51 nicht berechnungsfähig.*

*Mehr als zwei Visiten dürfen nur berechnet werden, wenn sie durch die Beschaffenheit des Krankheitsfalls geboten waren oder verlangt wurden. Wurde die Visite verlangt, muß dies in der Rechnung angegeben werden.*

*Die Leistung nach Nummer 46 ist nur berechnungsfähig, wenn diese durch einen liquidationsberechtigten Arzt des Krankenhauses oder dessen ständigen ärztlichen Vertreter persönlich erbracht wird.*

| Nummer | Leistung | Punktzahl | Gebühr in DM – einfach – | Gebühr in Euro – einfach – | Gebühr in Euro – 2,3-fach – – *1,8-fach – – **1,15-fach – |
|---|---|---|---|---|---|
| 48 | Besuch eines Patienten auf einer Pflegestation (z. B. in Alten- oder Pflegeheimen) – bei regelmäßiger Tätigkeit des Arztes auf der Pflegestation zu vorher vereinbarten Zeiten – | 120 | 13,68 | 6,99 | *16,09* |
| | *Die Leistung nach Nummer 48 ist neben den Leistungen nach den Nummern 1, 50, 51 und/oder 52 nicht berechnungsfähig.* | | | | |
| 50 | Besuch, einschließlich Beratung und symptombezogene Untersuchung – | 320 | 36,48 | 18,65 | *42,90* |
| | *Die Leistung nach Nummer 50 darf anstelle oder neben einer Leistung nach Nummer 45 oder 46 nicht berechnet werden.* | | | | |
| | *Neben der Leistung nach Nummer 50 sind die Leistungen nach den Nummern 1, 5, 48 und/oder 52 nicht berechnungsfähig.* | | | | |
| 51 | Besuch eines weiteren Kranken in derselben häuslichen Gemeinschaft in unmittelbarem zeitlichen Zusammenhang mit der Leistung nach Nummer 50 – einschließlich Beratung und symptombezogener Untersuchung – | 250 | 28,50 | 14,57 | *33,52* |
| | *Die Leistung nach Nummer 51 darf anstelle oder neben einer Leistung nach Nummer 45 oder 46 nicht berechnet werden.* | | | | |
| | *Neben der Leistung nach Nummer 51 sind die Leistungen nach den Nummern 1, 5, 48 und/oder 52 nicht berechnungsfähig.* | | | | |
| 52 | Aufsuchen eines Patienten außerhalb der Praxisräume oder des Krankenhauses durch nichtärztliches Personal im Auftrag des niedergelassenen Arztes (z. B. zur Durchführung von kapillaren oder venösen Blutentnahmen, Wundbehandlungen, Verbandwechsel, Katheterwechsel) | 100 | 11,40 | 5,83 | |

| Nr. | Leistung | | | | |
|---|---|---|---|---|---|
| | *Die Pauschalgebühr nach Nummer 52 ist nur mit dem einfachen Gebührensatz berechnungsfähig. Sie ist nicht berechnungsfähig, wenn das nicht ärztliche Personal den Arzt begleitet. Wegegeld ist daneben nicht berechnungsfähig.* | | | | |
| 55 | Begleitung eines Patienten durch den behandelnden Arzt zur unmittelbar notwendigen stationären Behandlung – gegebenenfalls einschließlich organisatorischer Vorbereitung der Krankenhausaufnahme – ........ | 500 | 57,00 | 29,14 | *67,03* |
| | *Neben der Leistung nach Nummer 55 sind die Leistungen nach den Nummern 56, 60 und/oder 833 nicht berechnungsfähig,* | | | | |
| 56 | Verweilen, ohne Unterbrechung und ohne Erbringung anderer ärztlicher Leistungen – wegen Erkrankung erforderlich –, je angefangene halbe Stunde ........ | 180 | 20,52 | 10,49 | **18,89* |
| | *Die Verweilgebühr darf nur berechnet werden, wenn der Arzt nach der Beschaffenheit des Krankheitsfalls mindestens eine halbe Stunde verweilen muß und während dieser Zeit keine ärztliche(n) Leistungen) erbringt. Im Zusammenhang mit dem Beistand bei einer Geburt darf die Verweilgebühr nur für ein nach Ablauf von zwei Stunden notwendiges weiteres Verweilen berechnet werden.* | | | | |
| 60 | Konsiliarische Erörterung zwischen zwei oder mehr liquidationsberechtigten Ärzten, für jeden Arzt ........ | 120 | 13,68 | 6,99 | *16,09* |
| | *Die Leistung nach Nummer 60 darf nur berechnet werden, wenn sich der liquidierende Arzt zuvor oder in unmittelbarem zeitlichen Zusammenhang mit der konsularischen Erörterung persönlich mit dem Patienten und dessen Erkrankung befaßt hat.* | | | | |
| | *Die Leistung nach Nummer 60 darf auch dann berechnet werden, wenn die Erörterung zwischen einem liquidationsberechtigten Arzt und dem ständigen persönlichen ärztlichen Vertreter eines anderen liquidationsberechtigten Arztes erfolgt.* | | | | |

| Nummer | Leistung | Punktzahl | Gebühr in DM – einfach – | Gebühr in Euro – einfach – | Gebühr in Euro – 2,3-fach – – *1,8-fach – – **1,15-fach – |
|---|---|---|---|---|---|
| | *Die Leistung nach Nummer 60 ist nicht berechnungsfähig, wenn die Ärzte Mitglieder derselben Krankenhausabteilung oder derselben Gemeinschaftspraxis oder einer Praxisgemeinschaft von Ärzten gleicher öder ähnlicher Fachrichtung (z. B. praktischer Arzt und Allgemeinarzt. Internist und praktischer Arzt) sind. Sie ist nicht berechnungsfähig für routinemäßige Besprechungen (z. B. Röntgenbesprechung, Klinik- oder Abteilungskonferenz, Team- oder Mitarbeiterbesprechung, Patientenübergabe).* | | | | |
| 61 | Beistand bei der ärztlichen Leistung eines anderen Arztes (Assistenz), je angefangene halbe Stunde ................................ | 130 | 14,82 | 7,58 | *17,43* |
| | *Die Leistung nach Nummer 61 ist neben anderen Leistungen nicht berechnungsfähig.* | | | | |
| | *Die Nummer 61 gilt nicht für Ärzte, die zur Ausführung einer Narkose hinzugezogen werden.* | | | | |
| | *Die Leistung nach Nummer 61 darf nicht berechnet werden, wenn die Assistenz durch nicht liquidationsberechtigte Ärzte erfolgt.* | | | | |
| 62 | Zuziehung eines Assistenten bei operativen belegärztlichen Leistungen oder bei ambulanter Operation durch niedergelassene Ärzte, je angefangene halbe Stunde . .............................. | 150 | 17,10 | 8,74 | *20,11* |
| | *Wird die Leistung nach Nummer 62 berechnet, kann der assistierende Arzt die Leistung nach Nummer 61 nicht berechnen.* | | | | |

## V. Zuschläge zu den Leistungen nach den Nummern 45 bis 62, 100 und 101

### Allgemeine Bestimmungen

Die Zuschläge nach den Buchstaben E bis J sowie K 2 sind nur mit dem einfachen Gebührensatz berechnungsfähig. Abweichend hiervon sind die Zuschläge nach den Buchstaben E bis H neben der Leistung nach Nummer 51 nur mit dem halben Gebührensatz berechnungsfähig. Im Zusammenhang mit Leistungen nach den Nummern 45 bis 55 und 60 dürfen die Zuschläge unabhängig von der Anzahl und Kombination der erbrachten Leistungen je Inanspruchnahme des Arztes nur einmal berechnet werden. Neben den Zuschlägen nach den Buchstaben E bis J sowie K 2 dürfen die Zuschläge nach den Buchstaben A bis D sowie K 1 nicht berechnet werden. Im Zusammenhang mit Leistungen nach den Nummern 100 oder 101 dürfen die Zuschläge nach den Buchstaben F bis H unabhängig von der Anzahl und Kombination der erbrachten Leistungen je Inanspruchnahme des Arztes nur einmal berechnet werden.

Die Zuschläge sind in der Rechnung unmittelbar im Anschluß an die zugrundeliegende Leistung aufzuführen.

| | | | | |
|---|---|---|---|---|
| E | Zuschlag für dringend angeforderte und unverzüglich erfolgte Ausführung ........ | 160 | 18,24 | 9,33 |
| | *Der Zuschlag nach Buchstabe E ist neben Leistungen nach den Nummern 45 und/oder 46 nicht berechnungsfähig, es sei denn. die Visite wird durch einen Belegarzt durchgeführt. Der Zuschlag nach Buchstabe E ist neben Zuschlägen nach den Buchstaben F, G und/oder H nicht berechnungsfähig.* | | | |
| F | Zuschlag für in der Zeit von 20 bis 22 Uhr oder 6 bis 8 Uhr erbrachte Leistungen ........ | 260 | 29,64 | 15,15 |
| | *Der Zuschlag nach Buchstabe F ist neben den Leistungen nach den Nummern 45,46,48 und 52 nicht berechnungsfähig.* | | | |
| G | Zuschlag für in der Zeit zwischen 22 und 6 Uhr erbrachte Leistungen ........ | 450 | 51,30 | 26,23 |
| | *Der Zuschlag nach Buchstabe G ist neben den Leistungen nach den Nummern 45, 46, 48 und 52 nicht berechnungsfähig. Neben dem Zuschlag nach Buchstabe G ist der Zuschlag nach Buchstabe F nicht berechnungsfähig.* | | | |

| Nummer | Leistung | Punktzahl | Gebühr in DM – einfach – | Gebühr in Euro – einfach – | Gebühr in Euro – 2,3-fach – – *1,8-fach – – **1,15-fach – |
|---|---|---|---|---|---|
| H | Zuschlag für an Samstagen, Sonn- oder Feiertagen erbrachte Leistungen | 340 | 38,76 | 19,82 | |
| | *Werden Leistungen an Samstagen, Sonn- oder Feiertagen zwischen 20 und 8 Uhr erbracht, darf neben dem Zuschlag nach Buchstabe H ein Zuschlag nach Buchstabe F oder G berechnet werden.* | | | | |
| | *Der Zuschlag nach Buchstabe H ist neben den Leistungen nach den Nummern 45, 46, 48 und 52 nicht berechnungsfähig.* | | | | |
| J | Zuschlag zur Visite bei Vorhalten eines vom Belegarzt zu vergütenden ärztlichen Bereitschaftsdienstes, je Tag | 80 | 9,12 | 4,66 | |
| K2 | Zuschlag zu den Leistungen nach Nummer 45, 46, 48, 50, 51, 55 oder 56 bei Kindern bis zum vollendeten 4. Lebensjahr | 120 | 13,68 | 6,99 | |
| | **VI. Berichte, Briefe** | | | | |
| 70 | Kurze Bescheinigung oder kurzes Zeugnis, Arbeitsunfähigkeitsbescheinigung | 40 | 4,56 | 2,33 | *5,36* |
| 75 | Ausführlicher schriftlicher Krankheits- und Befundbericht (einschließlich Angaben zur Anamnese, zu dem(n) Befund(en), zur epikritischen Bewertung und gegebenenfalls zur Therapie). | 130 | 14,82 | 7,58 | *17,43* |
| | *Die Befundmitteilung oder der einfache Befundbericht ist mit der Gebühr für die zugrunde liegende Leistung abgegolten.* | | | | |
| 76 | Schriftlicher Diätplan, individuell für den einzelnen Patienten aufgestellt | 70 | 7,98 | 4,08 | *9,38* |

| | | | | | |
|---|---|---|---|---|---|
| 77 | Schriftliche, individuelle Planung und Leitung einer Kur mit diätetischen, balneologischen und/oder klimatherapeutischen Maßnahmen unter Einbeziehung gesundheitserzieherischer Aspekte. | 150 | 17,10 | 8,74 | *20,11* |
| | *Die Leistung nach Nummer 77 ist für eine im zeitlichen Zusammenhang durchgeführte Kur unabhängig von deren Dauer nur einmal berechnungsfähig.* | | | | |
| 78 | Behandlungsplan für die Chemotherapie und/oder schriftlicher Nachsorgeplan für einen tumorkranken Patienten, individuell für den einzelnen Patienten aufgestellt | 180 | 20,52 | 10,49 | *24,13* |
| 80 | Schriftliche gutachtliche Äußerung | 300 | 34,20 | 17,49 | *40,21* |
| 85 | Schriftliche gutachtliche Äußerung mit einem das gewöhnliche Maß übersteigenden Aufwand – gegebenenfalls mit wissenschaftlicher Begründung –, je angefangene Stunde Arbeitszeit... | 500 | 57,00 | 29,14 | *67,03* |
| 90 | Schriftliche Feststellung über das Vorliegen oder Nichtvorliegen einer Indikation für einen Schwangerschaftsabbruch | 120 | 13,68 | 6,99 | *16,09* |
| 95 | Schreibgebühr, je angefangene DIN A4-Seite | 60 | 6,84 | 3,50 | |
| 96 | Schreibgebühr, je Kopie | 3 | 0,34 | 0,17 | |
| | *Die Schreibgebühren nach den Nummern 95 und 96 sind nur neben den Leistungen nach den Nummern 80, 85 und 90 und nur mit dem einfachen Gebührensatz berechnungsfähig.* | | | | |

| Nummer | Leistung | Punktzahl | Gebühr in DM – einfach – | Gebühr in Euro – einfach – | Gebühr in Euro – 2,3-fach – – *1,8-fach – – **1,15-fach – |
|---|---|---|---|---|---|

## VII. Todesfeststellung

**Allgemeine Bestimmung**

1. Begibt sich der Arzt zur Erbringung einer oder mehrerer Leistungen nach den Nummern 100 bis 109 außerhalb seiner Arbeitsstätte (Praxis oder Krankenhaus) oder seiner Wohnung, kann er für die zurückgelegte Wegstrecke Wegegeld nach § 8 oder Reiseentschädigung nach § 9 berechnen.
2. Neben den Leistungen nach den Nummern 100 und 101 sind Zuschläge nach den Buchstaben F bis H berechnungsfähig.
3. Neben den Leistungen nach den Nummern 100 und 101 sind die Leistungen nach den Nummern 48 bis 52 nicht berechnungsfähig.
4. Die Leistungen nach den Nummern 100 und 101 sind nicht nebeneinander berechnungsfähig.
5. Die Leistungen nach den Nummern 100 und 101 sowie der Zuschlag nach Nummer 102 sind nur mit dem einfachen Gebührensatz berechnungsfähig.

| Nummer | Leistung | Punktzahl | Gebühr in DM – einfach – | Gebühr in Euro – einfach – | Gebühr in Euro – 2,3-fach – |
|---|---|---|---|---|---|
| 100 | Untersuchung eines Toten und Ausstellung einer vorläufigen Todesbescheinigung gemäß landesrechtlicher Bestimmungen, gegebenenfalls einschließlich Aktenstudium und Einholung von Auskünften bei Angehörigen, vorbehandelnden Ärzten, Krankenhäusern und Pflegediensten (Dauer mindestens 20 Minuten), gegebenenfalls einschließlich Aufsuchen (vorläufige Leichenschau) ........ | 1896 | | 110,51 | |
| | Dauert die Leistung nach Nummer 100 weniger als 20 Minuten (ohne Aufsuchen), mindestens aber 10 Minuten (ohne Aufsuchen), sind 60 Prozent der Gebühr zu berechnen. | | | | |

| Nr. | Leistung | Punkte | Euro | |
|---|---|---|---|---|
| 101 | Eingehende Untersuchung eines Toten und Ausstellung einer Todesbescheinigung, einschließlich Angaben zu Todesart und Todesursache gemäß landesrechtlicher Bestimmungen, gegebenenfalls einschließlich Aktenstudium und Einholung von Auskünften bei Angehörigen, vorbehandelnden Ärzten, Krankenhäusern und Pflegediensten (Dauer mindestens 40 Minuten), gegebenenfalls einschließlich Aufsuchen (eingehende Leichenschau) | 2844 | 165,77 | |
| | Dauert die Leistung nach Nummer 101 weniger als 40 Minuten (ohne Aufsuchen), mindestens aber 20 Minuten (ohne Aufsuchen), sind 60 Prozent der Gebühr zu berechnen. | | | |
| 102 | Zuschlag zu den Leistungen nach den Nummern 100 oder 101 bei einer Leiche mit einer dem Arzt oder der Ärztin unbekannten Identität und/oder besonderen Todesumständen (zusätzliche Dauer mindestens 10 Minuten) | 474 | 27,63 | |
| 106 | Entnahme einer Körperflüssigkeit bei einem Toten | 150 | 8,74 | *20,11* |
| 107 | Bulbusentnahme bei einem Toten | 250 | 14,57 | *33,52* |
| 108 | Hornhautentnahme aus einem Auge bei einem Toten | 230 | 13,41 | *30,83* |
| 109 | Entnahme eines Herzschrittmachers bei einem Toten | 220 | 12,82 | *29,49* |

## C. Nichtgebietsbezogene Sonderleistungen

### I. Anlegen von Verbänden

**Allgemeine Bestimmung**

Wundverbände nach Nummer 200, die im Zusammenhang mit einer operativen Leistung (auch Ätzung, Fremdkörperentfernung), Punktion, Infusion, Transfusion oder Injektion durchgeführt werden, sind Bestandteil dieser Leistung.

| Nummer | Leistung | Punktzahl | Gebühr in DM – einfach – | Gebühr in Euro – einfach – | Gebühr in Euro – 2,3-fach – – *1,8-fach – – **1,15-fach – |
|---|---|---|---|---|---|
| 200 | Verband – ausgenommen Schnell- und Sprühverbände, Augen-, Ohrenklappen oder Dreiecktücher – | 45 | 5,13 | 2,62 | *6,03* |
| 201 | Redressierender Klebeverband des Brustkorbs oder dachziegelförmiger Klebeverband – ausgenommen Nabelverband – | 65 | 7,41 | 3,79 | *8,71* |
| 204 | Zirkulärer Verband des Kopfes oder des Rumpfes (auch als Wundverband); stabilisierender Verband des Halses, des Schulter- oder Hüftgelenks oder einer Extremität über mindestens zwei große Gelenke; Schanz'scher Halskrawattenverband; Kompressionsverband | 95 | 10,83 | 5,54 | *12,74* |
| 206 | Tape-Verband eines kleinen Gelenks | 70 | 7,98 | 4,08 | *9,38* |
| 207 | Tape-Verband eines großen Gelenks oder Zinkleimverband | 100 | 11,40 | 5,83 | *13,41* |
| 208 | Stärke- oder Gipsfixation, zusätzlich zu einem Verband | 30 | 3,42 | 1,75 | *4,02* |
| 209 | Großflächiges Auftragen von Externa (z. B. Salben, Cremes, Puder, Lotionen, Lösungen) zur Behandlung von Hautkrankheiten mindestens einer Körperregion (Extremität, Kopf, Brust, Bauch, Rücken), je Sitzung | 150 | 17,10 | 8,74 | *20,11* |
| 210 | Kleiner Schienenverband – auch als Notverband bei Frakturen – | 75 | 8,55 | 4,37 | *10,05* |
| 211 | Kleiner Schienenverband – bei Wiederanlegung derselben, gegebenenfalls auch veränderten Schiene – | 60 | 6,84 | 3,50 | *8,04* |
| 212 | Schienenverband mit Einschluß von mindestens zwei großen Gelenken (Schulter-, Ellenbogen-, Hand-, Knie-, Fußgelenk) – auch als Notverband bei Frakturen – | 160 | 18,24 | 9,33 | *21,45* |
| 213 | Schienenverband mit Einschluß von mindestens zwei großen Gelenken (Schulter-, Ellenbogen-, Hand-, Knie-, Fußgelenk) – | 100 | 11,40 | 5,83 | *13,41* |

| Nr. | Leistung | Punkte | 1,0fach | 0,6fach (?) | 1,15fach (?) |
|---|---|---|---|---|---|
| | Bei Wiederanlegung derselben, gegebenenfalls auch veränderten Schiene – | 100 | 11,40 | 5,83 | *13,41* |
| 214 | Abduktionsschienenverband – auch mit Stärke- oder Gipsfixation – | 240 | 27,36 | 13,99 | *32,17* |
| 217 | Streckverband | 230 | 26,22 | 13,41 | *30,83* |
| 218 | Streckverband mit Nagel- oder Drahtextension | 660 | 75,24 | 38,47 | *88,48* |
| 225 | Gipsfingerling | 70 | 7,98 | 4,08 | *9,38* |
| 227 | Gipshülse mit Gelenkschienen | 300 | 34,20 | 17,49 | *40,22* |
| 228 | Gipsschienenverband oder Gipspantoffel | 190 | 21,66 | 11,07 | *25,47* |
| 229 | Gipsschienenverband – bei Wiederanlegung derselben, gegebenenfalls auch veränderten Schiene – | 130 | 14,82 | 7,58 | *17,43* |
| 230 | Zirkulärer Gipsverband – gegebenenfalls als Gipstutor – | 300 | 34,20 | 17,49 | *40,22* |
| 231 | Zirkulärer Gehgipsverband des Unterschenkels | 360 | 41,04 | 20,98 | *48,26* |
| 232 | Zirkulärer Gipsverband mit Einschluß von mindestens zwei großen Gelenken (Schulter-, Ellenbogen-, Hand-, Knie-, Sprunggelenk) | 430 | 49,02 | 25,06 | *57,65* |
| 235 | Zirkulärer Gipsverband des Halses einschließlich Kopfstütze – auch mit Schultergürtel – | 750 | 85,50 | 43,72 | *100,55* |
| 236 | Zirkulärer Gipsverband des Rumpfes | 940 | 107,16 | 54,79 | *126,02* |
| 237 | Gips- oder Gipsschienenverband mit Einschluß von mindestens zwei großen Gelenken (Schulter-, Ellenbogen-, Hand-, Knie-, Fußgelenk) | 370 | 42,18 | 21,57 | *49,60* |
| 238 | Gipsschienenverband mit Einschluß von mindestens zwei großen Gelenken (Schulter-, Ellenbogen-, Hand-, Knie-, Fußgelenk) – bei Wiederanlegung derselben, gegebenenfalls auch veränderten Schiene – | 200 | 22,80 | 11,66 | *26,81* |
| 239 | Gipsverband für Arm mit Schulter oder Bein mit Beckengürtel | 750 | 85,50 | 43,72 | *100,55* |
| 240 | Gipsbett oder Nachtschale für den Rumpf | 940 | 107,16 | 54,79 | *126,02* |

| Nummer | Leistung | Punktzahl | Gebühr in DM – einfach – | Gebühr in Euro – einfach – | Gebühr in Euro – 2,3-fach – – *1,8-fach – – **1,15-fach – |
|---|---|---|---|---|---|
| 245 | Quengelverband zusätzlich zum jeweiligen Gipsverband | 110 | 12,54 | 6,41 | *14,75* |
| 246 | Abnahme des zirkulären Gipsverbands | 150 | 17,10 | 8,74 | *20,11* |
| 247 | Fensterung, Spaltung, Schieneneinsetzung, Anlegung eines Gehbügels oder einer Abrollsohle bei einem nicht an demselben Tag angelegten Gipsverband | 110 | 12,54 | 6,41 | *14,75* |

## II. Blutentnahmen, Injektionen, Infiltrationen, Infusionen, Transfusionen, Implantation, Abstrichentnahmen

**Allgemeine Bestimmungen**

Die Leistungen nach den Nummern 252 bis 258 und 261 sind nicht mehrfach berechnungsfähig, wenn anstelle einer Mischung mehrere Arzneimittel bei liegender Kanüle im zeitlichen Zusammenhang nacheinander verabreicht werden.

Die Leistungen nach den Nummern 270, 273 bis 281, 283, 286 sowie 287 können jeweils nur einmal je Behandlungstag berechnet werden. Die Leistungen nach Nummer 271 oder 272 sind je Gefäßzugang einmal, insgesamt jedoch nicht mehr als zweimal je Behandlungstag berechnungsfähig. Die zweimalige Berechnung der Leistungen nach den Nummern 271 oder 272 setzt gesonderte Punktionen verschiedener Blutgefäße voraus.

Gegebenenfalls erforderliche Gefäßpunktionen sind Bestandteil der Leistungen nach den Nummern 270 bis 287 und mit den Gebühren abgegolten.

Die Leistungen nach den Nummern 271 bis 276 sind nicht nebeneinander berechnungsfähig.

| Nummer | Leistung | Punktzahl | Gebühr in DM – einfach – | Gebühr in Euro – einfach – | Gebühr in Euro – 2,3-fach – – *1,8-fach – – **1,15-fach – |
|---|---|---|---|---|---|
| 250 | Blutentnahme mittels Spritze, Kanüle oder Katheter aus der Vene | 40 | 4,56 | 2,33 | **4,20* |
| 250a | Kapillarblutentnahme bei Kindern bis zum vollendeten 8. Lebensjahr | 40 | 4,56 | 2,33 | **4,20* |

| Nr. | Leistung | Punkte | 1fach € | | |
|---|---|---|---|---|---|
| 251 | Blutentnahme mittels Spritze oder Kanüle aus der Arterie | 60 | 6,84 | 3,50 | *8,04* |
| 252 | Injektion, subkutan, submukös, intrakutan oder intramuskulär | 40 | 4,56 | 2,33 | *5,36* |
| 253 | Injektion, intravenös | 70 | 7,98 | 4,08 | *9,38* |
| 254 | Injektion, intraarteriell | 80 | 9,12 | 4,66 | *10,72* |
| 255 | Injektion, intraartikulär oder perineural | 95 | 10,83 | 5,54 | *12,74* |
| 256 | Injektion in den Periduralraum | 185 | 21,09 | 10,78 | *24,80* |
| 257 | Injektion in den Subarachnoidalraum | 400 | 45,60 | 23,31 | *53,62* |
| 258 | Injektion, intraaortal oder intrakardial – ausgenommen bei liegendem Aorten- oder Herzkatheter – | 180 | 20,52 | 10,49 | *24,13* |
| 259 | Legen eines Periduralkatheters – in Verbindung mit der Anlage eines subkutanen Medikamentenreservoirs – | 600 | 68,40 | 34,97 | *80,44* |
| 260 | Legen eines arteriellen Katheters oder eines zentralen Venenkatheters – einschließlich Fixation – | 200 | 22,80 | 11,66 | *26,81* |
| | *Die Leistung nach Nummer 260 ist neben Leistungen nach den Nummern 355 bis 361, 626 bis 632 und/oder 648 nicht berechnungsfähig.* | | | | |
| 261 | Einbringung von Arzneimitteln in einen parenteralen Katheter | 30 | 3,42 | 1,75 | *4,02* |
| | *Die Leistung nach Nummer 261 ist im Zusammenhang mit einer Anästhesie/Narkose nicht berechnungsfähig für die Einbringung von Anästhetika, Anästhesieadjuvantien und Anästhesieantidoten.* | | | | |
| | *Wird die Leistung nach Nummer 261 im Zusammenhang mit einer Anästhesie/Narkose berechnet, ist das Medikament in der Rechnung anzugeben.* | | | | |
| 262 | Transfemorale Blutentnahme mittels Katheter aus dem Bereich der Nierenvene(n) | 450 | 51,30 | 26,23 | *60,33* |
| 263 | Subkutane Hyposensibilisierungsbehandlung (Desensibilisierung), je Sitzung | 90 | 10,26 | 5,25 | *12,07* |

| Nummer | Leistung | Punktzahl | Gebühr in DM – einfach – | Gebühr in Euro – einfach – | Gebühr in Euro – 2,3-fach – – *1,8-fach – – **1,15-fach – |
|---|---|---|---|---|---|
| 264 | Injektions- und/oder Infiltrationsbehandlung der Prostata, je Sitzung | 120 | 13,68 | 6,99 | *16,09* |
| 265 | Auffüllung eines subkutanen Medikamentenreservoirs oder Spülung eines Ports, je Sitzung | 60 | 6,84 | 3,50 | *8,04* |
| 265a | Auffüllung eines Hautexpanders, je Sitzung | 90 | 10,26 | 5,25 | *12,07* |
| 266 | Intrakutane Reiztherapie (Quaddelbehandlung), je Sitzung | 60 | 6,84 | 3,50 | *8,04* |
| 267 | Medikamentöse Infiltrationsbehandlung im Bereich einer Körperregion, auch paravertebrale oder perineurale oder perikapsuläre oder retrobulbäre Injektion und/oder Infiltration, je Sitzung | 80 | 9,12 | 4,66 | *10,72* |
| 268 | Medikamentöse Infiltrationsbehandlung im Bereich mehrerer Körperregionen (auch eine Körperregion beidseitig), je Sitzung | 130 | 14,82 | 7,58 | *17,43* |
| 269 | Akupunktur (Nadelstich-Technik) zur Behandlung von Schmerzen, je Sitzung | 200 | 22,80 | 11,66 | *26,81* |
| 269a | Akupunktur (Nadelstich-Technik) mit einer Mindestdauer von 20 Minuten zur Behandlung von Schmerzen, je Sitzung | 350 | 39,90 | 20,40 | *46,92* |
| | *Neben der Leistung nach Nummer 269a ist die Leistung nach Nummer 269 nicht berechnungsfähig.* | | | | |
| 270 | Infusion, subkutan | 80 | 9,12 | 4,66 | *10,72* |
| 271 | Infusion, intravenös, bis zu 30 Minuten Dauer | 120 | 13,68 | 6,99 | *16,09* |
| 272 | Infusion, intravenös, von mehr als 30 Minuten Dauer | 180 | 20,52 | 10,49 | *24,13* |
| 273 | Infusion, intravenös – gegebenenfalls mittels Nabelvenenkatheter oder in die Kopfvene –, bei einem Kind bis zum vollendeten 4. Lebensjahr | 180 | 20,52 | 10,49 | *24,13* |

| Nr. | Leistung | Punkte | | | |
|---|---|---|---|---|---|
| | *Die Leistungen nach den Nummern 271, 272 und 273 sind im Zusammenhang mit einer Anästhesie/Narkose nicht berechnungsfähig für die Einbringung von Anästhetika, Anästhesieadjuvantien und Anästhesieantidoten. Werden die Leistungen nach Nummer 271, 272 oder 273 im Zusammenhang mit einer Anästhesie/Narkose berechnet, ist das Medikament in der Rechnung anzugeben.* | | | | |
| 274 | Dauertropfinfusion, intravenös, von mehr als 6 Stunden Dauer – gegebenenfalls einschließlich Infusionsplan und Bilanzierung – . | 320 | 36,48 | 18,65 | *42,90* |
| | *Neben der Leistung nach Nummer 274 sind die Leistungen nach den Nummern 271 bis 273, 275 und/oder 276 nicht berechnungsfähig,* | | | | |
| 275 | Dauertropfinfusion von Zytostatika, von mehr als 90 Minuten Dauer | 360 | 41,04 | 20,98 | *48,26* |
| 276 | Dauertropfinfusion von Zytostatika, von mehr als 6 Stunden Dauer | 540 | 61,56 | 31,48 | *72,39* |
| 277 | Infusion, intraarteriell, bis zu 30 Minuten Dauer | 180 | 20,52 | 10,49 | *24,13* |
| 278 | Infusion, intraarteriell, von mehr als 30 Minuten Dauer | 240 | 27,36 | 13,99 | *32,17* |
| 279 | Infusion in das Knochenmark | 180 | 20,52 | 10,49 | *24,13* |
| 280 | Transfusion der ersten Blutkonserve (auch Frischblut) oder des ersten Blutbestandteilpräparats – einschließlich Identitätssicherung im AB0-System (bedside-test) und Dokumentation der Konserven- bzw. Chargen-Nummer – | 330 | 37,62 | 19,23 | *44,24* |
| | *Die Infusion von Albumin oder von Präparaten, die als einzigen Blutbestandteil Albumin enthalten, ist nicht nach der Leistung nach Nummer 280 berechnungsfähig.* | | | | |
| 281 | Transfusion der ersten Blutkonserve (auch Frischblut) oder des ersten Blutbestandteilpräparats bei einem Neugeborenen – einschließlich Nabelvenenkatheterismus, Identitätssicherung im AB0-System (bedside-test) und Dokumentation der Konserven- bzw. Chargen-Nummer – | 450 | 51,30 | 26,23 | *60,33* |

| Nummer | Leistung | Punktzahl | Gebühr in DM – einfach – | Gebühr in Euro – einfach – | Gebühr in Euro – 2,3-fach – – *1,8-fach – – **1,15-fach – |
|---|---|---|---|---|---|
| | *Die Infusion von Albumin oder von Präparaten, die als einzigen Blutbestandteil Albumin enthalten, ist nicht nach der Leistung nach Nummer 281 berechnungsfähig.* | | | | |
| 282 | Transfusion jeder weiteren Blutkonserve (auch Frischblut) oder jedes weiteren Blutbestandteilpräparats im Anschluß an die Leistungen nach Nummer 280 oder 281 – einschließlich Identitätssicherung im AB0-System (bedside-test) und Dokumentation der Konserven- bzw. Chargen-Nummer – | 150 | 17,10 | 8,74 | *20,11* |
| | *Die Infusion von Albumin oder von Präparaten, die als einzigen Blutbestandteil Albumin enthalten, ist nicht nach der Leistung nach Nummer 282 berechnungsfähig.* | | | | |
| 283 | Infusion in die Aorta bei einem Neugeborenen mittels transumbilikalem Aortenkatheter – einschließlich der Anlage des Katheters – | 500 | 57,00 | 29,14 | *67,03* |
| 284 | Eigenbluteinspritzung – einschließlich Blutentnahme – | 90 | 10,26 | 5,25 | *12,07* |
| 285 | Aderlaß aus der Vene oder Arterie mit Entnahme von mindestens 200 Milliliter Blut – gegebenenfalls einschließlich Verband – | 110 | 12,54 | 6,41 | *14,75* |
| 286 | Reinfusion der ersten Einheit (mindestens 200 Milliliter) Eigenblut oder Eigenplasma – einschließlich Identitätssicherung im AB0-System (bedside-test) – | 220 | 25,08 | 12,82 | *29,49* |
| 286a | Reinfusion jeder weiteren Einheit (mindestens 200 Milliliter) Eigenblut oder Eigenplasma im Anschluß an die Leistung nach der Nummer 286 – einschließlich Identitätssicherung im AB0-System (bedside-test) – | 100 | 11,40 | 5,83 | *13,41* |

| Nr. | Leistung | Punkte | | | |
|---|---|---|---|---|---|
| 287 | Blutaustauschtransfusion (z.B. bei schwerster Intoxikation) ....... | 800 | 91,20 | 46,63 | *107,25* |
| 288 | Präoperative Entnahme einer Einheit Eigenblut (mindestens 400 Milliliter) zur späteren Retransfusion bei Aufbewahrung als Vollblutkonserve – gegebenenfalls einschließlich Konservierung – ........ | 230 | 26,22 | 13,41 | *30,83* |
| 289 | Präoperative Entnahme einer Einheit Eigenblut (mindestens 400 Milliliter) zur späteren Retransfusion – einschließlich Auftrennung des Patientenblutes in ein Erythrozytenkonzentrat und eine Frischplasmakonserve, Versetzen des Erythrozytenkonzentrats mit additiver Lösung und anschließender Aufbewahrung bei + 2 °C bis + 6 °C sowie Schockgefrieren des Frischplasmas und anschließender Aufbewahrung bei – 30 °C oder darunter – ........ | 350 | 39,90 | 20,40 | *46,92* |
| 290 | Infiltration gewebehärtender Mittel ........ | 120 | 13,68 | 6,99 | *16,09* |
| 291 | Implantation von Hormonpreßlingen ........ | 70 | 7,98 | 4,08 | *9,38* |
| 297 | Entnahme und Aufbereitung von Abstrichmaterial zur zytologischen Untersuchung – gegebenenfalls einschließlich Fixierung – | 45 | 5,13 | 2,62 | *6,03* |
| | *Mit der Gebühr sind die Kosten abgegolten.* | | | | |
| 298 | Entnahme und gegebenenfalls Aufbereitung von Abstrichmaterial zur mikrobiologischen Untersuchung – gegebenenfalls einschließlich Fixierung – ........ | 40 | 4,56 | 2,33 | *5,36* |
| | *Mit der Gebühr sind die Kosten abgegolten.* | | | | |

## III. Punktionen

**Allgemeine Bestimmung**

Zum Inhalt der Leistungen für Punktionen gehören die damit im Zusammenhang stehenden Injektionen, Instillationen, Spülungen sowie Entnahmen z.B. von Blut, Liquor, Gewebe.

| Nummer | Leistung | Punktzahl | Gebühr in DM – einfach – | Gebühr in Euro – einfach – | Gebühr in Euro – 2,3-fach – – *1,8-fach – – **1,15-fach – |
|---|---|---|---|---|---|
| 300 | Punktion eines Gelenks | 120 | 13,68 | 6,99 | *16,09* |
| 301 | Punktion eines Ellenbogen-, Knie- oder Wirbelgelenks | 160 | 18,24 | 9,33 | *21,45* |
| 302 | Punktion eines Schulter- oder Hüftgelenks | 250 | 28,50 | 14,57 | *33,52* |
| 303 | Punktion einer Drüse, eines Schleimbeutels, Ganglions, Seroms, Hygroms, Hämatoms oder Abszesses oder oberflächiger Körperteile | 80 | 9,12 | 4,66 | *10,72* |
| 304 | Punktion der Augenhöhle | 160 | 18,24 | 9,33 | *21,45* |
| 305 | Punktion der Liquorräume (Subokzipital- oder Lumbaipunktion). | 350 | 39,90 | 20,40 | *46,92* |
| 305a | Punktion der Liquorräume durch die Fontanelle | 250 | 28,50 | 14,57 | *33,52* |
| 306 | Punktion der Lunge – auch Abszeß- oder Kavernenpunktion in der Lunge – oder Punktion des Gehirns bei vorhandener Trepanationsöffnung – | 500 | 57,00 | 29,14 | *67,03* |
| 307 | Punktion des Pleuraraums oder der Bauchhöhle | 250 | 28,50 | 14,57 | *33,52* |
| 308 | Gewebeentnahme aus der Pleura – gegebenenfalls einschließlich Punktion – | 350 | 39,90 | 20,40 | *46,92* |
| 310 | Punktion des Herzbeutels | 350 | 39,90 | 20,40 | *46,92* |
| 311 | Punktion des Knochenmarks – auch Sternalpunktion – | 200 | 22,80 | 11,66 | *26,81* |
| 312 | Knochenstanze – gegebenenfalls einschließlich Entnahme von Knochenmark – | 300 | 34,20 | 17,49 | *40,22* |
| 314 | Punktion der Mamma oder Punktion eines Lymphknotens | 120 | 13,68 | 6,99 | *16,09* |
| 315 | Punktion eines Organs (z.B. Leber, Milz, Niere, Hoden) | 250 | 28,50 | 14,57 | *33,52* |
| 316 | Punktion des Douglasraums | 250 | 28,50 | 14,57 | *33,52* |

| | | | | | |
|---|---|---|---|---|---|
| 317 | Punktion eines Adnextumors – auch einschließlich Douglaspunktion – | 350 | 39,90 | 20,40 | *46,92* |
| 318 | Punktion der Harnblase oder eines Wasserbruchs | 120 | 13,68 | 6,99 | *16,09* |
| 319 | Punktion der Prostata oder Punktion der Schilddrüse | 200 | 22,80 | 11,66 | *26,81* |
| 321 | Untersuchung von natürlichen Gängen oder Fisteln mittels Sonde oder Einführung eines Fistelkatheters – gegebenenfalls einschließlich anschließender Injektion oder Instillation – | 50 | 5,70 | 2,91 | *6,70* |

## IV. Kontrastmitteleinbringungen

**Allgemeine Bestimmungen**

Die zur Einbringung des Kontrastmittels erforderlichen Maßnahmen wie Sondierungen, Injektionen, Punktionen, Gefäßkatheterismus oder Probeinjektionen und gegebenenfalls, anschließende Wundnähte und Entfernung(en) des Kontrastmittels sind Bestandteile der Leistungen und nicht gesondert berechnungsfähig. Dies gilt auch für gegebenenfalls notwendige Durchleuchtungen zur Kontrolle der Lage eines Katheters oder einer Punktionsnadel.

| | | | | | |
|---|---|---|---|---|---|
| 340 | Einbringung des Kontrastmittels in die zerebralen und spinalen Liquorräume | 400 | 45,60 | 23,31 | *53,62* |
| 344 | Intravenöse Einbringung des Kontrastmittels mittels Injektion oder Infusion, bis zu 10 Minuten Dauer | 100 | 11,40 | 5,83 | *13,41* |
| 345 | Intravenöse Einbringung des Kontrastmittels mittels Injektion oder Infusion, von mehr als 10 Minuten Dauer | 130 | 14,82 | 7,58 | *17,43* |
| 346 | Intravenöse Einbringung des Kontrastmittels mittels Hochdruckinjektion | 300 | 34,20 | 17,49 | *40,22* |
| 347 | Ergänzung für jede weitere intravenöse Kontrastmitteleinbringung mittels Hochdruckinjektion bei bestehendem Zugang – im Zusammenhang mit der Leistung nach Nummer 346 – | 150 | 17,10 | 8,74 | *20,11* |
| 350 | Intraarterielle Einbringung des Kontrastmittels | 150 | 17,10 | 8,74 | *20,11* |
| 351 | Einbringung des Kontrastmittels zur Angiographie von Gehirnarterien, je Halsschlagader | 500 | 57,00 | 29,14 | *67,03* |

| Nummer | Leistung | Punktzahl | Gebühr in DM – einfach – | Gebühr in Euro – einfach – | Gebühr in Euro – 2,3-fach – – *1,8-fach – – **1,15-fach – |
|---|---|---|---|---|---|
| | *Die Leistung nach Nummer 351 ist je Sitzung nicht mehr als zweimal berechnungsfähig.* | | | | |
| 355 | Herzkatheter-Einbringung(en) und anschließende intrakardiale bzw. intraarterielle Einbringung(en) des Kontrastmittels mittels Hochdruckinjektion zur Darstellung des Herzens und der herznahen Gefäße (Aorta ascendens, Arteria pulmonalis) – einschließlich Röntgenkontrolle und fortlaufender EKG-Kontrolle –, je Sitzung | 400 | 68,40 | 34,97 | *80,44* |
| | *Die Leistung nach Nummer 355 ist neben den Leistungen nach den Nummern 626 und/oder 627 nicht berechnungsfähig.* | | | | |
| | *Wird die Leistung nach Nummer 355 im zeitlichen Zusammenhang mit der Leistung nach Nummer 360 erbracht, ist die Leistung nach Nummer 355 nur mit dem einfachen Gebührensatz berechnungsfähig.* | | | | |
| 356 | Zuschlag zu der Leistung nach Nummer 355 bei Herzkatheter-Einbringung(en) zur Untersuchung sowohl des linken als auch des rechten Herzens über jeweils gesonderte Gefäßzugänge während einer Sitzung | 400 | 45,60 | 23,31 | *53,62* |
| | *Die Leistung nach Nummer 356 ist neben den Leistungen nach den Nummern 626 und/oder 627 nicht berechnungsfähig.* | | | | |
| | *Wird die Leistung nach Nummer 356 im zeitlichen Zusammenhang mit der Leistung nach Nummer 360 erbracht, ist die Leistung nach Nummer 356 nur mit dem einfachen Gebührensatz berechnungsfähig.* | | | | |

| | | | | | |
|---|---|---|---|---|---|
| 357 | Intraarterielle Einbringung(en) des Kontrastmittels über einen Katheter mittels Hochdruckinjektion zur Übersichtsangiographie der Brust- und/oder Bauchaorta – einschließlich Röntgenkontrolle und gegebenenfalls einschließlich fortlaufender EKG-Kontrolle –, je Sitzung | 500 | 57,00 | 29,14 | *67,03* |
| | *Wird die Leistung nach Nummer 357 im Zusammenhang mit der Leistung nach Nummer 351 erbracht, ist die Leistung nach Nummer 357 nur mit dem einfachen Gebührensatz berechnungsfähig.* | | | | |
| 360 | Herzkatheter-Einbringung(en) und anschließende intraarterielle Einbringung(en) des Kontrastmittels nach selektiver arterieller Katheterplazierung zur selektiven Koronarangiographie – einschließlich Röntgenkontrolle und fortlaufender EKG-Kontrolle –, je Sitzung | 1000 | 114,00 | 58,29 | *134,06* |
| | *Die Leistung nach Nummer 360 kann je Sitzung nur einmal berechnet werden.* | | | | |
| | *Die Leistung nach Nummer 360 ist neben den Leistungen nach den Nummern 626 und/oder 627 nicht berechnungsfähig.* | | | | |
| 361 | Intraarterielle Einbringung(en) des Kontrastmittels nach erneuter Einbringung eines Herzkatheters zur Sondierung eines weiteren Gefäßes – im Anschluß an die Leistung nach Nummer 360 – | 600 | 68,40 | 34,97 | *80,44* |
| | *Die Leistung nach Nummer 361 ist je Sitzung nicht mehr als zweimal berechnungsfähig.* | | | | |
| 365 | Einbringung des Kontrastmittels zur Lymphographie, je Extremität | 400 | 45,60 | 23,31 | *53,62* |
| 368 | Einbringung des Kontrastmittels zur Bronchographie | 400 | 45,60 | 23,31 | *53,62* |
| 370 | Einbringung des Kontrastmittels zur Darstellung natürlicher, künstlicher oder krankhaft entstandener Gänge, Gangsysteme, Hohlräume oder Fisteln – gegebenenfalls intraoperativ – | 200 | 22,80 | 11,66 | *26,81* |
| 372 | Einbringung des Kontrastmittels in einen Zwischenwirbelraum | 280 | 31,92 | 16,32 | *37,54* |

| Nummer | Leistung | Punktzahl | Gebühr in DM – einfach – | Gebühr in Euro – einfach – | Gebühr in Euro – 2,3-fach – – *1,8-fach – – **1,15-fach – |
|---|---|---|---|---|---|
| 373 | Einbringung des Kontrastmittels in ein Gelenk | 250 | 28,50 | 14,57 | *33,52* |
| 374 | Einbringung des Kontrastmittels in den Dünndarm mittels im Dünndarm endender Sonde | 150 | 17,10 | 8,74 | *20,11* |

## V. Impfungen und Testungen

**Allgemeine Bestimmungen**

1. Als Behandlungsfall gilt für die Behandlung derselben Erkrankung der Zeitraum eines Monats nach der jeweils ersten Inanspruchnahme des Arztes.
2. Erforderliche Nachbeobachtungen am Tag der Impfung oder Testung sind in den Leistungsansätzen enthalten und nicht gesondert berechnungsfähig.
3. Neben den Leistungen nach den Nummern 376 bis 378 sind die Leistungen nach den Nummern 1 und 2 und die gegebenenfalls erforderliche Eintragung in den Impfpaß nicht berechnungsfähig.
4. Mit den Gebühren für die Leistungen nach den Nummern 380 bis 382, 385 bis 391 sowie 395 und 396 sind die Kosten abgegolten.
5. Mit den Gebühren für die Leistungen nach den Nummern 393, 394, 397 und 398 sind die Kosten für serienmäßig lieferbare Testmittel abgegolten.

| Nummer | Leistung | Punktzahl | Gebühr in DM – einfach – | Gebühr in Euro – einfach – | Gebühr in Euro – 2,3-fach – |
|---|---|---|---|---|---|
| 375 | Schutzimpfung (intramuskulär, subkutan) – gegebenenfalls einschließlich Eintragung in den Impfpaß – | 80 | 9,12 | 4,66 | *10,72* |
| 376 | Schutzimpfung (oral) – einschließlich beratendem Gespräch – | 80 | 9,12 | 4,66 | *10,72* |
| 377 | Zusatzinjektion bei Parallelimpfung | 50 | 5,70 | 2,91 | *6,70* |
| 378 | Simultanimpfung (gleichzeitige passive und aktive Impfung gegen Wundstarrkrampf) | 120 | 13,68 | 6,99 | *16,09* |
| 380 | Epikutantest, je Test (1. bis 30. Test je Behandlungsfall) | 30 | 3,42 | 1,75 | *4,02* |

| | | | | | |
|---|---|---|---|---|---|
| 381 | Epikutantest, je Test (31. bis 50. Test je Behandlungsfall) | 20 | 2,28 | 1,17 | *2,68* |
| 382 | Epikutantest, je Test (51. bis 100. Test je Behandlungsfall) | 15 | 1,71 | 0,87 | *2,01* |
| | *Mehr als 100 Epikutantests sind je Behandlungsfall nicht berechnungsfähig.* | | | | |
| 383 | Kutane Testung (z. B. von Pirquet, Moro) | 30 | 3,42 | 1,75 | *4,02* |
| 384 | Tuberkulinstempeltest, Mendel-Mantoux-Test oder Stempeltest mit mehreren Antigenen (sog. Batterietests) | 40 | 4,56 | 2,33 | *5,36* |
| 385 | Pricktest, je Test (1. bis 20. Test je Behandlungsfall) | 45 | 5,13 | 2,62 | *6,03* |
| 386 | Pricktest, je Test (21. bis 40. Test je Behandlungsfall) | 30 | 3,42 | 1,75 | *4,02* |
| 387 | Pricktest, je Test (41. bis 80. Test je Behandlungsfall) | 20 | 2,28 | 1,17 | *2,68* |
| | *Mehr als 80 Pricktests sind je Behandlungsfall nicht berechnungsfähig* | | | | |
| 388 | Reib-, Scratch- oder Skarifikationstest, je Test (bis zu 10 Tests je Behandlungsfall) | 35 | 3,99 | 2,04 | *4,69* |
| 389 | Reib-, Scratch- oder Skarifikationstest, jeder weitere Test | 25 | 2,85 | 1,46 | *3,35* |
| 390 | Intrakutantest, je Test (1. bis 20. Test je Behandlungsfall) | 60 | 6,84 | 3,50 | *8,04* |
| 391 | Intrakutantest, jeder weitere Test | 40 | 4,56 | 2,33 | *5,36* |
| | *Mehr als 80 Intrakutantests sind je Behandlungsfall nicht berechnungsfähig.* | | | | |
| 393 | Beidseitiger nasaler oder konjunktivaler Provokationstest zur Ermittlung eines oder mehrerer auslösender Allergene mit Einzel- oder Gruppenextrakt, je Test | 100 | 11,40 | 5,83 | *13,41* |
| 394 | Höchstwert für Leistungen nach Nummer 393, je Tag | 300 | 34,20 | 17,49 | *40,22* |
| 395 | Nasaler Schleimhautprovokationstest (auch beidseitig) mit mindestens dreimaliger apparativer Registrierung zur Ermittlung eines oder mehrerer auslösender Allergene mit Einzel- oder Gruppenextrakt, je Test | 280 | 31,92 | 16,32 | *37,54* |
| 396 | Höchstwert für Leistungen nach Nummer 395, je Tag | 560 | 63,84 | 32,64 | *75,07* |

| Nummer | Leistung | Punktzahl | Gebühr in DM – einfach – | Gebühr in Euro – einfach – | Gebühr in Euro – 2,3-fach – – *1,8-fach – – **1,15-fach – |
|---|---|---|---|---|---|
| 397 | Bronchialer Provokationstest zur Ermittlung eines oder mehrerer auslösender Allergene mit Einzel- oder Gruppenextrakt mit apparativer Registrierung, je Test ............ | 380 | 43,32 | 22,15 | *50,94* |
| 398 | Höchstwert für Leistungen nach Nummer 397, je Tag ............ | 760 | 86,64 | 44,30 | *101,89* |
| 399 | Oraler Provokationstest, auch Expositionstest bei Nahrungsmittel- oder Medikamentenallergien – einschließlich Überwachung zur Erkennung von Schockreaktionen – ............ | 200 | 22,80 | 11,66 | *26,81* |

## VI. Sonographische Leistungen

**Allgemeine Bestimmungen**

1. Die Zuschläge nach den Nummern 401 sowie 404 bis 406 sind nur mit dem einfachen Gebührensatz berechnungsfähig.
2. Die Zuschläge bzw. Leistungen nach den Nummern 401 bis 418 sowie 422 bis 424 sind je Sitzung jeweils nur einmal berechnungsfähig.
3. Die Zuschläge bzw. Leistungen nach den Nummern 410 bis 418 sind nicht nebeneinander berechnungsfähig.
4. Die Leistungen nach den Nummern 422 bis 424 sind nicht nebeneinander berechnungsfähig.
5. Mit den Gebühren für die Zuschläge bzw. Leistungen nach den Nummern 401 bis 424 ist die erforderliche Bilddokumentation abgegolten.
6. Als Organe im Sinne der Leistungen nach den Nummern 410 und 420 gelten neben den anatomisch definierten Organen auch der Darm, Gelenke als Funktionseinheiten sowie Muskelgruppen, Lymphknoten und/oder Gefäße einer Körperregion.
   Als Organ gilt die jeweils untersuchte Körperregion unabhängig davon, ob nur Gefäße oder nur Lymphknoten oder Gefäße und Lymphknoten bzw. Weichteile untersucht werden.
   Die Darstellung des Darms gilt als eine Organuntersuchung unabhängig davon, ob der gesamte Darm, mehrere Darmabschnitte oder nur ein einziger Darmabschnitt untersucht werden.

7. Die sonographische Untersuchung eines Organs erfordert die Differenzierung der Organstrukturen in mindestens zwei Ebenen und schließt gegebenenfalls die Untersuchung unterschiedlicher Funktionszustände und die mit der gezielten Organuntersuchung verbundene Darstellung von Nachbarorganen mit ein.

| | | | | | |
|---|---|---|---|---|---|
| 401 | Zuschlag zu den sonographischen Leistungen nach den Nummern 410 bis 418 bei zusätzlicher Anwendung des Duptex-Verfahrens – gegebenenfalls einschließlich Farbkodierung – ..... | 400 | 45,60 | 23,31 | |
| | *Der Zuschlag nach Nummer 401 Ist neben den Leistungen nach den Nummern 406, 422 bis 424, 644, 645, 649 und/oder 1754 nicht berechnungsfähig.* | | | | |
| 402 | Zuschlag zu den sonographischen Leistungen bei transösophagealer Untersuchung .......... | 250 | 28,50 | 14,57 | **26,23* |
| | *Der Zuschlag nach Nummer 402 ist neben den Leistungen nach den Nummern 403 sowie 676 bis 692 nicht berechnungsfähig.* | | | | |
| 403 | Zuschlag zu den sonographischen Leistungen bei transkavitärer Untersuchung .......... | 150 | 17,10 | 8,74 | **15,74* |
| | *Der Zuschlag nach Nummer 403 ist neben den Leistungen nach den Nummern 402 sowie 676 bis 692 nicht berechnungsfähig.* | | | | |
| 404 | Zuschlag zu doppler-sonographischen Leistungen bei zusätzlicher Frequenzspektrumanalyse – einschließlich graphischer oder Bilddokumentation – .......... | 250 | 28,50 | 14,57 | |
| | *Der Zuschlag nach Nummer 404 ist neben den Leistungen nach den Nummern 422, 423, 644, 645, 649 und/oder 1754 nicht berechnungsfähig.* | | | | |
| 405 | Zuschlag zu den Leistungen nach Nummer 415 oder 424 – bei zusätzlicher Untersuchung mit cw-Doppler – .......... | 200 | 22,80 | 11,66 | |
| 406 | Zuschlag zu der Leistung nach Nummer 424 – bei zusätzlicher Farbkodierung – .......... | 200 | 22,80 | 11,66 | |

| Nummer | Leistung | Punktzahl | Gebühr in DM – einfach – | Gebühr in Euro – einfach – | Gebühr in Euro – 2,3-fach – – *1,8-fach – – **1,15-fach – |
|---|---|---|---|---|---|
| 408 | Transluminale Sonographie von einem oder mehreren Blutgefäß(en) nach Einbringung eines Gefäßkatheters, je Sitzung | 200 | 22,80 | 11,66 | *26,81* |
| 410 | Ultraschalluntersuchung eines Organs | 200 | 22,80 | 11,66 | *26,81* |
| | *Das untersuchte Organ ist in der Rechnung anzugeben.* | | | | |
| 412 | Ultraschaltuntersuchung des Schädels bei einem Säugling oder Kleinkind bis zum vollendeten 2. Lebensjahr | 280 | 31,92 | 16,32 | *37,54* |
| 413 | Ultraschalluntersuchung der Hüftgelenke bei einem Säugling oder Kleinkind bis zum vollendeten 2. Lebensjahr | 280 | 31,92 | 16,32 | *37,54* |
| 415 | Ultraschalluntersuchung im Rahmen der Mutterschaftsvorsorge – gegebenenfalls einschließlich Biometrie und Beurteilung der Organentwicklung – | 300 | 34,20 | 17,49 | *40,22* |
| 417 | Ultraschalluntersuchung der Schilddrüse | 210 | 23,94 | 12,24 | *28,15* |
| 418 | Ultraschalluntersuchung einer Brustdrüse – gegebenenfalls einschließlich der regionalen Lymphknoten – | 210 | 23,94 | 12,24 | *28,15* |
| 420 | Ultraschalluntersuchung von bis zu drei weiteren Organen im Anschluß an eine der Leistungen nach den Nummern 410 bis 418, je Organ | 80 | 9,12 | 4,66 | *10,72* |
| | *Die untersuchten Organe sind in der Rechnung anzugeben.* | | | | |
| | *Die Leistung nach Nummer 420 kann je Sitzung höchstens dreimal berechnet werden.* | | | | |
| 422 | Eindimensionale echokardiographische Untersuchung mittels Time-Motion-Diagramm, mit Bilddokumentation – gegebenenfalls einschließlich gleichzeitiger EKG-Kontrolle – | 200 | 22,80 | 11,66 | *26,81* |

| | | | | | |
|---|---|---|---|---|---|
| 423 | Zweidimensionale echokardiographische Untersuchung mittels Real-Time-Verfahren (B-Mode), mit Bilddokumentation – einschließlich der Leistung nach Nummer 422 – | 500 | 57,00 | 29,14 | *67,03* |
| 424 | Zweidimensionale doppler-echokardiographische Untersuchung mit Bilddokumentation – einschließlich der Leistung nach Nummer 423 – (Duplex-Verfahren) | 700 | 79,80 | 40,80 | *93,84* |

## VII. Intensivmedizinische und sonstige Leistungen

| | | | | | |
|---|---|---|---|---|---|
| 427 | Assistierte und/oder kontrollierte apparative Beatmung durch Saug-Druck-Verfahren bei vitaler Indikation, bis zu 12 Stunden Dauer | 150 | 17,10 | 8,74 | *20,11* |
| 428 | Assistierte und/oder kontrollierte apparative Beatmung durch Saug-Druck-Verfahren bei vitaler Indikation, bei mehr als 12 Stunden Dauer, je Tag | 220 | 25,08 | 12,82 | *29,49* |
| | *Neben den Leistungen nach den Nummern 427 und 428 sind die Leistungen nach den Nummern 462, 463 und/oder 501 nicht berechnungsfähig.* | | | | |
| 429 | Wiederbelebungsversuch – einschließlich künstlicher Beatmung und extrathorakaler indirekter Herzmassage, gegebenenfalls einschließlich Intubation – | 400 | 45,60 | 23,31 | *53,62* |
| 430 | Extra- oder intrathorakale Elektro-Defibrillation und/oder -Stimulation des Herzens | 400 | 45,60 | 23,31 | *53,62* |
| | *Die Leistung nach Nummer 430 ist auch bei mehrfacher Verabfolgung von Stromstößen in engem zeitlichen Zusammenhang zur Erreichung der Defibrillation nur einmal berechnungsfähig.* | | | | |
| 431 | Elektrokardioskopie im Notfall | 100 | 11,40 | 5,83 | *13,41* |
| 433 | Ausspülung des Magens – auch mit Sondierung der Speiseröhre und des Magens und/oder Spülung des Duodenums – | 140 | 15,96 | 8,16 | *18,77* |

| Nummer | Leistung | Punktzahl | Gebühr in DM – einfach – | Gebühr in Euro – einfach – | Gebühr in Euro – 2,3-fach – – *1,8-fach – – **1,15-fach – |
|---|---|---|---|---|---|
| 435 | Stationäre intensivmedizinische Überwachung und Behandlung eines Patienten auf einer dafür eingerichteten gesonderten Betteneinheit eines Krankenhauses mit spezieller Personal- und Geräteausstattung – einschließlich aller im Rahmen der Intensivbehandlung erbrachten Leistungen, soweit deren Berechnungsfähigkeit nachfolgend ausgeschlossen ist –, bis zu 24 Stunden Dauer ........ | 900 | 102,60 | 52,46 | *120,65* |
| | *Neben der Leistung nach Nummer 435 sind für die Dauer der stationären intensivmedizinischen Überwachung und Behandlung Leistungen nach den Abschnitten C III und M sowie die Leistungen nach den Nummern 1 bis 56, 61 bis 96, 200 bis 211, 247, 250 bis 268, 270 bis 286a, 288 bis 298, 407 bis 424, 427 bis 433, 483 bis 485, 488 bis 490, 500, 501, 505, 600 bis 609, 634 bis 648, 650 bis 657, 659 bis 661, 665 bis 672, 1529 bis 1532, 1728 bis 1733 und 3055 nicht berechnungsfähig. Diese Leistungen dürfen auch nicht anstelle der Leistung nach Nummer 435 berechnet werden.* | | | | |
| | *Teilleistungen sind auch dann mit der Gebühr abgegolten, wenn sie von verschiedenen Ärzten erbracht werden. Die Leistung nach Nummer 60 kann nur von dem Arzt berechnet werden, der die Leistung nach Nummer 435 nicht berechnet.* | | | | |
| | *Mit der Gebühr für die Leistung nach Nummer 435 sind Leistungen zur Untersuchung und/oder Behandlung von Störungen der Vitalfunktionen, der zugrunde liegenden Erkrankung und/oder sonstiger Erkrankungen abgegolten.* | | | | |

| | | | | | |
|---|---|---|---|---|---|
| 437 | Laboratoriumsuntersuchungen im Rahmen einer Intensivbehandlung nach Nummer 435, bis zu 24 Stunden Dauer .............. | 500 | 57,00 | 29,14 | ***33,52* |

*Neben der Leistung nach Nummer 437 sind Leistungen nach Abschnitt M – mit Ausnahme von Leistungen nach den Abschnitten M III 13 (Blutgruppenmerkmale, HLA-System) und M IV (Untersuchungen zum Nachweis und zur Charakterisierung von Krankheitserregern) – nicht berechnungsfähig.*

## VIII. Zuschläge zu ambulanten Operations- und Anästhesieleistungen

### Allgemeine Bestimmungen

1. Bei ambulanter Durchführung von Operations- und Anästhesieleistungen in der Praxis niedergelassener Ärzte oder in Krankenhäusern können für die erforderliche Bereitstellung von Operationseinrichtungen und Einrichtungen zur Vor- und Nachsorge (z.B. Kosten für Operations- oder Aufwachräume oder Gebühren bzw. Kosten für wiederverwendbare Operationsmaterialien bzw. -geräte) Zuschläge berechnet werden.
   Für die Anwendung eines Operationsmikroskops oder eines Lasers im Zusammenhang mit einer ambulanten operativen Leistung können Zuschläge berechnet werden, wenn die Anwendung eines Operationsmikroskops oder eines Lasers in der Leistungsbeschreibung der Gebührennummer für die operative Leistung nicht beinhaltet ist.
2. Die Zuschläge nach den Nummern 440 bis 449 sind nur mit dem einfachen Gebührensatz berechnungsfähig.
3. Die Zuschläge nach den Nummern 440, 441, 442, 443, 444 und 445 sind operativen Leistungen
   – nach den Nummern 679, 695, 700 , 701, 765 in Abschnitt F,
   – nach den Nummern 1011, 1014, 1041, 1043 bis 1045, 1048, 1052, 1055, 1056, 1060, 1085, 1086, 1089, 1097 bis 1099, 1104, 1111 bis 1113, 1120 bis 1122, 1125, 1126, 1129, 1131, 1135 bis 1137, 1140, 1141, 1145, 1155, 1156, 1159, 1160 in Abschnitt H,
   – nach den Nummern 1283 bis 1285, 1292, 1299, 1301, 1302, 1304 bis 1306, 1310, 1311, 1321, 1326, 1330 bis 1333, 1341, 1345, 1346, 1348 bis 1361, 1365, 1366, 1367, 1369 bis 1371, 1374, 1375, 1377, 1382,1384,1386 in Abschnitt I,
   – nach den Nummern 1428, 1438, 1441, 1445 bis 1448, 1455, 1457, 1467 bis 1472, 1485, 1486, 1493, 1497, 1513, 1519, 1520, 1527, 1528, 1534, 1535, 1576, 1586, 1588, 1595, 1597, 1598, 1601, 1610 bis 1614, 1622, 1628, 1635 bis 1637 in Abschnitt J,
   – nach den Nummern 1713, 1738, 1740, 1741, 1753, 1755, 1756, 1760, 1761, 1763 bis 1769, 1782, 1797, 1800, 1802, 1815, 1816, 1827, 1851 in Abschnitt K,

| Nummer | Leistung | Punktzahl | Gebühr in DM – einfach – | Gebühr in Euro – einfach – | Gebühr in Euro – 2,3-fach – – *1,8-fach – – **1,15-fach – |
|---|---|---|---|---|---|

– oder nach den Nummern 2010, 2040, 2041, 2042 bis 2045, 2050 bis 2052, 2062, 2064 bis 2067, 2070, 2072 bis 2076, 2080 bis 2084, 2087 bis 2089, 2091, 2092, 2100 bis 2102, 2105, 2106, 2110 bis 2112, 2117 bis 2122, 2130, 2131, 2133 bis 2137, 2140, 2141, 2156 bis 2158, 2170 bis 2172, 2189 bis 2191, 2193, 2210, 2213, 2216, 2219, 2220, 2223 bis 2225, 2230, 2235, 2250, 2253, 2254, 2256, 2257, 2260, 2263, 2268, 2269, 2273, 2279, 2281 bis 2283, 2291, 2293 bis 2297, 2325, 2339, 2340, 2344, 2345, 2347 bis 2350, 2354 bis 2356, 2380 bis 2386, 2390, 2392 bis 2394, 2396, 2397, 2402, 2404, 2405, 2407, 2408, 2410 bis 2412, 2414 bis 2421, 2427, 2430 bis 2432, 2440 bis 2442, 2454, 2540, 2541, 2570, 2580, 2581, 2583, 2584, 2586 bis 2589, 2597, 2598, 2620, 2621, 2625, 2627, 2640, 2642, 2650, 2651, 2655 bis 2658, 2660, 2670, 2671, 2675 bis 2677, 2682, 2687, 2688, 2690, 2692 bis 2695, 2698, 2699, 2701, 2705, 2706, 2710, 2711, 2730, 2732, 2751 bis 2754, 2800, 2801, 2803, 2809, 2823, 2881 bis 2883, 2887, 2890, 2891, 2895 bis 2897, 2950 bis 2952, 2970, 2990 bis 2993, 3095 bis 3097, 3120, 3156, 3173, 3200, 3208, 3219 bis 3224, 3237, 3240, 3241, 3283 bis 3286, 3300 in Abschnitt L zuzuordnen.

Die Zuschläge nach den Nummern 446 und 447 sind anästhesiologischen Leistungen des Abschnitts D zuzuordnen.

Die Zuschläge nach den Nummern 448 und 449 dürfen nur im Zusammenhang mit einer an einen Zuschlag nach den Nummern 442 bis 445 gebundenen ambulanten Operation und mit einer an einen Zuschlag nach den Nummern 446 bis 447 gebundenen Anästhesie bzw. Narkose berechnet werden.

Die Zuschläge sind in der Rechnung unmittelbar im Anschluß an die zugeordnete operative bzw. anästhesiologische Leistung aufzuführen.

4. Maßgeblich für den Ansatz eines Zuschlages nach den Nummern 442 bis 445 sowie 446 oder 447 ist die erbrachte Operations- bzw. Anästhesieleistung mit der höchsten Punktzahl. Eine Zuordnung des Zuschlags nach den Nummern 442 bis 445 sowie 446 bis 447 zu der Summe der jeweils ambulant erbrachten einzelnen Operations- bzw. Anästhesieleistungen ist nicht möglich.

5. Die Leistungen nach den Nummern 448 und 449 sind im Zusammenhang mit derselben Operation nur von einem der an dem Eingriff beteiligten Ärzte und nur entweder neben den Leistungen nach den Nummern 442 bis 445 oder den Leistungen nach den Nummern 446 bis 447 berechnungsfähig. Neben den Leistungen nach Nummer 448 oder 449 darf die Leistung nach Nummer 56 nicht berechnet werden.

6. Die Zuschläge nach den Nummern 442 bis 449 sind nicht berechnungsfähig, wenn der Patient an demselben Tag wegen derselben Erkrankung in stationäre Krankenhausbehandlung aufgenommen wird; das gilt nicht, wenn die stationäre Behandlung wegen unvorhersehbarer Komplikationen während oder nach der ambulanten Operation notwendig und entsprechend begründet wird.

| | | | | |
|---|---|---|---|---|
| 440 | Zuschlag für die Anwendung eines Operationsmikroskops bei ambulanten operativen Leistungen ........ | 400 | 45,60 | 23,31 |
| | *Der Zuschlag nach Nummer 440 ist je Behandlungstag nur einmal berechnungsfähig.* | | | |
| 441 | Zuschlag für die Anwendung eines Lasers bei ambulanten operativen Leistungen, je Sitzung | | | |
| | *Der Zuschlag nach Nummer 441 beträgt 100 v. H. des einfachen Gebührensatzes der betreffenden Leistung, jedoch nicht mehr als 132,– Deutsche Mark (67,49 Euro).* | | | |
| | *Der Zuschlag nach Nummer 441 ist je Behandlungstag nur einmal berechnungsfähig.* | | | |
| 442 | Zuschlag bei ambulanter Durchführung von operativen Leistungen, die mit Punktzahlen von 250 bis 499 Punkten bewertet sind ........ | 400 | 45,60 | 23,31 |
| | *Der Zuschlag nach Nummer 442 ist je Behandlungstag nur einmal berechnungsfähig. Der Zuschlag nach Nummer 442 ist neben den Zuschlägen nach den Nummern 443 bis 445 nicht berechnungsfähig.* | | | |
| 443 | Zuschlag bei ambulanter Durchführung von operativen Leistungen, die mit Punktzahlen von 500 bis 799 Punkten bewertet sind ........ | 750 | 85,50 | 43,72 |
| | *Der Zuschlag nach Nummer 443 ist je Behandlungstag nur einmal berechnungsfähig. Der Zuschlag nach Nummer 443 ist neben den Zuschlägen nach den Nummern 442, 444 und/oder 445 nicht berechnungsfähig.* | | | |

| Nummer | Leistung | Punktzahl | Gebühr in DM – einfach – | Gebühr in Euro – einfach – | Gebühr in Euro – 2,3-fach – – *1,8-fach – – **1,15-fach – |
|---|---|---|---|---|---|
| 444 | Zuschlag bei ambulanter Durchführung von operativen Leistungen, die mit Punktzahlen von 800 bis 1199 Punkten bewertet sind | 1300 | 148,20 | 75,77 | |
| | *Der Zuschlag nach Nummer 444 ist je Behandlungstag nur einmal berechnungsfähig. Der Zuschlag nach Nummer 444 ist neben den Zuschlägen nach den Nummern 442, 443 und/oder 445 nicht berechnungsfähig.* | | | | |
| 445 | Zuschlag bei ambulanter Durchführung von operativen Leistungen, die mit Punktzahlen von 1200 und mehr Punkten bewertet sind | 2200 | 250,80 | 128,23 | |
| | *Der Zuschlag nach Nummer 445 ist je Behandlungstag nur einmal berechnungsfähig. Der Zuschlag nach Nummer 445 ist neben den Zuschlägen nach den Nummern 442 bis 444 nicht berechnungsfähig.* | | | | |
| 446 | Zuschlag bei ambulanter Durchführung von Anästhesieleistungen, die mit Punktzahlen von 200 bis 399 Punkten bewertet sind | 300 | 34,20 | 17,49 | |
| | *Der Zuschlag nach Nummer 446 ist je Behandlungstag nur einmal berechnungsfähig. Der Zuschlag nach Nummer 446 ist neben dem Zuschlag nach Nummer 447 nicht berechnungsfähig.* | | | | |
| 447 | Zuschlag bei ambulanter Durchführung von Anästhesieleistungen, die mit 400 und mehr Punkten bewertet sind | 650 | 74,10 | 37,89 | |
| | *Der Zuschlag nach Nummer 447 ist je Behandlungstag nur einmal berechnungsfähig. Der Zuschlag nach Nummer 447 ist neben dem Zuschlag nach Nummer 446 nicht berechnungsfähig.* | | | | |

| Nr. | Leistung | Punkte | € | € | € |
|---|---|---|---|---|---|
| 448 | Beobachtung und Betreuung eines Kranken über mehr als zwei Stunden während der Aufwach- und/oder Erholungszeit bis zum Eintritt der Transportfähigkeit nach zuschlagsberechtigten ambulanten operativen Leistungen bei Durchführung unter zuschlagsberechtigten ambulanten Anästhesien bzw. Narkosen.... | 600 | 68,40 | 34,97 | |
| | *Der Zuschlag nach Nummer 448 ist je Behandlungstag nur einmal berechnungsfähig. Der Zuschlag nach Nummer 448 ist neben den Leistungen nach den Nummern 1 bis 8 und 56 sowie dem Zuschlag nach Nummer 449 nicht berechnungsfähig.* | | | | |
| 449 | Beobachtung und Betreuung eines Kranken über mehr als vier Stunden während der Aufwach- und/oder Erholungszeit bis zum Eintritt der Transportfähigkeit nach zuschlagsberechtigten ambulanten operativen Leistungen bei Durchführung unter zuschlagsberechtigten ambulanten Anästhesien bzw. Narkosen.... | 900 | 102,60 | 52,46 | |
| | *Der Zuschlag nach Nummer 449 ist je Behandlungstag nur einmal berechnungsfähig. Der Zuschlag nach Nummer 449 ist neben den Leistungen nach den Nummern 1 bis 8 und 56 sowie dem Zuschlag nach Nummer 448 nicht berechnungsfähig.* | | | | |

## D. Anästhesieleistungen

**Allgemeine Bestimmungen**

Bei der Anwendung mehrerer Narkose- oder Anästhesieverfahren nebeneinander ist nur die jeweils höchstbewertete dieser Leistungen berechnungsfähig; eine erforderliche Prämedikation ist Bestandteil dieser Leistung. Als Narkosedauer gilt die Dauer von zehn Minuten vor Operationsbeginn bis zehn Minuten nach Operationsende.

| Nr. | Leistung | Punkte | € | € | € |
|---|---|---|---|---|---|
| 450 | Rauschnarkose – auch mit Lachgas – .......... | 76 | 8,66 | 4,43 | *10,18* |
| 451 | Intravenöse Kurznarkose .......... | 121 | 13,79 | 7,05 | *16,22* |
| 452 | Intravenöse Narkose (mehrmalige Verabreichung des Narkotikums).......... | 190 | 21,66 | 11,07 | *25,47* |

| Nummer | Leistung | Punktzahl | Gebühr in DM – einfach – | Gebühr in Euro – einfach – | Gebühr in Euro – 2,3-fach – – *1,8-fach – – **1,15-fach – |
|---|---|---|---|---|---|
| 453 | Vollnarkose | 210 | 23,94 | 12,24 | *28,15* |
| 460 | Kombinationsnarkose mit Maske, Gerät – auch Insufflationsnarkose –, bis zu einer Stunde | 404 | 46,06 | 23,55 | *54,17* |
| 461 | Kombinationsnarkose mit Maske, Gerät – auch Insufflationsnarkose –, jede weitere angefangene halbe Stunde | 202 | 23,03 | 11,78 | *27,08* |
| 462 | Kombinationsnarkose mit endotrachealer Intubation, bis zu einer Stunde | 510 | 58,14 | 29,73 | *68,37* |
| 463 | Kombinationsnarkose mit endotrachealer Intubation, jede weitere angefangene halbe Stunde | 348 | 39,67 | 20,28 | *46,65* |
| 469 | Kaudalanästhesie | 250 | 28,50 | 14,57 | *33,52* |
| 470 | Einleitung und Überwachung einer einzeitigen subarachnoidalen Spinalanästhesie (Lumbalanästhesie) oder einzeitigen periduralen (epiduralen) Anästhesie, bis zu einer Stunde Dauer | 400 | 45,60 | 23,31 | *53,62* |
| 471 | Einleitung und Überwachung einer einzeitigen subarachnoidalen Spinalanästhesie (Lumbaianästhesie) oder einzeitigen periduralen (epiduralen) Anästhesie, bis zu zwei Stunden Dauer | 600 | 68,40 | 34,97 | *80,44* |
| 472 | Einleitung und Überwachung einer einzeitigen subarachnoidalen Spinalanästhesie (Lumbalanästhesie) oder einzeitigen periduralen (epiduralen) Anästhesie, bei mehr als zwei Stunden Dauer | 800 | 91,20 | 46,63 | *107,25* |
| 473 | Einleitung und Überwachung einer kontinuierlichen subarachnoidalen Spinalanästhesie (Lumbalanästhesie) oder periduralen (epiduralen) Anästhesie mit Katheter, bis zu fünf Stunden Dauer | 600 | 68,40 | 34,97 | *80,44* |

| | | | | | |
|---|---|---|---|---|---|
| 474 | Einleitung und Überwachung einer kontinuierlichen subarachnoidalen Spinalanästhesie (Lumbalanästhesie) oder periduralen (epiduralen) Anästhesie mit Katheter, bei mehr als fünf Stunden Dauer | 900 | 102,60 | 52,46 | *120,65* |
| 475 | Überwachung einer kontinuierlichen subarachnoidalen Spinalanästhesie (Lumbalanästhesie) oder periduralen (epiduralen) Anästhesie mit Katheter, zusätzlich zur Leistung nach Nummer 474 für den zweiten und jeden weiteren Tag, je Tag | 450 | 51,30 | 26,23 | *60,33* |
| 476 | Einleitung und Überwachung einer supraklavikulären oder axillären Armplexus- oder Paravertebralanästhesie, bis zu einer Stunde Dauer | 380 | 43,32 | 22,15 | *50,94* |
| 477 | Überwachung einer supraklavikulären oder axillären Armplexus- oder Paravertebralanästhesie, jede weitere angefangene Stunde | 190 | 21,66 | 11,07 | *25,47* |
| 478 | Intravenöse Anästhesie einer Extremität, bis zu einer Stunde Dauer | 230 | 26,22 | 13,41 | *30,83* |
| 479 | Intravenöse Anästhesie einer Extremität, jede weitere angefangene Stunde | 115 | 13,11 | 6,70 | *15,42* |
| 480 | Kontrollierte Blutdrucksenkung während der Narkose | 222 | 25,31 | 12,94 | *29,76* |
| 481 | Kontrollierte Hypothermie während der Narkose | 475 | 54,15 | 27,69 | *63,68* |
| 483 | Lokalanästhesie der tieferen Nasenabschnitte – gegebenenfalls einschließlich des Rachens –, auch beidseitig | 46 | 5,24 | 2,68 | *6,16* |
| 484 | Lokalanästhesie des Kehlkopfes | 46 | 5,24 | 2,68 | *6,16* |
| 485 | Lokalanästhesie des Trommelfells und/oder der Paukenhöhle | 46 | 5,24 | 2,68 | *6,16* |
| 488 | Lokalanästhesie der Harnröhre und/oder Harnblase | 46 | 5,24 | 2,68 | *6,16* |
| 489 | Lokalanästhesie des Bronchialgebietes – gegebenenfalls einschließlich des Kehlkopfes und des Rachens – | 145 | 16,53 | 8,45 | *19,44* |
| 490 | Infiltrationsanästhesie kleiner Bezirke | 61 | 6,95 | 3,55 | *8,17* |
| 491 | Infiltrationsanästhesie großer Bezirke – auch Parazervikalanästhesie – | 121 | 13,79 | 7,05 | *16,22* |

| Nummer | Leistung | Punktzahl | Gebühr in DM – einfach – | Gebühr in Euro – einfach – | Gebühr in Euro – 2,3-fach – – *1,8-fach – – **1,15-fach – |
|---|---|---|---|---|---|
| 493 | Leitungsanästhesie, perineural – auch nach Oberst – | 61 | 6,95 | 3,55 | *8,17* |
| 494 | Leitungsanästhesie, endoneural – auch Pudendusanästhesie – | 121 | 13,79 | 7,05 | *16,22* |
| 495 | Leitungsanästhesie, retrobulbär | 121 | 13,79 | 7,05 | *16,22* |
| 497 | Blockade des Truncus sympathicus (lumbaler Grenzstrang oder Ganglion stellatum) mittels Anästhetika | 220 | 25,08 | 12,82 | *29,49* |
| 498 | Blockade des Truncus sympathicus (thorakaler Grenzstrang oder Plexus solaris) mittels Anästhetika | 300 | 34,20 | 17,49 | *40,22* |

## E. Physikalisch-medizinische Leistungen

**Allgemeine Bestimmungen**

In den Leistungen des Abschnitts E sind alle Kosten enthalten mit Ausnahme der für Inhalationen sowie für die Photochemotherapie erforderlichen Arzneimittel.

### I. Inhalationen

| Nummer | Leistung | Punktzahl | Gebühr in DM – einfach – | Gebühr in Euro – einfach – | Gebühr in Euro – 2,3-fach – – *1,8-fach – – **1,15-fach – |
|---|---|---|---|---|---|
| 500 | Inhalationstherapie – auch mittels Ultraschallvernebelung – | 38 | 4,33 | 2,21 | **3,99* |
| 501 | Inhalationstherapie mit intermittierender Überdruckbeatmung (z.B. Bird-Respirator) | 86 | 9,80 | 5,01 | **9,02* |
| | *Neben der Leistung nach Nummer 501 sind die Leistungen nach den Nummern 500 und 505 nicht berechnungsfähig.* | | | | |

## II. Krankengymnastik und Übungsbehandlungen

| Nr. | Leistung | Punkte | Euro | | |
|---|---|---|---|---|---|
| 505 | Atmungsbehandlung – einschließlich aller unterstützenden Maßnahmen – | 85 | 9,69 | 4,95 | *8,92* |
| 506 | Krankengymnastische Ganzbehandlung als Einzelbehandlung – einschließlich der erforderlichen Massage(n) – | 120 | 13,68 | 6,99 | *12,59* |
| 507 | Krankengymnastische Teilbehandlung als Einzelbehandlung – einschließlich der erforderlichen Massage(n) – | 80 | 9,12 | 4,66 | *8,39* |
| 508 | Krankengymnastische Ganzbehandlung als Einzelbehandlung im Bewegungsbad | 110 | 12,54 | 6,41 | *11,54* |
| 509 | Krankengymnastik in Gruppen (Orthopädisches Turnen) – auch im Bewegungsbad –, bei mehr als drei bis acht Teilnehmern, je Teilnehmer | 38 | 4,33 | 2,21 | *3,99* |
| 510 | Übungsbehandlung auch mit Anwendung mediko-mechanischer Apparate, je Sitzung | 70 | 7,98 | 4,08 | *7,34* |
| | *Neben der Leistung nach Nummer 510 ist die Leistung nach Nummer 521 nicht berechnungsfähig.* | | | | |
| 514 | Extensionsbehandlung kombiniert mit Wärmetherapie und Massage mittels Gerät | 105 | 11,97 | 6,12 | *11,02* |
| 515 | Extensionsbehandlung (z.B. Glissonschlinge) | 38 | 4,33 | 2,21 | *3,99* |
| 516 | Extensionsbehandlung mit Schrägbett, Extensionstisch, Perlgerät | 65 | 7,41 | 3,79 | *6,82* |
| 518 | Prothesengebrauchsschulung des Patienten – gegebenenfalls einschließlich seiner Betreuungsperson –, auch Fremdkraftprothesenschulung, Mindestdauer 20 Minuten, je Sitzung | 120 | 13,68 | 6,99 | *12,59* |

## III. Massagen

| Nr. | Leistung | Punkte | Euro | | |
|---|---|---|---|---|---|
| 520 | Teilmassage (Massage einzelner Körperteile) | 45 | 5,13 | 2,62 | *4,72* |

| Nummer | Leistung | Punktzahl | Gebühr in DM – einfach – | Gebühr in Euro – einfach – | Gebühr in Euro – 2,3-fach – – *1,8-fach – – **1,15-fach – |
|---|---|---|---|---|---|
| 521 | Großmassage (z.B. Massage beider Beine, beider Arme, einer Körperseite, des Schultergürtels, eines Armes und eines Beines, des Rückens und eines Beines, des Rückens und eines Armes, beider Füße, beider Hände, beider Knie, beider Schultergelenke und ähnliche Massagen mehrerer Körperteile), je Sitzung | 65 | 7,41 | 3,79 | *6,82 |
| 523 | Massage im extramuskulären Bereich (z.B. Bindegewebsmassage, Periostmassage, manuelle Lymphdrainage) | 65 | 7,41 | 3,79 | *6,82 |
| 525 | Intermittierende apparative Kompressionstherapie an einer Extremität, je Sitzung | 35 | 3,99 | 2,04 | *3,67 |
| 526 | Intermittierende apparative Kompressionstherapie an mehreren Extremitäten, je Sitzung | 55 | 6,27 | 3,21 | *5,77 |
| 527 | Unterwasserdruckstrahlmassage (Wanneninhalt mindestens 400 Liter, Leistung der Apparatur mindestens 4 bar) | 94 | 10,72 | 5,48 | *9,87 |
| | **IV. Hydrotherapie und Packungen** | | | | |
| 530 | Kalt- oder Heißpackung(en) oder heiße Rolle, je Sitzung | 35 | 3,99 | 2,04 | *3,67 |
| 531 | Leitung eines ansteigenden Teilbades | 46 | 5,24 | 2,68 | *4,82 |
| 532 | Leitung eines ansteigenden Vollbades (Überwärmungsbad) | 76 | 8,66 | 4,43 | *7,97 |
| 533 | Subaquales Darmbad | 150 | 17,10 | 8,74 | *15,74 |

## V. Wärmebehandlung

| Nr. | Leistung | Punkte | Euro | Euro | Euro |
|---|---|---|---|---|---|
| 535 | Heißluftbehandlung eines Körperteils (z.B. Kopf oder Arm) | 33 | 3,76 | 1,92 | *3,46* |
| 536 | Heißluftbehandlung mehrerer Körperteile (z.B. Rumpf oder Beine) | 51 | 5,81 | 2,97 | *5,35* |
| 538 | Infrarotbehandlung, je Sitzung | 40 | 4,56 | 2,33 | *4,20* |
| 539 | Ultraschallbehandlung | 44 | 5,02 | 2,57 | *4,62* |

## VI. Elektrotherapie

| Nr. | Leistung | Punkte | Euro | Euro | Euro |
|---|---|---|---|---|---|
| 548 | Kurzwellen-, Mikrowellenbehandlung (Anwendung hochfrequenter Ströme) | 37 | 4,22 | 2,16 | *3,88* |
| 549 | Kurzwellen-, Mikrowellenbehandlung (Anwendung hochfrequenter Ströme) bei Behandlung verschiedener Körperregionen in einer Sitzung | 55 | 6,27 | 3,21 | *5,77* |
| 551 | Reizstrombehandlung (Anwendung niederfrequenter Ströme) – auch bei wechselweiser Anwendung verschiedener Impuls- oder Stromformen und gegebenenfalls unter Anwendung von Saugelektroden – | 48 | 5,47 | 2,80 | *5,03* |
| | *Wird Reizstrombehandlung nach Nummer 551 gleichzeitig neben einer Leistung nach Nummer 535, 536, 538, 539, 548, 549, 552 oder 747 an demselben Körperteil oder an denselben Körperteilen verabreicht, so ist nur die höherbewertete Leistung berechnungsfähig; dies gilt auch bei Verwendung eines Apparatesystems an mehreren Körperteilen.* | | | | |
| 552 | Iontophorese | 44 | 5,02 | 2,57 | *4,62* |
| 553 | Vierzellenbad | 46 | 5,24 | 2,68 | *4,82* |
| 554 | Hydroelektrisches Vollbad (Kataphoretisches Bad, Stanger-Bad) | 91 | 10,37 | 5,30 | *9,54* |

| Nummer | Leistung | Punktzahl | Gebühr in DM – einfach – | Gebühr in Euro – einfach – | Gebühr in Euro – 2,3-fach – – *1,8-fach – – **1,15-fach – |
|---|---|---|---|---|---|
| 555 | Gezielte Niederfrequenzbehandlung bei spastischen und/oder schlaffen Lähmungen, je Sitzung | 120 | 13,68 | 6,99 | *12,59* |
| 558 | Apparative isokinetische Muskelfunktionstherapie, je Sitzung | 120 | 13,68 | 6,99 | *12,59* |
| | **VII. Lichttherapie** | | | | |
| 560 | Behandlung mit Ultraviolettlicht in einer Sitzung | 31 | 3,53 | 1,80 | *3,25* |
| | *Werden mehrere Kranke gleichzeitig mit Ultraviolettlicht behandelt, so darf die Nummer 560 nur einmal berechnet werden.* | | | | |
| 561 | Reizbehandlung eines umschriebenen Hautbezirkes mit Ultraviolettlicht | 31 | 3,53 | 1,80 | *3,25* |
| 562 | Reizbehandlung mehrerer umschriebener Hautbezirke mit Ultraviolettlicht in einer Sitzung | 46 | 5,24 | 2,68 | *6,16* |
| | *Die Leistungen nach den Nummern 538, 560, 561 und 562 sind nicht nebeneinander berechnungsfähig.* | | | | |
| 563 | Quarzlampendruckbestrahlung eines Feldes | 46 | 5,24 | 2,68 | *4,82* |
| 564 | Quarzlampendruckbestrahlung mehrerer Felder in einer Sitzung | 91 | 10,37 | 5,30 | *9,54* |
| 565 | Photochemotherapie, je Sitzung | 120 | 13,68 | 6,99 | *12,59* |
| 566 | Phototherapie eines Neugeborenen, je Tag | 500 | 57,00 | 29,14 | *52,46* |
| 567 | Phototherapie mit selektivem UV-Spektrum, je Sitzung | 91 | 10,37 | 5,30 | *9,54* |
| 569 | Photo-Patch-Test (belichteter Läppchentest), bis zu drei Tests je Sitzung, je Test | 30 | 3,42 | 1,75 | *3,15* |

## F. Innere Medizin, Kinderheilkunde, Dermatologie

| Nr. | Leistung | Punkte | € | € | € |
|---|---|---|---|---|---|
| 600 | Herzfunktionsprüfung nach Schellong einschließlich graphischer Darstellung | 73 | 8,32 | 4,25 | *9,78* |
| 601 | Hyperventilationsprüfung | 44 | 5,02 | 2,57 | *5,90* |
| 602 | Oxymetrische Untersuchung(en) (Bestimmung der prozentualen Sauerstoffsättigung im Blut) – gegebenenfalls einschließlich Bestimmung(en) nach Belastung – | 152 | 17,33 | 8,86 | **15,95* |
| 603 | Bestimmung des Atemwegwiderstandes (Resistance) nach der Oszillationsmethode oder der Verschlußdruckmethode – gegebenenfalls einschließlich fortlaufender Registrierung – | 90 | 10,26 | 5,25 | *12,07* |
| | *Neben der Leistung nach Nummer 603 ist die Leistung nach Nummer 608 nicht berechnungsfähig.* | | | | |
| 604 | Bestimmung des Atemwegwiderstandes (Resistance) nach der Oszillationsmethode oder der Verschlußdruckmethode vor und nach Applikation pharmakodynamisch wirksamer Substanzen – gegebenenfalls einschließlich Phasenwinkelbestimmung und gegebenenfalls einschließlich fortlaufender Registrierung – | 160 | 18,24 | 9,33 | *21,45* |
| | *Mit der Gebühr sind die Kosten abgegolten. Neben der Leistung nach der Nummer 604 sind die Leistungen nach den Nummern 603 und 608 nicht berechnungsfähig.* | | | | |
| 605 | Ruhespirographische Untersuchung (im geschlossenen oder offenen System) mit fortlaufend registrierenden Methoden | 242 | 27,59 | 14,11 | **25,39* |
| 605a | Darstellung der Flußvolumenkurve bei spirographischen Untersuchungen – einschließlich graphischer Registrierung und Dokumentation – | 140 | 15,96 | 8,16 | **14,69* |
| 606 | Spiroergometrische Untersuchung – einschließlich vorausgegangener Ruhespirographie und gegebenenfalls einschließlich Oxymetrie – | 379 | 43,21 | 22,09 | **39,77* |

| Nummer | Leistung | Punktzahl | Gebühr in DM – einfach – | Gebühr in Euro – einfach – | Gebühr in Euro – 2,3-fach – – *1,8-fach – – **1,15-fach – |
|---|---|---|---|---|---|
| 607 | Residualvolumenbestimmung (Fremdgasmethode) | 242 | 27,59 | 14,11 | *25,39* |
| 608 | Ruhespirographische Teiluntersuchung (z. B. Bestimmung des Atemgrenzwertes, Atemstoßtest), insgesamt | 76 | 8,66 | 4,43 | *7,97* |
| 609 | Bestimmung der absoluten und relativen Sekundenkapazität vor und nach Inhalation pharmakodynamisch wirksamer Substanzen | 182 | 20,75 | 10,61 | *19,10* |
| | *Mit der Gebühr sind die Kosten abgegolten.* | | | | |
| 610 | Ganzkörperplethysmographische Untersuchung (Bestimmung des intrathorakalen Gasvolumens und des Atemwegwiderstandes) – gegebenenfalls mit Bestimmung der Lungendurchblutung – | 605 | 68,97 | 35,26 | *63,47* |
| | *Neben der Leistung nach Nummer 610 sind die Leistungen nach den Nummern 605 und 608 nicht berechnungsfähig.* | | | | |
| 611 | Bestimmung der Lungendehnbarkeit (Compliance) – einschließlich Einführung des Ösophaguskatheters – | 605 | 68,97 | 35,26 | *63,47* |
| 612 | Ganzkörperplethysmographische Bestimmung der absoluten und relativen Sekundenkapazität und des Atemwegwiderstandes vor und nach Applikation pharmakodynamisch wirksamer Substanzen | 757 | 86,30 | 44,12 | *79,42* |
| | *Mit der Gebühr sind die Kosten abgegolten.* | | | | |
| | *Neben der Leistung nach Nummer 612 sind die Leistungen nach den Nummern 605, 608, 609 und 610 nicht berechnungsfähig.* | | | | |
| 614 | Transkutane Messung(en) des Sauerstoffpartialdrucks | 150 | 17,10 | 8,74 | *15,74* |

| | | | | | |
|---|---|---|---|---|---|
| 615 | Untersuchung der CO-Diffusionskapazität mittels Ein-Atemzugmethode (single-breath) | 227 | 25,88 | 13,23 | **23,82* |
| 616 | Untersuchung der CO-Diffusionskapazität als fortlaufende Bestimmung (steady state) in Ruhe oder unter Belastung | 303 | 34,54 | 17,66 | **31,79* |
| | *Neben der Leistung nach Nummer 616 ist die Leistung nach Nummer 615 nicht berechnungsfähig.* | | | | |
| 617 | Gasanalyse in der Exspirationsluft mittels kontinuierlicher Bestimmung mehrerer Gase | 341 | 38,87 | 19,87 | **35,77* |
| 620 | Rheographische Untersuchung der Extremitäten | 152 | 17,33 | 8,86 | **15,95* |
| | *Mit der Gebühr sind die Kosten abgegolten.* | | | | |
| 621 | Mechanisch-oszillographische Untersuchung (Gesenius-Keller) | 127 | 14,48 | 7,40 | **13,33* |
| 622 | Akrale infraton-oszillographische Untersuchung | 182 | 20,75 | 10,61 | **19,10* |
| 623 | Temperaturmessung(en) an der Hautoberfläche (z. B. der Brustdrüse) mittels Flüssig-Kristall-Thermographie (Plattentermographie) einschließlich der notwendigen Aufnahmen | 140 | 15,96 | 8,16 | **14,69* |
| | *Die Leistung nach Nummer 623 zur Temperaturmessung an der Hautoberfläche der Brustdrüse ist nur bei Vorliegen eines abklärungsbedürftigen mammographischen Röntgenbefundes berechnungsfähig.* | | | | |
| 624 | Termographische Untersuchung mittels elektronischer Infrarotmessung mit Schwarzweiß-Wiedergabe und Farbthermogramm einschließlich der notwendigen Aufnahmen, je Sitzung | 330 | 37,62 | 19,23 | **34,62* |
| | *Neben der Leistung nach Nummer 624 ist die Leistung nach Nummer 623 nicht berechnungsfähig.* | | | | |
| 626 | Rechtsherzkatheterismus – einschließlich Druckmessungen und oxymetrischer Untersuchungen sowie fortlaufender EKG- und Röntgenkontrolle – | 1000 | 114,00 | 58,29 | *134,06* |
| | *Die Leistung nach Nummer 626 ist je Sitzung nur einmal berechnungsfähig.* | | | | |

| Nummer | Leistung | Punktzahl | Gebühr in DM – einfach – | Gebühr in Euro – einfach – | Gebühr in Euro – 2,3-fach – – *1,8-fach – – **1,15-fach – |
|---|---|---|---|---|---|
| | *Neben der Leistung nach Nummer 626 sind die Leistungen nach den Nummern 355, 356, 360, 361, 602, 648, 650, 651, 3710 und 5295 nicht berechnungsfähig.* | | | | |
| 627 | Linksherzkatheterismus – einschließlich Druckmessungen und oxymetrischer Untersuchungen sowie fortlaufender EKG- und Röntgenkontrolle – | 1500 | 171,00 | 87,43 | *201,09* |
| | *Die Leistung nach Nummer 627 ist je Sitzung nur einmal berechnungsfähig.* | | | | |
| | *Neben der Leistung nach Nummer 627 sind die Leistungen nach den Nummern 355, 356, 360, 361, 602, 648, 650, 651, 3710 und 5295 nicht berechnungsfähig.* | | | | |
| 628 | Herzkatheterismus mit Druckmessungen und oxymetrischen Untersuchungen – einschließlich fortlaufender EKG- und Röntgenkontrolle – im zeitlichen Zusammenhang mit Leistungen nach den Nummern 355 und/oder 360 | 800 | 91,20 | 46,63 | *107,25* |
| | *Die Leistung nach Nummer 628 ist je Sitzung nur einmal berechnungsfähig.* | | | | |
| | *Neben der Leistung nach Nummer 628 sind die Leistungen nach den Nummern 602, 648, 650, 651, 3710 und 5295 nicht berechnungsfähig.* | | | | |
| 629 | Transseptaler Linksherzkatheterismus – einschließlich Druckmessungen und oxymetrischer Untersuchungen sowie fortlaufender EKG- und Röntgenkontrolle – | 2000 | 228,00 | 116,57 | *268,12* |
| | *Die Leistung nach Nummer 629 ist je Sitzung nur einmal berechnungsfähig.* | | | | |

| Nr. | Leistung | Punkte | € | € | € |
|---|---|---|---|---|---|
| | *Neben der Leistung nach Nummer 629 sind die Leistungen nach den Nummern 355, 356, 602, 648, 650, 651, 3710 und 5295 nicht berechnungsfähig.* | | | | |
| 630 | Mikro-Herzkatheterismus unter Verwendung eines Einschwemmkatheters – einschließlich Druckmessungen nebst fortlaufender EKG-Kontrolle – | 908 | 103,51 | 52,92 | *121,72* |
| | *Die Kosten für den Einschwemmkatheter sind mit der Gebühr abgegolten.* | | | | |
| | *Neben der Leistung nach Nummer 630 sind die Leistungen nach den Nummern 355, 356, 360, 361, 602, 648, 650, 651, 3710 und 5295 nicht berechnungsfähig.* | | | | |
| 631 | Anlegung eines transvenösen temporären Schrittmachers – einschließlich Venenpunktion, Elektrodeneinführung, Röntgendurchleuchtung des Brustkorbs und fortlaufender EKG-Kontrolle – | 1110 | 126,54 | 64,70 | *148,81* |
| 632 | Mikro-Herzkatheterismus unter Verwendung eines Einschwemmkatheters – einschließlich Druckmessungen und oxymetrischer Untersuchungen nebst fortlaufender EKG-Kontrolle – gegebenenfalls auch unter Röntgen-Kontrolle – | 1210 | 137,94 | 70,53 | *162,21* |
| | *Die Kosten für den Einschwemmkatheter sind mit der Gebühr abgegolten.* | | | | |
| | *Neben der Leistung nach Nummer 632 sind die Leistungen nach den Nummern 355, 356, 360, 361, 602, 648, 650, 651, 3710 und 5295 nicht berechnungsfähig.* | | | | |
| 634 | Lichtreflex-Rheographie | 120 | 13,68 | 6,99 | *16,09* |
| 635 | Photoelektrische Volumenpulsschreibung an mindestens vier Punkten | 227 | 25,88 | 13,23 | *30,43* |
| 636 | Photoelektrische Volumenpulsschreibung mit Kontrolle des reaktiven Verhaltens der peripheren Arterien nach Belastung (z.B. mit Temperaturreizen) | 379 | 43,21 | 22,09 | **39,77* |

| Nummer | Leistung | Punktzahl | Gebühr in DM – einfach – | Gebühr in Euro – einfach – | Gebühr in Euro – 2,3-fach – – *1,8-fach – – **1,15-fach – |
|---|---|---|---|---|---|
| 637 | Pulswellenlaufzeitbestimmung – gegebenenfalls einschließlich einer elektrokardiographischen Kontrollableitung – | 227 | 25,88 | 13,23 | *23,82* |
| 638 | Punktuelle Arterien- und/oder Venenpulsschreibung | 121 | 13,79 | 7,05 | *12,69* |
| 639 | Prüfung der spontanen und reaktiven Vasomotorik (photoplethysmographische Registrierung der Blutfüllung und photoplethysmographische Simultanregistrierung der Füllungsschwankungen peripherer Arterien an mindestens vier peripheren Gefäßabschnitten sowie gleichzeitige Registrierung des Volumenpulsbandes) | 454 | 51,76 | 26,46 | *47,64* |
| 640 | Phlebodynamometrie | 650 | 74,10 | 37,89 | *68,20* |
| 641 | Venenverschluß-plethysmographische Untersuchung | 413 | 47,08 | 24,07 | *43,33* |
| 642 | Venenverschluß-plethysmographische Untersuchung mit reaktiver Hyperämiebelastung | 554 | 63,16 | 32,29 | *58,13* |
| 643 | Periphere Arterien- bzw. Venendruck- und/oder Strömungsmessung | 120 | 13,68 | 6,99 | *12,59* |
| 644 | Untersuchung der Strömungsverhältnisse in den Extremitätenarterien bzw -venen mit direktionaler Ultraschall-Doppler-Technik – einschließlich graphischer Registrierung – | 180 | 20,52 | 10,49 | *18,89* |
| 645 | Untersuchung der Strömungsverhältnisse in den hirnversorgenden Arterien und den Periorbitalarterien mit direktionaler Ultraschall-Doppler-Technik – einschließlich graphischer Registrierung – | 650 | 74,10 | 37,89 | *68,20* |
| 646 | Hypoxietest (Simultanregistrierung des Atemvolumens und des Gasaustausches, der Arterialisation sowie der peripheren Vasomotorik mit gasanalytischen und photoelektrischen Verfahren) | 605 | 68,97 | 35,26 | *63,47* |

| | | | | | |
|---|---|---|---|---|---|
| 647 | Kardiologische und/oder hepatologische Kreislaufzeitmessung(en) mittels Indikatorverdünnungsmethoden – einschließlich Kurvenschreibung an verschiedenen Körperstellen mit Auswertung und einschließlich Applikation der Testsubstanz – | 220 | 25,08 | 12,82 | **23,08* |
| 648 | Messung(en) des zentralen Venen- oder Arteriendrucks, auch unter Belastung, – einschließlich Venen- oder Arterienpunktion, Kathetereinführung(en) und gegebenenfalls Röntgenkontrolle – | 605 | 68,97 | 35,26 | *81,11* |
| 649 | Transkranielle, doppler-sonographische Untersuchung – einschließlich graphischer Registrierung – ........ | 650 | 74,10 | 37,89 | *87,14* |
| 650 | Elektrokardiographische Untersuchung zur Feststellung einer Rhythmusstörung und/oder zur Verlaufskontrolle – gegebenenfalls als Notfall-EKG – ........ | 152 | 17,33 | 8,86 | **15,95* |
| 651 | Elektrokardiographische Untersuchung in Ruhe – auch gegebenenfalls nach Belastung – mit Extremitäten- und Brustwandableitungen (mindestens neun Ableitungen) ........ | 253 | 28,84 | 14,75 | **26,54* |
| 652 | Elektrokardiographische Untersuchung unter fortschreibender Registrierung (mindestens neun Ableitungen) in Ruhe und bei physikalisch definierter und reproduzierbarer Belastung (Ergometrie) – gegebenenfalls auch Belastungsänderung – ........ | 445 | 50,73 | 25,94 | *59,66* |
| 653 | Elektrokardiographische Untersuchung auf telemetrischem Wege ........ | 253 | 28,84 | 14,75 | **26,54* |
| | *Die Leistungen nach den Nummern 650 bis 653 sind nicht nebeneinander berechnungsfähig.* | | | | |
| 654 | Langzeitblutdruckmessung von mindestens 18 Stunden Dauer – einschließlich Aufzeichnung und Auswertung – ........ | 150 | 17,10 | 8,74 | **15,74* |
| 655 | Elektrokardiographische Untersuchung mittels Ösophagusableitung – einschließlich Einführen der Elektrode – zusätzlich zu den Nummern 651 oder 652 ........ | 152 | 17,33 | 8,86 | *20,38* |
| 656 | Elektrokardiographische Untersuchung mittels intrakavitärer Ableitung am Hisschen Bündel einschließlich Röntgenkontrolle | 1820 | 207,48 | 106,08 | *243,99* |

| Nummer | Leistung | Punktzahl | Gebühr in DM – einfach – | Gebühr in Euro – einfach – | Gebühr in Euro – 2,3-fach – – *1,8-fach – – **1,15-fach – |
|---|---|---|---|---|---|
| 657 | Vektorkardiographische Untersuchung | 253 | 28,84 | 14,75 | **26,54* |
| 659 | Elektrokardiographische Untersuchung über mindestens 18 Stunden (Langzeit-EKG) – gegebenenfalls einschließlich gleichzeitiger Registrierung von Puls und Atmung –, mit Auswertung | 400 | 45,60 | 23,31 | **41,97* |
| 660 | Phonokardiographische Untersuchung mit mindestens zwei verschiedenen Ableitpunkten in mehreren Frequenzbereichen – einschließlich einer elektrokardiographischen Kontrollableitung sowie gegebenenfalls mit Karotispulskurve und/oder apexkardiographischer Untersuchung – | 303 | 34,54 | 17,66 | **31,79* |
| 661 | Impulsanalyse und EKG zur Überwachung eines implantierten Schrittmachers – gegebenenfalls mit Magnettest – | 530 | 60,42 | 30,89 | **55,61* |
| 665 | Grundumsatzbestimmung mittels Stoffwechselapparatur ohne Kohlensäurebestimmung | 121 | 13,79 | 7,05 | **12,69* |
| 666 | Grundumsatzbestimmung mittels Stoffwechselapparatur mit Kohlensäurebestimmung | 227 | 25,88 | 13,23 | **23,82* |
| 669 | Ultraschallechographie des Gehirns (Echoenzephalographie) | 212 | 24,17 | 12,36 | *28,42* |
| 670 | Einführung einer Magenverweilsonde zur enteralen Ernährung oder zur Druckentlastung | 120 | 13,68 | 6,99 | *16,09* |
| 671 | Fraktionierte Ausheberung des Magensaftes – auch nach Probefrühstück oder Probemahlzeit – | 120 | 13,68 | 6,99 | *16,09* |
| 672 | Ausheberung des Duodenalsaftes – auch mit Gallenreflex oder Duodenalspülung, gegebenenfalls fraktioniert – | 120 | 13,68 | 6,99 | *16,09* |

| | | | | | |
|---|---|---|---|---|---|
| 674 | Anlage eines Pneumothorax – gegebenenfalls einschließlich Röntgendurchleuchtungen vor und nach der Füllung – ............. | 370 | 42,18 | 21,57 | *49,60* |
| 675 | Pneumothoraxfüllung – gegebenenfalls einschließlich Röntgendurchleuchtungen vor und nach der Füllung – ........................... | 275 | 31,35 | 16,03 | *36,87* |
| 676 | Magenuntersuchung unter Sichtkontrolle (Gastroskopie) mittels endogastral anzuwendender Kamera einschließlich Aufnahmen | 800 | 91,20 | 46,63 | *107,25* |
| | *Mit der Gebühr sind die Kosten abgegolten.* | | | | |
| 677 | Bronchoskopie oder Thorakoskopie ........................................... | 600 | 68,40 | 34,97 | *80,44* |
| 678 | Bronchoskopie mit zusätzlichem operativem Eingriff (z.B. Probeexzision, Katheterbiopsie, periphere Lungenbiopsie, Segmentsondierungen) – gegebenenfalls einschließlich Lavage – ... | 900 | 102,60 | 52,46 | *120,65* |
| 679 | Mediastinoskopie – gegebenenfalls einschließlich Skalenoskopie und/oder Probeexzision und/oder Probepunktion – ............. | 1100 | 125,40 | 64,12 | *147,47* |
| 680 | Ösophagoskopie – gegebenenfalls einschließlich Probeexzision und/oder Probepunktion – ...................................................... | 550 | 62,70 | 32,06 | *73,73* |
| 681 | Ösophagoskopie mit zusätzlichem operativem Eingriff (z.B. Fremdkörperentfernung) – gegebenenfalls einschließlich Probeexzision und/oder Probepunktion – .......................................... | 825 | 94,05 | 48,09 | *110,60* |
| 682 | Gastroskopie unter Einsatz vollflexibler optischer Instrumente – gegebenenfalls einschließlich Probeexzision und/oder Probepunktion – ............................................................................. | 850 | 96,90 | 49,54 | *113,95* |
| 683 | Gastroskopie einschließlich Ösophagoskopie unter Einsatz vollflexibler optischer Instrumente – gegebenenfalls einschließlich Probeexzision und/oder Probepunktion – ................................. | 1000 | 114,00 | 58,29 | *134,06* |
| 684 | Bulboskopie – gegebenenfalls einschließlich Ösophago- und Gastroskopie, Probeexzision und/oder Probepunktion – ........... | 1200 | 136,80 | 69,94 | *160,87* |
| 685 | Duodeno-/Jejunoskopie – gegebenenfalls einschließlich einer vorausgegangenen Ösophago-/Gastro-/Bulboskopie, Probeexzision und/oder Probepunktion – ........................................... | 1350 | 153,90 | 78,69 | *180,98* |

| Nummer | Leistung | Punktzahl | Gebühr in DM – einfach – | Gebühr in Euro – einfach – | Gebühr in Euro – 2,3-fach – – *1,8-fach – – **1,15-fach – |
|---|---|---|---|---|---|
| 686 | Duodenoskopie mit Sondierung der Papilla Vateri zwecks Einbringung von Kontrastmittel und/oder Entnahme von Sekret – gegebenenfalls einschließlich Probeexzision und/oder Probepunktion – | 1500 | 171,00 | 87,43 | *201,09* |
| 687 | Hohe Koloskopie bis zum Coecum – gegebenenfalls einschließlich Probeexzision und/oder Probepunktion – | 1500 | 171,00 | 87,43 | *201,09* |
| 688 | Partielle Koloskopie – gegebenenfalls einschließlich Rektoskopie, Probeexzision und/oder Probepunktion – | 900 | 102,60 | 52,46 | *120,65* |
| 689 | Sigmoidoskopie unter Einsatz vollflexibler optischer Instrumente – einschließlich Rektoskopie sowie gegebenenfalls einschließlich Probeexzision und/oder Probepunktion – | 700 | 79,80 | 40,80 | *93,84* |
| 690 | Rektoskopie – gegebenenfalls einschließlich Probeexzision und/oder Probepunktion – | 350 | 39,90 | 20,40 | *46,92* |
| 691 | Ösophago-/Gastro-/Bulboskopie mit nachfolgender Sklerosierung von Ösophagusvarizen – gegebenenfalls einschließlich Probeexzision und/ oder Probepunktion – | 1400 | 159,60 | 81,60 | *187,69* |
| 692 | Duodenoskopie mit Sondierung der Papilla Vateri zwecks Einbringung von Kontrastmittel und/oder Entnahme von Sekret – gegebenenfalls einschließlich Probeexzision und/oder Probepunktion – mit Papillotomie (Hochfrequenzelektroschlinge) und Steinentfernung | 1900 | 216,60 | 110,75 | *254,72* |
| 692a | Plazierung einer Drainage in den Gallen- oder Pankreasgang – zusätzlich zu einer Leistung nach Nummer 685, 686 oder 692 – | 400 | 45,60 | 23,31 | *53,62* |

| | | | | | |
|---|---|---|---|---|---|
| 693 | Langzeit-pH-metrie des Ösophagus – einschließlich Sondeneinführung – | 300 | 34,20 | 17,49 | *40,22* |
| 694 | Manometrische Untersuchung des Ösophagus | 500 | 57,00 | 29,14 | *67,03* |
| 695 | Entfernung eines oder mehrerer Polypen oder Schlingenbiopsie mittels Hochfrequenzelektroschlinge – gegebenenfalls einschließlich Probeexzision und/oder Probepunktion – zusätzlich zu den Nummern 682 bis 685 und 687 bis 689 | 400 | 45,60 | 23,31 | *53,62* |
| 696 | Entfernung eines oder mehrerer Polypen oder Schlingenbiopsie mittels Hochfrequenzelektroschlinge – gegebenenfalls einschließlich Probeexzision und/oder Probepunktion – zusätzlich zu Nummer 690 – | 200 | 22,80 | 11,66 | *26,81* |
| 697 | Saugbiopsie des Dünndarms – gegebenenfalls einschließlich Röntgenkontrolle, Probeexzision und/oder Probepunktion – | 400 | 45,60 | 23,31 | *53,62* |
| 698 | Kryochirurgischer Eingriff im Enddarmbereich | 200 | 22,80 | 11,66 | *26,81* |
| 699 | Infrarotkoagulation im Enddarmbereich, je Sitzung | 120 | 13,68 | 6,99 | *16,09* |
| 700 | Laparoskopie (mit Anlegung eines Pneumoperitoneums) oder Nephroskopie – gegebenenfalls einschließlich Probeexzision und/oder Probepunktion – | 800 | 91,20 | 46,63 | *107,25* |
| 701 | Laparoskopie (mit Anlegung eines Pneumoperitoneums) mit intraabdominalem Eingriff – gegebenenfalls einschließlich Probeexzision und/ oder Probepunktion – | 1050 | 119,70 | 61,20 | *140,76* |
| 703 | Ballonsondentamponade bei blutenden Ösophagus- und/oder Fundusvarizen | 500 | 57,00 | 29,14 | *67,03* |
| 705 | Proktoskopie | 152 | 17,33 | 8,86 | *20,38* |
| 706 | Licht- oder Laserkoagulation(en) zur Beseitigung von Stenosen oder zur Blutstillung bei endoskopischen Eingriffen, je Sitzung | 600 | 68,40 | 34,97 | *80,44* |
| 714 | Neurokinesiologische Diagnostik nach Vojta (Lagereflexe) sowie Prüfung des zerebellaren Gleichgewichts und der Statomotorik | 180 | 20,52 | 10,49 | *24,13* |

| Nummer | Leistung | Punktzahl | Gebühr in DM – einfach – | Gebühr in Euro – einfach – | Gebühr in Euro – 2,3-fach – – *1,8-fach – – **1,15-fach – |
|---|---|---|---|---|---|
| 715 | Prüfung der kindlichen Entwicklung bezüglich der Grobmotorik, der Feinmotorik, der Sprache und des sozialen Verhaltens nach standardisierten Skalen mit Dokumentation des entsprechenden Entwicklungsstandes | 220 | 25,08 | 12,82 | *29,49* |
| | *Neben der Leistung nach Nummer 715 sind die Leistungen nach den Nummern 8 und 26 nicht berechnungsfähig.* | | | | |
| 716 | Prüfung der funktionellen Entwicklung bei einem Säugling oder Kleinkind (z.B. Bewegungs- und Wahrnehmungsvermögen) nach standardisierten Methoden mit Dokumentation des entsprechenden Entwicklungsstandes, je Untersuchungsgang | 69 | 7,87 | 4,02 | *9,25* |
| 717 | Prüfung der funktionellen Entwicklung bei einem Kleinkind (z.B. Sprechvermögen, Sprachverständnis, Sozialverhalten) nach standardisierten Methoden mit Dokumentation des entsprechenden Entwicklungsstandes, je Untersuchungsgang | 110 | 12,54 | 6,41 | *14,75* |
| 718 | Höchstwert bei den Untersuchungen nach den Nummern 716 und 717, auch bei deren Nebeneinanderberechnung | 251 | 28,61 | 14,63 | *33,64* |
| | *Bei Berechnung des Höchstwertes sind die Arten der Untersuchungen anzugeben.* | | | | |
| 719 | Funktionelle Entwicklungstherapie bei Ausfallerscheinungen in der Motorik, im Sprachbereich und/oder Sozialverhalten, als Einzelbehandlung, Dauer mindestens 45 Minuten | 251 | 28,61 | 14,63 | *33,64* |
| 725 | Systematische sensomotorische Entwicklungs- und Übungsbehandlung von Ausfallerscheinungen am Zentralnervensystem als zeitaufwendige Einzelbehandlung – gegebenenfalls einschließlich individueller Beratung der Betreuungsperson –, Dauer mindestens 45 Minuten | 300 | 34,20 | 17,49 | **31,48* |

| Nr. | Leistung | Punkte | 2,3fach | 1,15fach | 1,8fach / 3,5fach |
|---|---|---|---|---|---|
| | *Neben der Leistung nach Nummer 725 sind die Leistungen nach den Nummern 505 bis 527, 535 bis 555, 719, 806, 846, 847, 849, 1559 und 1560 nicht berechnungsfähig.* | | | | |
| 726 | Systematische sensomotorische Behandlung von zentralbedingten Sprachstörungen – einschließlich aller dazugehörender psychotherapeutischer, atemgymnastischer, physikalischer und sedierender Maßnahmen sowie gegebenenfalls auch Dämmerschlaf – als zeitaufwendige Einzelbehandlung, Dauer mindestens 45 Minuten | 300 | 34,20 | 17,49 | **31,48* |
| | *Neben der Leistung nach Nummer 726 sind die Leistungen nach den Nummern 719, 849, 1559 und 1560 nicht berechnungsfähig.* | | | | |
| | *Die Leistung nach Nummer 726 ist neben der Leistung nach Nummer 725 an demselben Tage nur berechnungsfähig, wenn beide Behandlungen zeitlich getrennt voneinander mit einer Dauer von jeweils mindestens 45 Minuten erbracht werden.* | | | | |
| 740 | Kryotherapie der Haut, je Sitzung | 71 | 8,09 | 4,14 | *9,51* |
| 741 | Verschorfung mit heißer Luft oder heißen Dämpfen, je Sitzung | 76 | 8,66 | 4,43 | *10,18* |
| 742 | Epilation von Haaren im Gesicht durch Elektrokoagulation bei generalisiertem krankhaften Haarwuchs infolge Endokrinopathie (z.B. Hirsutismus), je Sitzung | 165 | 18,81 | 9,62 | *22,12* |
| 743 | Schleifen und Schmirgeln und/oder Fräsen von Bezirken der Haut oder der Nägel, je Sitzung | 75 | 8,55 | 4,37 | *10,05* |
| 744 | Stanzen der Haut, je Sitzung | 80 | 9,12 | 4,66 | *10,72* |
| 745 | Auskratzen von Wundgranulationen oder Entfernung von jeweils bis zu drei Warzen mit dem scharfen Löffel | 46 | 5,24 | 2,68 | *6,16* |
| 746 | Elektrolyse oder Kauterisation, als selbständige Leistung | 46 | 5,24 | 2,68 | *6,16* |
| 747 | Setzen von Schröpfköpfen, Blutegeln oder Anwendung von Saugapparaten, je Sitzung | 44 | 5,02 | 2,57 | *5,90* |
| 748 | Hautdrainage | 76 | 8,66 | 4,43 | *10,18* |

| Nummer | Leistung | Punktzahl | Gebühr in DM – einfach – | Gebühr in Euro – einfach – | Gebühr in Euro – 2,3-fach – – *1,8-fach – – **1,15-fach – |
|---|---|---|---|---|---|
| 750 | Auflichtmikroskopie der Haut (Dermatoskopie), je Sitzung | 120 | 13,68 | 6,99 | *16,09* |
| 752 | Bestimmung des Elektrolytgehalts im Schweiß durch Widerstandsmessung – einschließlich Stimulation der Schweißsekretion – | 150 | 17,10 | 8,74 | *20,11* |
| 755 | Hochtouriges Schleifen von Bezirken der Haut bei schweren Entstellungen durch Naevi, narbigen Restzuständen nach Akne vulgaris und ähnlichen Indikationen, je Sitzung | 240 | 27,36 | 13,99 | *32,17* |
| 756 | Chemochirurgische Behandlung spitzer Kondylome, auch in mehreren Sitzungen | 121 | 13,79 | 7,05 | *16,22* |
| 757 | Chemochirurgische Behandlung einer Präkanzerose – gegebenenfalls in mehreren Sitzungen – | 150 | 17,10 | 8,74 | *20,11* |
| 758 | Sticheln oder öffnen und Ausquetschen von Aknepusteln, je Sitzung | 75 | 8,55 | 4,37 | *10,05* |
| 759 | Bestimmung der Alkalineutralisationszeit | 76 | 8,66 | 4,43 | **7,97* |
| 760 | Alkaliresistenzbestimmung (Tropfmethode) | 121 | 13,79 | 7,05 | **12,69* |
| 761 | UV-Erythemschwellenwertbestimmung – einschließlich Nachschau – | 76 | 8,66 | 4,43 | **7,97* |
| 762 | Entleerung des Lymphödems an Arm oder Bein durch Abwicklung mit Gummischlauch | 130 | 14,82 | 7,58 | *17,43* |
| 763 | Spaltung oberflächlich gelegener Venen an einer Extremität oder von Hämorrhoidalknoten mit Thrombus-Expressionen – gegebenenfalls einschließlich Naht – | 148 | 16,87 | 8,63 | *19,84* |
| 764 | Verödung (Sklerosierung) von Krampfadern oder Hämorrhoidalknoten, je Sitzung | 190 | 21,66 | 11,07 | *25,47* |

| | | | | | |
|---|---|---|---|---|---|
| 765 | Operative Entfernung hypertropher zirkumanaler Hautfalten (Marisquen) | 280 | 31,92 | 16,32 | *37,54* |
| 766 | Ligaturbehandlung von Hämorrhoiden einschließlich Proktoskopie, je Sitzung | 225 | 25,65 | 13,11 | *30,16* |
| 768 | Ätzung im Enddarmbereich, als selbständige Leistung | 50 | 5,70 | 2,91 | *6,70* |
| 770 | Ausräumung des Mastdarms mit der Hand | 140 | 15,96 | 8,16 | *18,77* |
| 780 | Apparative Dehnung (Sprengung) eines Kardiospasmus | 242 | 27,59 | 14,11 | *32,44* |
| 781 | Bougierung der Speiseröhre, je Sitzung | 76 | 8,66 | 4,43 | *10,18* |
| 784 | Erstanlegen einer externen Medikamentenpumpe – einschließlich Einstellung sowie Beratung und Schulung des Patienten – gegebenenfalls in mehreren Sitzungen – | 275 | 31,35 | 16,03 | *36,87* |
| 785 | Anlage und Überwachung einer Peritonealdialyse einschließlich der ersten Sitzung | 330 | 37,62 | 19,23 | *44,24* |
| 786 | Peritonealdialyse bei liegendem Katheter einschließlich Überwachung, jede (weitere) Spülung | 55 | 6,27 | 3,21 | *7,37* |
| 790 | Ärztliche Betreuung bei Hämodialyse als Training des Patienten und gegebenenfalls seines Dialysepartners zur Vorbereitung auf Heim- oder Limited-Care-Dialysen, auch als Hämofiltration, je Dialyse | 500 | 57,00 | 29,14 | *67,03* |
| 791 | Ärztliche Betreuung eines Patienten bei Hämodialyse als Heimdialyse oder Limited-Care-Dialyse, auch als Hämofiltration, je Dialyse | 320 | 36,48 | 18,65 | *42,90* |
| 792 | Ärztliche Betreuung eines Patienten bei Hämodialyse als Zentrums- oder Praxisdialyse (auch als Feriendialyse) – auch als Hämofiltration oder bei Plasmapherese –, je Dialyse bzw. Sitzung | 440 | 50,16 | 25,65 | *58,99* |
| 793 | Ärztliche Betreuung eines Patienten bei kontinuierlicher ambulanter Peritonealdialyse (CAPD), je Tag | | | | |
| | *Der Leistungsinhalt der Nummern 790 bis 793 umfaßt insbesondere die ständige Bereitschaft von Arzt und gegebenenfalls* | | | | |

| Nummer | Leistung | Punktzahl | Gebühr in DM – einfach – | Gebühr in Euro – einfach – | Gebühr in Euro – 2,3-fach – – *1,8-fach – – **1,15-fach – |
|---|---|---|---|---|---|
| | *Dialysehilfspersonal, die regelmäßigen Beratungen und Untersuchungen des Patienten, die Anfertigung und Auswertung der Dialyseprotokolle sowie die regelmäßigen Besuche bei Heimdialyse-Patienten mit Gerätekontrollen im Abstand von mindestens drei Monaten.* <br> *Bei der Zentrums- und Praxisdialyse ist darüber hinaus die ständige Anwesenheit des Arztes während der Dialyse erforderlich.* <br> *Leistungen nach den Abschnitten B und C (mit Ausnahme der Leistung nach Nummer 50 in Verbindung mit einem Zuschlag nach den Buchstaben E, F, G und/oder H) sowie die Leistungen nach den Nummern 3550, 3555, 3557, 3558, 3562.H1, 3565.H1, 3574, 3580.H1, 3584.H1, 3585.H1, 3587.H1, 3592.H1, 3594.H1, 3595.H1, 3620, 3680, 3761 und 4381, die in ursächlichem Zusammenhang mit der Dialysebehandlung erbracht werden, sind nicht gesondert berechnungsfähig. Dies gilt auch für Auftragsleistungen.* | 115 | 13,11 | 6,70 | *15,42* |

## G. Neurologie, Psychiatrie und Psychotherapie

| Nummer | Leistung | Punktzahl | Gebühr in DM – einfach – | Gebühr in Euro – einfach – | Gebühr in Euro – 2,3-fach – |
|---|---|---|---|---|---|
| 800 | Eingehende neurologische Untersuchung – gegebenenfalls einschließlich der Untersuchung des Augenhintergrundes – <br> *Neben der Leistung nach Nummer 800 sind die Leistungen nach den Nummern 8, 26, 825, 826, 830 und 1400 nicht berechnungsfähig.* | 195 | 22,23 | 11,37 | *26,14* |

| | | | | | |
|---|---|---|---|---|---|
| 801 | Eingehende psychiatrische Untersuchung – gegebenenfalls unter Einschaltung der Bezugs- und/oder Kontaktperson – ............ | 250 | 28,50 | 14,57 | *33,52* |
| | *Neben der Leistung nach Nummer 801 sind die Leistungen nach den Nummern 4, 8, 715 bis 718, 825, 826, 830 und 1400 nicht berechnungsfähig.* | | | | |
| 804 | Psychiatrische Behandlung durch eingehendes therapeutisches Gespräch – auch mit gezielter Exploration – ............................. | 150 | 17,10 | 8,74 | *20,11* |
| 806 | Psychiatrische Behandlung durch gezielte Exploration und eingehendes therapeutisches Gespräch, auch in akuter Konfliktsituation – gegebenenfalls unter Einschluß eines eingehenden situationsregulierenden Kontaktgesprächs mit Dritten –, Mindestdauer 20 Minuten ........................................................... | 250 | 28,50 | 14,57 | *33,52* |
| 807 | Erhebung einer biographischen psychiatrischen Anamnese bei Kindern oder Jugendlichen unter Einschaltung der Bezugs- und Kontaktpersonen mit schriftlicher Aufzeichnung, auch in mehreren Sitzungen ........................................................................ | 400 | 45,60 | 23,31 | *53,62* |
| | *Die Leistung nach Nummer 807 ist im Behandlungsfall nur einmal berechnungsfähig.* | | | | |
| 808 | Einleitung oder Verlängerung der tiefenpsychologisch fundierten oder der analytischen Psychotherapie – einschließlich Antrag auf Peststellung der Leistungspflicht im Rahmen des Gutachterverfahrens, gegebenenfalls einschließlich Besprechung mit dem nichtärztlichen Psychotherapeuten – ........................... | 400 | 45,60 | 23,31 | *53,62* |
| 812 | Psychiatrische Notfallbehandlung bei Suizidversuch und anderer psychischer Dekompensation durch sofortige Intervention und eingehendes therapeutisches Gespräch .............................. | 500 | 57,00 | 29,14 | *67,03* |
| 816 | Neuropsychiatrische Behandlung eines Anfallkranken mit Kontrolle der Anfallaufzeichnung – gegebenenfalls mit medikamentöser Ein- oder Umstellung und auch mit Einschaltung von Kontaktpersonen – ..................................................................... | 180 | 20,52 | 10,49 | *24,13* |

| Nummer | Leistung | Punktzahl | Gebühr in DM – einfach – | Gebühr in Euro – einfach – | Gebühr in Euro – 2,3-fach – – *1,8-fach – – **1,15-fach – |
|---|---|---|---|---|---|
| 817 | Eingehende psychiatrische Beratung der Bezugsperson psychisch gestörter Kinder oder Jugendlicher anhand erhobener Befunde und Erläuterung geplanter therapeutischer Maßnahmen .... | 180 | 20,52 | 10,49 | *24,13* |
| 825 | Genaue Geruchs- und/oder Geschmacksprüfung zur Differenzierung von Störungen der Hirnnerven, als selbständige Leistung .... | 83 | 9,46 | 4,84 | *11,12* |
| 826 | Gezielte neurologische Gleichgewichts- und Koordinationsprüfung – gegebenenfalls einschließlich kalorisch-otologischer Prüfung – .... | 99 | 11,29 | 5,77 | *13,28* |
| | *Neben der Leistung nach Nummer 826 ist die Leistung nach Nummer 1412 nicht berechnungsfähig.* | | | | |
| 827 | Elektroenzephalographische Untersuchung – auch mit Standardprovokationen.... | 605 | 68,97 | 35,26 | *81,11* |
| 827a | Langzeit-elektroenzephalographische Untersuchung von mindestens 18 Stunden Dauer – einschließlich Aufzeichnung und Auswertung – .... | 950 | 108,30 | 55,37 | *127,36* |
| 828 | Messung visuell, akustisch oder somatosensorisch evozierter Hirnpotentiale (VEP, AEP, SSP). .... | 605 | 68,97 | 35,26 | *81,11* |
| 829 | Sensible Elektroneurographie mit Oberflächenelektroden – gegebenenfalls einschließlich Bestimmung der Rheobase und der Chronaxie – .... | 160 | 18,24 | 9,33 | *21,45* |
| 830 | Eingehende Prüfung auf Aphasie, Apraxie, Alexie, Agraphie, Agnosie und Körperschemastörungen .... | 80 | 9,12 | 4,66 | *10,72* |
| 831 | Vegetative Funktionsdiagnostik – auch unter Anwendung pharmakologischer Testmethoden (z.B. Minor) einschließlich Wärmeanwendung und/oder Injektionen – .... | 80 | 9,12 | 4,66 | *10,72* |

| Nr. | Leistung | Punkte | | | |
|---|---|---|---|---|---|
| 832 | Befunderhebung am Nervensystem durch Faradisation und/oder Galvanisation | 158 | 18,01 | 9,21 | *21,18* |
| 833 | Begleitung eines psychisch Kranken bei Überführung in die Klinik – einschließlich Ausstellung der notwendigen Bescheinigungen – | 285 | 32,49 | 16,61 | *38,21* |
| | *Verweilgebühren sind nach Ablauf einer halben Stunde zusätzlich berechnungsfähig.* | | | | |
| 835 | Einmalige, nicht in zeitlichem Zusammenhang mit einer eingehenden Untersuchung durchgeführte Erhebung der Fremdanamnese über einen psychisch Kranken oder über ein verhaltensgestörtes Kind | 64 | 7,30 | 3,73 | *8,58* |
| 836 | Intravenöse Konvulsionstherapie | 190 | 21,66 | 11,07 | *25,47* |
| 837 | Elektrische Konvulsionstherapie | 273 | 31,12 | 15,91 | *36,60* |
| 838 | Elektromyographische Untersuchung zur Feststellung peripherer Funktionsstörungen der Nerven und Muskeln | 550 | 62,70 | 32,06 | *73,73* |
| 839 | Elektromyographische Untersuchung zur Feststellung peripherer Punktionsstörungen der Nerven und Muskeln mit Untersuchung der Nervenleitungsgeschwindigkeit | 700 | 79,80 | 40,80 | *93,84* |
| 840 | Sensible Elektroneurographie mit Nadelelektroden – gegebenenfalls einschließlich Bestimmung der Rheobase und der Chronaxie – | 700 | 79,80 | 40,80 | *93,84* |
| 842 | Apparative isokinetische Muskelfunktionsdiagnostik | 500 | 57,00 | 29,14 | *67,03* |
| | *Die Leistung nach Nummer 842 ist im Behandlungsfall nur einmal berechnungsfähig.* | | | | |
| 845 | Behandlung einer Einzelperson durch Hypnose | 150 | 17,10 | 8,74 | *20,11* |
| 846 | Übende Verfahren (z.B. autogenes Training) in Einzelbehandlung, Dauer mindestens 20 Minuten | 150 | 17,10 | 8,74 | *20,11* |
| 847 | Übende Verfahren (z.B. autogenes Training) in Gruppenbehandlung mit höchstens zwölf Teilnehmern, Dauer mindestens 20 Minuten, je Teilnehmer | 45 | 5,13 | 2,62 | *6,03* |

| Nummer | Leistung | Punktzahl | Gebühr in DM – einfach – | Gebühr in Euro – einfach – | Gebühr in Euro – 2,3-fach – – *1,8-fach – – **1,15-fach – |
|---|---|---|---|---|---|
| 849 | Psychotherapeutische Behandlung bei psychoreaktiven, psychosomatischen oder neurotischen Störungen, Dauer mindestens 20 Minuten | 230 | 26,22 | 13,41 | *30,83* |
| 855 | Anwendung und Auswertung projektiver Testverfahren (z.B. Rorschach-Test, TAT) mit schriftlicher Aufzeichnung, insgesamt | 722 | 82,31 | 42,08 | **75,75* |
| 856 | Anwendung und Auswertung standardisierter Intelligenz- und Entwicklungstests (Staffeltests oder HAWIE(K), IST/Amthauer, Bühler-Hetzer, Binet-Simon, Kramer) mit schriftlicher Aufzeichnung, insgesamt | 361 | 41,15 | 21,04 | *48,39* |
| | *Neben der Leistung nach Nummer 856 sind die Leistungen nach den Nummern 715 bis 718 nicht berechnungsfähig.* | | | | |
| 857 | Anwendung und Auswertung orientierender Testuntersuchungen (z.B. Fragebogentest nach Eysenck, MPQ oder MPI, Raven-Test, Sceno-Test, Wartegg-Zeichentest, Haus-Baum-Mensch, mit Ausnahme des sogenannten Lüscher-Tests), insgesamt | 116 | 13,22 | 6,76 | **12,17* |
| | *Neben der Leistung nach Nummer 857 sind die Leistungen nach den Nummern 716 und 717 nicht berechnungsfähig.* | | | | |
| 860 | Erhebung einer biographischen Anamnese unter neurosenpsychologischen Gesichtspunkten mit schriftlicher Aufzeichnung zur Einleitung und Indikationsstellung bei tiefenpsychologisch fundierter und analytischer Psychotherapie, auch in mehreren Sitzungen | 920 | 104,88 | 53,62 | *123,34* |
| | *Die Nummer 860 ist im Behandlungsfall nur einmal berechnungsfähig. Neben der Leistung nach Nummer 860 sind die* | | | | |

| Nr. | Leistung | Punkte | | | |
|---|---|---|---|---|---|
| | *Leistungen nach den Nummern 807 und 835 nicht berechnungsfähig.* | | | | |
| 861 | Tiefenpsychologisch fundierte Psychotherapie, Einzelbehandlung, Dauer mindestens 50 Minuten | 690 | 78,66 | 40,22 | *92,50* |
| 862 | Tiefenpsychologisch fundierte Psychotherapie, Gruppenbehandlung mit einer Teilnehmerzahl von höchstens acht Personen, Dauer mindestens 100 Minuten, je Teilnehmer | 345 | 39,33 | 20,11 | *46,25* |
| 863 | Analytische Psychotherapie, Einzelbehandlung, Dauer mindestens 50 Minuten | 690 | 78,66 | 40,22 | *92,50* |
| 864 | Analytische Psychotherapie, Gruppenbehandlung mit einer Teilnehmerzahl von höchstens acht Personen, Dauer mindestens 100 Minuten, je Teilnehmer | 345 | 39,33 | 20,11 | *46,25* |
| 865 | Besprechung mit dem nichtärztlichen Psychotherapeuten über die Fortsetzung der Behandlung | 345 | 39,33 | 20,11 | *46,25* |
| 870 | Verhaltenstherapie, Einzelbehandlung, Dauer mindestens 50 Minuten – gegebenenfalls Unterteilung in zwei Einheiten von jeweils mindestens 25 Minuten – | 750 | 85,50 | 43,72 | *100,55* |
| 871 | Verhaltenstherapie, Gruppenbehandlung mit einer Teilnehmerzahl von höchstens 8 Personen, Dauer mindestens 50 Minuten, je Teilnehmer | 150 | 17,10 | 8,74 | *20,11* |
| | *Bei einer Sitzungsdauer von mindestens 100 Minuten kann die Leistung nach Nummer 871 zweimal berechnet werden.* | | | | |
| 885 | Eingehende psychiatrische Untersuchung bei Kindern oder Jugendlichen unter auch mehrfacher Einschaltung der Bezugs- und/oder Kontaktperson(en) unter Berücksichtigung familienmedizinischer und entwicklungspsychologischer Bezüge | 500 | 57,00 | 29,14 | *67,03* |
| 886 | Psychiatrische Behandlung bei Kindern und/oder Jugendlichen unter Einschaltung der Bezugs- und/oder Kontaktpersonen) unter Berücksichtigung familienmedizinischer und entwicklungspsychologischer Bezüge, Dauer mindestens 40 Minuten | 700 | 79,80 | 40,80 | *93,84* |

| Nummer | Leistung | Punktzahl | Gebühr in DM – einfach – | Gebühr in Euro – einfach – | Gebühr in Euro – 2,3-fach – – *1,8-fach – – **1,15-fach – |
|---|---|---|---|---|---|
| 887 | Psychiatrische Behandlung in Gruppen bei Kindern und/oder Jugendlichen, Dauer mindestens 60 Minuten, bei einer Teilnehmerzahl von höchstens zehn Personen, je Teilnehmer | 200 | 22,80 | 11,66 | *26,81* |

## H. Geburtshilfe und Gynäkologie

**Allgemeine Bestimmungen**

Werden mehrere Eingriffe in der Bauchhöhle in zeitlichem Zusammenhang durchgeführt, die jeweils in der Leistung die Eröffnung der Bauchhöhle enthalten, so darf diese nur einmal berechnet werden; die Vergütungssätze der weiteren Eingriffe sind deshalb um den Vergütungssatz nach Nummer 3135 zu kürzen.

| Nummer | Leistung | Punktzahl | Gebühr in DM – einfach – | Gebühr in Euro – einfach – | Gebühr in Euro – 2,3-fach – – *1,8-fach – – **1,15-fach – |
|---|---|---|---|---|---|
| 1001 | Tokographische Untersuchung | 120 | 13,68 | 6,99 | **12,59* |
| 1002 | Externe kardiotokographische Untersuchung | 200 | 22,80 | 11,66 | **20,98* |
| 1003 | Interne kardiotokographische Untersuchung – gegebenenfalls einschließlich einer im zeitlichen Zusammenhang des Geburtsvorganges vorausgegangenen externen Kardiotokographie – | 379 | 43,21 | 22,09 | *50,81* |
| | *Neben den Leistungen nach den Nummern 1002 und 1003 ist die Leistung nach Nummer 1001 nicht berechnungsfähig.* | | | | |
| 1010 | Amnioskopie | 148 | 16,87 | 8,63 | *19,84* |
| 1011 | Amniozentese – einschließlich Fruchtwasserentnahme – | 266 | 30,32 | 15,50 | *35,66* |
| 1012 | Blutentnahme beim Fetus | 74 | 8,44 | 4,32 | *9,93* |
| 1013 | Blutentnahme beim Fetus – einschließlich pH-Messung(en) im Blut – | 178 | 20,29 | 10,37 | *23,86* |

| Nr. | Leistung | Punkte | | | |
|---|---|---|---|---|---|
| 1014 | Blutentnahme beim Fetus mittels Amnioskopie – einschließlich pH-Messung(en) im Blut – | 296 | 33,74 | 17,25 | *39,68* |
| 1020 | Erweiterung des Gebärmutterhalses durch Dehnung im Zusammenhang mit einer Geburt – gegebenenfalls einschließlich Eipollösung – | 148 | 16,87 | 8,63 | *19,84* |
| 1021 | Beistand von mindestens zwei Stunden Dauer bei einer Geburt, die auf natürlichem Wege nicht beendet werden kann, ausschließlich Kunsthilfe | 266 | 30,32 | 15,50 | *35,66* |
| 1022 | Beistand bei einer Geburt, auch Risikogeburt, regelwidriger Kindslage, Mehrlingsgeburt, ausschließlich Kunsthilfe, sofern der Arzt die Geburt auf natürlichem Wege bis zur Beendigung geleitet hat | 1300 | 148,20 | 75,77 | *174,28* |
| 1025 | Entbindung durch Manualextraktion am Beckenende | 554 | 63,16 | 32,29 | *74,27* |
| 1026 | Entbindung durch Vakuumextraktion | 832 | 94,85 | 48,50 | *111,54* |
| 1027 | Entbindung durch Zange | 832 | 94,85 | 48,50 | *111,54* |
| 1028 | Äußere Wendung | 370 | 42,18 | 21,57 | *49,60* |
| 1029 | Innere oder kombinierte Wendung – auch mit Extraktion – | 1110 | 126,54 | 64,70 | *148,81* |
| 1030 | Entbindung bei vorliegendem Mutterkuchen, zusätzlich | 370 | 42,18 | 21,57 | *49,60* |
| | *Neben den Leistungen nach den Nummern 1025 bis 1030 kann jeweils eine Leistung nach der Nummer 1021 oder 1022 zusätzlich berechnet werden.* | | | | |
| 1031 | Entbindung durch Perforation oder Embryotomie, mit Extraktion | 1950 | 222,30 | 113,66 | *261,42* |
| 1032 | Schnittentbindung von der Scheide oder von den Bauchdecken aus | 2310 | 263,34 | 134,64 | *309,68* |
| 1035 | Operation der Uterusruptur ohne Uterusexstirpation | 2030 | 231,42 | 118,32 | *272,14* |
| 1036 | Operation der Uterusruptur mit Uterusexstirpation | 2770 | 315,78 | 161,46 | *371,35* |
| 1040 | Reanimation eines asphyktischen Neugeborenen durch apparative Beatmung – auch mit Intubation und gegebenenfalls einschließlich extrathorakaler indirekter Herzmassage – | 350 | 39,90 | 20,40 | *46,92* |

| Nummer | Leistung | Punktzahl | Gebühr in DM – einfach – | Gebühr in Euro – einfach – | Gebühr in Euro – 2,3-fach – – *1,8-fach – – **1,15-fach – |
|---|---|---|---|---|---|
| 1041 | Entfernung der Nachgeburt oder von Resten durch inneren Eingriff mit oder ohne Kürettement | 824 | 93,94 | 48,03 | *110,47* |
| 1042 | Behandlung einer Blutung nach der Geburt durch innere Eingriffe | 554 | 63,16 | 32,29 | *74,27* |
| 1043 | Naht des Gebärmutterhalses – einschließlich der vorangegangenen Erweiterung durch Schnitt oder Naht eines frischen Mutterhalsrisses – | 620 | 70,68 | 36,14 | *83,12* |
| 1044 | Naht der weichen Geburtswege – auch nach vorangegangener künstlicher Erweiterung – und/oder Naht eines Dammrisses I. oder II. Grades und/oder Naht eines Scheidenrisses | 420 | 47,88 | 24,48 | *56,31* |
| | *Neben der Leistung nach Nummer 1044 ist die Leistung nach Nummer 1096 nicht berechnungsfähig.* | | | | |
| 1045 | Naht eines vollkommenen Dammrisses (III. Grades) | 924 | 105,34 | 53,86 | *123,88* |
| | *Neben der Leistung nach Nummer 1045 ist die Leistung nach Nummer 1044 nicht berechnungsfähig.* | | | | |
| 1048 | Operation einer Extrauterinschwangerschaft | 2310 | 263,34 | 134,64 | *309,68* |
| 1049 | Aufrichtung der eingeklemmten Gebärmutter einer Schwangeren – auch mit Einlage eines Ringes – | 296 | 33,74 | 17,25 | *39,68* |
| 1050 | Instrumentale Einleitung einer Geburt oder Fehlgeburt, als selbständige Leistung | 296 | 33,74 | 17,25 | *39,68* |
| 1051 | Beistand bei einer Fehlgeburt ohne operative Hilfe | 185 | 21,09 | 10,78 | *24,80* |
| 1052 | Beistand bei einer Fehlgeburt und deren Beendigung durch inneren Eingriff | 739 | 84,25 | 43,08 | *99,08* |

| | | | | | |
|---|---|---|---|---|---|
| 1055 | Abbruch einer Schwangerschaft bis einschließlich 12. Schwangerschaftswoche – gegebenenfalls einschließlich Erweiterung des Gebärmutterhalskanals – | 800 | 91,20 | 46,63 | *107,25* |
| 1056 | Abbruch einer Schwangerschaft ab der 13. Schwangerschaftswoche – gegebenenfalls einschließlich Erweiterung des Gebärmutterhalskanals – | 1200 | 136,80 | 69,94 | *160,87* |
| | *Neben den Leistungen nach den Nummern 1055 und 1056 ist die intravaginale oder intrazervikale Applikation von Prostaglandin-Gel nicht gesondert berechnungsfähig.* | | | | |
| 1060 | Ausräumung einer Blasenmole oder einer missed abortion | 924 | 105,34 | 53,86 | *123,88* |
| 1061 | Abtragung des Hymens oder Eröffnung eines Hämatokolpos | 185 | 21,09 | 10,78 | *24,80* |
| 1062 | Vaginoskopie bei einer Virgo | 178 | 20,29 | 10,37 | *23,86* |
| 1063 | Vaginoskopie bei einem Kind bis zum vollendeten 10. Lebensjahr | 240 | 27,36 | 13,99 | *32,17* |
| 1070 | Kolposkopie | 73 | 8,32 | 4,25 | *9,78* |
| 1075 | Vaginale Behandlung – auch einschließlich Einbringung von Arzneimitteln in die Gebärmutter, Ätzung des Gebärmutterhalses und/oder Behandlung von Portioerosionen – | 45 | 5,13 | 2,62 | *6,03* |
| 1080 | Entfernung eines Fremdkörpers aus der Scheide eines Kindes | 106 | 12,08 | 6,18 | *14,21* |
| 1081 | Ausstopfung der Scheide zur Blutstillung, als selbständige Leistung | 59 | 6,73 | 3,44 | *7,91* |
| 1082 | Ausstopfung der Gebärmutter – gegebenenfalls einschließlich Scheide – zur Blutstillung, als selbständige Leistung | 178 | 20,29 | 10,37 | *23,86* |
| 1083 | Kauterisation an der Portio und/oder der Zervix, als selbständige Leistung | 70 | 7,98 | 4,08 | *9,38* |
| 1084 | Thermokoagulation an der Portio und/oder der Zervix, als selbständige Leistung | 118 | 13,45 | 6,88 | *15,82* |
| 1085 | Kryochirurgischer Eingriff im Vaginalbereich, als selbständige Leistung | 296 | 33,74 | 17,25 | *39,68* |

| Nummer | Leistung | Punktzahl | Gebühr in DM – einfach – | Gebühr in Euro – einfach – | Gebühr in Euro – 2,3-fach – – *1,8-fach – – **1,15-fach – |
|---|---|---|---|---|---|
| 1086 | Konisation der Portio | 296 | 33,74 | 17,25 | *39,68* |
| 1087 | Einlegen oder Wechseln eines Ringes oder Anlegen eines Portio-Adapters | 55 | 6,27 | 3,21 | *7,37* |
| 1088 | Lageverbesserung der Gebärmutter mit Einlegen eines Ringes | 93 | 10,60 | 5,42 | *12,47* |
| 1089 | Operative Entfernung eines eingewachsenen Ringes aus der Scheide | 463 | 52,78 | 26,99 | *62,07* |
| 1090 | Einlegen oder Wechseln eines Okklusivpessars | 52 | 5,93 | 3,03 | *6,97* |
| 1091 | Einlegen oder Wechseln eines Intrauterinpessars | 106 | 12,08 | 6,18 | *14,21* |
| 1092 | Entfernung eines Intrauterinpessars | 52 | 5,93 | 3,03 | *6,97* |
| 1095 | Operative Reposition der umgestülpten Gebärmutter | 2310 | 263,34 | 134,64 | *309,68* |
| 1096 | Erweiterung des Gebärmutterhalses durch Dehnung | 148 | 16,87 | 8,63 | *19,84* |
| 1097 | Erweiterung des Gebärmutterhalses durch Schnitt – gegebenenfalls einschließlich Naht – | 296 | 33,74 | 17,25 | *39,68* |
| 1098 | Durchtrennung oder Sprengung eines stenosierenden Narbenstranges der Scheide | 296 | 33,74 | 17,25 | *39,68* |
| 1099 | Operative Behandlung der Hämato- oder Pyometra | 647 | 73,76 | 37,71 | *86,74* |
| 1102 | Entfernung eines oder mehrerer Polypen und/oder Abrasio aus dem Gebärmutterhals oder dem Muttermund | 148 | 16,87 | 8,63 | *19,84* |
| 1103 | Probeexzision aus dem Gebärmutterhals und/oder dem Muttermund und/oder der Vaginalwand – gegebenenfalls einschließlich Abrasio und auch einschließlich Entfernung eines oder mehrerer Polypen – | 185 | 21,09 | 10,78 | *24,80* |

| Nr. | Leistung | Punkte | | | |
|---|---|---|---|---|---|
| 1104 | Ausschabung und/oder Absaugung der Gebärmutterhöhle einschließlich Ausschabung des Gebärmutterhalses – gegebenenfalls auch mit Probeexzision aus Gebärmutterhals und/oder Muttermund und/oder Vaginalwand sowie gegebenenfalls einschließlich Entfernung eines oder mehrerer Polypen – | 647 | 73,76 | 37,71 | *86,74* |
| 1105 | Gewinnung von Zellmaterial aus der Gebärmutterhöhle und Aufbereitung zur zytologischen Untersuchung – einschließlich Kosten – | 180 | 20,52 | 10,49 | *24,13* |
| 1110 | Hysteroskopie | 444 | 50,62 | 25,88 | *59,53* |
| 1111 | Hysteroskopie mit zusätzlichem(n) operativem(n) Eingriff(en) | 739 | 84,25 | 43,08 | *99,08* |
| 1112 | Tubendurchblasung | 296 | 33,74 | 17,25 | *39,68* |
| 1113 | Tubendurchblasung mit Druckschreibung | 420 | 47,88 | 24,48 | *56,31* |
| 1114 | Insemination – auch einschließlich Konservierung und Aufbereitung des Samens – | 370 | 42,18 | 21,57 | *49,60* |
| 1120 | Operation eines alten unvollkommenen Dammrisses – auch einschließlich Naht von Einrissen der Vulva und/oder Vagina – | 647 | 73,76 | 37,71 | *86,74* |
| 1121 | Operation eines alten vollkommenen Dammrisses | 1660 | 189,24 | 96,76 | *222,54* |
| | *Neben der Leistung nach Nummer 1121 ist die Leistung nach Nummer 1126 nicht berechnungsfähig.* | | | | |
| 1122 | Operation eines alten Gebärmutterhalsrisses | 739 | 84,25 | 43,08 | *99,08* |
| 1123 | Plastische Operation bei teilweisem Verschluß der Scheide | 2770 | 315,78 | 161,46 | *371,35* |
| 1123a | Plastische Operation zur Öffnung der Scheide bei anogenitaler Fehlbildung im Kindesalter | 2270 | 258,78 | 132,31 | *304,32* |
| 1124 | Plastische Operation bei gänzlichem Fehlen der Scheide | 3700 | 421,80 | 215,66 | *496,02* |
| 1125 | Vordere Scheidenplastik | 924 | 105,34 | 53,86 | *123,88* |
| 1126 | Hintere Scheidenplastik mit Beckenbodenplastik | 1290 | 147,06 | 75,19 | *172,94* |
| 1127 | Vordere und hintere Scheidenplastik mit Beckenbodenplastik | 1660 | 189,24 | 96,76 | *222,54* |

| Nummer | Leistung | Punktzahl | Gebühr in DM – einfach – | Gebühr in Euro – einfach – | Gebühr in Euro – 2,3-fach – – *1,8-fach – – **1,15-fach – |
|---|---|---|---|---|---|
| 1128 | Scheiden- und Portioplastik – gegebenenfalls auch mit Zervixamputation mit Elevation des Uterus auf vaginalem Wege (z.B. Manchester-Fothergill, Interposition), auch mit Beckenbodenplastik – | 2220 | 253,08 | 129,40 | *297,61* |
| 1129 | Plastische Operation am Gebärmutterhals und/oder operative Korrektur einer Isthmusinsuffizienz des Uterus (z.B. nach Shirodkar) | 739 | 84,25 | 43,08 | *99,08* |
| 1131 | Operative Entfernung eines Stützbandes oder einer Metallnaht nach Isthmusinsuffizienzoperation | 379 | 43,21 | 22,09 | *50,81* |
| 1135 | Zervixamputation | 554 | 63,16 | 32,29 | *74,27* |
| 1136 | Vordere und/oder hintere Kolpozöliotomie – auch Eröffnung eines Douglas-Abszesses –, als selbständige Leistung | 379 | 43,21 | 22,09 | *50,81* |
| 1137 | Vaginale Myomenukleation | 1290 | 147,06 | 75,19 | *172,94* |
| 1138 | Vaginale oder abdominale Totalexstirpation des Uterus ohne Adnexentfernung | 2770 | 315,78 | 161,46 | *371,35* |
| 1139 | Vaginale oder abdominale Totalexstirpation des Uterus mit Adnexentfernung | 3330 | 379,62 | 194,10 | *446,42* |
| 1140 | Operative Behandlung einer konservativ unstillbaren Nachblutung nach vaginaler Uterusoperation | 333 | 37,96 | 19,41 | *44,64* |
| 1141 | Operation im Vaginal- oder Vulvabereich (z.B. Exstirpation von Vaginalzysten oder Bartholinischen Zysten oder eines Scheidenseptums) | 554 | 63,16 | 32,29 | *74,27* |
| 1145 | Ovarektomie, Ovariotomie, Salpingektomie, Salpingotomie, Salpingolyse und/oder Neoostomie durch vaginale oder abdominale Eröffnung der Bauchhöhle, einseitig | 1660 | 189,24 | 96,76 | *222,54* |

| | | | | | |
|---|---|---|---|---|---|
| 1146 | Ovarektomie, Ovariotomie, Salpingektomie, Salpingotomie, Salpingolyse und/oder Neoostomie durch vaginale oder abdominale Eröffnung der Bauchhöhle, beidseitig | 2220 | 253,08 | 129,40 | *297,61* |
| 1147 | Antefixierende Operation des Uterus mit Eröffnung der Bauchhöhle | 1480 | 168,72 | 86,27 | *198,41* |
| 1148 | Plastische Operation bei Tubensterilität (z.B. Implantation, Anastomose), einseitig | 2500 | 285,00 | 145,72 | *335,15* |
| 1149 | Plastische Operation bei Tubensterilität (z.B. Implantation, Anastomose), beidseitig | 3500 | 399,00 | 204,01 | *469,21* |
| 1155 | Pelviskopie mit Anlegen eines druckkontrollierten Pneumoperitoneums und Anlegen eines Portioadapters – gegebenenfalls einschließlich Probeexzision und/oder Probepunktion – | 800 | 91,20 | 46,63 | *107,25* |
| 1156 | Pelviskopie mit Anlegen einer druckkontrollierten Pneumoperitoneums und Anlegen eines Portioadapters einschließlich Durchführung intraabdominaler Eingriffe – gegebenenfalls einschließlich Probeexzision und/oder Probepunktion – | 1050 | 119,70 | 61,20 | *140,76* |
| 1158 | Kuldoskopie – auch mit operativen Eingriffen – | 739 | 84,25 | 43,08 | *99,08* |
| 1159 | Abtragung großer Geschwülste der äußeren Geschlechtsteile – auch Vulvektomie – | 1660 | 189,24 | 96,76 | *222,54* |
| 1160 | Operative Beseitigung von Uterusmißbildungen (z.B. Uterus bicornis, Uterus subseptus) | 2770 | 315,78 | 161,46 | *371,35* |
| 1161 | Uterusamputation, supravaginal | 1480 | 168,72 | 86,27 | *198,41* |
| 1162 | Abdominale Myomenukleation | 1850 | 210,90 | 107,83 | *248,01* |
| 1163 | Fisteloperation an den Geschlechtsteilen – gegebenenfalls einschließlich der Harnblase und/oder Operation einer Darmscheiden- oder Darmharnröhrenfistel auch mit hinterer Scheidenplastik und Beckenbodenplastik – | 2770 | 315,78 | 161,46 | *371,35* |
| 1165 | Radikaloperation des Scheiden- und Vulvakrebses | 3140 | 357,96 | 183,02 | *420,95* |

| Nummer | Leistung | Punktzahl | Gebühr in DM – einfach – | Gebühr in Euro – einfach – | Gebühr in Euro – 2,3-fach – – *1,8-fach – – **1,15-fach – |
|---|---|---|---|---|---|
| 1166 | Radikaloperation des Zervixkrebses, vaginal oder abdominal, mit Entfernung der regionären Lymphknoten | 4620 | 526,68 | 269,29 | *619,36* |
| 1167 | Radikaloperation des Zervixkrebses, abdominal, mit Entfernung der Lymphstromgebiete, auch paraaortal | 4900 | 558,60 | 285,61 | *656,90* |
| 1168 | Exenteration des kleinen Beckens | 5900 | 672,60 | 343,89 | *790,96* |

## I. Augenheilkunde

| Nummer | Leistung | Punktzahl | Gebühr in DM – einfach – | Gebühr in Euro – einfach – | Gebühr in Euro – 2,3-fach – – *1,8-fach – – **1,15-fach – |
|---|---|---|---|---|---|
| 1200 | Subjektive Refraktionsbestimmung mit sphärischen Gläsern | 59 | 6,73 | 3,44 | *7,91* |
| 1201 | Subjektive Refraktionsbestimmung mit sphärisch-zylindrischen Gläsern | 89 | 10,15 | 5,19 | *11,94* |
| 1202 | Objektive Refraktionsbestimmung mittels Skiaskopie oder Anwendung eines Refraktometers | 74 | 8,44 | 4,32 | *9,93* |
| 1203 | Messung der Maximal- oder Gebrauchsakkommodation mittels Akkommodometer oder Optometer | 60 | 6,84 | 3,50 | *8,04* |
| 1204 | Messung der Hornhautkrümmungsradien | 45 | 5,13 | 2,62 | *6,03* |
| 1207 | Prüfung von Mehrstärken- oder Prismenbrillen mit Bestimmung der Fern- und Nahpunkte bei subjektiver Brillenunverträglichkeit | 70 | 7,98 | 4,08 | *9,38* |
| 1209 | Nachweis der Tränensekretionsmenge (z.B. Schirmer-Test)<br>*Mit der Gebühr sind die Kosten abgegolten.* | 20 | 2,28 | 1,17 | *2,68* |
| 1210 | Erstanpassung und Auswahl der Kontaktlinse (Haftschale) für ein Auge zum Zwecke der Verordnung – einschließlich objektiver Refraktionsbestimmung, Messung der Hornhautradien und der Spaltlampenmikroskopie – | 228 | 25,99 | 13,29 | *30,56* |

| Nr. | Leistung | Punkte | | | |
|---|---|---|---|---|---|
| 1211 | Erstanpassung und Auswahl der Kontaktlinsen (Haftschalen) für beide Augen zum Zwecke der Verordnung – einschließlich objektiver Refraktionsbestimmung, Messung der Hornhautradien und der Spaltlampenmikroskopie – | 300 | 34,20 | 17,49 | *40,22* |
| 1212 | Prüfung auf Sitz und Funktion der verordneten Kontaktlinse (Haftschale) für ein Auge und gegebenenfalls Anpassung einer anderen Kontaktlinse (Haftschale) – einschließlich objektiver Refraktionsbestimmung, Messung der Hornhautradien und der Spaltlampenmikroskopie – | 132 | 15,05 | 7,69 | *17,70* |
| 1213 | Prüfung auf Sitz und Funktion der verordneten Kontaktlinsen (Haftschalen) für beide Augen und gegebenenfalls Anpassung anderer Kontaktlinsen (Haftschalen) – einschließlich objektiver Refraktionsbestimmung, Messung der Hornhautradien und der Spaltlampenmikroskopie – | 198 | 22,57 | 11,54 | *26,54* |
| | *Neben den Leistungen nach den Nummern 1210 bis 1213 sind die Leistungen nach den Nummern 5 und/oder 6 nicht berechnungsfähig.* | | | | |
| | *Wurden harte Kontaktlinsen (Haftschalen) nicht vertragen und müssen deshalb weiche Kontaktlinsen angepaßt werden, sind die Leistungen nach der Nummer 1210 oder 1211 nicht erneut, sondern lediglich die Leistungen nach der Nummer 1212 oder 1213 berechnungsfähig.* | | | | |
| 1215 | Bestimmung von Fernrohrbrillen oder Lupenbrillen, je Sitzung | 121 | 13,79 | 7,05 | *16,22* |
| 1216 | Untersuchung auf Heterophorie bzw. Strabismus – gegebenenfalls einschließlich qualitativer Untersuchung des binokularen Sehaktes – | 91 | 10,37 | 5,30 | *12,19* |
| 1217 | Qualitative und quantitative Untersuchung des binokularen Sehaktes | 242 | 27,59 | 14,11 | *32,44* |
| | *Neben der Leistung nach Nummer 1217 sind die Leistungen nach den Nummern 5 und/oder 6 nicht berechnungsfähig.* | | | | |

| Nummer | Leistung | Punktzahl | Gebühr in DM – einfach – | Gebühr in Euro – einfach – | Gebühr in Euro – 2,3-fach – – *1,8-fach – – **1,15-fach – |
|---|---|---|---|---|---|
| 1218 | Differenzierende Analyse und graphische Darstellung des Bewegungsablaufs beider Augen bei Augenmuskelstörungen, mindestens 36 Blickrichtungen pro Auge | 700 | 79,80 | 40,80 | *93,84* |
| 1225 | Kampimetrie (z.B. Bjerrum) – auch Perimetrie nach Förster – | 121 | 13,79 | 7,05 | *16,22* |
| 1226 | Projektionsperimetrie mit Marken verschiedener Reizwerte | 182 | 20,75 | 10,61 | *24,40* |
| 1227 | Quantitativ abgestufte (statische) Profilperimetrie | 248 | 28,27 | 14,45 | *33,24* |
| 1228 | Farbsinnprüfung mit Pigmentproben (z.B. Farbtafeln) | 61 | 6,95 | 3,55 | *8,17* |
| 1229 | Farbsinnprüfung mit Anomaloskop | 182 | 20,75 | 10,61 | *24,40* |
| 1233 | Vollständige Untersuchung des zeitlichen Ablaufs der Adaptation | 484 | 55,18 | 28,21 | *64,89* |
| | *Neben der Leistung nach Nummer 1233 ist die Leistung nach Nummer 1234 nicht berechnungsfähig.* | | | | |
| 1234 | Untersuchung des Dämmerungssehens ohne Blendung | 91 | 10,37 | 5,30 | *12,19* |
| 1235 | Untersuchung des Dämmerungssehens während der Blendung | 91 | 10,37 | 5,30 | *12,19* |
| 1236 | Untersuchung des Dämmerungssehens nach der Blendung (Readaptation) | 91 | 10,37 | 5,30 | *12,19* |
| 1237 | Elektroretinographische Untersuchung (ERG) und/oder elektrookulographische Untersuchung (EOG) | 600 | 68,40 | 34,97 | *80,44* |
| 1240 | Spaltlampenmikroskopie der vorderen und mittleren Augenabschnitte – gegebenenfalls einschließlich der binokularen Untersuchung des hinteren Poles (z.B. Hruby-Linse) – | 74 | 8,44 | 4,32 | *9,93* |
| 1241 | Gonioskopie | 152 | 17,33 | 8,86 | *20,38* |

| Nr. | Leistung | Punkte | Euro | | |
|---|---|---|---|---|---|
| 1242 | Binokulare Untersuchung des Augenhintergrundes einschließlich der äußeren Peripherie (z.B. Dreispiegelkontaktglas, Schaepens) – gegebenenfalls einschließlich der Spaltlampenmikroskopie der vorderen und mittleren Augenabschnitte und/oder diasklerale Durchleuchtung – | 152 | 17,33 | 8,86 | *20,38* |
| 1243 | Diasklerale Durchleuchtung | 61 | 6,95 | 3,55 | *8,17* |
| 1244 | Exophthalmometrie | 50 | 5,70 | 2,91 | *6,70* |
| 1248 | Fluoreszenzuntersuchung der terminalen Strombahn am Augenhintergrund – einschließlich Applikation des Teststoffes – | 242 | 27,59 | 14,11 | *32,44* |
| 1249 | Fluoreszenzangiographische Untersuchung der terminalen Strombahn am Augenhintergrund – einschließlich Aufnahmen und Applikation des Teststoffes – | 484 | 55,18 | 28,21 | *64,89* |
| | *Mit den Gebühren für die Leistungen nach den Nummern 1248 und 1249 sind die Kosten abgegolten.* | | | | |
| 1250 | Lokalisation eines Fremdkörpers nach Comberg oder Vogt | 273 | 31,12 | 15,91 | *36,60* |
| 1251 | Lokalisation einer Netzhautveränderung als Voraussetzung für einen gezielten intraokularen Eingriff | 273 | 31,12 | 15,91 | *36,60* |
| 1252 | Fotographische Verlaufskontrolle intraokularer Veränderungen mittels Spaltlampenfotographie | 100 | 11,40 | 5,83 | *13,41* |
| 1253 | Fotographische Verlaufskontrolle von Veränderungen des Augenhintergrunds mittels Fundusfotographie | 150 | 17,10 | 8,74 | *20,11* |
| 1255 | Tonometrische Untersuchung mit Anwendung des Impressionsstonometers | 70 | 7,98 | 4,08 | **7,34* |
| 1256 | Tonometrische Untersuchung mit Anwendung des Applanationstonometers | 100 | 11,40 | 5,83 | **10,49* |
| 1257 | Tonometrische Untersuchung (mehrfach in zeitlichem Zusammenhang zur Anfertigung tonometrischer Kurven, mindestens vier Messungen) – auch fortlaufende Tonometrie zur Ermittlung des Abflusswiderstandes – | 242 | 27,59 | 14,11 | **25,39* |

| Nummer | Leistung | Punktzahl | Gebühr in DM – einfach – | Gebühr in Euro – einfach – | Gebühr in Euro – 2,3-fach – – *1,8-fach – – **1,15-fach – |
|---|---|---|---|---|---|
| 1259 | Pupillographie | 242 | 27,59 | 14,11 | **25,39* |
| 1260 | Elektromyographie der äußeren Augenmuskeln | 560 | 63,84 | 32,64 | **58,75* |
| 1262 | Ophthalmodynamometrie – gegebenenfalls einschließlich Tonometrie –, erste Messung | 242 | 27,59 | 14,11 | **25,39* |
| 1263 | Ophthalmodynamometrie – gegebenenfalls einschließlich Tonometrie –, jede weitere Messung | 152 | 17,33 | 8,86 | **15,95* |
| 1268 | Aktive Behandlung der Schwachsichtigkeit (Pleoptik) mittels Spezial-Ophthalmoskop, Mindestdauer 20 Minuten | 152 | 17,33 | 8,86 | **15,95* |
| 1269 | Behandlung der gestörten Binokularfunktion (Orthoptik) mit Geräten nach dem Prinzip des Haploskops (z.B. Synoptophor, Amblyoskop), Mindestdauer 20 Minuten | 152 | 17,33 | 8,86 | **15,95* |
| 1270 | Unterstützende oder ergänzende pleoptische oder orthoptische Behandlung an optischen Zusatz- oder Übungsgeräten, Mindestdauer 20 Minuten | 54 | 6,16 | 3,15 | **5,67* |
| 1271 | Auswahl und Einprobieren eines künstlichen Auges | 46 | 5,24 | 2,68 | *6,16* |
| 1275 | Entfernung von oberflächlichen Fremdkörpern von der Bindehaut und/oder der Hornhaut | 37 | 4,22 | 2,16 | *4,96* |
| 1276 | Instrumentelle Entfernung von Fremdkörpern von der Hornhautoberfläche, aus der Lederhaut und/oder von eingebrannten Fremdkörpern aus der Bindehaut und/oder der Hornhaut | 74 | 8,44 | 4,32 | *9,93* |
| 1277 | Entfernung von eisenhaltigen eingebrannten Fremdkörpern aus der Hornhaut mit Ausfräsen des Rostringes | 152 | 17,33 | 8,86 | *20,38* |
| 1278 | Entfernung von eingespießten Fremdkörpern aus der Hornhaut mittels Präparation | 278 | 31,69 | 16,20 | *37,27* |

| | | | | | |
|---|---|---|---|---|---|
| 1279 | Entfernung von Korneoskleralfäden | 100 | 11,40 | 5,83 | *13,41* |
| 1280 | Entfernung von eisenhaltigen Fremdkörpern aus dem Augeninnern mit Hilfe des Magneten – einschließlich Eröffnung des Augapfels – | 1290 | 147,06 | 75,19 | *172,94* |
| 1281 | Entfernung von nichtmagnetischen Fremdkörpern oder einer Geschwulst aus dem Augeninnern | 2220 | 253,08 | 129,40 | *297,61* |
| 1282 | Entfernung einer Geschwulst oder von Kalkinfarkten aus den Lidern eines Auges oder aus der Augapfelbindehaut | 152 | 17,33 | 8,86 | *20,38* |
| 1283 | Entfernung von Fremdkörpern oder einer Geschwulst aus der Augenhöhle ohne Resektion der Orbitalwand und ohne Muskelablösung | 554 | 63,16 | 32,29 | *74,27* |
| 1284 | Entfernung von Fremdkörpern oder einer Geschwulst aus der Augenhöhle ohne Resektion der Orbitalwand mit Muskelablösung | 924 | 105,34 | 53,86 | *123,88* |
| 1285 | Entfernung von Fremdkörpern oder einer Geschwulst aus der Augenhöhle mit Resektion der Orbitalwand | 1480 | 168,72 | 86,27 | *198,41* |
| 1290 | Vorbereitende operative Maßnahmen zur Rekonstruktion einer Orbita unter Verwendung örtlichen Materials, ausgenommen das knöcherne Gerüst | 1500 | 171,00 | 87,43 | *201,09* |
| 1291 | Wiederherstellungsoperation an der knöchernen Augenhöhle (z.B. nach Fraktur) | 1850 | 210,90 | 107,83 | *248,01* |
| 1292 | Operation der Augenhöhlen- oder Tränensackphlegmone | 278 | 31,69 | 16,20 | *37,27* |
| 1293 | Dehnung, Durchspülung, Sondierung, Salbenfüllung oder Kaustik der Tränenwege, auch beidseitig | 74 | 8,44 | 4,32 | *9,93* |
| 1294 | Sondierung des Tränennasengangs bei Säuglingen und Kleinkindern, auch beidseitig | 130 | 14,82 | 7,58 | *17,43* |
| 1297 | Operation des evertierten Tränenpünktchens | 152 | 17,33 | 8,86 | *20,38* |
| 1298 | Spaltung von Strikturen des Tränennasenkanals | 132 | 15,05 | 7,69 | *17,70* |

| Nummer | Leistung | Punktzahl | Gebühr in DM – einfach – | Gebühr in Euro – einfach – | Gebühr in Euro – 2,3-fach – – *1,8-fach – – **1,15-fach – |
|---|---|---|---|---|---|
| 1299 | Tränensackexstirpation | 554 | 63,16 | 32,29 | *74,27* |
| 1300 | Tränensackoperation zur Wiederherstellung des Tränenabflusses zur Nase mit Knochenfensterung | 1220 | 139,08 | 71,11 | *163,55* |
| 1301 | Exstirpation oder Verödung der Tränendrüse | 463 | 52,78 | 26,99 | *62,07* |
| 1302 | Plastische Korrektur der verengten oder erweiterten Lidspalte oder des Epikanthus | 924 | 105,34 | 53,86 | *123,88* |
| 1303 | Vorübergehende Spaltung der verengten Lidspalte | 230 | 26,22 | 13,41 | *30,83* |
| 1304 | Plastische Korrektur des Ektropiums oder Entropiums, der Trichiasis oder Distichiasis | 924 | 105,34 | 53,86 | *123,88* |
| 1305 | Operation der Lidsenkung (Ptosis) | 739 | 84,25 | 43,08 | *99,08* |
| 1306 | Operation der Lidsenkung (Ptosis) mit direkter Lidheberverkürzung | 1110 | 126,54 | 64,70 | *148,81* |
| 1310 | Augenlidplastik mittels freien Hauttransplantates | 1480 | 168,72 | 86,27 | *198,41* |
| 1311 | Augenlidplastik mittels Hautlappenverschiebung aus der Umgebung | 1110 | 126,54 | 64,70 | *148,81* |
| 1312 | Augenlidplastik mittels Hautlappenverschiebung aus der Umgebung und freier Transplantation | 1850 | 210,90 | 107,83 | *248,01* |
| 1313 | Abreiben, Skarifizieren oder chemische Ätzung der Bindehaut, auch beidseitig | 30 | 3,42 | 1,75 | *4,02* |
| 1318 | Ausrollen oder Ausquetschen der Übergangsfalte | 74 | 8,44 | 4,32 | *9,93* |
| 1319 | Plastische Wiederherstellung des Bindehautsackes durch Transplantation von Lippenschleimhaut und/oder Bindehaut bei erhaltenem Augapfel – einschließlich Entnahme des Transplantates und gegebenenfalls einschließlich Maßnahmen am Lidknorpel – | 1850 | 210,90 | 107,83 | *248,01* |

| | | | | | |
|---|---|---|---|---|---|
| 1320 | Einspritzung unter die Bindehaut | 52 | 5,93 | 3,03 | *6,97* |
| 1321 | Operation des Flügelfells | 296 | 33,74 | 17,25 | *39,68* |
| 1322 | Operation des Flügelfells mit lamellierender Keratoplastik | 1660 | 189,24 | 96,76 | *222,54* |
| 1323 | Elektrolytische Epilation von Wimpernhaaren, je Sitzung | 67 | 7,64 | 3,91 | *8,98* |
| 1325 | Naht einer Bindehaut – oder nicht perforierenden Hornhaut – oder nicht perforierenden Lederhautwunde | 230 | 26,22 | 13,41 | *30,83* |
| 1326 | Direkte Naht einer perforierenden Hornhaut- oder Lederhautwunde – auch mit Reposition oder Abtragung der Regenbogenhaut und gegebenenfalls mit Bindehautdeckung – | 1110 | 126,54 | 64,70 | *148,81* |
| 1327 | Wiederherstellungsoperation bei perforierender Hornhaut- oder Lederhautverletzung mit Versorgung von Regenbogenhaut und Linse | 1850 | 210,90 | 107,83 | *248,01* |
| 1328 | Wiederherstellungsoperation bei schwerverletztem Augapfel, Zerschneidung von Hornhaut und Lederhaut, Beteiligung der Iris, der Linse, des Glaskörpers und der Netzhaut | 3230 | 368,22 | 188,27 | *433,02* |
| 1330 | Korrektur einer Schielstellung durch Eingriff an einem geraden Augenmuskel | 739 | 84,25 | 43,08 | *99,08* |
| 1331 | Korrektur einer Schielstellung durch Eingriff an jedem weiteren geraden Augenmuskel, zusätzlich zu Nummer 1330 | 554 | 63,16 | 32,29 | *74,27* |
| 1332 | Korrektur einer Schielstellung durch Eingriff an einem schrägen Augenmuskel | 1110 | 126,54 | 64,70 | *148,81* |
| 1333 | Korrektur einer Schielstellung durch Eingriff an jedem weiteren schrägen Augenmuskel, zusätzlich zu Nummer 1332 | 739 | 84,25 | 43,08 | *99,08* |
| 1338 | Chemische Ätzung der Hornhaut | 56 | 6,38 | 3,26 | *7,50* |
| 1339 | Abschabung der Hornhaut | 148 | 16,87 | 8,63 | *19,84* |
| 1340 | Thermo- oder Kryotherapie von Hornhauterkrankungen (z.B. Herpes ulcus) mit Epithelentfernung | 185 | 21,09 | 10,78 | *24,80* |
| 1341 | Tätowierung der Hornhaut | 333 | 37,96 | 19,41 | *44,64* |

| Nummer | Leistung | Punktzahl | Gebühr in DM – einfach – | Gebühr in Euro – einfach – | Gebühr in Euro – 2,3-fach – – *1,8-fach – – **1,15-fach – |
|---|---|---|---|---|---|
| 1345 | Hornhautplastik | 1660 | 189,24 | 96,76 | *222,54* |
| 1346 | Hornhauttransplantation | 2770 | 315,78 | 161,46 | *371,35* |
| 1347 | Einpflanzung einer optischen Kunststoffprothese in die Hornhaut (Keratoprothesis) | 3030 | 345,42 | 176,61 | *406,20* |
| 1348 | Diszision der klaren oder getrübten Linse oder des Nachstars | 832 | 94,85 | 48,50 | *111,54* |
| 1349 | Operation des weichen Stars (Saug-Spül-Vorgang) – gegebenenfalls mit Extraktion zurückgebliebener Linsenteile – | 1850 | 210,90 | 107,83 | *248,01* |
| 1350 | Staroperation – gegebenenfalls mit Iridektomie – einschließlich Nahttechnik | 2370 | 270,18 | 138,14 | *317,72* |
| 1351 | Staroperation mit Iridektomie und Einpflanzung einer intraokularen Kunststofflinse | 2770 | 315,78 | 161,46 | *371,35* |
| 1352 | Einpflanzung einer intraokularen Linse, als selbständige Leistung | 1800 | 205,20 | 104,92 | *241,31* |
| 1353 | Extraktion einer eingepflanzten Linse | 832 | 94,85 | 48,50 | *111,54* |
| 1354 | Extraktion der luxierten Linse | 2220 | 253,08 | 129,40 | *297,61* |
| 1355 | Partielle oder totale Extraktion des Nachstars | 1110 | 126,54 | 64,70 | *148,81* |
| 1356 | Eröffnung (Parazentese), Spülung oder Wiederherstellung der Augenvorderkammer, als selbständige Leistung | 370 | 42,18 | 21,57 | *49,60* |
| 1357 | Hintere Sklerotomie | 370 | 42,18 | 21,57 | *49,60* |
| 1358 | Zyklodialyse, Iridektomie | 1000 | 114,00 | 58,29 | *134,06* |
| 1359 | Zyklodiathermie-Operation oder Kryozyklothermie-Operation | 500 | 57,00 | 29,14 | *67,03* |
| 1360 | Laseroperation am Trabekelwerk des Auges bei Glaukom (Lasertrabekuloplastik) | 1000 | 114,00 | 58,29 | *134,06* |

| Nr. | Leistung | Punkte | Betrag | Betrag | Betrag |
|---|---|---|---|---|---|
| 1361 | Fistelbildende Operation und Eingriff an den kammerwasserabführenden Wegen bei Glaukom | 1850 | 210,90 | 107,83 | *248,01* |
| 1362 | Kombinierte Operation des Grauen Stars und bei Glaukom | 3030 | 345,42 | 176,61 | *406,20* |
| 1365 | Lichtkoagulation zur Verhinderung einer Netzhautablösung und/oder Netzhautblutung, je Sitzung | 924 | 105,34 | 53,86 | *123,88* |
| 1366 | Vorbeugende Operation zur Verhinderung einer Netzhautablösung oder operativer Eingriff bei vaskulären Netzhauterkrankungen | 1110 | 126,54 | 64,70 | *148,81* |
| 1367 | Operation einer Netzhautablösung mit eindellenden Maßnahmen | 2220 | 253,08 | 129,40 | *297,61* |
| 1368 | Operation einer Netzhautablösung mit eindellenden Maßnahmen und Glaskörperchirurgie | 3030 | 345,42 | 176,61 | *406,20* |
| 1369 | Koagulation oder Lichtkaustik eines Netz- oder Aderhauttumors | 1850 | 210,90 | 107,83 | *248,01* |
| 1370 | Operative Entfernung des Augapfels | 924 | 105,34 | 53,86 | *123,88* |
| 1371 | Operative Entfernung des Augapfels mit Einsetzung einer Plombe | 1290 | 147,06 | 75,19 | *172,94* |
| 1372 | Wiederherstellung eines prothesenfähigen Bindehautsackes mittels Transplantation | 1850 | 210,90 | 107,83 | *248,01* |
| 1373 | Operative Ausräumung der Augenhöhle | 1110 | 126,54 | 64,70 | *148,81* |
| 1374 | Extrakapsuläre Operation des Grauen Stars mittels gesteuerten Saug-Spül-Verfahrens oder Linsenkernverflüssigung (Phakoemulsifikation) – gegebenenfalls einschließlich Iridektomie – | 3050 | 347,70 | 177,78 | *408,89* |
| 1375 | Extrakapsuläre Operation des Grauen Stars mittels gesteuerten Saug-Spül-Verfahrens oder Linsenkernverflüssigung (Phakoemulsifikation) – gegebenenfalls einschließlich Iridektomie –, mit Implantation einer intraokularen Linse | 3500 | 399,00 | 204,01 | *469,21* |
| 1376 | Rekonstruktion eines abgerissenen Tränenröhrchens | 1480 | 168,72 | 86,27 | *198,41* |
| 1377 | Entfernung einer Silikon-/Silastik-/ Rutheniumplombe | 280 | 31,92 | 16,32 | *37,54* |

| Nummer | Leistung | Punktzahl | Gebühr in DM – einfach – | Gebühr in Euro – einfach – | Gebühr in Euro – 2,3-fach – – *1,8-fach – – **1,15-fach – |
|---|---|---|---|---|---|
| 1380 | Operative Entfernung eines Iristumors | 2000 | 228,00 | 116,57 | *268,12* |
| 1381 | Operative Entfernung eines Iris-Ziliar-Aderhauttumors (Zyklektomie) | 2770 | 315,78 | 161,46 | *371,35* |
| 1382 | Goniotrepanation oder Trabekulektomie oder Trabekulotomie bei Glaukom | 2500 | 285,00 | 145,72 | *335,15* |
| 1383 | Vitrektomie, Glaskörperstrangdurchtrennung, als selbständige Leistung | 2500 | 285,00 | 145,72 | *335,15* |
| 1384 | Vordere Vitrektomie (Glaskörperentfernung aus der Augenvorderkammer), als selbständige Leistung | 830 | 94,62 | 48,38 | *111,27* |
| 1386 | Aufnähen einer Rutheniumplombe auf die Lederhaut | 1290 | 147,06 | 75,19 | *172,94* |

## J. Hals-, Nasen-, Ohrenheilkunde

| Nummer | Leistung | Punktzahl | Gebühr in DM – einfach – | Gebühr in Euro – einfach – | Gebühr in Euro – 2,3-fach – – *1,8-fach – – **1,15-fach – |
|---|---|---|---|---|---|
| 1400 | Genaue Hörprüfung mit Einschluß des Tongehöres (Umgangs- und Flüstersprache, Luft- und Knochenleitung) | 76 | 8,66 | 4,43 | *10,18* |
| 1401 | Hörprüfung mittels einfacher audiologischer Testverfahren (mindestens fünf Frequenzen) | 60 | 6,84 | 3,50 | **6,29* |
| 1403 | Tonschwellenaudiometrische Untersuchung, auch beidseitig, (Bestimmung der Hörschwelle mit 8 bis 12 Prüffrequenzen oder mittels kontinuierlicher Frequenzänderung im Hauptfrequenzbereich des menschlichen Gehöres, in Luft- und in Knochenleitung, auch mit Vertäubung) – auch mit Bestimmung der Intensitätsbreite und gegebenenfalls einschließlich überschwelliger audiometrischer Untersuchung – | 158 | 18,01 | 9,21 | **16,58* |

| | | | | | |
|---|---|---|---|---|---|
| 1404 | Sprachaudiometrische Untersuchung, auch beidseitig, (Ermittlung des Hörverlustes für Sprache und des Diskriminationsverlustes nach DIN-Norm, getrennt für das rechte und linke Ohr über Kopfhörer, erforderlichenfalls auch über Knochenleitung, gegebenenfalls einschließlich Prüfung des beidohrigen Satzverständnisses über Lautsprecher) | 158 | 18,01 | 9,21 | **16,58* |
| | *Neben den Leistungen nach den Nummern 1403 und 1404 sind die Leistungen nach den Nummern 1400 und 1401 nicht berechnungsfähig.* | | | | |
| 1405 | Sprachaudiometrische Untersuchung zur Kontrolle angepaßter Hörgeräte im freien Schallfeld | 63 | 7,18 | 3,67 | **6,61* |
| 1406 | Kinderaudiometrie (in der Regel bis zur Vollendung des 7. Lebensjahres) zur Ermittlung des Schwellengehörs (Knochen- und Luftleitung) mit Hilfe von bedingten und/oder Orientierungsreflexen – gegebenenfalls einschließlich überschwelliger audiometrischer Untersuchung und Messungen zur Hörgeräteanpassung – | 182 | 20,75 | 10,61 | **19,10* |
| | *Neben der Leistung nach Nummer 1406 sind die Leistungen nach den Nummern 1400, 1401, 1403 und 1404 nicht berechnungsfähig.* | | | | |
| 1407 | Impedanzmessung am Trommelfell und/oder an den Binnenohrmuskeln (z.B. Stapedius-Lautheitstest), auch beidseitig | 182 | 20,75 | 10,61 | *24,40* |
| 1408 | Audioelektroenzephalographische Untersuchung | 888 | 101,23 | 51,76 | *119,04* |
| 1409 | Messung otoakustischer Emissionen | 400 | 45,60 | 23,31 | *53,62* |
| | *Die Leistung nach Nummer 1409 ist neben den Leistungen nach den Nummern 827 bis 829 nicht berechnungsfähig.* | | | | |
| 1412 | Experimentelle Prüfung des statischen Gleichgewichts (Drehversuch, kalorische Prüfung und Lagenystagmus) | 91 | 10,37 | 5,30 | *12,19* |
| 1413 | Elektronystagmographische Untersuchung | 265 | 30,21 | 15,45 | *35,53* |

| Nummer | Leistung | Punktzahl | Gebühr in DM – einfach – | Gebühr in Euro – einfach – | Gebühr in Euro – 2,3-fach – – *1,8-fach – – **1,15-fach – |
|---|---|---|---|---|---|
| 1414 | Diaphanoskopie der Nebenhöhlen der Nase | 42 | 4,79 | 2,45 | *5,63* |
| 1415 | Binokularmikroskopische Untersuchung des Trommelfells und/oder der Paukenhöhle zwecks diagnostischer Abklärung, als selbständige Leistung | 91 | 10,37 | 5,30 | *12,19* |
| 1416 | Stroboskopische Untersuchung der Stimmbänder | 121 | 13,79 | 7,05 | *16,22* |
| 1417 | Rhinomanometrische Untersuchung | 100 | 11,40 | 5,83 | *13,41* |
| 1418 | Endoskopische Untersuchung der Nasenhaupthöhlen und/oder des Nasenrachenraums – gegebenenfalls einschließlich der Stimmbänder – | 180 | 20,52 | 10,49 | *24,13* |
| | *Neben der Leistung nach Nummer 1418 ist die Leistung nach Nummer 1466 nicht berechnungsfähig.* | | | | |
| 1425 | Ausstopfung der Nase von vorn, als selbständige Leistung | 50 | 5,70 | 2,91 | *6,70* |
| 1426 | Ausstopfung der Nase von vorn und hinten, als selbständige Leistung | 100 | 11,40 | 5,83 | *13,41* |
| 1427 | Entfernung von Fremdkörpern aus dem Naseninnern, als selbständige Leistung | 95 | 10,83 | 5,54 | *12,74* |
| 1428 | Operativer Eingriff zur Entfernung festsitzender Fremdkörper aus der Nase | 370 | 42,18 | 21,57 | *49,60* |
| 1429 | Kauterisation im Naseninnern, je Sitzung | 76 | 8,66 | 4,43 | *10,18* |
| 1430 | Operativer Eingriff in der Nase, wie Muschelfrakturierung, Muschelquetschung, Kaltkaustik der Muscheln, Synechielösung und/oder Probeexzision | 119 | 13,57 | 6,94 | *15,96* |
| 1435 | Stillung von Nasenbluten mittels Ätzung und/oder Tamponade und/oder Kauterisation, auch beidseitig | 91 | 10,37 | 5,30 | *12,19* |

| | | | | | |
|---|---|---|---|---|---|
| 1436 | Gezielte Anbringung von Ätzmitteln im hinteren Nasenraum unter Spiegelbeleuchtung oder Ätzung des Seitenstranges, auch beidseitig | 36 | 4,10 | 2,10 | *4,82* |
| 1438 | Teilweise oder vollständige Abtragung einer Nasenmuschel | 370 | 42,18 | 21,57 | *49,60* |
| 1439 | Teilweise oder vollständige Abtragung von Auswüchsen der Nasenscheidewand einer Seite | 370 | 42,18 | 21,57 | *49,60* |
| 1440 | Operative Entfernung einzelner Nasenpolypen oder anderer Neubildungen einer Nasenseite | 130 | 14,82 | 7,58 | *17,43* |
| 1441 | Operative Entfernung mehrerer Nasenpolypen oder schwieriger zu operierender Neubildungen einer Nasenseite, auch in mehreren Sitzungen | 296 | 33,74 | 17,25 | *39,68* |
| 1445 | Submuköse Resektion an der Nasenscheidewand | 463 | 52,78 | 26,99 | *62,07* |
| 1446 | Submuköse Resektion an der Nasenscheidewand mit Resektion der ausgedehnten knöchernen Leiste | 739 | 84,25 | 43,08 | *99,08* |
| 1447 | Plastische Korrektur am Nasenseptum und an den Weichteilen zur funktionellen Wiederherstellung der Nasenatmung – gegebenenfalls einschließlich der Leistungen nach den Nummern 1439, 1445, 1446 und 1456 –, auch in mehreren Sitzungen | 1660 | 189,24 | 96,76 | *222,54* |
| 1448 | Plastische Korrektur am Nasenseptum und an den Weichteilen und am knöchernen Nasengerüst zur funktionellen Wiederherstellung der Nasenatmung – gegebenenfalls einschließlich der Leistungen nach den Nummern 1439, 1445, 1446 und 1456 –, auch in mehreren Sitzungen | 2370 | 270,18 | 138,14 | *317,72* |
| 1449 | Plastische Operation bei rekonstruierender Teilplastik der äußeren Nase, auch in mehreren Sitzungen | 3700 | 421,80 | 215,66 | *496,02* |
| 1450 | Rekonstruierende Totalplastik der äußeren Nase, auch in mehreren Sitzungen | 7400 | 843,60 | 431,33 | *992,05* |
| 1452 | Umfangreiche operative Teilentfernung der äußeren Nase | 800 | 91,20 | 46,63 | *107,25* |
| 1453 | Operative Entfernung der gesamten Nase | 1100 | 125,40 | 64,12 | *147,47* |

| Nummer | Leistung | Punktzahl | Gebühr in DM – einfach – | Gebühr in Euro – einfach – | Gebühr in Euro – 2,3-fach – – *1,8-fach – – **1,15-fach – |
|---|---|---|---|---|---|
| 1455 | Plastische Operation zum Verschluß einer Nasenscheidewandperforation | 550 | 62,70 | 32,06 | *73,73* |
| 1456 | Operative Verschmälerung des Nasensteges | 232 | 26,45 | 13,52 | *31,10* |
| 1457 | Operative Korrektur eines Nasenflügels | 370 | 42,18 | 21,57 | *49,60* |
| 1458 | Beseitigung eines knöchernen Choanenverschlusses | 1290 | 147,06 | 75,19 | *172,94* |
| 1459 | Eröffnung eines Abszesses der Nasenscheidewand | 74 | 8,44 | 4,32 | *9,93* |
| 1465 | Punktion einer Kieferhöhle – gegebenenfalls einschließlich Spülung und/oder Instillation von Medikamenten – | 119 | 13,57 | 6,94 | *15,96* |
| 1466 | Endoskopische Untersuchung der Kieferhöhle (Antroskopie) – gegebenenfalls einschließlich der Leistung nach Nummer 1465 – | 178 | 20,29 | 10,37 | *23,86* |
| 1467 | Operative Eröffnung einer Kieferhöhle vom Mundvorhof aus – einschließlich Fensterung – | 407 | 46,40 | 23,72 | *54,56* |
| 1468 | Operative Eröffnung einer Kieferhöhle von der Nase aus | 296 | 33,74 | 17,25 | *39,68* |
| 1469 | Keilbeinhöhlenoperation oder Ausräumung der Siebbeinzellen von der Nase aus | 554 | 63,16 | 32,29 | *74,27* |
| 1470 | Keilbeinhöhlenoperation oder Ausräumung der Siebbeinzellen von der Nase aus – einschließlich teilweiser oder vollständiger Abtragung einer Nasenmuschel oder von Auswüchsen der Nasenscheidewand – | 739 | 84,25 | 43,08 | *99,08* |
| 1471 | Operative Eröffnung der Stirnhöhle – gegebenenfalls auch der Siebbeinzellen – vom Naseninnern aus | 1480 | 168,72 | 86,27 | *198,41* |
| 1472 | Anbohrung der Stirnhöhle von außen | 222 | 25,31 | 12,94 | *29,76* |

| | | | | | |
|---|---|---|---|---|---|
| 1473 | Plastische Rekonstruktion der Stirnhöhlenvorderwand, auch in mehreren Sitzungen | 2220 | 253,08 | 129,40 | *297,61* |
| | *Neben der Leistung nach Nummer 1473 ist die Nummer 1485 nicht berechnungsfähig.* | | | | |
| 1478 | Sondierung und/oder Bougierung der Stirnhöhle vom Naseninnern aus – gegebenenfalls einschließlich Spülung und/oder Instillation von Arzneimitteln – | 178 | 20,29 | 10,37 | *23,86* |
| 1479 | Ausspülung der Kiefer-, Keilbein-, Stirnhöhle von der natürlichen oder künstlichen Öffnung aus – auch Spülung mehrerer dieser Höhlen, auch einschließlich Instillation von Arzneimitteln – | 59 | 6,73 | 3,44 | *7,91* |
| 1480 | Absaugen der Nebenhöhlen | 45 | 5,13 | 2,62 | *6,03* |
| 1485 | Operative Eröffnung und Ausräumung der Stirnhöhle oder der Kieferhöhle oder der Siebbeinzellen von außen | 924 | 105,34 | 53,86 | *123,88* |
| 1486 | Radikaloperation der Kieferhöhle | 1110 | 126,54 | 64,70 | *148,81* |
| 1487 | Radikaloperation einer Stirnhöhle einschließlich der Siebbeinzellen von außen | 1480 | 168,72 | 86,27 | *198,41* |
| 1488 | Radikaloperation sämtlicher Nebenhöhlen einer Seite | 1850 | 210,90 | 107,83 | *248,01* |
| 1492 | Osteoplastische Operation zur Verengung der Nase bei Ozaena | 1290 | 147,06 | 75,19 | *172,94* |
| 1493 | Entfernung der vergrößerten Rachenmandel (Adenotomie) | 296 | 33,74 | 17,25 | *39,68* |
| 1495 | Entfernung eines Nasenrachenfibroms | 1110 | 126,54 | 64,70 | *148,81* |
| 1496 | Eröffnung des Türkensattels vom Naseninnern aus | 2220 | 253,08 | 129,40 | *297,61* |
| 1497 | Tränensackoperation vom Naseninnern aus | 1110 | 126,54 | 64,70 | *148,81* |
| 1498 | Konservative Behandlung der Gaumenmandeln (z.B. Schlitzung, Saugung) | 44 | 5,02 | 2,57 | *5,90* |
| 1499 | Ausschälung und Resektion einer Gaumenmandel mit der Kapsel (Tonsillektomie) | 463 | 52,78 | 26,99 | *62,07* |
| 1500 | Ausschälung und Resektion beider Gaumenmandeln mit den Kapseln (Tonsillektomie) | 739 | 84,25 | 43,08 | *99,08* |

| Nummer | Leistung | Punktzahl | Gebühr in DM – einfach – | Gebühr in Euro – einfach – | Gebühr in Euro – 2,3-fach – – *1,8-fach – – **1,15-fach – |
|---|---|---|---|---|---|
| 1501 | Operative Behandlung einer konservativ unstillbaren Nachblutung nach Tonsillektomie | 333 | 37,96 | 19,41 | *44,64* |
| 1505 | Eröffnung eines peritonsillären Abszesses | 148 | 16,87 | 8,63 | *19,84* |
| 1506 | Eröffnung eines retropharyngealen Abszesses | 185 | 21,09 | 10,78 | *24,80* |
| 1507 | Wiedereröffnung eines peritonsillären Abszesses | 56 | 6,38 | 3,26 | *7,50* |
| 1508 | Entfernung von eingespießten Fremdkörpern aus dem Rachen oder Mund | 93 | 10,60 | 5,42 | *12,47* |
| 1509 | Operative Behandlung einer Mundbodenphlegmone | 463 | 52,78 | 26,99 | *62,07* |
| 1510 | Schlitzung des Parotis- oder Submandibularis-Ausführungsganges – gegebenenfalls einschließlich Entfernung von Stenosen – | 190 | 21,66 | 11,07 | *25,47* |
| 1511 | Eröffnung eines Zungenabszesses | 185 | 21,09 | 10,78 | *24,80* |
| 1512 | Teilweise Entfernung der Zunge – gegebenenfalls einschließlich Unterbindung der Arteria lingualis – | 1110 | 126,54 | 64,70 | *148,81* |
| 1513 | Keilexzision aus der Zunge | 370 | 42,18 | 21,57 | *49,60* |
| 1514 | Entfernung der Zunge mit Unterbindung der Arteriae linguales | 2220 | 253,08 | 129,40 | *297,61* |
| 1518 | Operation einer Speichelfistel | 739 | 84,25 | 43,08 | *99,08* |
| 1519 | Operative Entfernung von Speichelstein(en) | 554 | 63,16 | 32,29 | *74,27* |
| 1520 | Exstirpation der Unterkiefer- und/oder Unterzungenspeicheldrüse(n) | 900 | 102,60 | 52,46 | *120,65* |
| 1521 | Speicheldrüsentumorexstirpation einschließlich Ausräumung des regionären Lymphstromgebietes | 1850 | 210,90 | 107,83 | *248,01* |

| | | | | | |
|---|---|---|---|---|---|
| 1522 | Parotisexstirpation mit Präparation des Nervus facialis – gegebenenfalls einschließlich Ausräumung des regionären Lymphstromgebietes – | 2000 | 228,00 | 116,57 | *268,12* |
| 1525 | Einbringung von Arzneimitteln in den Kehlkopf unter Spiegelbeleuchtung | 46 | 5,24 | 2,68 | *6,16* |
| 1526 | Chemische Ätzung im Kehlkopf | 76 | 8,66 | 4,43 | *10,18* |
| 1527 | Galvanokaustik oder Elektrolyse oder Kürettement im Kehlkopf. | 370 | 42,18 | 21,57 | *49,60* |
| 1528 | Fremdkörperentfernung aus dem Kehlkopf | 554 | 63,16 | 32,29 | *74,27* |
| 1529 | Intubation oder Einführung von Dehnungsinstrumenten in den Kehlkopf, als selbständige Leistung | 152 | 17,33 | 8,86 | *20,38* |
| 1530 | Untersuchung des Kehlkopfes mit dem Laryngoskop | 182 | 20,75 | 10,61 | *24,40* |
| 1532 | Endobronchiale Behandlung mit weichem Rohr | 182 | 20,75 | 10,61 | *24,40* |
| | *Die Leistung nach Nummer 1532 ist im Zusammenhang mit einer Intubationsnarkose nicht berechnungsfähig.* | | | | |
| 1533 | Schwebe- oder Stützlaryngoskopie, jeweils als selbständige Leistung | 500 | 57,00 | 29,14 | *67,03* |
| 1534 | Probeexzision aus dem Kehlkopf | 463 | 52,78 | 26,99 | *62,07* |
| 1535 | Entfernung von Polypen oder anderen Geschwülsten aus dem Kehlkopf | 647 | 73,76 | 37,71 | *86,74* |
| 1540 | Endolaryngeale Resektion oder frontolaterale Teilresektion eines Stimmbandes | 1850 | 210,90 | 107,83 | *248,01* |
| 1541 | Operative Beseitigung einer Stenose im Glottisbereich | 1390 | 158,46 | 81,02 | *186,34* |
| 1542 | Kehlkopfplastik mit Stimmbandverlagerung | 1850 | 210,90 | 107,83 | *248,01* |
| 1543 | Teilweise Entfernung des Kehlkopfes | 1650 | 188,10 | 96,17 | *221,20* |
| 1544 | Teilweise Entfernung des Kehlkopfes – einschließlich Zungenbeinresektion und Pharynxplastik – | 1850 | 210,90 | 107,83 | *248,01* |
| 1545 | Totalexstirpation des Kehlkopfes | 2220 | 253,08 | 129,40 | *297,61* |

| Nummer | Leistung | Punktzahl | Gebühr in DM – einfach – | Gebühr in Euro – einfach – | Gebühr in Euro – 2,3-fach – – *1,8-fach – – **1,15-fach – |
|---|---|---|---|---|---|
| 1546 | Totalexstirpation des Kehlkopfes – einschließlich Ausräumung des regionären Lymphstromgebietes und gegebenenfalls von benachbarten Organen – | 3700 | 421,80 | 215,66 | *496,02* |
| 1547 | Kehlkopfstenosenoperation mit Thyreochondrotomie – einschließlich plastischer Versorgung und gegebenenfalls Verlagerung eines Aryknorpels – | 2770 | 315,78 | 161,46 | *371,35* |
| 1548 | Einführung einer Silastikendoprothese im Larynxbereich | 2060 | 234,84 | 120,07 | *276,17* |
| 1549 | Fensterung des Schildknorpels zur Spickung mit Radionukliden | 1200 | 136,80 | 69,94 | *160,87* |
| 1550 | Spickung des Kehlkopfes mit Radionukliden bei vorhandener Fensterung des Schildknorpels | 300 | 34,20 | 17,49 | *40,22* |
| 1551 | Operative Versorgung einer Trümmerverletzung des Kehlkopfes und/oder der Trachea – gegebenenfalls mit Haut- und/ oder Schleimhautplastik, auch mit Sternotomie – | 3000 | 342,00 | 174,86 | *402,18* |
| 1555 | Untersuchung der Sprache nach standardisierten Verfahren (Prüfung der Sprachentwicklung, der Artikulation, der Satzstruktur, des Sprachverständnisses, der zentralen Sprachverarbeitung und des Redeflusses) | 119 | 13,57 | 6,94 | *15,96* |
| | *Neben der Leistung nach Nummer 1555 sind die Leistungen nach den Nummern 715 und 717 nicht berechnungsfähig.* | | | | |
| 1556 | Untersuchung der Stimme nach standardisierten Verfahren (Prüfung der Atmung, des Stimmklanges, des Stimmeinsatzes, der Tonhaltedauer, des Stimmumfanges und der Sprachstimmlage, gegebenenfalls auch mit Prüfung der Stimme nach Belastung) | 119 | 13,57 | 6,94 | *15,96* |

| | | | | | |
|---|---|---|---|---|---|
| 1557 | Elektroglottographische Untersuchung | 106 | 12,08 | 6,18 | *14,21* |
| 1558 | Stimmtherapie bei Kehlkopflosen (Speiseröhrenersatzstimme oder elektronische Ersatzstimme), je Sitzung | 148 | 16,87 | 8,63 | **15,53* |
| 1559 | Sprachübungsbehandlung – einschließlich aller dazu gehörender Maßnahmen (z.B. Artikulationsübung, Ausbildung fehlender Laute, Satzstrukturübung, Redeflußübung, gegebenenfalls auch mit Atemtherapie und physikalischen Maßnahmen) –, als Einzelbehandlung, Dauer mindestens 30 Minuten | 207 | 23,60 | 12,07 | **21,72* |
| 1560 | Stimmübungsbehandlung – einschließlich aller dazu gehörender Maßnahmen (z.B. Stimmeinsatz, Stimmhalteübungen und -entspannungsübungen, gegebenenfalls auch mit Atemtherapie und physikalischen Maßnahmen) –, als Einzelbehandlung, Dauer mindestens 30 Minuten | 207 | 23,60 | 12,07 | **21,72* |
| 1565 | Entfernung von obturierenden Ohrenschmalzpfröpfen, auch beidseitig | 45 | 5,13 | 2,62 | *6,03* |
| 1566 | Ausspülung des Kuppelraumes | 45 | 5,13 | 2,62 | *6,03* |
| 1567 | Spaltung von Furunkeln im äußeren Gehörgang | 74 | 8,44 | 4,32 | *9,93* |
| 1568 | Operation im äußeren Gehörgang (z.B. Entfernung gutartiger Hautneubildungen) | 185 | 21,09 | 10,78 | *24,80* |
| 1569 | Entfernung eines nicht festsitzenden Fremdkörpers aus dem Gehörgang oder der Paukenhöhle | 74 | 8,44 | 4,32 | *9,93* |
| 1570 | Entfernung eines festsitzenden Fremdkörpers aus dem Gehörgang oder der Paukenhöhle | 148 | 16,87 | 8,63 | *19,84* |
| 1575 | Inzision des Trommelfells (Parazentese) | 130 | 14,82 | 7,58 | *17,43* |
| 1576 | Anlage einer Paukenhöhlendauerdrainage (Inzision des Trommelfells mit Entleerung der Paukenhöhle und Einlegen eines Verweilröhrchens) | 320 | 36,48 | 18,65 | *42,90* |
| 1577 | Einsetzen oder Auswechseln einer Trommelfellprothese oder Wiedereinlegen eines Verweilröhrchens | 45 | 5,13 | 2,62 | *6,03* |

| Nummer | Leistung | Punktzahl | Gebühr in DM – einfach – | Gebühr in Euro – einfach – | Gebühr in Euro – 2,3-fach – – *1,8-fach – – **1,15-fach – |
|---|---|---|---|---|---|
| 1578 | Gezielte chemische Ätzung im Gehörgang unter Spiegelbeleuchtung, auch beidseitig | 40 | 4,56 | 2,33 | *5,36* |
| 1579 | Chemische Ätzung in der Paukenhöhle – gegebenenfalls einschließlich der Ätzung im Gehörgang – | 70 | 7,98 | 4,08 | *9,38* |
| 1580 | Galvanokaustik im Gehörgang oder in der Paukenhöhle | 89 | 10,15 | 5,19 | *11,94* |
| 1585 | Entfernung einzelner Granulationen vom Trommelfell und/oder aus der Paukenhöhle unter Anwendung des scharfen Löffels oder ähnliche kleinere Eingriffe | 130 | 14,82 | 7,58 | *17,43* |
| 1586 | Entfernung eines oder mehrerer größerer Polypen oder ähnlicher Gebilde aus dem Gehörgang oder der Paukenhöhle, auch in mehreren Sitzungen | 296 | 33,74 | 17,25 | *39,68* |
| 1588 | Hammer-Amboß-Extraktion oder ähnliche schwierige Eingriffe am Mittelohr vom Gehörgang aus (z.B. operative Deckung eines Trommelfelldefektes) | 554 | 63,16 | 32,29 | *74,27* |
| 1589 | Dosierte luftdruck-kontrollierte Insufflation der Eustachischen Röhre unter Verwendung eines manometerbestückten Druckkompressors | 30 | 3,42 | 1,75 | *4,02* |
| 1590 | Katheterismus der Ohrtrompete – auch mit Bougierung und/oder Einbringung von Arzneimitteln und gegebenenfalls einschließlich Luftdusche –, auch beidseitig | 74 | 8,44 | 4,32 | *9,93* |
| 1591 | Vibrationsmassage des Trommelfells oder Anwendung der Drucksonde, auch beidseitig | 40 | 4,56 | 2,33 | *5,36* |
| 1595 | Operative Beseitigung einer Stenose im äußeren Gehörgang | 1850 | 210,90 | 107,83 | *248,01* |
| 1596 | Plastische Herstellung des äußeren Gehörganges bei Atresie | 1480 | 168,72 | 86,27 | *198,41* |

| | | | | | |
|---|---|---|---|---|---|
| 1597 | Operative Eröffnung des Warzenfortsatzes | 1110 | 126,54 | 64,70 | *148,81* |
| 1598 | Aufmeißelung des Warzenfortsatzes mit Freilegung sämtlicher Mittelohrräume (Radikaloperation) | 1660 | 189,24 | 96,76 | *222,54* |
| 1600 | Eröffnung der Schädelhöhle mit Operation einer Sinus- oder Bulbusthrombose, des Labyrinthes oder eines Hirnabszesses – gegebenenfalls mit Aufmeißelung des Warzenfortsatzes und Freilegung sämtlicher Mittelohrräume – | 2770 | 315,78 | 161,46 | *371,35* |
| 1601 | Operation eines gutartigen Mittelohrtumors, auch Cholesteatom – gegebenenfalls einschließlich der Leistungen nach Nummer 1597 oder Nummer 1598 – | 1660 | 189,24 | 96,76 | *222,54* |
| 1602 | Operation eines destruktiv wachsenden Mittelohrtumors – gegebenenfalls einschließlich der Leistungen nach Nummer 1597, Nummer 1598 oder Nummer 1600 – | 2770 | 315,78 | 161,46 | *371,35* |
| 1610 | Tympanoplastik mit Interposition, zusätzlich zu den Leistungen nach den Nummern 1598,1600 bis 1602 | 1480 | 168,72 | 86,27 | *198,41* |
| 1611 | Myringoplastik vom Gehörgang aus | 1480 | 168,72 | 86,27 | *198,41* |
| 1612 | Eröffnung der Paukenhöhle durch temporäre Trommelfellaufklappung, als selbständige Leistung | 1110 | 126,54 | 64,70 | *148,81* |
| 1613 | Tympanoplastik mit Interposition, als selbständige Leistung | 2350 | 267,90 | 136,98 | *315,04* |
| 1614 | Tympanoplastik – einschließlich Interposition und Aufbau der Gehörknöchelchenkette – | 3140 | 357,96 | 183,02 | *420,95* |
| 1620 | Fensterungsoperation – einschließlich Eröffnung des Warzenfortsatzes – | 2350 | 267,90 | 136,98 | *315,04* |
| 1621 | Plastische Rekonstruktion der hinteren Gehörgangswand, als selbständige Leistung | 1110 | 126,54 | 64,70 | *148,81* |
| 1622 | Plastische Rekonstruktion der hinteren Gehörgangswand im Zusammenhang mit anderen Operationen | 700 | 79,80 | 40,80 | *93,84* |
| 1623 | Otoskleroseoperation vom Gehörgang aus (Fußplattenresektion) – gegebenenfalls einschließlich Interposition – | 2350 | 267,90 | 136,98 | *315,04* |

| Nummer | Leistung | Punktzahl | Gebühr in DM – einfach – | Gebühr in Euro – einfach – | Gebühr in Euro – 2,3-fach – – *1,8-fach – – **1,15-fach – |
|---|---|---|---|---|---|
| 1624 | Dekompression des Saccus endolymphaticus oder des Innenohres mit Eröffnung des Sacculus | 2350 | 267,90 | 136,98 | *315,04* |
| 1625 | Fazialisdekompression, als selbständige Leistung | 2220 | 253,08 | 129,40 | *297,61* |
| 1626 | Fazialisdekompression, im Zusammenhang mit anderen operativen Leistungen | 1330 | 151,62 | 77,52 | *178,30* |
| 1628 | Plastischer Verschluß einer retroaurikulären Öffnung oder einer Kieferhöhlenfistel | 739 | 84,25 | 43,08 | *99,08* |
| 1629 | Extraduraler oder transtympanaler operativer Eingriff im Bereich des inneren Gehörganges | 3700 | 421,80 | 215,66 | *496,02* |
| 1635 | Operative Korrektur eines abstehenden Ohres (z.B. durch einfache Ohrmuschelanlegeplastik mit Knorpelexzision) | 739 | 84,25 | 43,08 | *99,08* |
| 1636 | Plastische Operation zur Korrektur der Ohrmuschelform | 887 | 101,12 | 51,70 | *118,91* |
| 1637 | Plastische Operation zur Korrektur von Form, Größe und Stellung der Ohrmuschel | 1400 | 159,60 | 81,60 | *187,69* |
| 1638 | Plastische Operation zum Aufbau einer Ohrmuschel bei Aplasie oder Ohrmuschelverlust, auch in mehreren Sitzungen | 4500 | 513,00 | 262,29 | *603,27* |
| 1639 | Unterbindung der Vena jugularis | 554 | 63,16 | 32,29 | *74,27* |

## K. Urologie

**Allgemeine Bestimmungen**

Werden mehrere Eingriffe in der Brust- oder Bauchhöhle in zeitlichem Zusammenhang durchgeführt, die jeweils in der Leistung die Eröffnung dieser Körperhöhlen enthalten, so darf diese nur einmal berechnet werden; die Vergütungssätze der weiteren Eingriffe sind deshalb um den Vergütungssatz nach Nummer 2990 oder 3135 zu kürzen.

| | | | | | |
|---|---|---|---|---|---|
| 1700 | Spülung der männlichen Harnröhre und/oder Instillation von Arzneimitteln. | 45 | 5,13 | 2,62 | *6,03* |
| 1701 | Dehnung der männlichen Harnröhre – auch einschließlich Spülung und/oder Instillation von Arzneimitteln –, je Sitzung | 74 | 8,44 | 4,32 | *9,93* |
| 1702 | Dehnung der männlichen Harnröhre mit filiformen Bougies und/oder Bougies mit Leitsonde – auch einschließlich Spülung und/oder Instillation von Arzneimitteln –, erste Sitzung | 178 | 20,29 | 10,37 | *23,86* |
| 1703 | Unblutige Fremdkörperentfernung aus der männlichen Harnröhre | 148 | 16,87 | 8,63 | *19,84* |
| 1704 | Operative Fremdkörperentfernung aus der männlichen Harnröhre | 554 | 63,16 | 32,29 | *74,27* |
| 1708 | Kalibrierung der männlichen Harnröhre | 75 | 8,55 | 4,37 | *10,05* |
| 1709 | Kalibrierung der weiblichen Harnröhre | 60 | 6,84 | 3,50 | *8,04* |
| 1710 | Dehnung der weiblichen Harnröhre – auch einschließlich Spülung und/oder Instillation von Arzneimitteln –, je Sitzung | 59 | 6,73 | 3,44 | *7,91* |
| 1711 | Unblutige Fremdkörperentfernung aus der weiblichen Harnröhre | 74 | 8,44 | 4,32 | *9,93* |
| 1712 | Endoskopie der Harnröhre (Urethroskopie) | 119 | 13,57 | 6,94 | *15,96* |
| 1713 | Endoskopie der Harnröhre (Urethroskopie) mit operativem Eingriff (z.B. Papillomkoagulation, Erstbougierung und/oder Spaltung einer Striktur) | 296 | 33,74 | 17,25 | *39,68* |
| 1714 | Entfernung einer oder mehrerer Geschwülste an der Harnröhrenmündung | 230 | 26,22 | 13,41 | *30,83* |
| 1715 | Spaltung einer Harnröhrenstriktur nach Otis | 300 | 34,20 | 17,49 | *40,22* |
| 1720 | Anlegen einer Harnröhrenfistel am Damm | 554 | 63,16 | 32,29 | *74,27* |
| 1721 | Verschluß einer Harnröhrenfistel durch Naht | 554 | 63,16 | 32,29 | *74,27* |
| 1722 | Verschluß einer Harnröhrenfistel durch plastische Operation | 1110 | 126,54 | 64,70 | *148,81* |
| 1723 | Operative Versorgung einer Harnröhren und/oder Harnblasenverletzung | 1660 | 189,24 | 96,76 | *222,54* |

| Nummer | Leistung | Punktzahl | Gebühr in DM – einfach – | Gebühr in Euro – einfach – | Gebühr in Euro – 2,3-fach – – *1,8-fach – – **1,15-fach – |
|---|---|---|---|---|---|
| 1724 | Plastische Operation zur Beseitigung einer Striktur der Harnröhre oder eines Harnröhrendivertikels, je Sitzung | 1660 | 189,24 | 96,76 | *222,54* |
| 1728 | Katheterisierung der Harnblase beim Mann | 59 | 6,73 | 3,44 | *7,91* |
| 1729 | Spülung der Harnblase beim Mann und/oder Instillation von Arzneimitteln – einschließlich Katheterisierung und gegebenenfalls auch Ausspülung von Blutkoagula – | 104 | 11,86 | 6,06 | *13,95* |
| 1730 | Katheterisierung der Harnblase bei der Frau | 37 | 4,22 | 2,16 | *4,96* |
| | *Wird eine Harnblasenkatheterisierung lediglich ausgeführt, um eine gynäkologische Untersuchung nach Nummer 7 zu erleichtern, so ist sie neben der Leistung nach Nummer 7 nicht berechnungsfähig.* | | | | |
| 1731 | Spülung der Harnblase bei der Frau und/oder Instillation von Medikamenten – einschließlich Katheterisierung und gegebenenfalls auch Ausspülung von Blutkoagula – | 74 | 8,44 | 4,32 | *9,93* |
| 1732 | Einlegung eines Verweilkatheters – gegebenenfalls einschließlich der Leistungen nach Nummer 1728 oder Nummer 1730 – | 74 | 8,44 | 4,32 | *9,93* |
| | *Neben der Leistung nach Nummer 1732 ist die Leistung nach Nummer 1733 nicht berechnungsfähig.* | | | | |
| 1733 | Spülung der Harnblase und/oder Instillation bei liegendem Verweilkatheter | 40 | 4,56 | 2,33 | *5,36* |
| 1737 | Meatomie | 74 | 8,44 | 4,32 | *9,93* |
| 1738 | Plastische Versorgung einer Meatusstriktur | 554 | 63,16 | 32,29 | *74,27* |
| 1739 | Unblutige Beseitigung einer Paraphimose und/oder Lösung einer Vorhautverklebung | 60 | 6,84 | 3,50 | *8,04* |

| | | | | | |
|---|---|---|---|---|---|
| 1740 | Operative Beseitigung einer Paraphimose | 296 | 33,74 | 17,25 | *39,68* |
| 1741 | Phimoseoperation | 370 | 42,18 | 21,57 | *49,60* |
| 1742 | Operative Durchtrennung des Frenulum praeputii | 85 | 9,69 | 4,95 | *11,40* |
| 1745 | Operative Aufrichtung des Penis als Voroperation zu Nummer 1746 | 554 | 63,16 | 32,29 | *74,27* |
| 1746 | Operation einer Epispadie oder Hypospadie | 1110 | 126,54 | 64,70 | *148,81* |
| 1747 | Penisamputation | 554 | 63,16 | 32,29 | *74,27* |
| 1748 | Penisamputation mit Skrotumentfernung und Ausräumung der Leistendrüsen – einschließlich Verlagerung der Harnröhre – | 2220 | 253,08 | 129,40 | *297,61* |
| 1749 | Anlage einer einseitigen Gefäßanastomose bei Priapismus | 2500 | 285,00 | 145,72 | *335,15* |
| 1750 | Anlage einer beidseitigen Gefäßanastomose bei Priapismus | 3200 | 364,80 | 186,52 | *428,99* |
| 1751 | Transkutane Fistelbildung durch Punktionen und Stanzungen der Glans penis und Corpora cavernosa bei Priapismus | 924 | 105,34 | 53,86 | *123,88* |
| 1752 | Operative Implantation einer hydraulisch regulierbaren Penis-Stützprothese | 2500 | 285,00 | 145,72 | *335,15* |
| 1753 | Entfernen einer Penisprothese | 550 | 62,70 | 32,06 | *73,73* |
| 1754 | Direktionale doppler-sonographische Untersuchung der Strömungsverhältnisse in den Penisgefäßen und/oder Skrotalfächern – einschließlich graphischer Registrierung – | 180 | 20,52 | 10,49 | *24,13* |
| 1755 | Unterbindung eines Samenleiters – auch mit Teilresektion –, als selbständige Leistung | 463 | 52,78 | 26,99 | *62,07* |
| 1756 | Unterbindung beider Samenleiter – auch mit Teilresektion(en) –, als selbständige Leistung | 832 | 94,85 | 48,50 | *111,54* |
| 1757 | Unterbindung beider Samenleiter, in Verbindung mit einer anderen Operation | 554 | 63,16 | 32,29 | *74,27* |
| 1758 | Operative Wiederherstellung der Durchgängigkeit eines Samenleiters | 1110 | 126,54 | 64,70 | *148,81* |

| Nummer | Leistung | Punktzahl | Gebühr in DM – einfach – | Gebühr in Euro – einfach – | Gebühr in Euro – 2,3-fach – – *1,8-fach – – **1,15-fach – |
|---|---|---|---|---|---|
| 1759 | Transpenile oder transskrotale Venenembolisation | 2800 | 319,20 | 163,20 | *375,37* |
| 1760 | Varikozelenoperation mit hoher Unterbindung der Vena spermatica (Bauchschnitt) | 1480 | 168,72 | 86,27 | *198,41* |
| 1761 | Operation eines Wasserbruchs | 739 | 84,25 | 43,08 | *99,08* |
| 1762 | Inguinale Lymphknotenausräumung, als selbständige Leistung | 1200 | 136,80 | 69,94 | *160,87* |
| 1763 | Einlegen einer Hodenprothese | 740 | 84,36 | 43,13 | *99,20* |
| 1764 | Entfemen einer Hodenprothese | 460 | 52,44 | 26,81 | *61,67* |
| 1765 | Hodenentfernung – gegebenenfalls einschließlich Nebenhodenentfernung derselben Seite –, einseitig | 739 | 84,25 | 43,08 | *99,08* |
| 1766 | Hodenentfernung – gegebenenfalls einschließlich Nebenhodenentfernung(en) –, beidseitig | 1200 | 136,80 | 69,94 | *160,87* |
| 1767 | Operative Freilegung eines Hodens mit Entnahme von Gewebematerial | 463 | 52,78 | 26,99 | *62,07* |
| 1768 | Operation eines Leistenhodens, einseitig | 1200 | 136,80 | 69,94 | *160,87* |
| 1769 | Operation eines Leistenhodens, beidseitig | 1480 | 168,72 | 86,27 | *198,41* |
| 1771 | Entfernung eines Nebenhodens, als selbständige Leistung | 924 | 105,34 | 53,86 | *123,88* |
| 1772 | Entfernung beider Nebenhoden, als selbständige Leistung | 1480 | 168,72 | 86,27 | *198,41* |
| 1775 | Behandlung der Prostata mittels physikalischer Heilmethoden (auch Massage) – gegebenenfalls mit Gewinnung von Prostata-Exprimat – | 45 | 5,13 | 2,62 | *6,03* |
| 1776 | Eröffnung eines Prostataabzesses vom Damm aus | 370 | 42,18 | 21,57 | *49,60* |
| 1777 | Elektro- oder Kryo-(Teil-)resektion der Prostata | 924 | 105,34 | 53,86 | *123,88* |

| | | | | | |
|---|---|---|---|---|---|
| 1778 | Operative Entfernung eines Prostataadenoms, auch transurethral | 1850 | 210,90 | 107,83 | *248,01* |
| 1779 | Totale Entfernung der Prostata einschließlich der Samenblasen | 2590 | 295,26 | 150,96 | *347,22* |
| 1780 | Plastische Operation zur Behebung der Harninkontinenz | 1850 | 210,90 | 107,83 | *248,01* |
| 1781 | Operative Behandlung der Harninkontinenz mittels Implantation eines künstlichen Schließmuskels | 2770 | 315,78 | 161,46 | *371,35* |
| 1782 | Transurethrale Resektion des Harnblasenhalses bei der Frau | 1110 | 126,54 | 64,70 | *148,81* |
| 1783 | Pelvine Lymphknotenausräumung, als selbständige Leistung | 1850 | 210,90 | 107,83 | *248,01* |
| 1784 | Totale Entfernung der Prostata und der Samenblasen einschließlich pelviner Lymphknotenentfernung | 3500 | 399,00 | 204,01 | *469,21* |
| 1785 | Zystoskopie | 207 | 23,60 | 12,07 | *27,75* |
| 1786 | Zystoskopie einschließlich Entnahme von Gewebematerial | 355 | 40,47 | 20,69 | *47,59* |
| 1787 | Kombinierte Zystourethroskopie | 252 | 28,73 | 14,69 | *33,79* |
| 1788 | Zystoskopie mit Harnleitersondierung | 296 | 33,74 | 17,25 | *39,68* |
| 1789 | Chromozystoskopie – einschließlich intravenöser Injektion | 325 | 37,05 | 18,94 | *43,57* |
| 1790 | Zystoskopie mit Harnleitersondierung(en) – einschließlich Einbringung von Medikamenten und/oder Kontrastmitteln in das Nierenbecken – | 370 | 42,18 | 21,57 | *49,60* |
| 1791 | Tonographische Untersuchung der Harnblase und/oder Funktionsprüfung des Schließmuskels einschließlich Katheterisierung | 148 | 16,87 | 8,63 | *19,84* |
| 1792 | Uroflowmetrie einschließlich Registrierung | 212 | 24,17 | 12,36 | *28,42* |
| 1793 | Manometrische Untersuchung der Harnblase mit fortlaufender Registrierung – einschließlich physikalischer Provokationstests – | 400 | 45,60 | 23,31 | *53,62* |
| | *Die Injektion von pharmakodynamisch wirksamen Substanzen ist gesondert berechnungsfähig.* | | | | |

| Nummer | Leistung | Punktzahl | Gebühr in DM – einfach – | Gebühr in Euro – einfach – | Gebühr in Euro – 2,3-fach – – *1,8-fach – – **1,15-fach – |
|---|---|---|---|---|---|
| 1794 | Simultane, elektromanometrische Blasen- und Abdominaldruckmessung mit fortlaufender Registrierung – einschließlich physikalischer Provokationstests – | 680 | 77,52 | 39,64 | *91,16* |
| | *Die Injektion von pharmakodynamisch wirksamen Substanzen ist gesondert berechnungsfähig.* | | | | |
| | *Neben der Leistung nach Nummer 1794 ist die Leistung nach Nummer 1793 nicht berechnungsfähig.* | | | | |
| 1795 | Anlegung einer perkutanen Harnblasenfistel durch Punktion einschließlich Kathetereinlegung | 273 | 31,12 | 15,91 | *36,60* |
| 1796 | Anlegung einer Harnblasenfistel durch Operation | 739 | 84,25 | 43,08 | *99,08* |
| 1797 | Ausräumung einer Bluttamponade der Harnblase, als selbständige Leistung | 355 | 40,47 | 20,69 | *47,59* |
| 1798 | Urethradruckprofilmessung mit fortlaufender Registrierung – einschließlich physikalischer Provokationstests – | 550 | 62,70 | 32,06 | *73,73* |
| | *Neben den Leistungen nach den Nummern 1793, 1794 und 1798 sind die Leistungen nach den Nummern 1700, 1701, 1710, 1728, 1729, 1730, 1731, 1732 und 1733 nicht berechnungsfähig.* | | | | |
| 1799 | Nierenbeckendruckmessung | 150 | 17,10 | 8,74 | *20,11* |
| 1800 | Zertrümmerung und Entfernung von Blasensteinen unter endoskopischer Kontrolle, je Sitzung | 1480 | 168,72 | 86,27 | *198,41* |
| 1801 | Operative Eröffnung der Harnblase zur Entfernung von Steinen und/ oder Fremdkörpern und/oder Koagulation von Geschwülsten – gegebenenfalls einschließlich Anlegung eines Fistelkatheters – | 1480 | 168,72 | 86,27 | *198,41* |

| Nr. | Leistung | Punkte | | | |
|---|---|---|---|---|---|
| 1802 | Transurethrale Eingriffe in der Harnblase (z.B. Koagulation kleiner Geschwülste und/oder Blutungsherde und/oder Fremdkörperentfernung) unter endoskopischer Kontrolle – auch einschließlich Probeexzision – | 739 | 84,25 | 43,08 | *99,08* |
| 1803 | Transurethrale Resektion von großen Harnblasengeschwülsten unter endoskopischer Kontrolle, je Sitzung | 1110 | 126,54 | 64,70 | *148,81* |
| | *Neben der Leistung nach Nummer 1803 ist die Leistung nach Nummer 1802 nicht berechnungsfähig.* | | | | |
| 1804 | Operation von Harnblasendivertikel(n), als selbständige Leistung | 1850 | 210,90 | 107,83 | *248,01* |
| 1805 | Operation einer Harnblasengeschwulst mit Teilresektion | 1850 | 210,90 | 107,83 | *248,01* |
| 1806 | Operation einer Harnblasengeschwulst mit Teilresektion und Verpflanzung eines Harnleiters | 2220 | 253,08 | 129,40 | *297,61* |
| 1807 | Operative Bildung einer Harnblase aus Ileum oder Kolon | 4070 | 463,98 | 237,23 | *545,63* |
| 1808 | Totale Exstirpation der Harnblase mit Verpflanzung der Harnleiter – gegebenenfalls einschließlich Prostata-, Harnröhren- und/oder Samenblasenentfernung – | 4800 | 547,20 | 279,78 | *643,49* |
| 1809 | Totale retroperitoneale Lymphadenektomie – | 4610 | 525,54 | 268,70 | *618,02* |
| 1812 | Anlegen einer Ureterverweilschiene bzw. eines Ureterkatheters | 340 | 38,76 | 19,82 | *45,58* |
| | *Die Kosten für die Schiene bzw. den Katheter sind gesondert berechnungsfähig.* | | | | |
| 1814 | Harnleiterbougierung | 900 | 102,60 | 52,46 | *120,65* |
| 1815 | Schlingenextraktion oder Versuch der Extraktion von Harnleitersteinen – gegebenenfalls einschließlich Schlitzung des Harnleiterostiums – | 1110 | 126,54 | 64,70 | *148,81* |
| | *Die Kosten für die Schlinge sind nicht gesondert berechnungsfähig.* | | | | |
| 1816 | Schlitzung des Harnleiterostiums, als selbständige Leistung | 481 | 54,83 | 28,03 | *64,48* |

| Nummer | Leistung | Punktzahl | Gebühr in DM – einfach – | Gebühr in Euro – einfach – | Gebühr in Euro – 2,3-fach – – *1,8-fach – – **1,15-fach – |
|---|---|---|---|---|---|
| 1817 | Operative Entfernung eines oder mehrerer Harnleitersteine(s) ... | 2220 | 253,08 | 129,40 | *297,61* |
| 1818 | Ureterektomie – gegebenenfalls einschließlich Blasenmanschette – ... | 2770 | 315,78 | 161,46 | *371,35* |
| 1819 | Resektion eines Harnleitersegments mit End-zu-End-Anastomose ... | 3750 | 427,50 | 218,58 | *502,73* |
| 1823 | Verpflanzung eines Harnleiters in Harnblase oder Darm oder Haut einschließlich Antirefluxplastik, einseitig ... | 2590 | 295,26 | 150,96 | *347,22* |
| 1824 | Verpflanzung beider Harnleiter in Harnblase oder Darm oder Haut einschließlich Antirefluxplastik, beidseitig ... | 3330 | 379,62 | 194,10 | *446,42* |
| 1825 | Harnleiterplastik (z.B. durch Harnblasenlappen) einschließlich Antirefluxplastik ... | 2770 | 315,78 | 161,46 | *371,35* |
| 1826 | Eröffnung eines paranephritischen Abszesses ... | 463 | 52,78 | 26,99 | *62,07* |
| 1827 | Ureterorenoskopie mit Harnleiterbougierung – gegebenenfalls einschließlich Stein- und/oder Tumorentfernung –, zusätzlich zu den Leistungen nach Nummer 1785, 1786 oder 1787 ... | 1500 | 171,00 | 87,43 | *201,09* |
| 1828 | Ureterpyeloskopie – gegebenenfalls einschließlich Gewebeentnahme/Steinentfernung – ... | 1500 | 171,00 | 87,43 | *201,09* |
| 1829 | Harnleiterfreilegung (Ureterolyse bei retroperitonealer Fibröse und gegebenenfalls intraperitonealen Verwachsungen des Harnleiters) ... | 2590 | 295,26 | 150,96 | *347,22* |
| 1829a | Ureterolyse, als selbständige Leistung... | 1110 | 126,54 | 64,70 | *148,81* |
| | *Die Leistungen nach den Nummern 1829 und 1829a sind nicht nebeneinander berechnungsfähig* | | | | |

| | | | | | |
|---|---|---|---|---|---|
| 1830 | Operative Freilegung einer Niere – gegebenenfalls mit Gewebeentnahme, Punktion und/oder Eröffnung eines paranephritischen Abszesses – | 1110 | 126,54 | 64,70 | *148,81* |
| 1831 | Dekapsulation einer Niere und/oder Senknierenoperation (Nephropexie), als selbständige Leistung | 1480 | 168,72 | 86,27 | *198,41* |
| 1832 | Anlage einer Nierenfistel, als selbständige operative Leistung | 1660 | 189,24 | 96,76 | *222,54* |
| 1833 | Wechsel eines Nierenfistelkatheters einschließlich Spülung und Verband | 237 | 27,02 | 13,82 | *31,77* |
| 1834 | Operation eines aberrierenden Nierengefäßes – ohne Eröffnung des Nierenbeckens –, als selbständige Leistung | 1480 | 168,72 | 86,27 | *198,41* |
| 1835 | Trennung der Hufeisenniere | 3230 | 368,22 | 188,27 | *433,02* |
| 1836 | Nierenpolresektion, als selbständige Leistung | 2770 | 315,78 | 161,46 | *371,35* |
| 1837 | Nierenpolresektion in Verbindung mit einer anderen Operation | 1660 | 189,24 | 96,76 | *222,54* |
| 1838 | Nierensteinentfernung durch Pyelotomie | 2220 | 253,08 | 129,40 | *297,61* |
| 1839 | Nierenausgußsteinentfernung durch Nephrotomie | 2770 | 315,78 | 161,46 | *371,35* |
| 1840 | Nierenbeckenplastik | 2770 | 315,78 | 161,46 | *371,35* |
| 1841 | Nephrektomie | 2220 | 253,08 | 129,40 | *297,61* |
| 1842 | Nephrektomie – einschließlich Entfernung eines infiltrativ wachsenden Tumors (auch transabdominal oder transthorakal) – | 3230 | 368,22 | 188,27 | *433,02* |
| 1843 | Nephrektomie – einschließlich Entfernung eines infiltrativ wachsenden Tumors mit Entfernung des regionären Lymphstromgebietes (auch transabdominal oder transthorakal) – | 4160 | 474,24 | 242,48 | *557,69* |
| 1845 | Implantation einer Niere | 4990 | 568,86 | 290,85 | *668,96* |
| 1846 | Doppelseitige Nephrektomie bei einem Lebenden | 4160 | 474,24 | 242,48 | *557,69* |
| 1847 | Explantation einer Niere bei einem Lebenden zur Transplantation | 3230 | 368,22 | 188,27 | *433,02* |
| 1848 | Explantation einer Niere an einem Toten zur Transplantation | 2220 | 253,08 | 129,40 | *297,61* |

| Nummer | Leistung | Punktzahl | Gebühr in DM – einfach – | Gebühr in Euro – einfach – | Gebühr in Euro – 2,3-fach – – *1,8-fach – – **1,15-fach – |
|---|---|---|---|---|---|
| 1849 | Explantation beider Nieren an einem Toten zur Transplantation | 3500 | 399,00 | 204,01 | *469,21* |
| 1850 | Explantation, plastische Versorgung und Replantation einer Niere | 6500 | 741,00 | 378,87 | *871,39* |
| 1851 | Perkutane Anlage einer Nierenfistel – gegebenenfalls einschließlich Spülung, Katheterfixation und Verband – | 1250 | 142,50 | 72,86 | *167,58* |
| 1852 | Transkutane Pyeloskopie – einschließlich Bougierung der Nierenfistel – | 700 | 79,80 | 40,80 | *93,84* |
| 1853 | Transkutane pyeloskopische Stein- bzw Tumorentfernung | 1200 | 136,80 | 69,94 | *160,87* |
| | *Neben der Leistung nach Nummern 1853 ist die Leistung nach Nummer 1852 nicht berechnungsfähig.* | | | | |
| 1858 | Operative Entfernung einer Nebenniere | 3230 | 368,22 | 188,27 | *433,02* |
| 1859 | Operative Entfernung beider Nebennieren | 4160 | 474,24 | 242,48 | *557,69* |
| 1860 | Extrakorporale Stoßwellenlithotripsie – einschließlich Probeortung, Grob- und/oder Feineinstellung, Dokumentation und Röntgenkontrolle –, je Sitzung | 6000 | 684,00 | 349,72 | *804,36* |

## L. Chirurgie, Orthopädie

**Allgemeine Bestimmungen**

Zur Erbringung der in Abschnitt L aufgeführten typischen operativen Leistungen sind in der Regel mehrere operative Einzelschritte erforderlich. Sind diese Einzelschritte methodisch notwendige Bestandteile der in der jeweiligen Leistungsbeschreibung genannten Zielleistung, so können sie nicht gesondert berechnet werden.

Werden mehrere Eingriffe in der Brust- oder Bauchhöhle in zeitlichem Zusammenhang durchgeführt, die jeweils in der Leistung die Eröffnung dieser Körperhöhlen enthalten, so darf diese nur einmal berechnet werden; die Vergütungssätze der weiteren Eingriffe sind deshalb um den Vergütungssatz nach Nummer 2990 oder 3135 zu kürzen.

## I. Wundversorgung, Fremdkörperentfernung

| Nr. | Leistung | Punkte | Euro | | |
|---|---|---|---|---|---|
| 2000 | Erstversorgung einer kleinen Wunde | 70 | 7,98 | 4,08 | *9,38* |
| 2001 | Versorgung einer kleinen Wunde einschließlich Naht | 130 | 14,82 | 7,58 | *17,43* |
| 2002 | Versorgung einer kleinen Wunde einschließlich Umschneidung und Naht | 160 | 18,24 | 9,33 | *21,45* |
| 2003 | Erstversorgung einer großen und/oder stark verunreinigten Wunde | 130 | 14,82 | 7,58 | *17,43* |
| 2004 | Versorgung einer großen Wunde einschließlich Naht | 240 | 27,36 | 13,99 | *32,17* |
| 2005 | Versorgung einer großen und/oder stark verunreinigten Wunde einschließlich Umschneidung und Naht | 400 | 45,60 | 23,31 | *53,62* |
| | *Neben den Leistungen nach den Nummern 2000 bis 2005 ist die Leistung nach Nummer 2033 nicht berechnungsfähig, wenn die Extraktion des Nagels Bestandteil der Wundversorgung ist.* | | | | |
| 2006 | Behandlung einer Wunde, die nicht primär heilt oder Entzündungserscheinungen oder Eiterungen aufweist – auch Abtragung von Nekrosen an einer Wunde – | 63 | 7,18 | 3,67 | *8,44* |
| 2007 | Entfernung von Fäden oder Klammern | 40 | 4,56 | 2,33 | *5,36* |
| 2008 | Wund- oder Fistelspaltung | 90 | 10,26 | 5,25 | *12,07* |
| 2009 | Entfernung eines unter der Oberfläche der Haut oder der Schleimhaut gelegenen fühlbaren Fremdkörpers | 100 | 11,40 | 5,83 | *13,41* |
| 2010 | Entfernung eines tiefsitzenden Fremdkörpers auf operativem Wege aus Weichteilen und/oder Knochen | 379 | 43,21 | 22,09 | *50,81* |
| 2015 | Anlegen einer oder mehrerer Redondrainage(n) in Gelenke, Weichteile oder Knochen über einen gesonderten Zugang – gegebenenfalls einschließlich Spülung – | 60 | 6,84 | 3,50 | *8,04* |

| Nummer | Leistung | Punktzahl | Gebühr in DM – einfach – | Gebühr in Euro – einfach – | Gebühr in Euro – 2,3-fach – – *1,8-fach – – **1,15-fach – |
|---|---|---|---|---|---|
| | **II. Extremitätenchirurgie** | | | | |
| 2029 | Anlegen einer pneumatischen Blutleere oder Blutsperre an einer Extremität | 50 | 5,70 | 2,91 | *6,70* |
| 2030 | Eröffnung eines subkutanen Panaritiums oder der Paronychie – gegebenenfalls einschließlich Extraktion eines Finger- oder Zehennagels – | 130 | 14,82 | 7,58 | *17,43* |
| 2031 | Eröffnung eines ossalen oder Sehnenscheidenpanaritiums einschließlich örtlicher Drainage | 189 | 21,55 | 11,02 | *25,34* |
| 2032 | Anlage einer proximal gelegenen Spül- und/oder Saugdrainage | 250 | 28,50 | 14,57 | *33,52* |
| 2033 | Extraktion eines Finger- oder Zehennagels | 57 | 6,50 | 3,32 | *7,64* |
| 2034 | Ausrottung eines Finger- oder Zehennagels mit Exzision der Nagelwurzel | 114 | 13,00 | 6,65 | *15,29* |
| 2035 | Plastische Operation am Nagelwall eines Fingers oder einer Zehe – auch mit Defektdeckung – | 180 | 20,52 | 10,49 | *24,13* |
| 2036 | Anlegen einer Finger- oder Zehennagelspange | 45 | 5,13 | 2,62 | *6,03* |
| 2040 | Exstirpation eines Tumors der Fingerweichteile (z.B. Hämangiom) | 554 | 63,16 | 32,29 | *74,27* |
| 2041 | Operative Beseitigung einer Schnürfurche an einem Finger mit Z-Plastik | 700 | 79,80 | 40,80 | *93,84* |
| 2042 | Kreuzlappenplastik an einem Finger einschließlich Trennung | 1100 | 125,40 | 64,12 | *147,47* |
| 2043 | Operation der Syndaktylie mit Vollhautdeckung ohne Osteotomie | 1450 | 165,30 | 84,52 | *194,39* |

| | | | | | |
|---|---|---|---|---|---|
| 2044 | Operation der Syndaktylie mit Vollhautdeckung einschließlich Osteotomie | 1700 | 193,80 | 99,09 | *227,90* |
| 2045 | Operation der Doppelbildung an einem Fingergelenk | 600 | 68,40 | 34,97 | *80,44* |
| 2050 | Fingerverlängerung mittels Knochentransplantation einschließlich Fernlappenplastik | 1800 | 205,20 | 104,92 | *241,31* |
| 2051 | Operation eines Ganglions (Hygroms) an einem Hand- oder Fußgelenk | 600 | 68,40 | 34,97 | *80,44* |
| 2052 | Operation eines Ganglions an einem Fingergelenk | 554 | 63,16 | 32,29 | *74,27* |
| 2053 | Replantation eines Fingers einschließlich Gefäß-, Muskel-, Sehnen- und Knochenversorgung | 2400 | 273,60 | 139,89 | *321,75* |
| 2054 | Plastischer Daumenersatz durch Fingertransplantation einschließlich aller Maßnahmen oder Daumen-Zeigefingerbildung bei Daumenhypoplasie | 2400 | 273,60 | 139,89 | *321,75* |
| 2055 | Replantation einer Hand im Mittelhandbereich, Handwurzelbereich oder Unterarmbereich | 7000 | 798,00 | 408,01 | *938,43* |
| 2056 | Replantation eines Armes oder eines Beines | 8000 | 912,00 | 466,30 | *1.072,49* |
| 2060 | Drahtstiftung zur Fixierung eines kleinen Gelenks (Finger-, Zehengelenk) | 230 | 26,22 | 13,41 | *30,83* |
| 2061 | Entfernung einer Drahtstiftung nach Nummer 2060 | 74 | 8,44 | 4,32 | *9,93* |
| 2062 | Drahtstiftung zur Fixierung von mehreren kleinen Gelenken, Drahtstiftung an der Daumenbasis oder an der Mittelhand oder am Mittelfuß mittels gekreuzter Drähte | 370 | 42,18 | 21,57 | *49,60* |
| 2063 | Entfernung einer Drahtstiftung nach Nummer 2062 | 126 | 14,36 | 7,34 | *16,89* |
| 2064 | Sehnen-, Faszien- oder Muskelverlängerung oder plastische Ausschneidung | 924 | 105,34 | 53,86 | *123,88* |
| 2065 | Abtragung ausgedehnter Nekrosen im Hand- oder Fußbereich, je Sitzung | 250 | 28,50 | 14,57 | *33,52* |
| 2066 | Eröffnung der Hohlhandphlegmone | 450 | 51,30 | 26,23 | *60,33* |

| Nummer | Leistung | Punktzahl | Gebühr in DM – einfach – | Gebühr in Euro – einfach – | Gebühr in Euro – 2,3-fach – – *1,8-fach – – **1,15-fach – |
|---|---|---|---|---|---|
| 2067 | Operation einer Hand- oder Fußmißbildung (gleichzeitig an Knochen, Sehnen und/oder Bändern) | 1660 | 189,24 | 96,76 | *222,54* |
| 2070 | Muskelkanalbildung(en) oder Operation des Karpal- oder Tarsaltunnelsyndroms mit Dekompression von Nerven | 1660 | 189,24 | 96,76 | *222,54* |
| 2071 | Umbildung des Unterarmstumpfes zum Greifapparat | 1850 | 210,90 | 107,83 | *248,01* |
| 2072 | Offene Sehnen- oder Muskeldurchschneidung | 463 | 52,78 | 26,99 | *62,07* |
| 2073 | Sehnen-, Muskel- und/oder Fasziennaht – gegebenenfalls einschließlich Versorgung einer frischen Wunde – | 650 | 74,10 | 37,89 | *87,14* |
| 2074 | Verpflanzung einer Sehne oder eines Muskels | 1100 | 125,40 | 64,12 | *147,47* |
| 2075 | Sehnenverkürzung oder -raffung | 924 | 105,34 | 53,86 | *123,88* |
| 2076 | Operative Lösung von Verwachsungen um eine Sehne, als selbständige Leistung | 950 | 108,30 | 55,37 | *127,36* |
| 2080 | Stellungskorrektur der Hammerzehe mittels Sehnendurchschneidung | 463 | 52,78 | 26,99 | *62,07* |
| 2081 | Stellungskorrektur der Hammerzehe mit Sehnenverpflanzung und/oder plastischer Sehnenoperation – gegebenenfalls mit Osteotomie und/ oder Resektion eines Knochenteils – | 924 | 105,34 | 53,86 | *123,88* |
| 2082 | Operative Herstellung eines Sehnenbettes – einschließlich einer alloplastischen Einlage an der Hand – | 1650 | 188,10 | 96,17 | *221,20* |
| 2083 | Freie Sehnentransplantation | 1650 | 188,10 | 96,17 | *221,20* |
| 2084 | Sehnenscheidenstenosenoperation – gegebenenfalls einschließlich Probeexzision – | 407 | 46,40 | 23,72 | *54,56* |
| 2087 | Operation einer Dupuytren'schen Kontraktur mit teilweiser Entfernung der Palmaraponeurose | 924 | 105,34 | 53,86 | *123,88* |

| | | | | | |
|---|---|---|---|---|---|
| 2088 | Operation einer Dupuytren'schen Kontraktur mit vollständiger Entfernung der Palmaraponeurose | 1100 | 125,40 | 64,12 | *147,47* |
| 2089 | Operation der Dupuytren'schen Kontraktur mit vollständiger Entfernung der Palmaraponeurose und mit Strangresektion an einzelnen Fingern – gegebenenfalls einschließlich Z- und/oder Zickzackplastiken – | 1800 | 205,20 | 104,92 | *241,31* |
| 2090 | Spülung bei eröffnetem Sehnenscheidenpanaritium, je Sitzung | 63 | 7,18 | 3,67 | *8,44* |
| 2091 | Sehnenscheidenradikaloperation (Tendosynovektomie) – gegebenenfalls mit Entfernung von vorspringenden Knochenteilen und Sehnenverlagerung – | 924 | 105,34 | 53,86 | *123,88* |
| 2092 | Operation der Tendosynovitis im Bereich eines Handgelenks oder der Anularsegmente eines Fingers | 750 | 85,50 | 43,72 | *100,55* |
| 2093 | Spülung bei liegender Drainage | 50 | 5,70 | 2,91 | *6,70* |

## III. Gelenkchirurgie

**Allgemeine Bestimmungen**

Werden Leistungen nach den Nummern 2102, 2104, 2112, 2113, 2117, 2119, 2136, 2189, 2190, 2191 und/oder 2193 an demselben Gelenk im Rahmen derselben Sitzung erbracht, so sind diese Leistungen nicht mehrfach und nicht nebeneinander berechnungsfähig.

Neben den Leistungen nach den Nummern 2189 bis 2196 sind die Leistungen nach den Nummern 300 bis 302 sowie 3300 nicht berechnungsfähig.

Die Leistungen nach den Nummern 2192, 2195 und/oder 2196 sind für operative Eingriffe an demselben Gelenk im Rahmen derselben Sitzung jeweils nur einmal berechnungsfähig.

| | | | | | |
|---|---|---|---|---|---|
| 2100 | Naht der Gelenkkapsel eines Finger- oder Zehengelenks | 278 | 31,69 | 16,20 | *37,27* |
| 2101 | Naht der Gelenkkapsel eines Kiefer-, Hand- oder Fußgelenks | 554 | 63,16 | 32,29 | *74,27* |
| 2102 | Naht der Gelenkkapsel eines Schulter-, Ellenbogen-, Hüft- oder Kniegelenks oder eines Wirbelgelenks | 1110 | 126,54 | 64,70 | *148,81* |

| Nummer | Leistung | Punktzahl | Gebühr in DM – einfach – | Gebühr in Euro – einfach – | Gebühr in Euro – 2,3-fach – – *1,8-fach – – **1,15-fach – |
|---|---|---|---|---|---|
| 2103 | Muskelentspannungsoperation am Hüftgelenk – gegebenenfalls einschließlich Abtragung oder Verpflanzung von Sehnenansatzstellen am Knochen – | 1850 | 210,90 | 107,83 | *248,01* |
| 2104 | Bandplastik des Kniegelenks (plastischer Ersatz von Kreuz- und/oder Seitenbändern) | 2310 | 263,34 | 134,64 | *309,68* |
| 2105 | Primäre Naht eines Bandes oder Bandplastik eines Finger- oder Zehengelenks | 550 | 62,70 | 32,06 | *73,73* |
| 2106 | Primäre Naht eines Bandes oder Bandplastik des Sprunggelenks oder Syndesmose | 1110 | 126,54 | 64,70 | *148,81* |
| 2110 | Synovektomie in einem Finger- oder Zehengelenk | 750 | 85,50 | 43,72 | *100,55* |
| 2111 | Synovektomie in einem Hand- oder Fußgelenk | 1110 | 126,54 | 64,70 | *148,81* |
| 2112 | Synovektomie in einem Schulter-, Ellenbogen- oder Kniegelenk. | 1480 | 168,72 | 86,27 | *198,41* |
| 2113 | Synovektomie in einem Hüftgelenk | 1850 | 210,90 | 107,83 | *248,01* |
| 2117 | Meniskusoperation | 1480 | 168,72 | 86,27 | *198,41* |
| 2118 | Operative Fremdkörperentfernung aus einem Kiefer-, Finger-, Hand-, Zehen- oder Fußgelenk | 463 | 52,78 | 26,99 | *62,07* |
| 2119 | Operative Entfernung freier Gelenkkörper oder Fremdkörperentfernung aus dem Schulter-, Ellenbogen- oder Kniegelenk | 1480 | 168,72 | 86,27 | *198,41* |
| 2120 | Denervation eines Finger- oder Zehengelenks | 650 | 74,10 | 37,89 | *87,14* |
| 2121 | Denervation eines Hand-, Ellenbogen-, Fuß- oder Kniegelenks | 1300 | 148,20 | 75,77 | *174,28* |
| 2122 | Resektion eines Finger- oder Zehengelenks | 407 | 46,40 | 23,72 | *54,56* |
| 2123 | Resektion eines Kiefer-, Hand- oder Fußgelenks | 1110 | 126,54 | 64,70 | *148,81* |

| | | | | | |
|---|---|---|---|---|---|
| 2124 | Resektion eines Ellenbogen-, Schulter-, Hüft- oder Kniegelenks. | 1850 | 210,90 | 107,83 | *248,01* |
| 2125 | Kopf-Halsresektion am Hüftgelenk | 2220 | 253,08 | 129,40 | *297,61* |
| 2126 | Kopf-Halsresektion am Hüftgelenk mit Osteotomie am koxalen Femurende – gegebenenfalls mit Osteosynthese – | 2770 | 315,78 | 161,46 | *371,35* |
| 2130 | Operative Versteifung eines Finger- oder Zehengelenks | 650 | 74,10 | 37,89 | *87,14* |
| 2131 | Operative Versteifung eines Hand- oder Fußgelenks | 1300 | 148,20 | 75,77 | *174,28* |
| 2132 | Operative Versteifung eines Hüftgelenks – auch einschließlich Fixation durch Knochenspäne oder alloplastisches Material – | 2770 | 315,78 | 161,46 | *371,35* |
| 2133 | Operative Versteifung eines Kniegelenks | 2100 | 239,40 | 122,40 | *281,53* |
| 2134 | Arthroplastik eines Finger- oder Zehengelenks | 924 | 105,34 | 53,86 | *123,88* |
| 2135 | Arthroplastik eines Kiefer-, Hand- oder Fußgelenks | 1400 | 159,60 | 81,60 | *187,69* |
| 2136 | Arthroplastik eines Ellenbogen- oder Kniegelenks | 1660 | 189,24 | 96,76 | *222,54* |
| 2137 | Arthroplastik eines Schultergelenks | 2100 | 239,40 | 122,40 | *281,53* |
| 2140 | Operativer Einbau eines künstlichen Finger- oder Zehengelenks oder einer Fingerprothese | 1000 | 114,00 | 58,29 | *134,06* |
| 2141 | Entfernung und erneuter operativer Einbau eines künstlichen Finger oder Zehengelenks oder einer Fingerprothese | 1800 | 205,20 | 104,92 | *241,31* |
| 2142 | Operativer Einbau eines künstlichen Hand- oder Fußgelenks | 2700 | 307,80 | 157,38 | *361,96* |
| 2143 | Entfernung und erneuter operativer Einbau eines künstlichen Hand- oder Fußgelenks | 4860 | 554,04 | 283,28 | *651,54* |
| 2144 | Operativer Einbau eines künstlichen Ellenbogen- oder Kniegelenks | 3600 | 410,40 | 209,83 | *482,62* |
| 2145 | Entfernung und erneuter operativer Einbau eines künstlichen Ellenbogen- oder Kniegelenks | 6480 | 738,72 | 377,70 | *868,71* |
| 2146 | Operativer Einbau eines künstlichen Schultergelenks | 1800 | 205,20 | 104,92 | *241,31* |
| 2147 | Entfernung und erneuter operativer Einbau eines künstlichen Schultergelenks | 3240 | 369,36 | 188,85 | *434,36* |

| Nummer | Leistung | Punktzahl | Gebühr in DM – einfach – | Gebühr in Euro – einfach – | Gebühr in Euro – 2,3-fach – – *1,8-fach – – **1,15-fach – |
|---|---|---|---|---|---|
| 2148 | Neubildung eines Hüftpfannendaches durch Beckenosteotomie – auch Pfannendachplastik – | 2100 | 239,40 | 122,40 | *281,53* |
| 2149 | Ersatz eines Hüftkopfes oder einer Hüftpfanne durch biologische oder alloplastische Transplantate | 2770 | 315,78 | 161,46 | *371,35* |
| 2150 | Entfernung und erneuter operativer Einbau eines künstlichen Hüftkopfes oder einer künstlichen Hüftpfanne | 4980 | 567,72 | 290,27 | *667,62* |
| 2151 | Endoprothetischer Totalersatz von Hüftpfanne und Hüftkopf (Alloarthroplastik) | 3700 | 421,80 | 215,66 | *496,02* |
| 2152 | Entfernung und erneuter operativer Einbau eines endoprothetischen Totalersatzes von Hüftpfanne und Hüftkopf (Alloarthroplastik) | 6660 | 759,24 | 388,19 | *892,84* |
| 2153 | Endoprothetischer Totalersatz eines Kniegelenks (Alloarthroplastik) | 3700 | 421,80 | 215,66 | *496,02* |
| 2154 | Entfernung und erneuter operativer Einbau eines endoprothetischen Totalersatzes eines Kniegelenks (Alloarthroplastik) | 6660 | 759,24 | 388,19 | *892,84* |
| 2155 | Eröffnung eines vereiterten Finger- oder Zehengelenks | 148 | 16,87 | 8,63 | *19,84* |
| 2156 | Eröffnung eines vereiterten Kiefer-, Hand- oder Fußgelenks | 463 | 52,78 | 26,99 | *62,07* |
| 2157 | Eröffnung eines vereiterten Schulter- oder Ellenbogen- oder Hüft- oder Kniegelenks oder von Gelenken benachbarter Wirbel | 924 | 105,34 | 53,86 | *123,88* |
| 2158 | Exartikulation eines Fingers oder einer Zehe | 370 | 42,18 | 21,57 | *49,60* |
| 2159 | Exartikulation einer Hand oder eines Fußes | 924 | 105,34 | 53,86 | *123,88* |
| 2160 | Exartikulation in einem Ellenbogen- oder Kniegelenk | 1110 | 126,54 | 64,70 | *148,81* |

| | | | | | |
|---|---|---|---|---|---|
| 2161 | Exartikulation in einem Schultergelenk | 1290 | 147,06 | 75,19 | *172,94* |
| 2162 | Exartikulation in einem Hüftgelenk | 1480 | 168,72 | 86,27 | *198,41* |
| 2163 | Operative Entfernung einer Schultergürtelhälfte | 1850 | 210,90 | 107,83 | *248,01* |
| 2164 | Operative Entfernung einer Beckenhälfte einschließlich plastischer Deckung, auch in mehreren Sitzungen | 3700 | 421,80 | 215,66 | *496,02* |
| 2165 | Beckenosteotomie einschließlich Osteosynthese und/oder Spanverpflanzung einschließlich Entnahme des Spanmaterials – gegebenenfalls auch mit Reposition einer Hüftluxation – | 6000 | 684,00 | 349,72 | *804,36* |
| 2167 | Ersatzlose Entfernung eines künstlichen Hüftgelenkes mit Ausräumung von nekrotischem Gewebe und Knochenzement | 3200 | 364,80 | 186,52 | *428,99* |
| 2168 | Operative Entfernung einer Kniegelenksendoprothese – einschließlich operativer Versteifung des Gelenks – | 3200 | 364,80 | 186,52 | *428,99* |
| 2170 | Amputation eines Fingers oder einer Zehe oder eines Finger- oder Zehengliedteils – einschließlich plastischer Deckung – | 463 | 52,78 | 26,99 | *62,07* |
| 2171 | Amputation eines Fingerstrahles in der Mittelhand oder eines Zehenstrahles im Mittelfuß oder Amputation nach Pirogow oder Gritti – einschließlich plastischer Deckung – | 1110 | 126,54 | 64,70 | *148,81* |
| 2172 | Amputation eines Mittelhand- oder Mittelfußknochens – einschließlich plastischer Deckung – | 924 | 105,34 | 53,86 | *123,88* |
| 2173 | Amputation im Unterarm-, Unterschenkel- oder Oberarmbereich – einschließlich plastischer Deckung – | 1110 | 126,54 | 64,70 | *148,81* |
| 2174 | Amputation im Oberschenkelbereich – einschließlich plastischer Deckung – | 1290 | 147,06 | 75,19 | *172,94* |
| 2181 | Gewaltsame Lockerung oder Streckung eines Kiefer-, Hand- oder Fußgelenks | 227 | 25,88 | 13,23 | *30,43* |
| 2182 | Gewaltsame Lockerung oder Streckung eines Schulter-, Ellenbogen-, Hüft- oder Kniegelenks | 379 | 43,21 | 22,09 | *50,81* |
| 2183 | Operatives Anlegen einer Extension am Schädel bei Behandlung von Halswirbelverletzungen/-instabilitäten (z.B. Crutchfield-zange) | 740 | 84,36 | 43,13 | *99,20* |

| Nummer | Leistung | Punktzahl | Gebühr in DM – einfach – | Gebühr in Euro – einfach – | Gebühr in Euro – 2,3-fach – – *1,8-fach – – **1,15-fach – |
|---|---|---|---|---|---|
| 2184 | Anlegen von Halo-Extensionen zur Vorbereitung der operativen Behandlung von Skoliosen und Kyphosen | 1000 | 114,00 | 58,29 | *134,06* |
| 2189 | Arthroskopische Operation mit Entfernung oder Teilresektion eines Meniskus im Kniegelenk – gegebenenfalls einschließlich Plicateilresektion, Teilresektion des Hoffa'schen Fettkörpers und/oder Entfernung freier Gelenkkörper – | 1500 | 171,00 | 87,43 | *201,09* |
| 2190 | Arthroskopische erhaltende Operation an einem Meniskus (z.B. Meniskusnaht, Refixation) in einem Kniegelenk | 1800 | 205,20 | 104,92 | *241,31* |
| 2191 | Arthroskopische Operation mit primärer Naht, Reinsertion, Rekonstruktion oder plastischem Ersatz eines Kreuz- oder Seitenbands an einem Kniegelenk – einschließlich Kapselnaht – | 2000 | 228,00 | 116,57 | *268,12* |
| 2192 | Zuschlag zu der Leistung nach Nummer 2191 für die primäre Naht, Reinsertion, Rekonstruktion oder den plastischen Ersatz eines weiteren Bands in demselben Kniegelenk im Rahmen derselben Sitzung | 500 | 57,00 | 29,14 | *67,03* |
| 2193 | Arthroskopische Operation mit Synovektomie an einem Knie- oder Hüftgelenk bei chronischer Gelenkentzündung – gegebenenfalls einschließlich Abtragung von Osteophyten – | 1800 | 205,20 | 104,92 | *241,31* |
| 2195 | Zuschlag für weitere operative Eingriffe an demselben Gelenk – zusätzlich zu den Leistungen nach den Nummern 2102, 2104, 2112, 2117, 2119, 2136, 2189 bis 2191 oder 2193 – | 300 | 34,20 | 17,49 | *40,22* |
| 2196 | Diagnostische Arthroskopie im direkten zeitlichen Zusammenhang mit arthroskopischen Operationen nach den Nummern 2189 bis 2191 sowie 2193 | 250 | 28,50 | 14,57 | *33,52* |

## IV. Gelenkluxationen

**Allgemeine Bestimmungen**

Bei Einrenkung von Luxationen sind Verbände Bestandteil der Leistung.

| | | | | | |
|---|---|---|---|---|---|
| 2203 | Einrenkung der Luxationen vcn Wirbelgelenken im Durchhang | 739 | 84,25 | 43,08 | *99,08* |
| 2204 | Einrenkung alter Luxationen von Wirbelgelenken im Durchhang | 1110 | 126,54 | 64,70 | *148,81* |
| 2205 | Einrenkung der Luxation eines Finger- oder Zehengelenks | 93 | 10,60 | 5,42 | *12,47* |
| 2206 | Einrenkung der alten Luxation eines Finger- oder Zehengelenks | 140 | 15,96 | 8,16 | *18,77* |
| 2207 | Einrenkung der Luxation eines Daumengelenks | 148 | 16,87 | 8,63 | *19,84* |
| 2208 | Einrenkung der alten Luxation eines Daumengelenks | 220 | 25,08 | 12,82 | *29,49* |
| 2209 | Einrenkung der Luxation eines Daumengelenks mit Anlegen eines Drahtzuges | 370 | 42,18 | 21,57 | *49,60* |
| 2210 | Operative Einrenkung der Luxation eines Finger- oder Zehengelenks | 407 | 46,40 | 23,72 | *54,56* |
| 2211 | Einrenkung der Luxation eines Hand- oder Fußgelenks | 278 | 31,69 | 16,20 | *37,27* |
| 2212 | Einrenkung der alten Luxation eines Hand- oder Fußgelenks | 420 | 47,88 | 24,48 | *56,31* |
| 2213 | Operative Einrenkung der Luxation eines Hand- oder Fußgelenks | 1110 | 126,54 | 64,70 | *148,81* |
| 2214 | Einrenkung der Luxation eines Ellenbogen- oder Kniegelenks | 370 | 42,18 | 21,57 | *49,60* |
| 2215 | Einrenkung der alten Luxation eines Ellenbogen- oder Kniegelenks | 540 | 61,56 | 31,48 | *72,39* |
| 2216 | Operative Einrenkung der Luxation eines Ellenbogen- oder Kniegelenks | 1850 | 210,90 | 107,83 | *248,01* |
| 2217 | Einrenkung der Luxation eines Schultergelenks | 370 | 42,18 | 21,57 | *49,60* |
| 2218 | Einrenkung der alten Luxation eines Schultergelenks | 540 | 61,56 | 31,48 | *72,39* |
| 2219 | Operative Einrenkung der Luxation eines Schultergelenks | 1850 | 210,90 | 107,83 | *248,01* |

| Nummer | Leistung | Punktzahl | Gebühr in DM – einfach – | Gebühr in Euro – einfach – | Gebühr in Euro – 2,3-fach – – *1,8-fach – – **1,15-fach – |
|---|---|---|---|---|---|
| 2220 | Operation der habituellen Luxation eines Schultergelenks mit Spanübertragung | 2250 | 256,50 | 131,15 | *301,64* |
| 2221 | Einrenkung der Luxation eines Schlüsselbeingelenks oder einer Kniescheibe | 111 | 12,65 | 6,47 | *14,88* |
| 2222 | Einrenkung der alten Luxation eines Schlüsselbeingelenks oder einer Kniescheibe | 170 | 19,38 | 9,91 | *22,79* |
| 2223 | Operative Einrenkung eines luxierten Schlüsselbeingelenks | 400 | 45,60 | 23,31 | *53,62* |
| 2224 | Operative Einrenkung eines luxierten Schlüsselbeingelenks mit Osteosynthese | 800 | 91,20 | 46,63 | *107,25* |
| 2225 | Operative Einrenkung eines luxierten Schlüsselbeingelenks mit Osteosynthese und Rekonstruktion des Bandapparates | 1000 | 114,00 | 58,29 | *134,06* |
| 2226 | Einrenkung eines eingeklemmten Meniskus, der Subluxation eines Radiusköpfchens (Chassaignac) oder der Luxation eines Sternoklavikulargelenks | 120 | 13,68 | 6,99 | *16,09* |
| 2230 | Operation der Luxation einer Kniescheibe | 900 | 102,60 | 52,46 | *120,65* |
| 2231 | Einrenkung der Luxation eines Hüftgelenks | 739 | 84,25 | 43,08 | *99,08* |
| 2232 | Einrenkung der alten Luxation eines Hüftgelenks | 1110 | 126,54 | 64,70 | *148,81* |
| 2233 | Einrenkung der angeborenen Luxation eines Hüftgelenks | 550 | 62,70 | 32,06 | *73,73* |
| 2234 | Stellungsänderung oder zweite und folgende einrenkende Behandlung im Verlauf der Therapie nach Nummer 2233 | 473 | 53,92 | 27,57 | *63,41* |
| 2235 | Operation der habituellen Luxation eines Kniegelenks | 1660 | 189,24 | 96,76 | *222,54* |
| 2236 | Operative Einrichtung einer traumatischen Hüftgelenksluxation – einschließlich Rekonstruktion des Kapselbandapparates – | 1850 | 210,90 | 107,83 | *248,01* |

| | | | | | |
|---|---|---|---|---|---|
| 2237 | Operative Einrichtung einer traumatischen Hüftgelenksluxation mit Rekonstruktion des Kopfes und/oder der Hüftpfanne – einschließlich Osteosynthese und Rekonstruktion des Kapselbandapparates – | 2770 | 315,78 | 161,46 | *371,35* |
| 2238 | Operative Einrichtung einer traumatischen Hüftgelenksluxation nach Nummer 2237 – einschließlich Revision des Nervus ischiadicus und gegebenenfalls mit Naht desselben – | 3230 | 368,22 | 188,27 | *433,02* |
| 2239 | Operative Einrichtung einer angeborenen Hüftgelenksluxation | 1480 | 168,72 | 86,27 | *198,41* |
| 2240 | Operative Einrichtung einer angeborenen Hüftgelenksluxation mit Pfannendachplastik – auch mit Knocheneinpflanzung oder Beckenosteotomie – | 2770 | 315,78 | 161,46 | *371,35* |
| 2241 | Operative Einrichtung einer angeborenen Hüftgelenksluxation mit Pfannendachplastik oder Beckenosteotomie und/oder Umstellungsosteotomie einschließlich Osteosynthese | 4500 | 513,00 | 262,29 | *603,27* |

## V. Knochenchirurgie

| | | | | | |
|---|---|---|---|---|---|
| 2250 | Keilförmige oder lineare Osteotomie eines kleinen Knochens (Finger-, Zehen-, Mittelhand-, Mittelfußknochen) oder Probeausmeißelung aus einem Knochen | 463 | 52,78 | 26,99 | *62,07* |
| 2251 | Umstellungsosteotomie eines großen Knochens (Röhrenknochen des Oberarms, Unterarms, Oberschenkels, Unterschenkels) ohne Osteosynthese | 1290 | 147,06 | 75,19 | *172,94* |
| 2252 | Umstellungsosteotomie eines großen Knochens mit Osteosynthese | 1850 | 210,90 | 107,83 | *248,01* |
| 2253 | Knochenspanentnahme | 647 | 73,76 | 37,71 | *86,74* |
| 2254 | Implantation von Knochen | 739 | 84,25 | 43,08 | *99,08* |
| 2255 | Freie Verpflanzung eines Knochens oder von Knochenteilen (Knochenspäne) | 1480 | 168,72 | 86,27 | *198,41* |

| Nummer | Leistung | Punktzahl | Gebühr in DM – einfach – | Gebühr in Euro – einfach – | Gebühr in Euro – 2,3-fach – – *1,8-fach – – **1,15-fach – |
|---|---|---|---|---|---|
| 2256 | Knochenaufmeißelung oder Nekrotomie bei kleinen Knochen | 463 | 52,78 | 26,99 | *62,07* |
| 2257 | Knochenaufmeißelung oder Nekrotomie an einem großen Röhrenknochen | 800 | 91,20 | 46,63 | *107,25* |
| 2258 | Knochenaufmeißelung oder Nekrotomie am Becken | 1200 | 136,80 | 69,94 | *160,87* |
| 2259 | Knochenaufmeißelung oder Nekrotomie am Schädeldach | 1500 | 171,00 | 87,43 | *201,09* |
| 2260 | Osteotomie eines kleinen Röhrenknochens – einschließlich Osteosynthese – | 1850 | 210,90 | 107,83 | *248,01* |
| 2263 | Resektion eines kleinen Knochens – auch einschließlich eines benachbarten Gelenkanteils – mit Knochen- oder Spanverpflanzung (z.B. bei Tumorexstirpation) | 1660 | 189,24 | 96,76 | *222,54* |
| 2265 | Resektion eines großen Knochens – auch einschließlich eines benachbarten Gelenks mit Knochen- oder Spanverpflanzung (z.B. bei Tumorexstirpation) – | 2770 | 315,78 | 161,46 | *371,35* |
| 2266 | Resektion eines Darmbeinknochens | 1850 | 210,90 | 107,83 | *248,01* |
| 2267 | Knochenzerbrechung | 463 | 52,78 | 26,99 | *62,07* |
| 2268 | Operativer Ersatz des Os lunatum durch Implantat | 1800 | 205,20 | 104,92 | *241,31* |
| 2269 | Operation der Pseudarthrose des Os naviculare mit Spanentnahme vom Beckenkamm oder Verschraubung | 1800 | 205,20 | 104,92 | *241,31* |
| 2273 | Osteotomie eines kleinen Röhrenknochens – einschließlich Anbringens eines Distraktors – | 924 | 105,34 | 53,86 | *123,88* |
| 2274 | Osteotomie eines großen Röhrenknochens – einschließlich Anbringens eines Distraktors – | 1850 | 210,90 | 107,83 | *248,01* |
| 2275 | Inter- oder subtrochantere Umstellungsosteotomie | 2310 | 263,34 | 134,64 | *309,68* |

| | | | | | |
|---|---|---|---|---|---|
| 2276 | Inter- oder subtrochantere Umstellungsosteotomie mit Osteosynthese | 2770 | 315,78 | 161,46 | *371,35* |
| 2277 | Redressement einer Beinverkrümmung | 567 | 64,64 | 33,05 | *76,01* |
| 2278 | Autologe Tabula-externa-Osteoplastik mit Deckung eines Schädel- oder Stirnbeindefektes (Kranioplastik) | 3500 | 399,00 | 204,01 | *469,21* |
| 2279 | Chemonukleolyse | 600 | 68,40 | 34,97 | *80,44* |
| 2280 | Redressement des Rumpfes bei schweren Wirbelsäulenverkrümmungen | 1135 | 129,39 | 66,16 | *152,16* |
| 2281 | Perkutane Nukleotomie (z.B. Absaugen des Bandscheibengewebes im Hochdruckverfahren) | 1400 | 159,60 | 81,60 | *187,69* |
| 2282 | Operative Behandlung des Bandscheibenvorfalles mit einseitiger Wirbelbogenresektion oder -Fensterung in einem Segment, Nervenwurzellösung, Prolapsabtragung und Bandscheibenausräumung | 1480 | 168,72 | 86,27 | *198,41* |
| 2283 | Operative Behandlung des Bandscheibenvorfalles in zwei oder drei Segmenten, ein- oder beidseitig, auch mit Resektion des ganzen Bogens (totale Laminektomie) | 1850 | 210,90 | 107,83 | *248,01* |
| 2284 | Stabilisierende operative Maßnahmen (z.B. Knochenspaneinpflanzung, Einpflanzung alloplastischen Materials), zusätzlich zu Nummer 2282 oder Nummer 2283 | 554 | 63,16 | 32,29 | *74,27* |
| 2285 | Operative Versteifung eines Wirbelsäulenabschnittes – einschließlich Einpflanzung von Knochen oder alloplastischem Material, als alleinige Leistung – | 1480 | 168,72 | 86,27 | *198,41* |
| 2286 | Operative Behandlung von Wirbelsäulenverkrümmungen durch Spondylodese – einschließlich Implantation von autologem oder alloplastischem Material – | 2500 | 285,00 | 145,72 | *335,15* |
| 2287 | Operative Behandlung von Wirbelsäulenverkrümmungen nach Nummer 2286 mit zusätzlicher Implantation einer metallischen Aufspreiz- und Abstützvorrichtung | 3700 | 421,80 | 215,66 | *496,02* |

| Nummer | Leistung | Punktzahl | Gebühr in DM – einfach – | Gebühr in Euro – einfach – | Gebühr in Euro – 2,3-fach – – *1,8-fach – – **1,15-fach – |
|---|---|---|---|---|---|
| 2288 | Osteotomien am Rippenbuckel, zusätzlich zu Nummer 2286 oder Nummer 2287 | 550 | 62,70 | 32,06 | *73,73* |
| 2289 | Neueinpflanzung einer Aufspreiz- oder Abstützvorrichtung an der Wirbelsäule – einschließlich Entfernung der alten Vorrichtung – | 4000 | 456,00 | 233,15 | *536,24* |
| 2290 | Stellungskorrektur und Fusion eines oder mehrerer Wirbelsegmente an Brustwirbelsäule und/oder Lendenwirbelsäule bei ventralem Zugang – auch mit Knocheneinpflanzung – | 2770 | 315,78 | 161,46 | *371,35* |
| 2291 | Implantation eines Elektrostimulators zur Behandlung der Skoliose oder einer Pseudarthrose | 920 | 104,88 | 53,62 | *123,34* |
| 2292 | Eröffnung von Brust- oder Bauchhöhle bei vorderem Zugang, nur im Zusammenhang mit Leistungen nach den Nummern 2285, 2286, 2287, 2332 und 2333 | 1110 | 126,54 | 64,70 | *148,81* |
| 2293 | Operation einer Steißbeinfistel | 370 | 42,18 | 21,57 | *49,60* |
| 2294 | Steißbeinresektion | 554 | 63,16 | 32,29 | *74,27* |
| 2295 | Exostosenabmeißelung bei Hallux valgus | 463 | 52,78 | 26,99 | *62,07* |
| 2296 | Exostosenabmeißelung bei Hallux valgus einschließlich Sehnenverpflanzung | 924 | 105,34 | 53,86 | *123,88* |
| 2297 | Operation des Hallux valgus mit Gelenkkopfresektion und anschließender Gelenkplastik und/oder Mittelfußosteotomie einschließlich der Leistungen nach den Nummern 2295 und 2296 | 1180 | 134,52 | 68,78 | *158,19* |

## VI. Frakturbehandlung

| Nr. | Leistung | Punkte | € | € | € |
|---|---|---|---|---|---|
| 2320 | Einrichtung der gebrochenen knöchernen Nase einschließlich Tamponade – gegebenenfalls einschließlich Wundverband – | 189 | 21,55 | 11,02 | *25,34* |
| 2321 | Einrichtung eines gebrochenen Gesichtsknochens – gegebenenfalls einschließlich Wundverband – | 227 | 25,88 | 13,23 | *30,43* |
| 2322 | Aufrichtung gebrochener Wirbel im Durchhang | 757 | 86,30 | 44,12 | *101,49* |
| 2323 | Halswirbelbruchbehandlung durch Zugverband mit Klammer | 757 | 86,30 | 44,12 | *101,49* |
| 2324 | Einrichtung des gebrochenen Schlüsselbeins | 152 | 17,33 | 8,86 | *20,38* |
| 2325 | Einrichtung des gebrochenen Schlüsselbeins – einschließlich Nagelung und/oder Drahtung – | 567 | 64,64 | 33,05 | *76,01* |
| 2326 | Einrichtung eines gebrochenen Schulterblattes oder des Brustbeins | 227 | 25,88 | 13,23 | *30,43* |
| 2327 | Einrichtung eines gebrochenen Oberarmknochens | 473 | 53,92 | 27,57 | *63,41* |
| 2328 | Einrichtung gebrochener Unterarmknochen | 341 | 38,87 | 19,87 | *45,71* |
| 2329 | Einrichtung des gebrochenen Beckens | 473 | 53,92 | 27,57 | *63,41* |
| 2330 | Einrichtung eines gebrochenen Oberschenkelknochens | 757 | 86,30 | 44,12 | *101,49* |
| 2331 | Einrichtung gebrochener Knochen der Handwurzel oder der Mittelhand, der Fußwurzel oder des Mittelfußes | 227 | 25,88 | 13,23 | *30,43* |
| 2332 | Operative Aufrichtung eines gebrochenen Wirbelkörpers und/oder operative Einrenkung einer Luxation eines Wirbelgelenkes mit stabilisierenden Maßnahmen | 2500 | 285,00 | 145,72 | *335,15* |
| 2333 | Operative Aufrichtung von zwei oder mehr gebrochenen Wirbelkörpern und/oder operative Einrenkung von zwei oder mehr Luxationen von Wirbelgelenken mit stabilisierenden Maßnahmen | 3700 | 421,80 | 215,66 | *496,02* |
| 2334 | Operative Stabilisierung einer Brustwandseite | 2800 | 319,20 | 163,20 | *375,37* |
| 2335 | Einrichtung einer gebrochenen Kniescheibe oder gebrochener Unterschenkelknochen | 473 | 53,92 | 27,57 | *63,41* |

| Nummer | Leistung | Punktzahl | Gebühr in DM – einfach – | Gebühr in Euro – einfach – | Gebühr in Euro – 2,3-fach – – *1,8-fach – – **1,15-fach – |
|---|---|---|---|---|---|
| 2336 | Operative Einrichtung der gebrochenen Kniescheibe – auch mit Fremdmaterial – | 650 | 74,10 | 37,89 | *87,14* |
| 2337 | Einrichtung gebrochener Endgliedknochen von Fingern oder von gebrochenen Zehenknochen | 76 | 8,66 | 4,43 | *10,18* |
| 2338 | Einrichtung des gebrochenen Großzehenknochens oder von Frakturen an Grund- oder Mittelgliedern der Fingerknochen | 152 | 17,33 | 8,86 | *20,38* |
| 2338a | Operative Einrichtung des gebrochenen Endgliedknochens eines Fingers – einschließlich Fixation durch Osteosynthese – | 185 | 21,09 | 10,78 | *24,80* |
| 2339 | Einrichtung des gebrochenen Großzehenknochens oder von Frakturen an Grund- oder Mittelgliedknochen der Finger mit Osteosynthese | 379 | 43,21 | 22,09 | *50,81* |
| 2340 | Olekranonverschraubung oder Verschraubung des Innen- oder Außenknöchelbruches | 554 | 63,16 | 32,29 | *74,27* |
| 2344 | Osteosynthese der gebrochenen Kniescheibe bzw Exstirpation der Kniescheibe oder Teilexstirpation | 1110 | 126,54 | 64,70 | *148,81* |
| 2345 | Tibiakopfverschraubung oder Verschraubung des Fersenbeinbruches | 924 | 105,34 | 53,86 | *123,88* |
| 2346 | Beck'sche Bohrung | 278 | 31,69 | 16,20 | *37,27* |
| 2347 | Nagelung und/oder Drahtung eines gebrochenen kleinen Röhrenknochens (z.B. Mittelhand, Mittelfuß) | 370 | 42,18 | 21,57 | *49,60* |
| 2348 | Nagelung und/oder Drahtung eines kleinen Röhrenknochens (z.B. Mittelhand, Mittelfuß) bei offenem Knochenbruch | 555 | 63,27 | 32,35 | *74,40* |
| 2349 | Nagelung und/oder Drahtung und/oder Verschraubung (mit Metallplatten) eines gebrochenen großen Röhrenknochens | 1110 | 126,54 | 64,70 | *148,81* |

| | | | | | |
|---|---|---|---|---|---|
| 2350 | Nagelung und/oder Drahtung und/oder Verschraubung (mit Metallplatten) eines großen Röhrenknochens bei offenem Knochenbruch | 1660 | 189,24 | 96,76 | *222,54* |
| 2351 | Nagelung und/oder Verschraubung (mit Metallplatten) eines gebrochenen Schenkelhalses | 1480 | 168,72 | 86,27 | *198,41* |
| 2352 | Nagelung und/oder Verschraubung (mit Metallplatten) eines Schenkelhalses bei offenem Knochenbruch | 2220 | 253,08 | 129,40 | *297,61* |
| 2353 | Entfernung einer Nagelung und/oder Drahtung und/ oder Verschraubung aus kleinen Röhrenknochen | 185 | 21,09 | 10,78 | *24,80* |
| 2354 | Entfernung einer Nagelung und/oder Drahtung und/oder Verschraubung (mit Metallplatten) aus großen Röhrenknochen | 370 | 42,18 | 21,57 | *49,60* |
| 2355 | Operative Stabilisierung einer Pseudarthrose oder operative Korrektur eines in Fehlstellung verheilten Knochenbruchs | 1110 | 126,54 | 64,70 | *148,81* |
| 2356 | Operative Stabilisierung einer Pseudarthrose oder operative Korrektur eines in Fehlstellung verheilten Knochenbruchs nach Osteotomie mittels Nagelung, Verschraubung und/oder Metallplatten und/oder äußerem Spanner – auch zusätzliches Einpflanzen von Knochenspan – | 1480 | 168,72 | 86,27 | *198,41* |
| 2357 | Operative Wiederherstellung einer gebrochenen Hüftpfanne einschließlich Fragmentfixation | 2770 | 315,78 | 161,46 | *371,35* |
| 2358 | Osteosynthese gebrochener Beckenringknochen, der gesprengten Symphyse oder einer gesprengten Kreuzdarmbeinfuge | 2100 | 239,40 | 122,40 | *281,53* |

## VII. Chirurgie der Körperoberfläche

| | | | | | |
|---|---|---|---|---|---|
| 2380 | Überpflanzung von Epidermisstücken | 310 | 35,34 | 18,07 | *41,56* |
| 2381 | Einfache Hautlappenplastik | 370 | 42,18 | 21,57 | *49,60* |
| 2382 | Schwierige Hautlappenplastik oder Spalthauttransplantation | 739 | 84,25 | 43,08 | *99,08* |

| Nummer | Leistung | Punktzahl | Gebühr in DM – einfach – | Gebühr in Euro – einfach – | Gebühr in Euro – 2,3-fach – – *1,8-fach – – **1,15-fach – |
|---|---|---|---|---|---|
| 2383 | Vollhauttransplantation – auch einschließlich plastischer Versorgung der Entnahmestelle – | 1000 | 114,00 | 58,29 | *134,06* |
| 2384 | Knorpeltransplantation (z.B. aus einem Ohr oder aus einer Rippe) | 739 | 84,25 | 43,08 | *99,08* |
| 2385 | Transplantation eines haartragenden Hautimplantates oder eines Demnafett-Transplantates – auch einschließlich plastischer Versorgung der Entnahmestelle – | 1200 | 136,80 | 69,94 | *160,87* |
| 2386 | Schleimhauttransplantation – einschließlich operativer Unterminierung der Entnahmestelle und plastischer Deckung – | 688 | 78,43 | 40,10 | *92,23* |
| 2390 | Deckung eines überhandflächengroßen, zusammenhängenden Hautdefektes mit speziell aufbereiteten freien Hauttransplantaten | 1330 | 151,62 | 77,52 | *178,30* |
| 2391 | Freie Verpflanzung eines Hautlappens mittels zwischenzeitlicher Stielbildung, in mehreren Sitzungen | 1500 | 171,00 | 87,43 | *201,09* |
| 2392 | Anlage eines Rundstiellappens | 900 | 102,60 | 52,46 | *120,65* |
| 2392a | Exzision einer großen, kontrakten und funktionsbehinderten Narbe – einschließlich plastischer Deckung – | 1000 | 114,00 | 58,29 | *134,06* |
| 2393 | Interimistische Implantation eines Rundstiellappens (Zwischentransport) | 739 | 84,25 | 43,08 | *99,08* |
| 2394 | Implantation eines Rundstiellappens – einschließlich Modellierung am Ort – | 2200 | 250,80 | 128,23 | *294,93* |
| 2395 | Gekreuzte Beinlappenplastik | 2500 | 285,00 | 145,72 | *335,15* |
| 2396 | Implantation eines Hautexpanders | 900 | 102,60 | 52,46 | *120,65* |

| | | | | | |
|---|---|---|---|---|---|
| 2397 | Operative Ausräumung eines ausgedehnten Hämatoms, als selbständige Leistung | 600 | 68,40 | 34,97 | *80,44* |
| 2400 | Öffnung eines Körperkanalverschlusses an der Körperoberfläche | 111 | 12,65 | 6,47 | *14,88* |
| 2401 | Probeexzision aus oberflächlich gelegenem Körpergewebe (z.B. Haut, Schleimhaut, Lippe) | 133 | 15,16 | 7,75 | *17,83* |
| 2402 | Probeexzision aus tiefliegendem Körpergewebe (z.B. Fettgewebe, Faszie, Muskulatur) oder aus einem Organ ohne Eröffnung einer Körperhöhle (z.B. Zunge) | 370 | 42,18 | 21,57 | *49,60* |
| 2403 | Exzision einer in oder unter der Haut oder Schleimhaut liegenden kleinen Geschwulst | 133 | 15,16 | 7,75 | *17,83* |
| 2404 | Exzision einer größeren Geschwulst (z.B. Ganglion, Fasziengeschwulst, Fettgeschwulst, Lymphdrüse, Neurom) | 554 | 63,16 | 32,29 | *74,27* |
| 2405 | Entfernung eines Schleimbeutels | 370 | 42,18 | 21,57 | *49,60* |
| 2407 | Exzision einer ausgedehnten, auch blutreichen Geschwulst – gegebenenfalls einschließlich ganzer Muskeln – und Ausräumung des regionären Lymphstromgebietes | 2310 | 263,34 | 134,64 | *309,68* |
| 2408 | Ausräumung des Lymphstromgebiets einer Axilla | 1100 | 125,40 | 64,12 | *147,47* |
| 2410 | Operation eines Mammatumors | 739 | 84,25 | 43,08 | *99,08* |
| 2411 | Absetzen einer Brustdrüse | 924 | 105,34 | 53,86 | *123,88* |
| 2412 | Absetzen einer Brustdrüse einschließlich Brustmuskulatur | 1400 | 159,60 | 81,60 | *187,69* |
| 2413 | Absetzen einer Brustdrüse mit Ausräumung der regionären Lymphstromgebiete (Radikaloperation) | 2310 | 263,34 | 134,64 | *309,68* |
| 2414 | Reduktionsplastik der Mamma | 2800 | 319,20 | 163,20 | *375,37* |
| 2415 | Aufbauplastik der Mamma einschließlich Verschiebeplastik – gegebenenfalls einschließlich Inkorporation einer Mammaprothese – | 2000 | 228,00 | 116,57 | *268,12* |

| Nummer | Leistung | Punktzahl | Gebühr in DM – einfach – | Gebühr in Euro – einfach – | Gebühr in Euro – 2,3-fach – – *1,8-fach – – **1,15-fach – |
|---|---|---|---|---|---|
| 2416 | Aufbauplastik nach Mammaamputation – gegebenenfalls einschließlich Inkorporation einer Mammaprothese – | 3000 | 342,00 | 174,86 | *402,18* |
| 2417 | Operative Entnahme einer Mamille und interimistische Implantation an anderer Körperstelle | 800 | 91,20 | 46,63 | *107,25* |
| 2418 | Replantation einer verpflanzten Mamille | 800 | 91,20 | 46,63 | *107,25* |
| 2419 | Rekonstruktion einer Mamille aus einer großen Labte oder aus der Mamma der gesunden Seite, auch zusätzlich zur Aufbauplastik | 1200 | 136,80 | 69,94 | *160,87* |
| 2420 | Implantation oder operativer Austausch einer Mammaprothese, als selbständige Leistung | 1100 | 125,40 | 64,12 | *147,47* |
| 2421 | Implantation eines subkutanen, auffüllbaren Medikamentenreservoirs | 600 | 68,40 | 34,97 | *80,44* |
| 2427 | Tiefreichende, die Faszie und die darunter liegenden Körperschichten durchtrennende Entlastungsinzision(en) – auch mit Drainage(n) – | 400 | 45,60 | 23,31 | *53,62* |
| 2428 | Eröffnung eines oberflächlich unter der Haut oder Schleimhaut liegenden Abszesses oder eines Furunkels | 80 | 9,12 | 4,66 | *10,72* |
| 2429 | Eröffnungen disseminierter Abszeßbildungen der Haut (z.B. bei einem Säugling) | 220 | 25,08 | 12,82 | *29,49* |
| 2430 | Eröffnung eines tiefliegenden Abszesses | 303 | 34,54 | 17,66 | *40,62* |
| 2431 | Eröffnung eines Karbunkels – auch mit Exzision – | 379 | 43,21 | 22,09 | *50,81* |
| 2432 | Eröffnung einer Phlegmone | 473 | 53,92 | 27,57 | *63,41* |
| 2440 | Operative Entfernung eines Naevus flammeus, je Sitzung | 800 | 91,20 | 46,63 | *107,25* |
| 2441 | Operative Korrektur einer entstellenden Gesichtsnarbe | 400 | 45,60 | 23,31 | *53,62* |

| | | | | | |
|---|---|---|---|---|---|
| 2442 | Implantation alloplastischen Materials zur Weichteilunterfütterung, als selbständige Leistung | 900 | 102,60 | 52,46 | *120,65* |
| 2443 | Totale Entfernung des Narbengewebes im ehemaligen Augenlidgebiet als vorbereitende operative Maßnahme zur Rekonstruktion eines Augenlides | 800 | 91,20 | 46,63 | *107,25* |
| 2444 | Implantation eines Magnetkörpers in ein Augenlid | 300 | 34,20 | 17,49 | *40,22* |
| 2450 | Operation des Rhinophyms | 600 | 68,40 | 34,97 | *80,44* |
| 2451 | Wiederherstellungsoperation bei Fazialislähmung – einschließlich Muskelplastiken und/oder Aufhängung mittels Faszie – | 2500 | 285,00 | 145,72 | *335,15* |
| 2452 | Exstirpation einer Fettschürze – einschließlich plastischer Deckung des Grundes – | 1400 | 159,60 | 81,60 | *187,69* |
| 2453 | Operation des Lymphödems einer Extremität | 2000 | 228,00 | 116,57 | *268,12* |
| 2454 | Operative Entfernung von überstehendem Fettgewebe an einer Extremität | 924 | 105,34 | 53,86 | *123,88* |

## VIII. Neurochirurgie

| | | | | | |
|---|---|---|---|---|---|
| 2500 | Hebung einer gedeckten Impressionsfraktur des Schädels | 1850 | 210,90 | 107,83 | *248,01* |
| 2501 | Operation einer offenen Impressions- oder Splitterfraktur des Schädels – einschließlich Reimplantation von Knochenstücken – | 3100 | 353,40 | 180,69 | *415,59* |
| 2502 | Operation eines epiduralen Hämatoms | 2750 | 313,50 | 160,29 | *368,67* |
| 2503 | Operation einer frischen Hirnverletzung mit akutem subduralem und/oder intrazerebralem Hämatom | 5250 | 598,50 | 306,01 | *703,82* |
| 2504 | Operation einer offenen Hirnverletzung mit Dura- und/oder Kopfschwartenplastik | 4500 | 513,00 | 262,29 | *603,27* |
| 2505 | Operation des akuten subduralen Hygroms oder Hämatoms beim Säugling oder Kleinkind | 3000 | 342,00 | 174,86 | *402,18* |

| Nummer | Leistung | Punktzahl | Gebühr in DM – einfach – | Gebühr in Euro – einfach – | Gebühr in Euro – 2,3-fach – – *1,8-fach – – **1,15-fach – |
|---|---|---|---|---|---|
| 2506 | Exstirpation eines chronischen subduralen Hämatoms einschließlich Kapselentfernung | 3750 | 427,50 | 218,58 | *502,73* |
| 2507 | Entleerung eines chronischen subduralen Hämatoms mittels Bohrlochtrepanation(en) – gegebenenfalls einschließlich Drainage – | 1800 | 205,20 | 104,92 | *241,31* |
| 2508 | Operative Versorgung einer frischen frontobasalen Schädelhirnverletzung | 4500 | 513,00 | 262,29 | *603,27* |
| 2509 | Totalexstirpation eines Hirnabszesses | 3750 | 427,50 | 218,58 | *502,73* |
| 2510 | Operation eines intrazerebralen, nicht traumatisch bedingten Hämatoms | 4000 | 456,00 | 233,15 | *536,24* |
| 2515 | Bohrlochtrepanation des Schädels | 1000 | 114,00 | 58,29 | *134,06* |
| 2516 | Osteoklastische Trepanation des Schädels über dem Großhirn | 1500 | 171,00 | 87,43 | *201,09* |
| 2517 | Osteoklastische Trepanation des Schädels über dem Großhirn – einschließlich Wiedereinpassung des Knochendeckels – | 2250 | 256,50 | 131,15 | *301,64* |
| 2519 | Eröffnung der hinteren Schädelgrube | 2700 | 307,80 | 157,38 | *361,96* |
| 2518 | Trepanation bei Kraniostenose | 2250 | 256,50 | 131,15 | *301,64* |
| 2525 | Operation der prämaturen Schädelnahtsynostose (Kraniostenose) mit Einfassung der Knochenränder oder mit Duraschichtresektion beim Säugling oder Kleinkind | 4000 | 456,00 | 233,15 | *536,24* |
| 2526 | Exstirpation eines Konvexitätstumors des Großhirns | 3750 | 427,50 | 218,58 | *502,73* |
| 2527 | Exstirpation eines Großhirntumors mit Hirnlappenresektion | 5250 | 598,50 | 306,01 | *703,82* |
| 2528 | Exstirpation eines Tumors der Mittellinie (Kraniopharyngeom, intraventrikulärer Tumor, Hypophysentumor) oder eines Schädelbasistumors | 7500 | 855,00 | 437,15 | *1.005,46* |

| | | | | | |
|---|---|---|---|---|---|
| 2529 | Operation einer intrakranialen Gefäßmißbildung (Aneurysma oder arteriovenöses Angiom) | 8000 | 912,00 | 466,30 | *1.072,49* |
| 2530 | Intrakraniale Embolektomie | 7500 | 855,00 | 437,15 | *1.005,46* |
| 2531 | Intrakraniale Gefäßanastomose oder Gefäßtransplantation | 7500 | 855,00 | 437,15 | *1.005,46* |
| 2535 | Resektion einer Gehirnhemisphäre | 6000 | 684,00 | 349,72 | *804,36* |
| 2536 | Resektion eines Gehirnlappens | 4500 | 513,00 | 262,29 | *603,27* |
| 2537 | Durchschneidung von Nervenbahnen im Gehirn oder in der Medulla oblongata | 6250 | 712,50 | 364,30 | *837,88* |
| 2538 | Operation einer Enzephalozele der Konvexität | 3750 | 427,50 | 218,58 | *502,73* |
| 2539 | Operation einer frontobasal gelegenen Enzephalozele | 6250 | 712,50 | 364,30 | *837,88* |
| 2540 | Ventrikuläre intrakorporale Liquorableitung mittels Ventilsystem. | 4500 | 513,00 | 262,29 | *603,27* |
| 2541 | Ventrikulozisternostomie | 4500 | 513,00 | 262,29 | *603,27* |
| 2542 | Ventrikuläre extrakorporale Liquorableitung | 1800 | 205,20 | 104,92 | *241,31* |
| 2550 | Exstirpation eines Kleinhirntumors | 5000 | 570,00 | 291,44 | *670,30* |
| 2551 | Exstirpation eines Kleinhirnbrückenwinkel- oder Stammhirntumors | 7500 | 855,00 | 437,15 | *1.005,46* |
| 2552 | Exstirpation eines retrobulbären Tumors auf transfrontal-transorbitalem Zugangsweg | 6250 | 712,50 | 364,30 | *837,88* |
| 2553 | Intrakraniale Operation einer basalen Liquorfistel mit plastischem Verschluß | 6000 | 684,00 | 349,72 | *804,36* |
| 2554 | Plastischer Verschluß eines Knochendefekts im Bereich des Hirnschädels, als selbständige Leistung | 1800 | 205,20 | 104,92 | *241,31* |
| 2555 | Eröffnung des Spinalkanals durch einseitige Hemilaminektomie eines Wirbels/mehrerer Wirbel | 1480 | 168,72 | 86,27 | *198,41* |
| 2556 | Eröffnung des Spinalkanals durch Laminektomie eines Wirbels/mehrerer Wirbel | 1850 | 210,90 | 107,83 | *248,01* |

| Nummer | Leistung | Punktzahl | Gebühr in DM – einfach – | Gebühr in Euro – einfach – | Gebühr in Euro – 2,3-fach – – *1,8-fach – – **1,15-fach – |
|---|---|---|---|---|---|
| 2557 | Eröffnung des Spinalkanals durch Laminektomie eines Wirbels/mehrerer Wirbel – einschließlich Wiedereinpflanzung von Knochenteilen – | 2400 | 273,60 | 139,89 | *321,75* |
| 2560 | Stereotaktische Ausschaltung(en) am Zentralnervensystem | 3750 | 427,50 | 218,58 | *502,73* |
| 2561 | Stereotaktische Ausschaltung(en) am Zentralnervensystem oder Implantation von Reizelektroden zur Dauerstimulation im Zentralnervensystem mit Trepanation | 4620 | 526,68 | 269,29 | *619,36* |
| 2562 | Anatomische Vorausberechnungen (Zielpunktbestimmungen) zu den Leistungen nach den Nummern 2560 und 2561 – gegebenenfalls einschließlich erforderlicher Ultraschallmessungen im Schädelinnern – | 2250 | 256,50 | 131,15 | *301,64* |
| 2563 | Durchschneidung und/oder Zerstörung eines Nerven an der Schädelbasis | 2310 | 263,34 | 134,64 | *309,68* |
| 2564 | Offene Durchtrennung eines oder mehrerer Nerven am Rückenmark | 4800 | 547,20 | 279,78 | *643,49* |
| 2565 | Operativer Eingriff zur Dekompression einer oder mehrerer Nervenwurzel(n) im Zervikalbereich – einschließlich Foraminotomie – gegebenenfalls einschließlich der Leistungen nach Nummer 2282 oder Nummer 2283 – | 4100 | 467,40 | 238,98 | *549,65* |
| 2566 | Operativer Eingriff zur Dekompression einer oder mehrerer Nervenwurzel(n) im thorakalen oder lumbalen Bereich – gegebenenfalls einschließlich Foraminotomie und/oder der Leistungen nach Nummer 2282 oder Nummer 2283 – | 3000 | 342,00 | 174,86 | *402,18* |

| Nr. | Leistung | Punkte | € | € | € |
|---|---|---|---|---|---|
| 2570 | Implantation von Reizelektroden zur Dauerstimulation des Rückenmarks – gegebenenfalls einschließlich Implantation des Empfangsgerätes – | 4500 | 513,00 | 262,29 | *603,27* |
| 2571 | Operation einer Mißbildung am Rückenmark oder an der Cauda equina oder Verschluß einer Myelomeningozele beim Neugeborenen oder Operation einer Meningozele | 2650 | 302,10 | 154,46 | *355,26* |
| 2572 | Operation einer Mißbildung am Rückenmark oder an der Cauda equina mit plastischer Rekonstruktion des Wirbelkanals und/oder Faszienplastik | 3230 | 368,22 | 188,27 | *433,02* |
| 2573 | Verschiebeplastik, zusätzlich zu den Leistungen nach den Nummern 2571, 2572 und 2584 | 500 | 57,00 | 29,14 | *67,03* |
| 2574 | Entfernung eines raumbeengenden extraduralen Prozesses im Wirbelkanal | 2750 | 313,50 | 160,29 | *368,67* |
| 2575 | Entfernung eines raumbeengenden intraduralen Prozesses im Wirbelkanal | 3500 | 399,00 | 204,01 | *469,21* |
| 2576 | Mikrochirurgische Entfernung einer spinalen Gefäßmißbildung oder eines Tumors | 4500 | 513,00 | 262,29 | *603,27* |
| 2577 | Entfernung eines raumbeengenden intra- oder extraspinalen Prozesses | 4000 | 456,00 | 233,15 | *536,24* |
| 2580 | Freilegung und Durchtrennung oder Exhairese eines Nerven | 554 | 63,16 | 32,29 | *74,27* |
| 2581 | Freilegung und Exhairese eines pheripheren Trigeminusastes | 924 | 105,34 | 53,86 | *123,88* |
| 2582 | Freilegung und Entnahme eines autologen peripheren Nerven zwecks Transplantation einschließlich Aufbereitung | 1800 | 205,20 | 104,92 | *241,31* |
| 2583 | Neurolyse, als selbständige Leistung | 924 | 105,34 | 53,86 | *123,88* |
| 2584 | Neurolyse mit Nervenverlagerung und Neueinbettung | 1480 | 168,72 | 86,27 | *198,41* |
| 2585 | Nervenersatzplastik durch Implantation eines peripheren Nerven im Hand-/Armbereich | 2600 | 296,40 | 151,55 | *348,56* |

| Nummer | Leistung | Punktzahl | Gebühr in DM – einfach – | Gebühr in Euro – einfach – | Gebühr in Euro – 2,3-fach – – *1,8-fach – – **1,15-fach – |
|---|---|---|---|---|---|
| 2586 | End-zu-End-Naht eines Nerven im Zusammenhang mit einer frischen Verletzung – einschließlich Wundversorgung – | 1350 | 153,90 | 78,69 | *180,98* |
| 2587 | Frühe Sekundärnaht eines peripheren Nerven | 1850 | 210,90 | 107,83 | *248,01* |
| 2588 | Interfaszikuläre mikrochirurgische Nervennaht ohne Verwendung eines autologen Transplantats | 2100 | 239,40 | 122,40 | *281,53* |
| 2589 | Interfaszikuläre mikrochirurgische Nervennaht mit Defektüberbrückung durch autologes Transplantat (ohne die Leistung nach Nummer 2582) | 2400 | 273,60 | 139,89 | *321,75* |
| 2590 | Naht eines Nervenplexus nach vollständiger Präparation und Neurolyse – auch einschließlich der etwa erforderlichen Foraminotomie oder Hemilaminektomie – | 3000 | 342,00 | 174,86 | *402,18* |
| 2591 | Interfaszikuläre Defektüberbrückung eines Nervenplexus nach vollständiger Präparation desselben mit autologen Transplantaten und perineuraler mikrochirurgischer Naht | 6000 | 684,00 | 349,72 | *804,36* |
| 2592 | Mikrochirurgische interfaszikuläre Neurolyse, als selbständige Leistung | 1800 | 205,20 | 104,92 | *241,31* |
| 2593 | Mikrochirurgische interfaszikuläre Neurolyse mit Nervenverlagerung und Neueinbettung, als selbständige Leistung | 2770 | 315,78 | 161,46 | *371,35* |
| 2594 | Transposition eines Nerven mit interfaszikulärer mikrochirurgischer Nervennaht | 3000 | 342,00 | 174,86 | *402,18* |
| 2595 | Nervenpfropfung | 1600 | 182,40 | 93,26 | *214,50* |
| 2596 | Hirnnervenersatzplastik durch Implantation eines autologen peripheren Nerven | 2400 | 273,60 | 139,89 | *321,75* |

| | | | | | |
|---|---|---|---|---|---|
| 2597 | Verödung oder Verkochung des Ganglion Gasseri | 700 | 79,80 | 40,80 | *93,84* |
| 2598 | Stereotaktische Thermokoagulation des Ganglion Gasseri | 1400 | 159,60 | 81,60 | *187,69* |
| 2599 | Blockade eines Nerven im Bereich der Schädelbasis | 225 | 25,65 | 13,11 | *30,16* |
| 2600 | Exstirpation eines Ganglions im Bereich der Schädelbasis | 1500 | 171,00 | 87,43 | *201,09* |
| 2601 | Grenzstrangresektion im zervikalen Bereich | 1000 | 114,00 | 58,29 | *134,06* |
| 2602 | Abdomino-retroperitoneale lumbale Grenzstrangresektion | 1480 | 168,72 | 86,27 | *198,41* |
| 2603 | Kombinierte thorakolumbale Grenzstrangresektion | 3000 | 342,00 | 174,86 | *402,18* |
| 2604 | Splanchnikusdurchtrennung, peritoneal oder retroperitoneal | 1480 | 168,72 | 86,27 | *198,41* |

## IX. Mund-, Kiefer- und Gesichtschirurgie

| | | | | | |
|---|---|---|---|---|---|
| 2620 | Operation der isolierten Lippenspalte | 750 | 85,50 | 43,72 | *100,55* |
| 2621 | Operation der breiten Lippen-Kieferspalte mit Naseneingangsplastik | 1500 | 171,00 | 87,43 | *201,09* |
| 2622 | Plastisch-chirurgische Behandlung einer kompletten Gesichtsspalte – einschließlich Osteotomien und Osteoplastiken – | 9000 | 1.026,00 | 524,59 | *1.206,55* |
| 2625 | Verschluß des weichen oder harten Gaumens oder Verschluß von perforierenden Defekten im Bereich von Gaumen oder Vestibulum | 1250 | 142,50 | 72,86 | *167,58* |
| 2626 | Velopharyngoplastik | 2500 | 285,00 | 145,72 | *335,15* |
| 2627 | Verschluß des harten und weichen Gaumens | 2000 | 228,00 | 116,57 | *268,12* |
| 2630 | Operative Rekonstruktion eines Mittelgesichts – einschließlich Osteotomie und/oder Osteoplastik – | 6000 | 684,00 | 349,72 | *804,36* |
| 2640 | Operative Verlagerung des Oberkiefers bei Dysgnathie, je Kieferhälfte | 1200 | 136,80 | 69,94 | *160,87* |
| 2642 | Operative Verlagerung des Unterkiefers bei Dysgnathie, je Kieferhälfte | 1850 | 210,90 | 107,83 | *248,01* |

| Nummer | Leistung | Punktzahl | Gebühr in DM – einfach – | Gebühr in Euro – einfach – | Gebühr in Euro – 2,3-fach – – *1,8-fach – – **1,15-fach – |
|---|---|---|---|---|---|
| 2650 | Entfernung eines extrem verlagerten oder retinierten Zahnes durch umfangreiche Osteotomie bei gefährdeten anatomischen Nachbarstrukturen | 740 | 84,36 | 43,13 | *99,20* |
| 2651 | Entfernung tiefliegender Fremdkörper oder Sequestrotomie durch Osteotomie aus dem Kiefer | 550 | 62,70 | 32,06 | *73,73* |
| 2655 | Operation einer ausgedehnten Kieferzyste – über mehr als drei Zähne oder vergleichbarer Größe im unbezahnten Bereich – durch Zystektomie | 950 | 108,30 | 55,37 | *127,36* |
| 2656 | Operation einer ausgedehnten Kieferzyste – über mehr als drei Zähne oder vergleichbarer Größe im unbezahnten Bereich – durch Zystektomie in Verbindung mit der Entfernung retinierter oder verlagerter Zähne und/oder Wurzelspitzenresektion | 620 | 70,68 | 36,14 | *83,12* |
| 2657 | Operation einer ausgedehnten Kieferzyste – über mehr als drei Zähne oder vergleichbarer Größe im unbezahnten Bereich – durch Zystostomie | 760 | 86,64 | 44,30 | *101,89* |
| 2658 | Operation einer ausgedehnten Kieferzyste – über mehr als drei Zähne oder vergleichbarer Größe im unbezahnten Bereich – durch Zystostomie in Verbindung mit der Entfernung retinierter oder verlagerter Zähne und/oder Wurzelspitzenresektion | 500 | 57,00 | 29,14 | *67,03* |
| 2660 | Operative Behandlung einer konservativ unstillbaren Blutung im Mund-Kieferbereich durch Freilegung und Abbinden oder Umstechung des Gefäßes oder durch Knochenbolzung, als selbständige Leistung | 400 | 45,60 | 23,31 | *53,62* |
| 2670 | Operative Entfernung eines Schlotterkammes oder einer Fibromatose, je Kieferhälfte oder Frontzahnbereich, als selbständige Leistung | 500 | 57,00 | 29,14 | *67,03* |

| | | | | | |
|---|---|---|---|---|---|
| 2671 | Operative Entfernung eines Schlotterkammes oder einer Fibromatose, je Kieferhälfte oder Frontzahnbereich, in Verbindung mit den Leistungen nach Numme 2675 oder 2676 | 300 | 34,20 | 17,49 | *40,22* |
| 2675 | Partielle Vestibulum- oder Mundbodenplastik oder große Tuberplastik, je Kieferhälfte oder Frontzahnbereich | 850 | 96,90 | 49,54 | *113,95* |
| 2676 | Totale Mundboden- oder Vestibulumplastik zur Formung des Prothesenlagers mit partieller Ablösung der Mundbodenmuskulatur, je Kiefer | 2200 | 250,80 | 128,23 | *294,93* |
| 2677 | Submuköse Vestibulumplastik, je Kieferhälfte oder Frontzahnbereich, als selbständige Leistung | 700 | 79,80 | 40,80 | *93,84* |
| 2680 | Einrenkung der Luxation des Unterkiefers | 100 | 11,40 | 5,83 | *13,41* |
| 2681 | Einrenkung der alten Luxation des Unterkiefers | 400 | 45,60 | 23,31 | *53,62* |
| 2682 | Operative Einrenkung der Luxation eines Kiefergelenks | 1400 | 159,60 | 81,60 | *187,69* |
| 2685 | Reposition eines Zahnes | 200 | 22,80 | 11,66 | *26,81* |
| 2686 | Reposition eines zahntragenden Bruchstücks des Alveolarfortsatzes | 300 | 34,20 | 17,49 | *40,22* |
| 2687 | Allmähliche Reposition des gebrochenen Ober- oder Unterkiefers oder eines schwer einstellbaren oder verkeilten Bruchstücks des Alveolarfortsatzes | 1300 | 148,20 | 75,77 | *174,28* |
| 2688 | Fixation bei nicht dislozierter Kieferfraktur durch Osteosynthese oder Aufhängung | 750 | 85,50 | 43,72 | *100,55* |
| 2690 | Operative Reposition und Fixation durch Osteosynthese bei Unterkieferbruch, je Kieferhälfte | 1000 | 114,00 | 58,29 | *134,06* |
| 2691 | Operative Reposition und Fixation durch Osteosynthese bei Aussprengung des Oberkiefers an der Schädelbasis | 3600 | 410,40 | 209,83 | *482,62* |
| 2692 | Operative Reposition und Fixation durch Osteosynthese bei Kieferbruch im Mittelgesichtsbereich – gegebenenfalls einschließlich Jochbeinbruch und/oder Nasenbeinbruch –, je Kieferhälfte | 1500 | 171,00 | 87,43 | *201,09* |

| Nummer | Leistung | Punktzahl | Gebühr in DM – einfach – | Gebühr in Euro – einfach – | Gebühr in Euro – 2,3-fach – – *1,8-fach – – **1,15-fach – |
|---|---|---|---|---|---|
| 2693 | Operative Reposition und Fixation einer isolierten Orbitaboden-, Jochbein- oder Jochbogenfraktur | 1200 | 136,80 | 69,94 | *160,87* |
| 2694 | Operative Entfernung von Osteosynthesematerial aus einem Kiefer- oder Gesichtsknochen, je Fraktur | 450 | 51,30 | 26,23 | *60,33* |
| 2695 | Einrichtung und Fixation eines gebrochenen Kiefers außerhalb der Zahnreihen durch intra- und extraorale Schienenverbände und Stützapparate | 2700 | 307,80 | 157,38 | *361,96* |
| 2696 | Drahtumschlingung des Unterkiefers oder oro-faziale Drahtaufhängung, auch beidseitig | 500 | 57,00 | 29,14 | *67,03* |
| 2697 | Anlegen von Drahtligaturen, Drahthäkchen oder dergleichen, je Kieferhälfte oder Frontzahnbereich, als selbständige Leistung | 350 | 39,90 | 20,40 | *46,92* |
| 2698 | Anlegen und Fixation einer Schiene am unverletzten Ober- oder Unterkiefer | 1500 | 171,00 | 87,43 | *201,09* |
| 2699 | Anlegen und Fixation einer Schiene am gebrochenen Ober- oder Unterkiefer | 2200 | 250,80 | 128,23 | *294,93* |
| 2700 | Anlegen von Stütz-, Halte- oder Hilfsvorrichtungen (z.B. Verbandsplatte, Pelotte) am Ober- oder Unterkiefer oder bei Kieferklemme | 350 | 39,90 | 20,40 | *46,92* |
| 2701 | Anlegen von extraoralen Stütz-, Halte- oder Hilfsvorrichtungen, einer Verbands- oder Verschlußplatte, Pelotte oder dergleichen – im Zusammenhang mit plastischen Operationen oder zur Verhütung oder Behandlung von Narbenkontrakturen – | 1800 | 205,20 | 104,92 | *241,31* |

| | | | | | |
|---|---|---|---|---|---|
| 2702 | Wiederanbringung einer gelösten Apparatur oder kleine Änderungen, teilweise Erneuerung von Schienen oder Stützapparaten – auch Entfernung von Schienen oder Stützapparaten –, je Kiefer | 300 | 34,20 | 17,49 | *40,22* |
| 2705 | Osteotomie nach disloziert verheilter Fraktur im Mittelgesicht – einschließlich Osteosynthese – | 1700 | 193,80 | 99,09 | *227,90* |
| 2706 | Osteotomie nach disloziert verheilter Fraktur im Unterkiefer – einschließlich Osteosynthese – | 1300 | 148,20 | 75,77 | *174,28* |
| 2710 | Partielle Resektion des Ober- oder Unterkiefers – auch Segmentosteotomie –, als selbständige Leistung | 1100 | 125,40 | 64,12 | *147,47* |
| 2711 | Partielle Resektion des Ober- oder Unterkiefers – auch Segmentosteotomie –, in Verbindung mit den Leistungen nach Nummer 2640 oder 2642 | 750 | 85,50 | 43,72 | *100,55* |
| 2712 | Halbseitenresektion des Ober- oder Unterkiefers | 3000 | 342,00 | 174,86 | *402,18* |
| 2715 | Suprahyoidale Lymphknotenausräumung einer Seite – einschließlich Darstellung und gegebenenfalls Entfernung von Muskeln, Nerven und Gefäßen – | 2000 | 228,00 | 116,57 | *268,12* |
| 2716 | Radikale Halslymphknotenausräumung einer Seite – einschließlich Darstellung und gegebenenfalls Entfernung von Muskeln, Nerven und Gefäßen – | 5000 | 570,00 | 291,44 | *670,30* |
| 2720 | Osteotomie im Zusammenhang mit operativen Eingriffen am Mundboden – einschließlich Osteosynthese – | 800 | 91,20 | 46,63 | *107,25* |
| 2730 | Operative Maßnahmen zur Lagerbildung beim Aufbau des Alveolarfortsatzes, je Kieferhälfte oder Frontzahnbereich | 500 | 57,00 | 29,14 | *67,03* |
| 2732 | Operation zur Lagerbildung für Knochen oder Knorpel bei ausgedehnten Kieferdefekten | 2000 | 228,00 | 116,57 | *268,12* |

| Nummer | Leistung | Punktzahl | Gebühr in DM – einfach – | Gebühr in Euro – einfach – | Gebühr in Euro – 2,3-fach – – *1,8-fach – – **1,15-fach – |
|---|---|---|---|---|---|
| | **X. Halschirurgie** | | | | |
| 2750 | Eröffnung des Schlundes durch Schnitt | 1110 | 126,54 | 64,70 | *148,81* |
| 2751 | Tracheotomie | 554 | 63,16 | 32,29 | *74,27* |
| 2752 | Exstirpation eines Ductus thyreoglossus oder einer medialen Halszyste – gegebenenfalls einschließlich Teilresektion des Zungenbeins – | 1350 | 153,90 | 78,69 | *180,98* |
| 2753 | Divertikelresektion im Halsbereich | 1660 | 189,24 | 96,76 | *222,54* |
| 2754 | Operation einer Kiemengangfistel | 1660 | 189,24 | 96,76 | *222,54* |
| 2755 | Entfernung der Kropfgeschwulst oder Teilresektion der Schilddrüse | 1850 | 210,90 | 107,83 | *248,01* |
| 2756 | Ausschälung der Nebenschilddrüse (Parathyreoektomie) | 2200 | 250,80 | 128,23 | *294,93* |
| 2757 | Radikaloperation der bösartigen Schilddrüsengeschwulst – einschließlich Ausräumung der regionären Lymphstromgebiete und gegebenenfalls der Nachbarorgane – | 3700 | 421,80 | 215,66 | *496,02* |
| 2760 | Ausräumung des regionären Lymphstromgebietes einer Halsseite, als selbständige Leistung | 1200 | 136,80 | 69,94 | *160,87* |
| | **XI. Gefäßchirurgie** | | | | |
| | **1. Allgemeine Verrichtungen** | | | | |
| 2800 | Venaesectio | 275 | 31,35 | 16,03 | *36,87* |
| 2801 | Freilegung und/oder Unterbindung eines Blutgefäßes an den Gliedmaßen, als selbständige Leistung | 463 | 52,78 | 26,99 | *62,07* |

| | | | | | |
|---|---|---|---|---|---|
| 2802 | Freilegung und/oder Unterbindung eines Blutgefäßes in der Brust- oder Bauchhöhle, als selbständige Leistung | 2220 | 253,08 | 129,40 | *297,61* |
| 2803 | Freilegung und/oder Unterbindung eines Blutgefäßes am Hals, als selbständige Leistung | 1480 | 168,72 | 86,27 | *198,41* |
| 2804 | Druckmessung(en) am freigelegten Blutgefäß | 253 | 28,84 | 14,75 | *33,92* |
| 2805 | Flußmessung(en) am freigelegten Blutgefäß | 350 | 39,90 | 20,40 | *46,92* |
| 2807 | Operative Entnahme einer Arterie zum Gefäßersatz | 739 | 84,25 | 43,08 | *99,08* |
| 2808 | Operative Entnahme einer Vene zum Gefäßersatz | 400 | 45,60 | 23,31 | *53,62* |
| 2809 | Naht eines verletzten Blutgefäßes (traumatisch) an den Gliedmaßen – einschließlich Wundversorgung – | 740 | 84,36 | 43,13 | *99,20* |
| 2810 | Rekonstruktiver Eingriff an der Vena cava superior oder inferior (z.B. bei erweiterter Tumorchirurgie mit Cavaresektion und Ersatz durch eine Venenprothese) – gegebenenfalls einschließlich Anlegen einer temporären arteriovenösen Fistel – | 5000 | 570,00 | 291,44 | *670,30* |

## 2. Arterienchirurgie

| | | | | | |
|---|---|---|---|---|---|
| 2820 | Rekonstruktive Operation einer extrakranialen Hirnarterie | 3140 | 357,96 | 183,02 | *420,95* |
| 2821 | Rekonstruktive Operation einer extrakranialen Hirnarterie mit Anlegen eines Shunts | 4200 | 478,80 | 244,81 | *563,06* |
| 2822 | Rekonstruktive Operation einer Armarterie | 2300 | 262,20 | 134,06 | *308,34* |
| 2823 | Rekonstruktive Operation einer Finger- oder Zehenarterie | 1850 | 210,90 | 107,83 | *248,01* |
| 2824 | Operation des offenen Ductus Botalli oder einer anderen abnormen Gefäßmißbildung im Thorax durch Verschluß | 3000 | 342,00 | 174,86 | *402,18* |
| 2825 | Operation einer abnormen Gefäßmißbildung im Thorax durch Rekonstruktion | 6500 | 741,00 | 378,87 | *871,39* |
| 2826 | Operative Beseitigung einer erworbenen Stenose oder eines Verschlusses an den großen Gefäßen im Thorax durch Rekonstruktion | 6500 | 741,00 | 378,87 | *871,39* |

| Nummer | Leistung | Punktzahl | Gebühr in DM – einfach – | Gebühr in Euro – einfach – | Gebühr in Euro – 2,3-fach – – *1,8-fach – – **1,15-fach – |
|---|---|---|---|---|---|
| 2827 | Operation eines Aneurysmas an einem großen Gefäß im Thorax | 7500 | 855,00 | 437,15 | *1.005,46* |
| 2828 | Operative Versorgung einer intrathorakalen Gefäßverletzung durch direkte Naht | 3000 | 342,00 | 174,86 | *402,18* |
| 2829 | Operative Versorgung einer intrathorakalen Gefäßverletzung durch Gefäßersatz | 5200 | 592,80 | 303,09 | *697,12* |
| 2834 | Operative(r) Eingriff(e) an einem oder mehreren Gefäß(en) der Nieren, als selbständige Leistung | 1480 | 168,72 | 86,27 | *198,41* |
| 2835 | Rekonstruktive Operation an der Aorta abdominalis bei Stenose oder Verschluß | 4500 | 513,00 | 262,29 | *603,27* |
| 2836 | Rekonstruktive Operation an der Aorta abdominalis bei Aneurysma | 5000 | 570,00 | 291,44 | *670,30* |
| 2837 | Rekonstruktive Operation an einem Viszeralgefäß | 5000 | 570,00 | 291,44 | *670,30* |
| 2838 | Rekonstruktive Operation einer Nierenarterie | 4300 | 490,20 | 250,64 | *576,46* |
| 2839 | Rekonstruktive Operation an den Beckenarterien, einseitig | 3000 | 342,00 | 174,86 | *402,18* |
| 2840 | Rekonstruktive Operation an den Arterien eines Oberschenkels – auch Anlegung einer Gefäßprothese oder axillo-femorale Umleitung oder femoro-femorale Umleitung – | 3000 | 342,00 | 174,86 | *402,18* |
| 2841 | Rekonstruktive Operation einer Kniekehlenarterie | 2000 | 228,00 | 116,57 | *268,12* |
| 2842 | Rekonstruktive Operation der Arterien des Unterschenkels | 3700 | 421,80 | 215,66 | *496,02* |
| 2843 | Rekonstruktive Operation einer arteriovenösen Fistel an den Extremitäten oder im Halsbereich | 3700 | 421,80 | 215,66 | *496,02* |
| 2844 | Rekonstruktive Operation einer arteriovenösen Fistel im Brust- oder Bauchraum | 5500 | 627,00 | 320,58 | *737,33* |

### 3. Venenchirurgie

| | | | | | |
|---|---|---|---|---|---|
| 2880 | Inzision eines Varixknotens | 148 | 16,87 | 8,63 | *19,84* |
| 2881 | Varizenexhairese, einseitig | 1110 | 126,54 | 64,70 | *148,81* |
| 2882 | Varizenexhairese mit Unterbrechung der Vv. perforantes, einseitig | 1850 | 210,90 | 107,83 | *248,01* |
| 2883 | Crossektomie der Vena saphena magna oder parva und Exstirpation mehrerer Seitenäste | 1200 | 136,80 | 69,94 | *160,87* |
| 2885 | Entfernung einer kleinen Blutadergeschwulst | 1110 | 126,54 | 64,70 | *148,81* |
| 2886 | Entfernung einer großen Blutadergeschwulst | 2770 | 315,78 | 161,46 | *371,35* |
| 2887 | Thrombektomie | 2000 | 228,00 | 116,57 | *268,12* |
| 2888 | Veno-venöse Umleitung (z.B. nach Palma) ohne Anlage eines arteriovenösen Shunts | 3140 | 357,96 | 183,02 | *420,95* |
| 2889 | Veno-venöse Umleitung (z.B. nach Palma) mit Anlage eines arteriovenösen Shunts | 3700 | 421,80 | 215,66 | *496,02* |
| 2890 | Isolierte Seitenastexstirpation und/oder Perforansdissektion und/oder Perforansligatur | 350 | 39,90 | 20,40 | *46,92* |
| 2891 | Rekonstruktive Operation an den Körpervenen unter Ausschluß der Hohlvenen (Thrombektomie, Transplantatersatz, Bypassoperation) – gegebenenfalls einschließlich Anlegen einer temporären arteriovenösen Fistel – | 3000 | 342,00 | 174,86 | *402,18* |
| 2895 | Anlage eines arteriovenösen Shunts zur Hämodialyse | 1480 | 168,72 | 86,27 | *198,41* |
| 2896 | Anlage eines arteriovenösen Shunts zur Hämodialyse mit freiem Transplantat | 2100 | 239,40 | 122,40 | *281,53* |
| 2897 | Beseitigung eines arteriovenösen Shunts | 1200 | 136,80 | 69,94 | *160,87* |
| 2898 | Unterbrechung der Vena cava caudalis durch Filterimplantation. | 1500 | 171,00 | 87,43 | *201,09* |
| 2899 | Unterbrechung der Vena cava caudalis nach Freilegung | 2220 | 253,08 | 129,40 | *297,61* |
| 2900 | Operation bei portalem Hochdruck durch Dissektion | 3140 | 357,96 | 183,02 | *420,95* |

| Nummer | Leistung | Punktzahl | Gebühr in DM – einfach – | Gebühr in Euro – einfach – | Gebühr in Euro – 2,3-fach – – *1,8-fach – – **1,15-fach – |
|---|---|---|---|---|---|
| 2901 | Operation bei portalem Hochdruck durch venöse Anastomose | 3700 | 421,80 | 215,66 | *496,02* |
| 2902 | Operation bei portalem Hochdruck durch venöse Anastomose und Arterialisation | 4620 | 526,68 | 269,29 | *619,36* |
| | **4. Sympathikuschirurgie** | | | | |
| 2920 | Thorakale Sympathektomie | 2000 | 228,00 | 116,57 | *268,12* |
| 2921 | Lumbale Sympathektomie | 1480 | 168,72 | 86,27 | *198,41* |
| | **XII. Thoraxchirurgie** | | | | |
| 2950 | Resektion einer Rippe, als selbständige Leistung | 739 | 84,25 | 43,08 | *99,08* |
| 2951 | Resektion mehrerer benachbarter Rippen, als selbständige Leistung | 1110 | 126,54 | 64,70 | *148,81* |
| 2952 | Resektion einer Halsrippe oder der 1. Rippe | 1110 | 126,54 | 64,70 | *148,81* |
| 2953 | Thorakoplastik | 3140 | 357,96 | 183,02 | *420,95* |
| 2954 | Thorakoplastik mit Höhleneröffnung – auch Jalousieplastik – | 4620 | 526,68 | 269,29 | *619,36* |
| 2955 | Thorakoplastik mit Entschwartung – gegebenenfalls einschließlich Muskelimplantation und Entnahme des Implantates – | 5000 | 570,00 | 291,44 | *670,30* |
| 2956 | Brustwandteilresektion | 2100 | 239,40 | 122,40 | *281,53* |
| 2957 | Brustwandteilresektion mit plastischer Deckung | 3000 | 342,00 | 174,86 | *402,18* |
| 2959 | Korrekturthorakoplastik mit Entschwartung – gegebenenfalls einschließlich Muskelimplantation und Entnahme des Implantates – | 5100 | 581,40 | 297,27 | *683,71* |

| | | | | | |
|---|---|---|---|---|---|
| 2960 | Operation einer Brustkorbdeformität (z.B. Trichterbrust) | 3000 | 342,00 | 174,86 | *402,18* |
| 2970 | Anlage einer Pleuradrainage (z.B. Bülau'sche Heberdrainage) | 554 | 63,16 | 32,29 | *74,27* |
| 2971 | Spülung des Pleuraraumes bei liegender Drainage – gegebenenfalls einschließlich Einbringung von Arzneimitteln – | 148 | 16,87 | 8,63 | *19,84* |
| 2972 | Entnahme von Pleuragewebe nach operativer Freilegung der Pleura, als selbständige Leistung | 666 | 75,92 | 38,82 | *89,28* |
| 2973 | Pleurektomie, einseitig, als selbständige Leistung | 2220 | 253,08 | 129,40 | *297,61* |
| 2974 | Pleurektomie mit Resektionen) am Perikard und/oder Zwerchfell | 3140 | 357,96 | 183,02 | *420,95* |
| 2975 | Dekortikation der Lunge | 4800 | 547,20 | 279,78 | *643,49* |
| 2976 | Ausräumung eines Hämatothorax | 2000 | 228,00 | 116,57 | *268,12* |
| 2977 | Thorakokaustik bei Spontanpneumothorax | 739 | 84,25 | 43,08 | *99,08* |
| 2979 | Operative Entfernung eines Pleuraempyems – gegebenenfalls einschließlich Rippenresektion(en) – | 1110 | 126,54 | 64,70 | *148,81* |
| 2985 | Thorakaler Eingriff am Zwerchfell | 2220 | 253,08 | 129,40 | *297,61* |
| 2990 | Thorakotomie zu diagnostischen Zwecken | 1110 | 126,54 | 64,70 | *148,81* |
| 2991 | Thorakotomie mit Herzmassage | 1480 | 168,72 | 86,27 | *198,41* |
| 2992 | Thorakotomie mit Entnahme von Pleura- und/oder Lungengewebe für die histologische und/oder bakteriologische Untersuchung, als selbständige Leistung | 1290 | 147,06 | 75,19 | *172,94* |
| 2993 | Thorakotomie mit Gewebsentnahme und intrathorakalen Präparationen | 1480 | 168,72 | 86,27 | *198,41* |
| 2994 | Operative Eingriffe an der Lunge (z.B. Keilexzision, Herdenukleation, Ausschälung von Zysten) | 2770 | 315,78 | 161,46 | *371,35* |
| 2995 | Lob- oder Pneumonektomie | 3140 | 357,96 | 183,02 | *420,95* |
| 2996 | Lungensegmentresektion(en) | 4000 | 456,00 | 233,15 | *536,24* |
| 2997 | Lobektomie und Lungensegmentresektion(en) | 5100 | 581,40 | 297,27 | *683,71* |

| Nummer | Leistung | Punktzahl | Gebühr in DM – einfach – | Gebühr in Euro – einfach – | Gebühr in Euro – 2,3-fach – – *1,8-fach – – **1,15-fach – |
|---|---|---|---|---|---|
| 2998 | Bilobektomie | 4800 | 547,20 | 279,78 | *643,49* |
| 2999 | Pneumonektomie mit intraperikardialer Gefäßversorgung und/oder Ausräumung mediastinaler Lymphknoten | 5600 | 638,40 | 326,41 | *750,74* |
| 3000 | Bronchotomie zur Entfernung von Fremdkörpern oder Tumoren. | 2770 | 315,78 | 161,46 | *371,35* |
| 3001 | Thorakale Eingriffe am Tracheobronchialsystem wie Resektion und/oder Anastomose und/oder Versteifung und/oder plastischer Ersatz | 5800 | 661,20 | 338,07 | *777,55* |
| 3002 | Operative Kavernen- oder Lungenabszeßeröffnung | 4800 | 547,20 | 279,78 | *643,49* |
| 3010 | Stemotomie, als selbständige Leistung | 1110 | 126,54 | 64,70 | *148,81* |
| 3011 | Entfernung eines Mediastinaltumors, transpleural oder transsternal | 4000 | 456,00 | 233,15 | *536,24* |
| 3012 | Drainage des Mediastinums | 554 | 63,16 | 32,29 | *74,27* |
| 3013 | Intrathorakaler Eingriff am Lymphgefäßsystem | 4000 | 456,00 | 233,15 | *536,24* |

## XIII. Herzchirurgie

| Nummer | Leistung | Punktzahl | Gebühr in DM – einfach – | Gebühr in Euro – einfach – | Gebühr in Euro – 2,3-fach – – *1,8-fach – – **1,15-fach – |
|---|---|---|---|---|---|
| 3050 | Operative Maßnahmen in Verbindung mit der Herz-Lungen-Maschine zur Herstellung einer extrakorporalen Zirkulation | 1850 | 210,90 | 107,83 | *248,01* |
| 3051 | Perfusion der Hirnarterien, zusätzlich zur Leistung nach Nummer 3050 | 1290 | 147,06 | 75,19 | *172,94* |
| 3052 | Perfusion der Koronararterien, zusätzlich zur Leistung nach Nummer 3050 | 1110 | 126,54 | 64,70 | *148,81* |

| | | | | | |
|---|---|---|---|---|---|
| 3053 | Perfusion von Arterien eines anderen Organs, zusätzlich zur Leistung nach Nummer 3050 | 1110 | 126,54 | 64,70 | *148,81* |
| 3054 | Operative extrathorakale Anlage einer assistierenden Zirkulation | 1850 | 210,90 | 107,83 | *248,01* |
| 3055 | Überwachung einer assistierenden Zirkulation, je angefangene Stunde | 554 | 63,16 | 32,29 | *74,27* |
| | *Die Leistung nach Nummer 3055 ist nur während einer Operation berechnungsfähig.* | | | | |
| 3060 | Intraoperative Funktionsmessungen am und/oder im Herzen | 554 | 63,16 | 32,29 | *74,27* |
| 3065 | Operation am Perikard, als selbständige Leistung | 2000 | 228,00 | 116,57 | *268,12* |
| 3066 | Operation der Pericarditis constrictiva | 3140 | 357,96 | 183,02 | *420,95* |
| 3067 | Myokardbiopsie unter Freilegung des Herzens, als selbständige Leistung | 1480 | 168,72 | 86,27 | *198,41* |
| 3068 | Anlage einer künstlichen Pulmonalisstammstenose | 3140 | 357,96 | 183,02 | *420,95* |
| 3069 | Shuntoperation an herznahen Gefäßen | 3000 | 342,00 | 174,86 | *402,18* |
| 3070 | Operative Anlage eines Vorhofseptumdefektes | 3000 | 342,00 | 174,86 | *402,18* |
| 3071 | Naht einer Myokardverletzung | 3000 | 342,00 | 174,86 | *402,18* |
| 3072 | Operativer Verschluß des Vorhofseptumdefektes vom Sekundum-Typ | 3000 | 342,00 | 174,86 | *402,18* |
| 3073 | Operativer Verschluß von Vorhofseptumdefekten anderen Typs (z.B. Sinus venosus) – auch Korrektur einer isolierten Lungenvenenfehlmündung – | 4000 | 456,00 | 233,15 | *536,24* |
| 3074 | Komplette intraatriale Blutumleitung (totale Lungenvenenfehlmündung oder unkomplizierte Transposition der großen Arterien) | 6500 | 741,00 | 378,87 | *871,39* |
| 3075 | Entfernung eines Fremdkörpers aus dem Herzen oder aus einem herznahen Gefäß – auch Thromb- oder Embolektomie – | 3000 | 342,00 | 174,86 | *402,18* |

| Nummer | Leistung | Punktzahl | Gebühr in DM – einfach – | Gebühr in Euro – einfach – | Gebühr in Euro – 2,3-fach – – *1,8-fach – – **1,15-fach – |
|---|---|---|---|---|---|
| 3076 | Operative Entfernung eines Herztumors oder eines Herzwandaneurysmas oder eines Herzdivertikels | 4800 | 547,20 | 279,78 | *643,49* |
| 3077 | Operativer Verschluß eines Herzkammerscheidewanddefektes mittels direkter Naht | 3000 | 342,00 | 174,86 | *402,18* |
| 3078 | Operativer Verschluß eines Herzkammerscheidewanddefektes mittels Prothese | 4000 | 456,00 | 233,15 | *536,24* |
| 3079 | Resektion intrakardial stenosierender Muskulatur | 3000 | 342,00 | 174,86 | *402,18* |
| 3084 | Valvuloplastik einer Herzklappe | 3300 | 376,20 | 192,35 | *442,40* |
| 3085 | Operative Korrektur einer Herzklappe | 3140 | 357,96 | 183,02 | *420,95* |
| 3086 | Operativer Ersatz einer Herzklappe | 5600 | 638,40 | 326,41 | *750,74* |
| 3087 | Operative Korrektur und/oder Ersatz mehrerer Herzklappen | 7500 | 855,00 | 437,15 | *1.005,46* |
| 3088 | Operation zur direkten myokardialen Revaskularisation eines Versorgungsabschnittes | 5600 | 638,40 | 326,41 | *750,74* |
| 3089 | Operation zur direkten myokardialen Revaskularisation mehrerer Versorgungsabschnitte | 7500 | 855,00 | 437,15 | *1.005,46* |
| 3090 | Operation von Anomalien der Koronararterien | 4000 | 456,00 | 233,15 | *536,24* |
| 3091 | Operation am Reizleitungssystem (Korrektur von Rhythmusstörungen – ausschließlich der Schrittmacherbehandlung –) | 4500 | 513,00 | 262,29 | *603,27* |
| 3095 | Schrittmacher-Erstimplantation | 2770 | 315,78 | 161,46 | *371,35* |
| 3096 | Schrittmacher-Aggregatwechsel | 1110 | 126,54 | 64,70 | *148,81* |
| 3097 | Schrittmacher-Korrektureingriff – auch Implantation von myokardialen Elektroden – | 2770 | 315,78 | 161,46 | *371,35* |

## XIV. Ösophaguschirurgie, Abdominalchirurgie

| | | | | | |
|---|---|---|---|---|---|
| 3120 | Diagnostische Peritonealspülung, als selbständige Leistung | 300 | 34,20 | 17,49 | *40,22* |
| 3121 | Choledochoskopie während einer intraabdominalen Operation | 500 | 57,00 | 29,14 | *67,03* |
| 3122 | Intraoperative Manometrie an den Gallenwegen (Prüfung des Papillenwiderstandes) | 375 | 42,75 | 21,86 | *50,27* |
| 3125 | Eröffnung des Ösophagus vom Halsgebiet aus | 1110 | 126,54 | 64,70 | *148,81* |
| 3126 | Intrathorakaler Eingriff am Ösophagus | 4000 | 456,00 | 233,15 | *536,24* |
| 3127 | Extrapleurale Operation der Ösophagusatresie beim Kleinkind | 5000 | 570,00 | 291,44 | *670,30* |
| 3128 | Operative Beseitigung einer angeborenen ösophagotrachealen Fistel | 3000 | 342,00 | 174,86 | *402,18* |
| 3129 | Operativer Eingriff am terminalen Ösophagus bei abdominalem Zugang | 3000 | 342,00 | 174,86 | *402,18* |
| 3130 | Operativer Eingriff am Ösophagus bei abdominalthorakalem Zugang | 5000 | 570,00 | 291,44 | *670,30* |
| 3135 | Eröffnung der Bauchhöhle zu diagnostischen Zwecken – gegebenenfalls einschließlich Gewebeentnahme – | 1110 | 126,54 | 64,70 | *148,81* |
| 3136 | Eröffnung eines subphrenischen Abszesses | 1110 | 126,54 | 64,70 | *148,81* |
| 3137 | Eröffnung von Abszessen im Bauchraum | 1110 | 126,54 | 64,70 | *148,81* |
| 3138 | Anlage einer Magenfistel mit oder ohne Schrägkanalbildung | 1600 | 182,40 | 93,26 | *214,50* |
| 3139 | Eröffnung des Bauchraums bei Peritonitis mit ausgedehnter Revision, Spülung und Drainage | 2770 | 315,78 | 161,46 | *371,35* |
| 3144 | Naht der Magen- und/oder Darmwand nach Perforation oder nach Verletzung – einschließlich Spülung des Bauchraumes – | 1900 | 216,60 | 110,75 | *254,72* |
| 3145 | Teilresektion des Magens | 2770 | 315,78 | 161,46 | *371,35* |
| 3146 | Kardiaresektion | 4000 | 456,00 | 233,15 | *536,24* |
| 3147 | Totale Magenentfernung | 4800 | 547,20 | 279,78 | *643,49* |

| Nummer | Leistung | Punktzahl | Gebühr in DM – einfach – | Gebühr in Euro – einfach – | Gebühr in Euro – 2,3-fach – – *1,8-fach – – **1,15-fach – |
|---|---|---|---|---|---|
| 3148 | Resektion des Ulcus pepticum | 4000 | 456,00 | 233,15 | *536,24* |
| 3149 | Umwandlungsoperation am Magen (z.B. Billroth II in Billroth I, Interposition) | 5250 | 598,50 | 306,01 | *703,82* |
| 3150 | Gastrotomie | 1600 | 182,40 | 93,26 | *214,50* |
| 3151 | Operative Einbringung eines Tubus in Ösophagus und/oder Magen als Notoperation | 2700 | 307,80 | 157,38 | *361,96* |
| 3152 | Spaltung des Pylorus (z.B. bei Pylorospasmus) | 1900 | 216,60 | 110,75 | *254,72* |
| 3153 | Pyloroplastik | 3000 | 342,00 | 174,86 | *402,18* |
| 3154 | Vagotomie am Magen | 3000 | 342,00 | 174,86 | *402,18* |
| 3155 | Vagotomie am Magen mit zusätzlichen Drainageverfahren (z.B. Anastomose, Pyloruserweiterung einschließlich Plastik) | 4500 | 513,00 | 262,29 | *603,27* |
| 3156 | Endoskopische Entfernung von Fäden nach Magenoperation oder von Fremdkörpern, zusätzlich zur Gastroskopie | 450 | 51,30 | 26,23 | *60,33* |
| 3157 | Magenteilresektion mit Dickdarmteilresektion | 4620 | 526,68 | 269,29 | *619,36* |
| 3158 | Gastroenterostomie | 2220 | 253,08 | 129,40 | *297,61* |
| 3165 | Operative Beseitigung von Atresien, Stenosen (Septen) und/oder Divertikeln des Duodenums | 4000 | 456,00 | 233,15 | *536,24* |
| 3166 | Operative Beseitigung der Atresien, Stenosen (Septen) und/oder Divertikeln des Jejunums oder des Ileums | 3000 | 342,00 | 174,86 | *402,18* |
| 3167 | Anastomose im Dünndarmgebiet – auch mit Teilresektion – | 2220 | 253,08 | 129,40 | *297,61* |
| 3168 | Jejuno-Zökostomie | 2600 | 296,40 | 151,55 | *348,56* |
| 3169 | Teilresektion des Kolons – auch mit Anastomose – | 3750 | 427,50 | 218,58 | *502,73* |

| | | | | | |
|---|---|---|---|---|---|
| 3170 | Kolektomie, auch subtotal – mit Ileostomie – | 5250 | 598,50 | 306,01 | *703,82* |
| 3171 | Operative Beseitigung von Lageanomalien innerhalb des Magen-Darmtraktes oder des Volvulus (auch im Säuglings- und Kleinkindalter) oder der Darminvagination | 2500 | 285,00 | 145,72 | *335,15* |
| 3172 | Operative Darmmobilisation bei Verwachsungen, als selbständige Leistung | 1600 | 182,40 | 93,26 | *214,50* |
| 3173 | Operative Entfernung des Meckel'schen Divertikels | 1480 | 168,72 | 86,27 | *198,41* |
| 3174 | Operative Beseitigung einer Darmduplikatur | 2700 | 307,80 | 157,38 | *361,96* |
| 3175 | Operation des Mekoniumileus | 2700 | 307,80 | 157,38 | *361,96* |
| 3176 | Transposition eines Darmteils innerhalb des Abdomens | 3500 | 399,00 | 204,01 | *469,21* |
| 3177 | Transposition eines Darmteils und/oder des Magens aus dem Abdomen heraus | 5000 | 570,00 | 291,44 | *670,30* |
| 3179 | Faltung sämtlicher Dünndarmschlingen bei rezidivierendem Heus | 4000 | 456,00 | 233,15 | *536,24* |
| 3181 | Langstreckige Resektion, auch ganzer Konvolute, vom Dünndarm – gegebenenfalls einschließlich vom Dickdarm – mit Anastomose | 3500 | 399,00 | 204,01 | *469,21* |
| 3183 | Kombinierte Entfernung des gesamten Dick- und Mastdarmes mit Ileostoma | 6500 | 741,00 | 378,87 | *871,39* |
| 3184 | Lebertransplantation | 7500 | 855,00 | 437,15 | *1.005,46* |
| 3185 | Operation an der Leber (z.B. Teilresektion oder Exzision eines Tumors) | 3000 | 342,00 | 174,86 | *402,18* |
| 3186 | Exstirpation der Gallenblase | 2500 | 285,00 | 145,72 | *335,15* |
| 3187 | Operation an den Gallengängen – gegebenenfalls einschließlich Exstirpation der Gallenblase – | 3250 | 370,50 | 189,43 | *435,70* |
| 3188 | Biliodigestive Anastomose mit Interposition eines Darmabschnittes | 4200 | 478,80 | 244,81 | *563,06* |

| Nummer | Leistung | Punktzahl | Gebühr in DM – einfach – | Gebühr in Euro – einfach – | Gebühr in Euro – 2,3-fach – – *1,8-fach – – **1,15-fach – |
|---|---|---|---|---|---|
| 3189 | Operative Beseitigung von Atresien und/oder Stenosen der Gallengänge beim Säugling oder Kleinkind | 4000 | 456,00 | 233,15 | *536,24* |
| 3190 | Papillenexstirpation oder -Spaltung mit Eröffnung des Duodenums | 2700 | 307,80 | 157,38 | *361,96* |
| 3192 | Milzrevision, als selbständige Leistung | 2000 | 228,00 | 116,57 | *268,12* |
| 3194 | Präparation einer Pankreaszyste und Drainage derselben durch Interposition eines Darmabschnittes | 3700 | 421,80 | 215,66 | *496,02* |
| 3195 | Resektion des Kopfteils vom Pankreas | 4620 | 526,68 | 269,29 | *619,36* |
| 3196 | Resektion des Schwanzteils vom Pankreas | 2220 | 253,08 | 129,40 | *297,61* |
| 3197 | Resektion des ganzen Pankreas | 4620 | 526,68 | 269,29 | *619,36* |
| 3198 | Pankreoduodenektomie (z.B. nach Whipple) | 5000 | 570,00 | 291,44 | *670,30* |
| 3199 | Milzexstirpation | 2220 | 253,08 | 129,40 | *297,61* |
| 3200 | Appendektomie | 1480 | 168,72 | 86,27 | *198,41* |
| 3202 | Operation einer persistierenden Fistel am Magen-Darmtrakt – gegebenenfalls einschließlich Resektion und Anastomose – | 3000 | 342,00 | 174,86 | *402,18* |
| 3205 | Anlage einer Endodrainage (z.B. Duodenum-Dünndarm-Leberpforte-Bauchhaut), zusätzlich zu anderen intraabdominalen Operationen | 2250 | 256,50 | 131,15 | *301,64* |
| 3206 | Enterostomie – auch einschließlich Katheterfistelung (Kolostomie, Transversumfistel) – | 2250 | 256,50 | 131,15 | *301,64* |
| 3207 | Anlegen eines Anus praeter | 1480 | 168,72 | 86,27 | *198,41* |
| 3208 | Verschlußoperation für einen Anus praeter mit Darmnaht | 1250 | 142,50 | 72,86 | *167,58* |

| | | | | | |
|---|---|---|---|---|---|
| 3209 | Verschlußoperation für einen Anus praeter mit Darmresektion ... | 1750 | 199,50 | 102,00 | *234,61* |
| 3210 | Anlegen eines Anus praeter duplex transversalis | 2000 | 228,00 | 116,57 | *268,12* |
| 3211 | Unterweisung eines Anus-praeter-Patienten in der Irrigator-Methode zur Darmentleerung | 120 | 13,68 | 6,99 | *16,09* |
| 3215 | Eröffnung eines kongenitalen oberflächlichen Afterverschlusses | 150 | 17,10 | 8,74 | *20,11* |
| 3216 | Operation eines kongenitalen tiefreichenden Mastdarmverschlusses vom Damm aus oder der Analatresie | 1200 | 136,80 | 69,94 | *160,87* |
| 3217 | Operation der Anal- und Rektumatresie einschließlich Kolondurchzugsoperation | 3750 | 427,50 | 218,58 | *502,73* |
| 3218 | Radikaloperation eines tiefreichenden Mastdarmverschlusses mit Eröffnung der Bauchhöhle | 2700 | 307,80 | 157,38 | *361,96* |
| 3219 | Operation eines Afterrisses oder Mastdarmrisses | 278 | 31,69 | 16,20 | *37,27* |
| 3220 | Operation submuköser Mastdarmfisteln | 300 | 34,20 | 17,49 | *40,22* |
| 3221 | Operation intramuskulärer Mastdarmfisteln | 370 | 42,18 | 21,57 | *49,60* |
| 3222 | Operation einer transsphinkterischen Mastdarmfistel – auch ihres verzweigten Gangsystems – | 700 | 79,80 | 40,80 | *93,84* |
| 3223 | Operation einer extrasphinkterischen Fistel oder Rundbogenfistel – auch jeweils ihres verzweigten Gangsystems – | 850 | 96,90 | 49,54 | *113,95* |
| 3224 | Peranale operative Entfernung von Mastdarmpolypen oder Mastdarmgeschwülsten – einschließlich Schleimhautnaht – | 1150 | 131,10 | 67,03 | *154,17* |
| 3226 | Peranale operative Entfernung einer Mastdarmgeschwulst mit Durchtrennung der Schließmuskulatur (Rectostomia posterior) – einschließlich Naht – | 3500 | 399,00 | 204,01 | *469,21* |
| 3230 | Manuelles Zurückbringen des Mastdarmvorfalles | 120 | 13,68 | 6,99 | *16,09* |
| 3231 | Operation des Mastdarmvorfalles bei Zugang vom After aus oder perineal | 1150 | 131,10 | 67,03 | *154,17* |
| 3232 | Operation des Mastdarmvorfalles mit Eröffnung der Bauchhöhle | 2220 | 253,08 | 129,40 | *297,61* |

| Nummer | Leistung | Punktzahl | Gebühr in DM – einfach – | Gebühr in Euro – einfach – | Gebühr in Euro – 2,3-fach – – *1,8-fach – – **1,15-fach – |
|---|---|---|---|---|---|
| 3233 | Rektumexstirpation bei Zugang vom After aus – auch mit Kreuzbeinschnitt – | 2800 | 319,20 | 163,20 | *375,37* |
| 3234 | Rektale Myektomie (z.B. bei Megacolon congenitum) – auch mit Kolostomie – | 3500 | 399,00 | 204,01 | *469,21* |
| 3235 | Kombinierte Rektumexstirpation mit Laparotomie | 5000 | 570,00 | 291,44 | *670,30* |
| 3236 | Unblutige Erweiterung des Mastdarmschließmuskels | 111 | 12,65 | 6,47 | *14,88* |
| 3237 | Blutige Erweiterung des Mastdarmschließmuskels, als selbständige Leistung | 370 | 42,18 | 21,57 | *49,60* |
| 3238 | Entfernung von Fremdkörpern aus dem Mastdarm | 185 | 21,09 | 10,78 | *24,80* |
| | *Eine neben der Leistung nach Nummer 3238 erforderliche Rektoskopie ist nach Nummer 690 zusätzlich berechnungsfähig.* | | | | |
| 3239 | Muskelplastik bei Insuffizienz des Mastdarmschließmuskels | 1800 | 205,20 | 104,92 | *241,31* |
| 3240 | Operation der Hämorrhoidalknoten | 554 | 63,16 | 32,29 | *74,27* |
| 3241 | Hohe intraanale Exzision von Hämorrhoidalknoten (z.B. nach Miligan/Morgan) – auch mit Analplastik – | 924 | 105,34 | 53,86 | *123,88* |

## XV. Hernienchirurgie

| Nummer | Leistung | Punktzahl | Gebühr in DM – einfach – | Gebühr in Euro – einfach – | Gebühr in Euro – 2,3-fach – – *1,8-fach – – **1,15-fach – |
|---|---|---|---|---|---|
| 3280 | Operation einer Diaphragmahernie | 2770 | 315,78 | 161,46 | *371,35* |
| 3281 | Operation der Zwerchfellrelaxation | 2250 | 256,50 | 131,15 | *301,64* |
| 3282 | Zurückbringen oder Versuch des Zurückbringens eines eingeklemmten Bruches | 222 | 25,31 | 12,94 | *29,76* |

| | | | | | |
|---|---|---|---|---|---|
| 3283 | Operation eines Nabel- oder Mittellinien- oder Bauchnarbenbruches | 1110 | 126,54 | 64,70 | *148,81* |
| 3284 | Operation eines Nabel- oder Mittellinien- oder Bauchnarbenbruches mit Muskel- und Faszienverschiebeplastik – auch mit Darmresektion – | 2500 | 285,00 | 145,72 | *335,15* |
| 3285 | Operation eines Leisten- oder Schenkelbruches | 1290 | 147,06 | 75,19 | *172,94* |
| 3286 | Operation eines eingeklemmten Leisten- oder Schenkelbruches – gegebenenfalls mit Darmresektion – | 2000 | 228,00 | 116,57 | *268,12* |
| 3287 | Operation der Omphalozele (Nabelschnurhemie) oder der Gastroschisis beim Neugeborenen oder Kleinkind | 2500 | 285,00 | 145,72 | *335,15* |
| 3288 | Operative Beseitigung eines Ductus omphaloentericus persistens oder einer Urachusfistel | 2250 | 256,50 | 131,15 | *301,64* |

## XVI. Orthopädisch-chirurgische konservative Leistungen

| | | | | | |
|---|---|---|---|---|---|
| 3300 | Arthrosekopie – gegebenenfalls mit Probeexzision – | 500 | 57,00 | 29,14 | *67,03* |
| 3301 | Modellierendes Redressement einer schweren Hand- oder Fußverbildung | 473 | 53,92 | 27,57 | *63,41* |
| 3302 | Stellungsänderung oder zweites und folgendes Redressement im Verlaufe der Behandlung nach Nummer 3301 | 227 | 25,88 | 13,23 | *30,43* |
| 3305 | Chiropraktische Wirbelsäulenmobilisierung | 37 | 4,22 | 2,16 | *4,96* |
| 3306 | Chirotherapeutischer Eingriff an der Wirbelsäule | 148 | 16,87 | 8,63 | *19,84* |
| 3310 | Abdrücke oder Modellherstellung durch Gips oder andere Werkstoffe für eine Hand oder für einen Fuß mit oder ohne Positiv | 76 | 8,66 | 4,43 | *10,18* |
| 3311 | Abdrücke oder Modellherstellung durch Gips oder andere Werkstoffe für einen Unterarm einschließlich Hand oder für einen Unterschenkel einschließlich Fuß oder für Ober- oder Unterarm oder Unterschenkelstumpf | 152 | 17,33 | 8,86 | *20,38* |

| Nummer | Leistung | Punktzahl | Gebühr in DM – einfach – | Gebühr in Euro – einfach – | Gebühr in Euro – 2,3-fach – – *1,8-fach – – **1,15-fach – |
|---|---|---|---|---|---|
| 3312 | Abdrücke oder Modellherstellung durch Gips oder andere Werkstoffe für einen Oberschenkelstumpf mit Tubersitzausarbeitung | 189 | 21,55 | 11,02 | *25,34* |
| 3313 | Abdrücke oder Modellherstellung durch Gips oder andere Werkstoffe für den ganzen Arm oder für das ganze Bein | 303 | 34,54 | 17,66 | *40,62* |
| 3314 | Abdrücke oder Modellherstellung durch Gips oder andere Werkstoffe für den Arm mit Schulter | 379 | 43,21 | 22,09 | *50,81* |
| 3315 | Abdrücke oder Modellherstellung durch Gips oder andere Werkstoffe für das Bein mit Becken | 473 | 53,92 | 27,57 | *63,41* |
| 3316 | Abdrücke oder Modellherstellung durch Gips oder andere Werkstoffe für den Rumpf | 757 | 86,30 | 44,12 | *101,49* |
| 3317 | Abdrücke oder Modellherstellung durch Gips oder andere Werkstoffe für Rumpf und Kopf oder Rumpf und Arm oder Rumpf, Kopf und Arm | 946 | 107,84 | 55,14 | *126,82* |
| 3320 | Anpassen von Kunstgliedern oder eines großen orthopädischen Hilfsmittels | 95 | 10,83 | 5,54 | *12,74* |
| | *Unter „Große orthopädische Hilfsmittel" sind solche orthopädischen Hilfsmittel zu verstehen, deren Anpassen dem von Kunstgliedern vergleichbar ist. Unter „Anpassen" ist die durch den Arzt bewirkte Korrektur von bereits vorhandenen, anderweitig angefertigten Kunstgliedern oder großen orthopädischen Hilfsmitteln zu verstehen.* | | | | |
| 3321 | Erstellen eines Konstruktionsplanes für ein großes orthopädisches Hilfsmittel (z.B. Kunstglied) | 152 | 17,33 | 8,86 | *20,38* |

## M. Laboratoriumsuntersuchungen

### Allgemeine Bestimmungen

1. Die Gebühren für Laboratoriumsuntersuchungen des Abschnitts M umfassen die Eingangsbegutachtung des Probenmaterials, die Probenvorbereitung, die Durchführung der Untersuchung (einschließlich der erforderlichen Qualitätssicherungsmaßnahmen) sowie die Erstellung des daraus resultierenden ärztlichen Befunds.

   Mit den Gebühren für die berechnungsfähigen Leistungen sind außer den Kosten – mit Ausnahme der Versand- und Portokosten sowie der Kosten für Pharmaka im Zusammenhang mit Funktionstesten – auch die Beurteilung, die obligatorische Befunddokumentation, die Befundmitteilung sowie der einfache Befundbericht abgegolten. Die Verwendung radioaktiven Materials kann nicht gesondert berechnet werden.

   Kosten für den Versand des Untersuchungsmaterials und die Übermittlung des Untersuchungsergebnisses Innerhalb einer Laborgemeinschaft sind nicht berechnungsfähig

2. Stehen dem Arzt für die Erbringung bestimmter Laboruntersuchungen mehrere in ihrer klinischen Aussagefähigkeit und analytischen Qualität gleichwertige Verfahren zur Verfügung, so kann er nur das niedriger bewertete Verfahren abrechnen.
3. Bei Weiterversand von Untersuchungsmaterial durch einen Arzt an einen anderen Arzt wegen der Durchführung von Laboruntersuchungen der Abschnitte M III und/oder M IV hat die Rechnungsstellung durch den Arzt zu erfolgen, der die Laborleistung selbst erbracht hat.
4. Mehrmalige Blutentnahmen an einem Kalendertag (z.B. im Zusammenhang mit Funktionsprüfungen) sind entsprechend mehrfach berechnungsfähig. Anstelle der Blutentnahme kann die intravenöse Einbringung von Testsubstanzen berechnet werden, wenn beide Leistungen bei liegender Kanüle nacheinander erbracht werden.

   Entnahmen aus liegender Kanüle oder liegendem Katheter sind nicht gesondert berechnungsfähig.

5. Die rechnerische Ermittlung von Ergebnissen aus einzelnen Maßgrößen ist nicht berechnungsfähig (z.B. Clearance-Berechnungen, mittlerer korpuskulärer Hämoglobingehalt).
6. Die in Abschnitt M enthaltenen Höchstwerte umfassen alle Untersuchungen aus einer Art von Körpermaterial (z.B. Blut einschließlich seiner Bestandteile Serum, Plasma und Blutzellen), das an einem Kalendertag gewonnen wurde, auch wenn dieses an mehreren Tagen untersucht wurde.

   Sind aus medizinischen Gründen an einem Kalendertag mehrere Untersuchungen einer Maßgröße aus einer Materialart zu verschiedenen Tageszeiten erforderlich, so können diese entsprechend mehrfach berechnet werden. Bestehen für diese Bestimmungen Höchstwerte, so gehen sie in den Höchstwert mit ein.

Die unter Höchstwerte fallenden Untersuchungen sind in der 5. und 6. Stelle der Gebührennummer durch H1 bis H4 gekennzeichnet. Diese Kennzeichnung ist Bestandteil der Gebührennummer und muß in der Rechnung angegeben werden.

Die erbrachten Einzelleistungen sind auch dann in der Rechnung aufzuführen, wenn für diese ein Höchstwert berechnet wird.

7. Werden Untersuchungen, die Bestandteil eines Leistungskomplexes sind (z.B. Spermiogramm), als selbständige Einzelleistungen durchgeführt, so darf die Summe der Vergütungen für diese Einzelleistungen die für den Leistungskomplex festgelegte Vergütung nicht überschreiten.
8. Für die analoge Abrechnung einer nicht aufgeführten selbständigen Laboruntersuchung ist die nach Art, Kosten- und Zeitaufwand zutreffendste Gebührennummer aus den Abschnitten M II bis M IV zu verwenden. In der Rechnung ist diese Gebührennummer durch Voranstellen des Buchstabens „A“ als Analogabrechnung zu kennzeichnen.
9. Sofern erforderlich, sind in den Katalogen zu den Maßgrößen die zur Untersuchung verwendeten Methoden in Kurzbezeichnung aufgeführt. In den folgenden Fällen werden verschiedene Methoden unter einem gemeinsamen Oberbegriff zusammengefaßt:

   Agglutination: Agglutinationsreaktionen (z.B. Hämagglutination, Hämagglutinationshemmung, Latexagglutination, Bakterienagglutination);

   Immundiffusion: Immundiffusions- (radiale), Elektroimmundiffusions-, nephelometrische oder turbidimetrische Untersuchungen;

   Immunfluoreszenz oder ähnliche Untersuchungsmethoden: Lichtmikroskopische Untersuchungen mit Fluoreszenz-, Enzym- oder anderer Markierung zum Nachweis von Antigenen oder Antikörpern;

   Ligandenassay: Enzym-, Chemolumineszenz-, Fluoreszenz-, Radioimmunoassay und ihre Varianten.

   Die Gebühren für Untersuchungen mittels Ligandenassay beinhaften grundsätzlich eine Durchführung in Doppelbestimmung einschließlich aktueller Bezugskurve. Bei der Formulierung „– gegebenenfalls einschließlich Doppelbestimmung und aktueller Bezugskurve –“ ist die Durchführung fakultativ, bei der Formulierung „– einschließlich Doppelbestimmung und aktueller Bezugskurve –“ ist die Durchführung obligatorisch zur Berechnung der Gebühr. Wird eine Untersuchung mittels Ligandenassay, die obligatorisch eine Doppelbestimmung beinhaltet, als Einfachbestimmung durchgeführt, so dürfen nur zwei Drittel der Gebühr berechnet werden.
10. Sofern nicht gesondert gekennzeichnet, handelt es sich bei den aufgeführten Untersuchungen um quantitative oder semiquantitative Bestimmungen.
11. Laboratoriumsuntersuchungen der Abschnitte M I, M II und M III (mit Ausnahme der Leistungen nach den Nummern 3980 bis 4014) im Rahmen einer Intensivbehandlung nach Nummer 435 sind nur nach Nummer 437 berechnungsfähig.

| Nummer | Leistung | Punktzahl | Gebühr in DM – einfach – | Gebühr in Euro – einfach – | Gebühr in Euro – 2,3-fach – – *1,8-fach – – **1,15-fach – |
|---|---|---|---|---|---|

## I. Vorhalteleistungen in der eigenen, niedergelassenen Praxis

**Allgemeine Bestimmungen**

Leistungen nach den Nummern 3500 bis 3532 sind nur berechnungsfähig, wenn die Laboruntersuchung direkt beim Patienten (z. B. auch bei Hausbesuch) oder in den eigenen Praxisräumen innerhalb von vier Stunden nach der Probennahme bzw. Probenübergabe an den Arzt erfolgt.
Die Leistungen nach den Nummern 3500 bis 3532 sind nicht berechnungsfähig, wenn sie in einem Krankenhaus, einer krankenhausähnlichen Einrichtung, einer Laborgemeinschaft oder in einer laborärztlichen Praxis erbracht werden.

| Nummer | Leistung | Punktzahl | Gebühr in DM | Gebühr in Euro | Gebühr in Euro |
|---|---|---|---|---|---|
| 3500 | Blut im Stuhl, dreimalige Untersuchung | 90 | 10,26 | 5,25 | **6,03* |
| | *Die Kosten für ausgegebenes Testmaterial sind anstelle der Leistung nach Nummer 3500 berechnungsfähig, wenn die Auswertung aus Gründen unterbleibt, die der Arzt nicht zu vertreten hat.* | | | | |
| 3501 | Blutkörperchensenkungsgeschwindigkeit (BKS, BSG) | 60 | 6,84 | 3,50 | **4,02 |
| 3502 | Differenzierung des Blutausstrichs, mikroskopisch | 120 | 13,68 | 6,99 | **8,04 |
| 3503 | Hämatokrit | 70 | 7,98 | 4,08 | **4,69 |
| Mikroskopische Einzelbestimmung, je Meßgröße. | | 60 | 6,84 | 3,50 | **4,02 |
| *Katalog* | | | | | |
| 3504 | Erythrozyten | | | | |
| 3505 | Leukozyten | | | | |
| 3506 | Thrombozyten | | | | |

| Nr. | Leistung | Punkte | | | |
|---|---|---|---|---|---|
| 3508 | Mikroskopische Untersuchung eines Nativpräparats, gegebenenfalls nach einfacher Aufbereitung (z.B. Zentrifugation) im Durchlicht- oder Phasenkontrastverfahren, je Material (z.B. Punktate, Sekrete, Stuhl) | 80 | 9,12 | 4,66 | ***5,36* |
| 3509 | Mikroskopische Untersuchung nach einfacher Färbung (z.B. Methylenblau, Lugol), je Material | 100 | 11,40 | 5,83 | ***6,70* |
| 3510 | Mikroskopische Untersuchung nach differenzierender Färbung (z.B. Gramfärbung), je Präparat | 120 | 13,68 | 6,99 | ***8,04* |
| 3511 | Untersuchung eines Körpermaterials mit vorgefertigten Reagenzträgern oder Reagenzzubereitungen und visueller Auswertung (z.B. Glukose, Harnstoff, Urinteststreifen), qualitativ oder semiquantitativ, auch bei Verwendung eines Mehrfachreagenzträgers, je Untersuchung | 50 | 5,70 | 2,91 | ***3,35* |
| | *Können mehrere Meßgrößen durch Verwendung eines Mehrfachreagenzträgers erfaßt werden, so ist die Leistung nach Nummer 3511 auch dann nur einmal berechnungsfähig, wenn mehrere Einfachreagenzträger verwandt wurden.* | | | | |
| | *Bei mehrfacher Berechnung der Leistung nach Nummer 3511 ist die Art der Untersuchung in der Rechnung anzugeben.* | | | | |
| Untersuchung folgender Meßgrößen unabhängig vom Meßverfahren, je Meßgröße | | 70 | 7,98 | 4,08 | ***4,69* |
| *Katalog* | | | | | |
| 3512 | Alpha-Amylase | | | | |
| 3513 | Gamma-Glutamyltranspeptidase (Gamma-Glutamyltransferase, Gamma-T) | | | | |
| 3514 | Glukose | | | | |
| 3515 | Glutamatoxalazetattransaminase (GOT, Aspartataminotransferase, ASAT, AST) | | | | |
| 3516 | Glutamatpyruvattransaminase (GPT, Alaninaminotransferase, ALAT, ALT) | | | | |

| Nummer | Leistung | Punktzahl | Gebühr in DM – einfach – | Gebühr in Euro – einfach – | Gebühr in Euro – 2,3-fach – – *1,8-fach – – **1,15-fach – |
|---|---|---|---|---|---|
| 3517 | Hämoglobin | | | | |
| 3518 | Harnsäure | | | | |
| 3519 | Kalium | | | | |
| 3520 | Kreatinin | | | | |
| 3521 | Lipase | | | | |
| Untersuchung folgender Meßgrößen unabhängig vom Meßverfahren, je Meßgröße | | 100 | 11,40 | 5,83 | ***6,70* |
| *Katalog* | | | | | |
| 3523 | Antistreptolysin (ASL) | | | | |
| 3524 | C-reaktives Protein (CRP) | | | | |
| 3525 | Mononukleosetest | | | | |
| 3526 | Rheumafaktor (RF) | | | | |
| 3528 | Schwangerschaftstest (Nachweisgrenze des Tests kleiner als 500 U/l) | 130 | 14,82 | 7,58 | ***8,71* |
| 3529 | Schwangerschaftstest (Nachweisgrenze des Tests kleiner als 50 U/l) | 150 | 17,10 | 8,74 | ***10,05* |
| 3530 | Thromboplastinzeit (TPZ, Quickwert) | 120 | 13,68 | 6,99 | ***8,04* |
| 3531 | Urinsediment | 70 | 7,98 | 4,08 | ***4,69* |
| 3532 | Phasenkontrastmikroskopische Untersuchung des Urinsediments – einschließlich morphologischer Beurteilung der Erythrozyten | 90 | 10,26 | 5,25 | ***6,03* |

## II. Basislabor

**Allgemeine Bestimmungen**

Die aufgeführten Laborleistungen dürfen auch dann als eigene Leistungen berechnet werden, wenn diese nach fachlicher Weisung unter der Aufsicht eines anderen Arztes in Laborgemeinschaften oder in von Ärzten ohne eigene Liquidationsberechtigung geleiteten Krankenhauslabors erbracht werden. Für die mit H1 gekennzeichneten Untersuchungen ist der Höchstwert nach Nummer 3541.H zu beachten.

### Höchstwerte

| | | | | | |
|---|---|---|---|---|---|
| 3541.H | Höchstwert für die mit H1 gekennzeichneten Untersuchungen des Abschnitts M II | 480 | 54,72 | 27,98 | ***32,17* |

### 1. Körperzellen und deren Bestandteile, Zellfunktionsuntersuchungen

| | | | | | |
|---|---|---|---|---|---|
| 3550 | Blutbild und Blutbildbestandteile | 60 | 6,84 | 3,50 | ***4,02* |
| | *Die Leistung nach Nummer 3550 beinhaltet die Erbringung mindestens eines der folgenden Parameter, darf jedoch unabhängig von der Zahl der erbrachten Parameter aus demselben Probenmaterial nur einmal berechnet werden.* | | | | |
| | *Erythrozytenzahl und/oder Hämatokrit und/oder Hämoglobin und/oder mittleres Zellvolumen (MCV) und die errechneten Kenngrößen (z.B. MCH, MCHC) und die Erythrozytenverteilungskurve und/oder Leukozytenzahl und/oder Thrombozytenzahl.* | | | | |
| 3551 | Differenzierung der Leukozyten, elektronisch-zytometrisch, zytochemisch-zytometrisch oder mittels mechanisierter Mustererkennung (Bildanalyse), zusätzlich zu der Leistung nach Nummer 3550 | 20 | 2,28 | 1,17 | ***1,34* |
| 3552 | Retikulozytenzahl | 70 | 7,98 | 4,08 | ***4,69* |

| Nummer | Leistung | Punktzahl | Gebühr in DM – einfach – | Gebühr in Euro – einfach – | Gebühr in Euro – 2,3-fach – – *1,8-fach – – **1,15-fach – |
|---|---|---|---|---|---|
| | **2. Elektrolyte, Wasserhaushalt** | | | | |
| 3555 | Calcium | 40 | 4,56 | 2,33 | ***2,68* |
| 3556 | Chlorid | 30 | 3,42 | 1,75 | ***2,01* |
| 3557 | Kalium | 30 | 3,42 | 1,75 | ***2,01* |
| 3558 | Natrium | 30 | 3,42 | 1,75 | ***2,01* |
| | **3. Kohlehydrat- und Lipidstoffwechsel** | | | | |
| **Allgemeine Bestimmung** | | | | | |
| Für die mit H1 gekennzeichneten Untersuchungen ist der Höchstwert nach Nummer 3541.H zu beachten | | | | | |
| 3560 | Glukose | 40 | 4,56 | 2,33 | ***2,68* |
| 3561 | Glykierte Hämoglobine (HbA1, HbA1c) | 200 | 22,80 | 11,66 | ***13,41* |
| 3562.H1 | Cholesterin | 40 | 4,56 | 2,33 | ***2,68* |
| 3563.H1 | HDL-Cholesterin | 40 | 4,56 | 2,33 | ***2,68* |
| 3564.H1 | LDL-Cholesterin | 40 | 4,56 | 2,33 | ***2,68* |
| 3565.H1 | Triglyzeride | 40 | 4,56 | 2,33 | ***2,68* |

## 4. Proteine, Elektrophoreseverfahren

**Allgemeine Bestimmung**

Für die mit H1 gekennzeichneten Untersuchungen ist der Höchstwert nach Nummer 3541.H zu beachten.

| | | | | | |
|---|---|---|---|---|---|
| 3570.H1 | Albumin, photometrisch | 30 | 3,42 | 1,75 | ***2,01* |
| 3571 | Immunglobulin (IgA, IgG, IgM), Ligandenassay – gegebenenfalls einschließlich Doppelbestimmung und aktueller Bezugskurve –, Immundiffusion oder ähnliche Untersuchungsmethoden, je Immunglobulin | 150 | 17,10 | 8,74 | ***10,05* |
| 3572 | Immunglobulin E (IgE), Ligandenassay – gegebenenfalls einschließlich Doppelbestimmung und aktueller Bezugskure –, Immundiffusion oder ähnliche Untersuchungsmethoden | 250 | 28,50 | 14,57 | ***16,76* |
| 3573.H1 | Gesamt-Protein im Serum oder Plasma | 30 | 3,42 | 1,75 | ***2,01* |
| 3574 | Proteinelektrophorese im Serum | 200 | 22,80 | 11,66 | ***13,41* |
| 3575 | Transferrin, Immundiffusion oder ähnliche Untersuchungsmethoden | 100 | 11,40 | 5,83 | ***6,70* |

## 5. Substrate, Metabolite, Enzyme

**Allgemeine Bestimmung**

Für die mit H1 gekennzeichneten Untersuchungen ist der Höchstwert nach Nummer 3541.H zu beachten.

| | | | | | |
|---|---|---|---|---|---|
| 3580.H1 | Anorganisches Phosphat | 40 | 4,56 | 2,33 | ***2,68* |
| 3581.H1 | Bilirubin, gesamt | 40 | 4,56 | 2,33 | ***2,68* |
| 3582 | Bilirubin, direkt | 70 | 7,98 | 4,08 | ***4,69* |
| 3583.H1 | Harnsäure | 40 | 4,56 | 2,33 | ***2,68* |
| 3584.H1 | Harnstoff (Harnstoff-N, BUN) | 40 | 4,56 | 2,33 | ***2,68* |
| 3585.H1 | Kreatinin | 40 | 4,56 | 2,33 | ***2,68* |

| Nummer | Leistung | Punktzahl | Gebühr in DM – einfach – | Gebühr in Euro – einfach – | Gebühr in Euro – 2,3-fach – – *1,8-fach – – **1,15-fach – |
|---|---|---|---|---|---|
| 3587.H1 | Alkalische Phosphatase | 40 | 4,56 | 2,33 | **2,68 |
| 3588.H1 | Alpha-Amylase (auch immuninhibitorische Bestimmung der Pankreas-Amylase) | 50 | 5,70 | 2,91 | **3,35 |
| 3589.H1 | Cholinesterase (Pseudocholinesterase, CHE, PCHE) | 40 | 4,56 | 2,33 | **2,68 |
| 3590.H1 | Creatinkinase (CK) | 40 | 4,56 | 2,33 | **2,68 |
| 3591.H1 | Creatinkinase MB (CK-MB), Immuninhibitionsmethode | 50 | 5,70 | 2,91 | **3,35 |
| 3592.H1 | Gamma-Glutamyltranspeptidase (Gamma-Glutamyltransferase, Gamma-GT | 40 | 4,56 | 2,33 | **2,68 |
| 3593.H1 | Glutamatdehydrogenase (GLDH) | 50 | 5,70 | 2,91 | **3,35 |
| 3594.H1 | Glutamatoxalazetattransaminase (GOT, Aspartataminotransferase, ASAT, AST) | 40 | 4,56 | 2,33 | **2,68 |
| 3595.H1 | Glutamatpyruvattransaminase (GPT, Alaninaminotransferase, ALAT, ALT) | 40 | 4,56 | 2,33 | **2,68 |
| 3596.H1 | Hydroxybutyratdehydrogenase (HDBH) | 40 | 4,56 | 2,33 | **2,68 |
| 3597.H1 | Laktatdehydrogenase (LDH) | 40 | 4,56 | 2,33 | **2,68 |
| 3598.H1 | Lipase | 50 | 5,70 | 2,91 | **3,35 |
| 3599 | Saure Phosphatase (sP), photometrisch | 70 | 7,98 | 4,08 | **4,69 |

## 6. Gerinnungssystem

| Nummer | Leistung | Punktzahl | Gebühr in DM – einfach – | Gebühr in Euro – einfach – | Gebühr in Euro – 2,3-fach – – *1,8-fach – – **1,15-fach – |
|---|---|---|---|---|---|
| 3605 | Partielle Thromboplastinzeit (PTT, aPTT), Einfachbestimmung | 50 | 5,70 | 2,91 | **3,35 |
| 3606 | Plasmathrombinzeit (PTZ, TZ), Doppelbestimmung | 70 | 7,98 | 4,08 | **4,69 |

| | | | | | |
|---|---|---|---|---|---|
| 3607 | Thromboplastinzeit (Prothrombinzeit, TPZ, Quickwert), Einfachbestimmung | 50 | 5,70 | 2,91 | ***3,35* |

## 7. Funktionsteste

**Allgemeine Bestimmungen**

Wird eine vom jeweils genannten Leistungsumfang abweichende geringere Anzahl von Bestimmungen durchgeführt, so ist nur die Zahl der tatsächlich durchgeführten Einzelleistungen berechnungsfähig.

Sind aus medizinischen Gründen über den jeweils genannten Leistungsumfang hinaus weitere Bestimmungen einzelner Meßgrößen erforderlich, so können diese mit entsprechender Begründung als Einzelleistungen gesondert berechnet werden.

| | | | | | |
|---|---|---|---|---|---|
| 3610 | Amylase-Clearance (Zweimalige Bestimmung von Amylase) | 100 | 11,40 | 5,83 | ***6,70* |
| 3611 | Blutzuckertagesprofil (Viermalige Bestimmung von Glukose) | 160 | 18,24 | 9,33 | ***10,72* |
| 3612 | Glukosetoleranztest, intravenös (Siebenmalige Bestimmung von Glukose) | 280 | 31,92 | 16,32 | ***18,77* |
| 3613 | Glukosetoleranztest, oral (Viermalige Bestimmung von Glukose) | 160 | 18,24 | 9,33 | ***10,72* |
| 3615 | Kreatinin-Clearance (Zweimalige Bestimmung von Kreatinin) | 60 | 6,84 | 3,50 | ***4,02* |

## 8. Spurenelemente

| | | | | | |
|---|---|---|---|---|---|
| 3620 | Eisen im Serum oder Plasma | 40 | 4,56 | 2,33 | ***2,68* |
| 3621 | Magnesium | 40 | 4,56 | 2,33 | ***2,68* |

| Nummer | Leistung | Punktzahl | Gebühr in DM – einfach – | Gebühr in Euro – einfach – | Gebühr in Euro – 2,3-fach – – *1,8-fach – – **1,15-fach – |
|---|---|---|---|---|---|
| | **III. Untersuchungen von körpereigenen oder körperfremden Substanzen und körpereigenen Zellen** | | | | |
| | **Allgemeine Bestimmung** | | | | |
| | Für die mit H2, H3 und H4 gekennzeichneten Untersuchungen sind die Höchstwerte nach den Nummern 3630.H, 3631.H und 3633.H zu beachten | | | | |
| | **Höchstwerte** | | | | |
| 3630.H | Höchstwert für die mit H2 gekennzeichneten Untersuchungen aus Abschnitt M III 8 | 870 | 99,18 | 50,71 | ***58,32* |
| 3631.H | Höchstwert für die mit H3 gekennzeichneten Untersuchungen aus Abschnitt M III 10 | 1400 | 159,60 | 81,60 | ***93,84* |
| 3633.H | Höchstwert für die mit H4 gekennzeichneten Untersuchungen aus Abschnitt M III 14 | 550 | 62,70 | 32,06 | ***36,87* |
| | **1. Ausscheidungen (Urin, Stuhl)** | | | | |
| 3650 | Blut im Stuhl, dreimalige Untersuchung | 60 | 6,84 | 3,50 | ***4,02* |
| | *Die Kosten für ausgegebenes Testmaterial sind anstelle der Leistung nach Nummer 3650 berechnungsfähig, wenn die Auswertung aus Gründen unterbleibt, die der Arzt nicht zu vertreten hat.* | | | | |
| 3651 | Phasenkontrastmikroskopische Untersuchung des Urinsediments – einschließlich morphologischer Beurteilung der Erythrozyten – | 70 | 7,98 | 4,08 | ***4,69* |

| | | | | | |
|---|---|---|---|---|---|
| 3652 | Streifentest im Urin, auch bei Verwendung eines Mehrfachreagenzträgers, je Untersuchung | 35 | 3,99 | 2,04 | ***2,35* |
| 3653 | Urinsediment, mikroskopisch | 50 | 5,70 | 2,91 | ***3,35* |
| 3654 | Zellzählung im Urin (Addis-Count), mikroskopisch | 80 | 9,12 | 4,66 | ***5,36* |

**2. Sekrete, Liquor, Konkremente**

| | | | | | |
|---|---|---|---|---|---|
| 3660 | Sekret (Magen, Duodenum, Cervix uteri), mikroskopische Beurteilung | 40 | 4,56 | 2,33 | ***2,68* |
| 3661 | Gallensediment, mikroskopisch | 40 | 4,56 | 2,33 | ***2,68* |
| 3662 | HCl, titrimetrisch | 70 | 7,98 | 4,08 | ***4,69* |
| 3663 | Morphologische Differenzierung des Spermas, mikroskopisch | 160 | 18,24 | 9,33 | ***10,72* |
| 3664 | Spermienagglutination, mikroskopisch | 120 | 13,68 | 6,99 | ***8,04* |
| 3665 | Spermien-Mucus-Penetrationstest, je Ansatz | 150 | 17,10 | 8,74 | ***10,05* |
| 3667 | Spermienzahl und Motilitätsbeurteilung, mikroskopisch | 70 | 7,98 | 4,08 | ***4,69* |
| 3668 | Physikalisch-morphologische Untersuchung des Spermas (Menge, Viskosität, pH-Wert, Nativpräparat(e), Differenzierung der Beweglichkeit, Bestimmung der Spermienzahl, Vitalitätsprüfung, morphologische Differenzierung nach Ausstrichfärbung) | 400 | 45,60 | 23,31 | ***26,81* |
| | *Neben der Leistung nach Nummer 3668 sind die Leistungen nach den Nummern 3663, 3664 und/oder 3667 nicht berechnungsfähig.* | | | | |
| 3669 | Erythrozytenzahl (Liquor), mikroskopisch | 60 | 6,84 | 3,50 | ***4,02* |
| 3670 | Leukozytenzahl (Liquor), mikroskopisch | 60 | 6,84 | 3,50 | ***4,02* |
| 3671 | Morphologische Differenzierung des Liquorzellausstrichs, mikroskopisch | 160 | 18,24 | 9,33 | ***10,72* |

| Nummer | Leistung | Punktzahl | Gebühr in DM – einfach – | Gebühr in Euro – einfach – | Gebühr in Euro – 2,3-fach – – *1,8-fach – – **1,15-fach – |
|---|---|---|---|---|---|
| 3672 | Steinanalyse (Gallensteine, Harnsteine), mittels Infrarotspektrometrie oder mikroskopisch – einschließlich chemischer Reaktionen – | 250 | 28,50 | 14,57 | ***16,76* |
| 3673 | Steinanalyse (Gallensteine, Harnsteine), Röntgendiffraktion | 570 | 64,98 | 33,22 | ***38,21* |
| | **3. Körperzellen und deren Bestandteile, Zeltfunktionsuntersuchungen** | | | | |
| 3680 | Differenzierung des Blutausstrichs, mikroskopisch | 90 | 10,26 | 5,25 | ***6,03* |
| 3681 | Morphologische Differenzierung des Knochenmarkausstrichs, mikroskopisch | 570 | 64,98 | 33,22 | ***38,21* |
| 3682 | Eisenfärbung eines Blut-oder Knochenmarkausstrichs | 120 | 13,68 | 6,99 | ***8,04* |
| 3683 | Färbung eines Blut- oder Knochenmarkausstrichs (z.B. Nachweis der alkalischen Leukozytenphosphatase, Leukozytenesterase, Leukozytenperoxidase oder PAS), je Färbung | 250 | 28,50 | 14,57 | ***16,76* |
| 3686 | Eosinophile, segmentkernige Granulozyten (absolute Eosinophilenzahl), mikroskopisch | 70 | 7,98 | 4,08 | ***4,69* |
| 3688 | Osmotische Resistenz der Erythrozyten | 90 | 10,26 | 5,25 | ***6,03* |
| 3689 | Fetales Hämoglobin (HbF), mikroskopisch | 160 | 18,24 | 9,33 | ***10,72* |
| 3690 | Freies Hämoglobin, spektralphotometrisch | 180 | 20,52 | 10,49 | ***12,07* |
| 3691 | Hämoglobinelektrophorese | 570 | 64,98 | 33,22 | ***38,21* |
| 3692 | Methämoglobin und/oder Carboxyhämoglobin und/oder Sauerstoffsättigung, cooxymetrisch | 60 | 6,84 | 3,50 | ***4,02* |

| | | | | | |
|---|---|---|---|---|---|
| 3693 | Granulozytenfunktionstest (Adhäsivität, Chemotaxis (bis zu drei Stimulatoren), Sauerstoffaufnahme (bis zu drei Stimulatoren), Luminiszenz ($O_2$-Radikale), Degranulierung), je Funktionstest.... | 570 | 64,98 | 33,22 | ***38,21* |
| 3694 | Lymphozytentransformationstest .......... | 570 | 64,98 | 33,22 | ***38,21* |
| 3695 | Phagozytäre Funktion neutrophiler Granulozyten (Nitrotetrazolblautest, NBT-Test).......... | 120 | 13,68 | 6,99 | ***8,04* |
| 3696 | Phänotypisierung von Zellen oder Rezeptornachweis auf Zellen mit bis zu drei verschiedenen, primären Antiseren (Einfach- oder Mehrfachmarkierung), Durchflußzytometrie, je Antiserum... | 570 | 64,98 | 33,22 | ***38,21* |
| 3697 | Phänotypisierung von Zellen oder Rezeptornachweis auf Zellen mit weiteren Antiseren (Einfach- oder Mehrfachmarkierung), Durchfluß-zytometrie, je Antiserum .......... | 250 | 28,50 | 14,57 | ***16,76* |
| | *Die Leistung nach Nummer 3697 kann nur im Zusammenhang mit der Leistung nach Nummer 3696 berechnet werden.* | | | | |
| 3698 | Phänotypisierung von Zellen oder Rezeptornachweis auf Zellen mit dem ersten, primären Antiserum, Immunfluoreszenz oder ähnliche Untersuchungsmethoden .......... | 450 | 51,30 | 26,23 | ***30,16* |
| 3699 | Phänotypisierung von Zellen oder Rezeptornachweis auf Zellen mit weiteren Antiseren, Immunfluoreszenz oder ähnliche Untersuchungsmethoden, je Antiserum .......... | 360 | 41,04 | 20,98 | ***24,13* |
| | *Die Leistung nach Nummer 3699 kann nur im Zusammenhang mit der Leistung nach Nummer 3698 berechnet werden.* | | | | |
| 3700 | Tumorstammzellenassay – gegebenenfalls auch von Zellanteilen – zur Prüfung der Zytostatikasensibilität.......... | 2000 | 228,00 | 116,57 | ***134,06* |

| Nummer | Leistung | Punktzahl | Gebühr in DM – einfach – | Gebühr in Euro – einfach – | Gebühr in Euro – 2,3-fach – – *1,8-fach – – **1,15-fach – |
|---|---|---|---|---|---|
| | **4. Elektrolyte, Wasserhaushalt, physikalische Eigenschaften von Körperflüssigkeiten** | | | | |
| 3710 | Blutgasanalyse (pH und/oder $PCO_2$ und/oder $PO_2$ und/oder Hb) | 90 | 10,26 | 5,25 | ***6,03* |
| 3711 | Blutkörperchensenkungsgeschwindigkeit (BKS, BSG) | 40 | 4,56 | 2,33 | ***2,68* |
| 3712 | Viskosität (z.B. Blut, Serum, Plasma), viskosimetrisch | 250 | 28,50 | 14,57 | ***16,76* |
| 3714 | Wasserstoffionenkonzentration (pH), potentiometrisch, jedoch nicht aus Blut oder Urin | 40 | 4,56 | 2,33 | ***2,68* |
| 3715 | Bikarbonat | 60 | 6,84 | 3,50 | ***4,02* |
| 3716 | Osmolalität | 50 | 5,70 | 2,91 | ***3,35* |
| | **5. Kohlehydrat- und Lipidstoffwechsel** | | | | |
| 3721 | Glykierte Proteine | 250 | 28,50 | 14,57 | ***16,76* |
| 3722 | Fructosamin, photometrisch | 70 | 7,98 | 4,08 | ***4,69* |
| 3723 | Fruktose, photometrisch | 200 | 22,80 | 11,66 | ***13,41* |
| 3724 | D-Xylose, photometrisch | 200 | 22,80 | 11,66 | ***13,41* |
| 3725 | Apolipoprotein (A1, A2, B), Ligandenassay – gegebenenfalls einschließlich Doppelbestimmung und aktueller Bezugskurve –, Immundiffusion oder ähnliche Untersuchungsmethoden, je Bestimmung | 200 | 22,80 | 11,66 | ***13,41* |
| 3726 | Fettsäuren, Gaschromatographie | 410 | 46,74 | 23,90 | ***27,48* |
| 3727 | Fraktionierung der Lipoproteine, Ultrazentrifugation | 680 | 77,52 | 39,64 | ***45,58* |

| | | | | | |
|---|---|---|---|---|---|
| 3728 | Lipidelektrophorese, qualitativ | 180 | 20,52 | 10,49 | ***12,07* |
| 3729 | Lipidelektrophorese, quantitativ | 300 | 34,20 | 17,49 | ***20,11* |
| 3730 | Lipoprotein (a) (Lp(a)), Ligandenassay – gegebenenfalls einschließlich Doppelbestimmung und aktueller Bezugskurve –, Elektroimmundiffusion | 300 | 34,20 | 17,49 | ***20,11* |

## 6. Proteine, Aminosäuren, Elektrophoreseverfahren

### Allgemeine Bestimmung

Für die mit H4 gekennzeichnete Untersuchung ist der Höchstwert nach Nummer 3633.H zu beachten.

| | | | | | |
|---|---|---|---|---|---|
| 3735 | Albumin, Ligandenassay – gegebenenfalls einschließlich Doppelbestimmung und aktueller Bezugskurve –, Immundiffusion oder ähnliche Untersuchungsmethoden | 150 | 17,10 | 8,74 | ***10,05* |
| 3736 | Albumin mit vorgefertigten Reagenzträgern, zur Diagnose einer Mikroalbuminurie | 120 | 13,68 | 6,99 | ***8,04* |
| 3737 | Aminosäuren, Hochdruckflüssigkeitschromatographie | 570 | 64,98 | 33,22 | ***38,21* |
| 3738 | Aminosäuren, qualitativ, Dünnschichtchromatographie | 250 | 28,50 | 14,57 | ***16,76* |
| 3739 | $Alpha_1$-Antitrypsin, Immundiffusion oder ähnliche Untersuchungsmethoden | 180 | 20,52 | 10,49 | ***12,07* |
| 3740 | Coeruloplasmin, Immundiffusion oder ähnliche Untersuchungsmethoden | 180 | 20,52 | 10,49 | ***12,07* |
| 3741 | C-reaktives Protein (CRP), Ligandenassay – gegebenenfalls einschließlich Doppelbestimmung und aktueller Bezugskurve –, Immundiffusion oder ähnliche Untersuchungsmethoden | 200 | 22,80 | 11,66 | ***13,41* |
| 3742 | Ferritin, Ligandenassay – gegebenenfalls einschließlich Doppelbestimmung und aktueller Bezugskurve – | 250 | 28,50 | 14,57 | ***16,76* |
| 3743 | Alpha-Fetoprotein (AFP), Ligandenassay – gegebenenfalls einschließlich Doppelbestimmung und aktueller Bezugskurve – | 250 | 28,50 | 14,57 | ***16,76* |

| Nummer | Leistung | Punktzahl | Gebühr in DM – einfach – | Gebühr in Euro – einfach – | Gebühr in Euro – 2,3-fach – – *1,8-fach – – **1,15-fach – |
|---|---|---|---|---|---|
| 3744 | Fibronectin, Ligandenassay – einschließlich Doppelbestimmung und aktueller Bezugskurve – | 450 | 51,30 | 26,23 | ***30,16* |
| 3745 | Beta$_2$-Glykoprotein II ($C_3$-Proaktivator), Immundiffusion oder ähnliche Untersuchungsmethoden | 180 | 20,52 | 10,49 | ***12,07* |
| 3746 | Hämopexin, Immundiffusion oder ähnliche Untersuchungsmethoden | 180 | 20,52 | 10,49 | ***12,07* |
| 3747 | Haptoglobin, Immundiffusion oder ähnliche Untersuchungsmethoden | 180 | 20,52 | 10,49 | ***12,07* |
| 3748 | Immunelektrophorese, bis zu sieben Ansätze, je Ansatz | 200 | 22,80 | 11,66 | ***13,41* |
| 3749 | Immunfixation, bis zu fünf Antiseren, je Antiserum | 200 | 22,80 | 11,66 | ***13,41* |
| 3750 | Isoelektrische Fokussierung (z.B. Oligoklonale Banden) | 570 | 64,98 | 33,22 | ***38,21* |
| 3751 | Kryoglobuline, qualitativ, visuell | 40 | 4,56 | 2,33 | ***2,68* |
| 3752 | Kryoglobuline (Bestimmung von je zweimal IgA, IgG und IgM), Immundiffusion oder ähnliche Untersuchungsmethoden, je Globulinbestimmung | 120 | 13,68 | 6,99 | ***8,04* |
| 3753 | Alpha$_2$-Makroglobulin, Immundiffusion oder ähnliche Untersuchungsmethoden | 180 | 20,52 | 10,49 | ***12,07* |
| 3754 | Mikroglobuline (Alpha$_1$, Beta$_2$), Ligandenassay – gegebenenfalls einschließlich Doppelbestimmung und aktueller Bezugskurve –, Immundiffusion oder ähnliche Untersuchungsmethoden, je Mikroglobulinbestimmung | 200 | 22,80 | 11,66 | ***13,41* |
| 3755 | Myoglobin, Agglutination, qualitativ | 60 | 6,84 | 3,50 | ***4,02* |

| | | | | | |
|---|---|---|---|---|---|
| 3756 | Myoglobin, Ligandenassay – gegebenenfalls einschließlich Doppelbestimmung und aktueller Bezugskurve –, Immundiffusion oder ähnliche Untersuchungsmethoden | 200 | 22,80 | 11,66 | ***13,41* |
| 3758 | Phenylalanin (Guthrie-Test), Bakterienwachstumstest | 60 | 6,84 | 3,50 | ***4,02* |
| 3759 | Präalbumin, Immundiffusion oder ähnliche Untersuchungsmethoden | 180 | 20,52 | 10,49 | ***12,07* |
| 3760 | Protein im Urin, photometrisch | 70 | 7,98 | 4,08 | ***4,69* |
| 3761 | Proteinelektrophorese im Urin | 250 | 28,50 | 14,57 | ***16,76* |
| 3762 | Schwefelhaltige Aminosäuren (Cystin, Cystein, Homocystin), Farbreaktion und visuell, qualitativ, je Aminosäurenbestimmung | 40 | 4,56 | 2,33 | ***2,68* |
| 3763 | SDS-Elektrophorese mit anschließender Immunreaktion (z.B. Westernblot) | 570 | 64,98 | 33,22 | ***38,21* |
| 3764 | SDS-Polyacrylamidgel-Elektrophorese | 250 | 28,50 | 14,57 | ***16,76* |
| 3765 | Sexualhormonbindendes Globulin (SHBG), Ligandenassay – einschließlich Doppelbestimmung und aktueller Bezugskurve – | 450 | 51,30 | 26,23 | ***30,16* |
| 3766.H4 | Thyroxin-bindendes Globulin (TBG), Ligandenassay – gegebenenfalls einschließlich Doppelbestimmung und aktueller Bezugskurve – | 250 | 28,50 | 14,57 | ***16,76* |
| 3767 | Tumornekrosefaktor (TNF), Ligandenassay – einschließlich Doppelbestimmung und aktueller Bezugskurve – | 450 | 51,30 | 26,23 | ***30,16* |
| 3768 | Isolierung von Immunglobulin M mit chromatographischen Untersuchungsverfahren | 360 | 41,04 | 20,98 | ***24,13* |

### 7. Substrate, Metabolite, Enzyme

| | | | | | |
|---|---|---|---|---|---|
| 3774 | Ammoniak ($NH_4$) | 220 | 25,08 | 12,82 | ***14,75* |
| 3775 | Bilirubin im Fruchtwasser (E450), spektralphotometrisch | 180 | 20,52 | 10,49 | ***12,07* |
| 3776 | Citrat, photometrisch | 300 | 34,20 | 17,49 | ***20,11* |

| Nummer | Leistung | Punktzahl | Gebühr in DM – einfach – | Gebühr in Euro – einfach – | Gebühr in Euro – 2,3-fach – – *1,8-fach – – **1,15-fach – |
|---|---|---|---|---|---|
| 3777 | Gallensäuren, Ligandenassay – einschließlich Doppelbestimmung und aktueller Bezugskurve – | 290 | 33,06 | 16,90 | ***19,44* |
| 3778 | Glutamatdehydrogenase (GLDH), manuell, photometrisch | 120 | 13,68 | 6,99 | ***8,04* |
| 3779 | Homogentisinsäure, Farbreaktion und visuell, qualitativ | 40 | 4,56 | 2,33 | ***2,68* |
| 3780 | Kreatin | 120 | 13,68 | 6,99 | ***8,04* |
| 3781 | Laktat, photometrisch | 220 | 25,08 | 12,82 | ***14,75* |
| 3782 | Lecithin/Sphingomyelin-Quotient (L/S-Quotient) | 200 | 22,80 | 11,66 | ***13,41* |
| 3783 | Organisches Säurenprofil, Gaschromatographie oder Gaschromatographie-Massenspektromie | 570 | 64,98 | 33,22 | ***38,21* |
| 3784 | Isoenzyme (z.B. Alkalische Phosphatase, Alpha-Amylase), chemische oder thermische Hemmung oder Fällung, je Ansatz | 150 | 17,10 | 8,74 | ***10,05* |
| 3785 | Isoenzyme (z.B. Alkalische Phosphatase, Alpha-Amylase, Creatinkinase, LDH), Elektrophorese oder Immunpräzipitation, je Ansatz | 300 | 34,20 | 17,49 | ***20,11* |
| 3786 | Angiotensin I Converting Enzyme (Angiotensin I-Convertase, ACE) | 220 | 25,08 | 12,82 | ***14,75* |
| 3787 | Chymotrypsin (Stuhl) | 120 | 13,68 | 6,99 | ***8,04* |
| 3788 | Creatinkinase-MB-Konzentration (CK-MB), Ligandenassay – gegebenenfalls einschließlich Doppelbestimmung und aktueller Bezugskurve – | 200 | 22,80 | 11,66 | ***13,41* |
| 3789 | Enzyme der Hämsynthese (Delta-Aminolaevulinsäure-Dehydratase, Uroporphyrinsynthase und ähnliche), je Enzym | 120 | 13,68 | 6,99 | ***8,04* |

| | | | | | |
|---|---|---|---|---|---|
| 3790 | Erythrozytenenzyme (Glukose-6-Phosphat-Dehydrogenase, Pyruvatkinase und ähnliche), je Enzym | 120 | 13,68 | 6,99 | **8,04 |
| 3791 | Granulozyten-Elastase, Ligandenassay – einschließlich Doppelbestimmung und aktueller Bezugskurve – | 290 | 33,06 | 16,90 | **19,44 |
| 3792 | Granulozyten-Elastase, Immundiffusion oder ähnliche Untersuchungsmethoden | 180 | 20,52 | 10,49 | **12,07 |
| 3793 | Lysozym | 120 | 13,68 | 6,99 | **8,04 |
| 3794 | Prostataspezifische saure Phosphatase (PAP), Ligandenassay – gegebenenfalls einschließlich Doppelbestimmung und aktueller Bezugskurve – | 200 | 22,80 | 11,66 | **13,41 |
| 3795 | Tartrathemmbare saure Phosphatase (PSP) | 110 | 12,54 | 6,41 | **7,37 |
| 3796 | Trypsin, Ligandenassay – gegebenenfalls einschließlich Doppelbestimmung und aktueller Bezugskurve – | 200 | 22,80 | 11,66 | **13,41 |

## 8. Antikörper gegen körpereigene Antigene oder Haptene

**Allgemeine Bestimmungen**

Die Berechnung einer Gebühr für die qualitative Immunfluoreszenzuntersuchung (bis zu zwei Titerstufen) neben einer Gebühr für die quantitative Immunfluoreszenzuntersuchung (mehr als zwei Titerstufen) oder eine ähnliche Untersuchungsmethode ist nicht zulässig.

Für die mit H2 gekennzeichneten Untersuchungen ist der Höchstwert nach Nummer 3630.H zu beachten.

| | | | | | |
|---|---|---|---|---|---|
| | Untersuchung auf Antikörper mittels qualitativer Immunfluoreszenzuntersuchung (bis zu zwei Titerstufen) oder ähnlicher Untersuchungsmethoden | 290 | 33,06 | 16,90 | *19,44 |

*Katalog*

*Antikörper gegen*

3805.H2 Basalmembran (GBM)

3806.H2 Centromerregion

| Nummer | Leistung | Punktzahl | Gebühr in DM – einfach – | Gebühr in Euro – einfach – | Gebühr in Euro – 2,3-fach – – *1,8-fach – – **1,15-fach – |
|---|---|---|---|---|---|
| 3807.H2 | Endomysium | | | | |
| 3808.H2 | Extrahierbare, nukleare Antigene (ENA) | | | | |
| 3809.H2 | Glatte Muskulatur (SMA) | | | | |
| 3811.H2 | Haut (AHA, BMA und ICS) | | | | |
| 3812.H2 | Herzmuskulatur (HMA) | | | | |
| 3813.H2 | Kerne (ANA) | | | | |
| 3814.H2 | Kollagen | | | | |
| 3815.H2 | Langerhans-Inseln (ICA) | | | | |
| 3816.H2 | Mikrosomen (Thyroperoxidase) | | | | |
| 3817.H2 | Mikrosomen (Leber, Niere) | | | | |
| 3818.H2 | Mitochondrien (AMA) | | | | |
| 3819.H2 | nDNA | | | | |
| 3820.H2 | Nebenniere | | | | |
| 3821.H2 | Parietalzellen (PCA) | | | | |
| 3822.H2 | Skelettmuskulatur (SkMA) | | | | |
| 3823.H2 | Speichelgangepithel | | | | |
| 3824.H2 | Spermien | | | | |
| 3825.H2 | Thyreoglobulin | | | | |
| 3826.H2 | zytoplasmatische Antigene in neutrophilen Granulozyten (P-ANCA, C-ANCA) | | | | |
| 3827.H2 | Untersuchungen mit ähnlichem methodischem Aufwand<br>*Die untersuchten Parameter sind in der Rechnung anzugeben.* | | | | |

Untersuchung auf Antikörper mittels quantitativer Immunfluoreszenzuntersuchung (mehr als zwei Titerstufen) oder ähnlicher Untersuchungsmethoden ........ 510 58,14 29,73 ***34,19*

*Katalog*

*Antikörper gegen*

3832 Basalmembran (GBM)
3833 Centromerregion
3834 Endomysium
3835 Extrahierbare, nukleare Antigene (ENA)
3836 Glatte Muskulatur (SMA)
3838 Haut (AHA, BMA und ICS)
3839 Herzmuskulatur (HMA)
3840 Kerne (ANA)
3841 Kollagen
3842 Langerhans-Insein (ICA)
3843 Mikrosomen (Thyroperoxidase)
3844 Mikrosomen (Leber, Niere)
3845 Mitochondrien (AMA)
3846 nDNA
3847 Parietalzellen (PCA)
3848 Skelettmuskulatur (SkMA)
3849 Speichelgangepithel
3850 Spermien
3852 Thyreoglobulin
3853 zytoplasmatische Antigene in neutrophilen Granulozyten (P-ANCA, C-ANCA)
3854 Untersuchungen mit ähnlichem methodischem Aufwand

*Die untersuchten Parameter sind in der Rechnung anzugeben.*

| Nummer | Leistung | Punktzahl | Gebühr in DM – einfach – | Gebühr in Euro – einfach – | Gebühr in Euro – 2,3-fach – – *1,8-fach – – **1,15-fach – |
|---|---|---|---|---|---|
| | Untersuchung auf Subformen antinukleärer und zytoplasmatischer Antikörper mittels Ligandenassay – gegebenenfalls einschließlich Doppelbestimmung und aktueller Bezugskurve –, Immunoblot oder Überwanderungselektrophorese | 300 | 34,20 | 17,49 | ***20,11* |
| *Katalog* | | | | | |
| | *Antikörper gegen* | | | | |
| 3857 | dDNS | | | | |
| 3858 | Histone | | | | |
| 3859 | Ribonukleoprotein (RNP) | | | | |
| 3860 | Sm-Antigen | | | | |
| 3861 | SS-A-Antigen | | | | |
| 3862 | SS-B-Antigen | | | | |
| 3863 | Scl-70-Antigen | | | | |
| 3864 | Untersuchungen mit ähnlichem methodischem Aufwand<br>*Die untersuchten Parameter sind in der Rechnung anzugeben.* | | | | |
| | Untersuchung auf Antikörper mittels Ligandenassay – gegebenenfalls einschließlich Doppelbestimmung und aktueller Bezugskurve – | 450 | 51,30 | 26,23 | ***30,16* |
| *Katalog* | | | | | |
| | *Antikörper gegen* | | | | |
| 3868 | Azetylcholinrezeptoren | | | | |
| 3869 | Cardiolipin (IgG- oder IgM-Fraktion), je Fraktion | | | | |
| 3870 | Interferon alpha | | | | |

| Nr. | Leistung | Punkte | | | |
|---|---|---|---|---|---|
| 3871 | Mikrosomen (Thyroperoxydase) | | | | |
| 3872 | Mitochondriale Subformen (AMA-Subformen) | | | | |
| 3873 | Myeloperoxydase (P-ANCA) | | | | |
| 3874 | Proteinase 3 (C-ANCA) | | | | |
| 3875 | Spermien | | | | |
| 3876 | Thyreoglobulin | | | | |
| 3877 | Untersuchungen mit ähnlichem methodischem Aufwand<br>*Die untersuchten Parameter sind in der Rechnung anzugeben.* | | | | |
| 3879 | Untersuchung auf Antikörper gegen TSH-Rezeptor (TRAK) mittels Ligandenassay – einschließlich Doppelbestimmung und aktueller Bezugskurve – | 550 | 62,70 | 32,06 | ***36,87* |
| 3881 | Zirkulierende Immunkomplexe, Ligandenassay – einschließlich Doppelbestimmung und aktueller Bezugskurve – | 290 | 33,06 | 16,90 | ***19,44* |
| Qualitativer Nachweis von Antikörpern mittels Agglutination | | 90 | 10,26 | 5,25 | ***6,03* |
| *Katalog* | | | | | |
| | *Antikörper gegen* | | | | |
| 3884 | Fc von IgM (Rheumafaktor) | | | | |
| 3885 | Thyreoglobulin (Boydentest) | | | | |
| Quantitative Bestimmung von Antikörpern mittels Immundiffusion oder ähnlicher Untersuchungsmethoden | | 180 | 20,52 | 10,49 | ***12,07* |
| *Katalog* | | | | | |
| | *Antikörper gegen* | | | | |
| 3886 | Fc von IgM (Rheumafaktor) | | | | |
| 3889 | Mixed-Antiglobulin-Reaction (MAR-Test) zum Nachweis von Spermien-Antikörpern | 200 | 22,80 | 11,66 | ***13,41* |

| Nummer | Leistung | Punktzahl | Gebühr in DM – einfach – | Gebühr in Euro – einfach – | Gebühr in Euro – 2,3-fach – – *1,8-fach – – **1,15-fach – |
|---|---|---|---|---|---|

## 9. Antikörper gegen körperfremde Antigene

**Allgemeine Bestimmung**

Neben den Leistungen nach den Nummern 3892, 3893 und/oder 3894 sind die Leistungen nach den Nummern 3572, 3890 und/oder 3891 nicht berechnungsfähig.

| Nummer | Leistung | Punktzahl | Gebühr in DM – einfach – | Gebühr in Euro – einfach – | Gebühr in Euro – 2,3-fach – – *1,8-fach – – **1,15-fach – |
|---|---|---|---|---|---|
| 3890 | Allergenspezifisches Immunglobulin (z.B. IgE), Mischallergentest (z.B. RAST), im Einzelansatz, Ligandenassay – gegebenenfalls einschließlich Doppelbestimmung und aktueller Bezugskurve –, qualitativ, bis zu vier Mischallergenen, je Mischallergen | 250 | 28,50 | 14,57 | ***16,76* |
| 3891 | Allergenspezifisches Immunglobulin (z.B. IgE), Einzelallergentest (z.B. RAST), im Einzelansatz, Ligandenassay – gegebenenfalls einschließlich Doppelbestimmung und aktueller Bezugskurve –, bis zu zehn Einzelallergenen, je Allergen | 250 | 28,50 | 14,57 | ***16,76* |
| 3892 | Bestimmung von allergenspezifischem Immunglobulin (z.B. IgE), Einzel- oder Mischallergentest mit mindestens vier deklarierten Allergenen oder Mischallergenen auf einem Träger, je Träger | 200 | 22,80 | 11,66 | ***13,41* |
| 3893 | Bestimmung von allergenspezifischem Immunglobulin (z.B. IgE), Einzelallergentest mit mindestens neun deklarierten Allergenen auf einem Träger und Differenzierung nach Einzelallergenen – gegebenenfalls einschließlich semiquantitativer Bestimmung des Gesamt-IgE –, insgesamt | 500 | 57,00 | 29,14 | ***33,52* |

| | | | | | |
|---|---|---|---|---|---|
| 3894 | Bestimmung von allergenspezifischem Immunglobulin (z.B. IgE), Einzelallergentest mit mindestens zwanzig deklarierten Allergenen auf einem Träger und Differenzierung nach Einzelallergenen – gegebenenfalls einschließlich semiquantitativer Bestimmung des Gesamt-IgE –, insgesamt ........ | 900 | 102,60 | 52,46 | ***60,33* |
| 3895 | Heterophile Antikörper (IgG- oder IgM-Fraktion), Ligandenassay – einschließlich Doppelbestimmung und aktueller Bezugskurve –, je Fraktion ........ | 1100 | 125,40 | 64,12 | ***73,73* |
| 3896 | Untersuchung auf Antikörper gegen Gliadin mittels qualitativer Immunfluoreszenzuntersuchung (bis zu zwei Titerstufen) oder ähnlicher Untersuchungsmethoden ........ | 290 | 33,06 | 16,90 | ***19,44* |
| 3897 | Untersuchung auf Antikörper gegen Gliadin mittels quantitativer Immunfluoreszenzuntersuchung (mehr als zwei Titerstufen) oder ähnlicher Untersuchungsmethoden ........ | 510 | 58,14 | 29,73 | ***34,19* |
| 3898 | Antikörper gegen Insulin, Ligandenassay – einschließlich Doppelbestimmung und aktueller Bezugskurve – ........ | 450 | 51,30 | 26,23 | ***30,16* |

## 10. Tumormarker

**Allgemeine Bestimmung**

Für die mit H3 gekennzeichneten Untersuchungen ist der Höchstwert nach Nummer 3631.H zu beachten

| | | | | | |
|---|---|---|---|---|---|
| 3900.H3 | Ca 125, Ligandenassay – gegebenenfalls einschließlich Doppelbestimmung und aktueller Bezugskurve – ........ | 300 | 34,20 | 17,49 | ***20,11* |
| 3901.H3 | Ca 15-3, Ligandenassay – gegebenenfalls einschließlich Doppelbestimmung und aktueller Bezugskurve – ........ | 450 | 51,30 | 26,23 | ***30,16* |
| 3902.H3 | Ca 19-9, Ligandenassay – gegebenenfalls einschließlich Doppelbestimmung und aktueller Bezugskurve – ........ | 300 | 34,20 | 17,49 | ***20,11* |
| 3903.H3 | Ca 50, Ligandenassay – gegebenenfalls einschließlich Doppelbestimmung und aktueller Bezugskurve – ........ | 450 | 51,30 | 26,23 | ***30,16* |

| Nummer | Leistung | Punktzahl | Gebühr in DM – einfach – | Gebühr in Euro – einfach – | Gebühr in Euro – 2,3-fach – – *1,8-fach – – **1,15-fach – |
|---|---|---|---|---|---|
| 3904.H3 | Ca 72-4, Ligandenassay – gegebenenfalls einschließlich Doppelbestimmung und aktueller Bezugskurve – | 450 | 51,30 | 26,23 | ***30,16* |
| 3905.H3 | Carcinoembryonales Antigen (CEA), Ligandenassay – gegebenenfalls einschließlich Doppelbestimmung und aktueller Bezugskurve – | 250 | 28,50 | 14,57 | ***16,76* |
| 3906.H3 | Cyfra 21-1, Ligandenassay – gegebenenfalls einschließlich Doppelbestimmung und aktueller Bezugskurve – | 450 | 51,30 | 26,23 | ***30,16* |
| 3907.H3 | Neuronenspezifische Enolase (NSE), Ligandenassay – einschließlich Doppelbestimmung und aktueller Bezugskurve – | 450 | 51,30 | 26,23 | ***30,16* |
| 3908.H3 | Prostataspezifisches Antigen (PSA), Ligandenassay – gegebenenfalls einschließlich Doppelbestimmung und aktueller Bezugskurve – | 300 | 34,20 | 17,49 | ***20,11* |
| 3909. H3 | Squamous cell carcinoma-Antigen (SCC), Ligandenassay – gegebenenfalls einschließlich Doppelbestimmung und aktueller Bezugskurve – | 450 | 51,30 | 26,23 | ***30,16* |
| 3910.H3 | Thymidinkinase, Ligandenassay – einschließlich Doppelbestimmung und aktueller Bezugskurve – | 450 | 51,30 | 26,23 | ***30,16* |
| 3911.H3 | Tissue-polypeptide-Antigen fTPA), Ligandenassay – gegebenenfalls einschließlich Doppelbestimmung und aktueller Bezugskurve – | 450 | 51,30 | 26,23 | ***30,16* |

### 11. Nukleinsäuren und ihre Metabolite

| | | | | | |
|---|---|---|---|---|---|
| 3920 | Isolierung von humanen Nukleinsäuren aus Untersuchungsmaterial | 900 | 102,60 | 52,46 | **60,33 |
| 3921 | Verdau (Spaltung) isolierter humaner Nukleinsäuren mit Restriktionsenzymen, je Enzym | 150 | 17,10 | 8,74 | **10,05 |
| 3922 | Amplifikation von humanen Nukleinsäuren oder Nukleinsäurefragmenten mit Polymerasekettenreaktion (PCR) | 500 | 57,00 | 29,14 | **33,52 |
| 3923 | Amplifikation von humanen Nukleinsäuren oder Nukleinsäurefragmenten mit geschachtelter Polymerasekettenreaktion (nested PCR) | 1000 | 114,00 | 58,29 | **67,03 |
| 3924 | Identifizierung von humanen Nukleinsäurefragmenten durch Hybridisierung mit radioaktiv oder nichtradioaktiv markierten Sonden und nachfolgender Detektion, je Sonde | 300 | 34,20 | 17,49 | **20,11 |
| 3925 | Trennung von humanen Nukleinsäurefragmenten mittels elektrophoretischer Methoden und anschließendem Transfer auf Trägermaterialien (z.B. Dot-Blot, Slot-Blot) | 600 | 68,40 | 34,97 | **40,22 |
| 3926 | Identifizierung von humanen Nukleinsäurefragmenten durch Sequenzermittlung | 2000 | 228,00 | 116,57 | **134,06 |

### 12. Gerinnungs-, Fibrinolyse-, Komplementsystem

| | | | | | |
|---|---|---|---|---|---|
| 3930 | Antithrombin III, chromogenes Substrat | 110 | 12,54 | 6,41 | **7,37 |
| 3931 | Antithrombin III, Immundiffusion oder ähnliche Untersuchungsmethoden | 180 | 20,52 | 10,49 | **12,07 |
| 3932 | Blutungszeit | 60 | 6,84 | 3,50 | **4,02 |
| 3933 | Fibrinogen nach Clauss, koagulometrisch | 100 | 11,40 | 5,83 | **6,70 |
| 3934 | Fibrinogen, Immundiffusion oder ähnliche Untersuchungsmethoden | 180 | 20,52 | 10,49 | **12,07 |

| Nummer | Leistung | Punktzahl | Gebühr in DM – einfach – | Gebühr in Euro – einfach – | Gebühr in Euro – 2,3-fach – – *1,8-fach – – **1,15-fach – |
|---|---|---|---|---|---|
| 3935 | Fibrinogenspaltprodukte, qualitativ | 120 | 13,68 | 6,99 | ***8,04* |
| 3936 | Fibrinogenspaltprodukte, quantitativ | 250 | 28,50 | 14,57 | ***16,76* |
| 3937 | Fibrinspaltprodukte, quervemetzt (Dimertest), qualitativ | 180 | 20,52 | 10,49 | ***12,07* |
| 3938 | Fibrinspaltprodukte, quervernetzt (Dimertest), quantitativ | 360 | 41,04 | 20,98 | ***24,13* |
| 3939 | Gerinnungsfaktor (II, V, VIII, IX, X), je Faktor | 460 | 52,44 | 26,81 | ***30,83* |
| 3940 | Gerinnungsfaktor (VII, XI, XII), je Faktor | 720 | 82,08 | 41,97 | ***48,26* |
| 3941 | Gerinnungsfaktor VIII Ag, Immundiffusion oder ähnliche Untersuchungsmethoden | 250 | 28,50 | 14,57 | ***16,76* |
| 3942 | Gerinnungsfaktor XIII, Untersuchung mittels Monochloressigsäure oder ähnliche Untersuchungsmethoden | 180 | 20,52 | 10,49 | ***12,07* |
| 3943 | Gerinnungsfaktor XIII, Immundiffusion oder ähnliche Untersuchungsmethoden | 250 | 28,50 | 14,57 | ***16,76* |
| 3944 | Gewebsplasminogenaktivator (t-PA), chromogenes Substrat | 300 | 34,20 | 17,49 | ***20,11* |
| 3945 | Heparin, chromogenes Substrat | 140 | 15,96 | 8,16 | ***9,38* |
| 3946 | Partielle Thromboplastinzeit (PTT, aPTT), Doppelbestimmung | 70 | 7,98 | 4,08 | ***4,69* |
| 3947 | Plasmatauschversuch | 460 | 52,44 | 26,81 | ***30,83* |
| 3948 | Plasminogen, chromogenes Substrat | 140 | 15,96 | 8,16 | ***9,38* |
| 3949 | Plasminogenaktivatorinhibitor (PAI), chromogenes Substrat | 410 | 46,74 | 23,90 | ***27,48* |
| 3950 | Plättchenfaktor (3, 4), Ligandenassay – einschließlich Doppelbestimmung und aktueller Bezugskurve –, je Faktor | 480 | 54,72 | 27,98 | ***32,17* |
| 3951 | Protein C-Aktivität | 450 | 51,30 | 26,23 | ***30,16* |

| Nr. | Leistung | Punkte | Euro | 1fach | Faktor |
|---|---|---|---|---|---|
| 3952 | Protein C-Konzentration, Ligandenassay – einschließlich Doppelbestimmung und aktueller Bezugskurve – | 450 | 51,30 | 26,23 | **30,16* |
| 3953 | Protein S-Aktivität | 450 | 51,30 | 26,23 | **30,16* |
| 3954 | Protein S-Konzentration, Ligandenassay – einschließlich Doppelbestimmung und aktueller Bezugskurve – | 450 | 51,30 | 26,23 | **30,16* |
| 3955 | Reptilasezeit | 100 | 11,40 | 5,83 | **6,70* |
| 3956 | Ristocetin-Cofaktor (F VIII Rcof), Agglutination | 200 | 22,80 | 11,66 | **13,41* |
| 3957 | Thrombelastogramm oder Resonanzthrombogramm | 180 | 20,52 | 10,49 | **12,07* |
| 3958 | Thrombin-Antithrombin-Komplex (TAT-Komplex), Ligandenassay – einschließlich Doppelbestimmung und aktueller Bezugskurve – | 480 | 54,72 | 27,98 | **32,17* |
| 3959 | Thrombinkoagulasezeit | 100 | 11,40 | 5,83 | **6,70* |
| 3960 | Thromboplastinzeit (Prothrombinzeit, TPZ, Quickwert), Doppelbestimmung | 70 | 7,98 | 4,08 | **4,69* |
| 3961 | Thrombozytenaggregationstest mit mindestens drei Stimulatoren | 900 | 102,60 | 52,46 | **60,33* |
| 3962 | Thrombozytenausbreitung, mikroskopisch | 60 | 6,84 | 3,50 | **4,02* |
| 3963 | Von Willebrand-Faktor (vWF), Ligandenassay – einschließlich Doppelbestimmung und aktueller Bezugskurve – | 480 | 54,72 | 27,98 | **32,17* |
| 3964 | C1-Esteraseinhibitor-Aktivität, chromogenes Substrat | 360 | 41,04 | 20,98 | **24,13* |
| 3965 | C1-Esteraseinhibitor-Konzentration, Immundiffusion oder ähnliche Untersuchungsmethoden | 260 | 29,64 | 15,15 | **17,43* |
| 3966 | Gesamtkomplement AH 50 | 600 | 68,40 | 34,97 | **40,22* |
| 3967 | Gesamtkomplement CH 50 | 500 | 57,00 | 29,14 | **33,52* |
| Untersuchungen von Einzelfaktoren des Komplementsystems | | 250 | 28,50 | 14,57 | **16,76* |
| *Katalog* | | | | | |
| 3968 | Komplementfaktor C3-Aktivität, Lysis | | | | |

| Nummer | Leistung | Punktzahl | Gebühr in DM – einfach – | Gebühr in Euro – einfach – | Gebühr in Euro – 2,3-fach – – *1,8-fach – – **1,15-fach – |
|---|---|---|---|---|---|
| 3969 | Komplementfaktor C3, Immundiffusion oder ähnliche Untersuchungsmethoden | | | | |
| 3970 | Komplementfaktor C4-Aktivität, Lysis | | | | |
| 3971 | Komplementfaktor C4, Immundiffusion oder ähnliche Untersuchungsmethoden | | | | |
| | **13. Blutgruppenmerkmale, HLA-System** | | | | |
| 3980 | AB0-Merkmale | 100 | 11,40 | 5,83 | ***6,70* |
| 3981 | AB0-Merkmale und Isoagglutinine | 180 | 20,52 | 10,49 | ***12,07* |
| 3982 | AB0-Merkmale, Isoagglutinine und Rhesusfaktor D (D und CDE) | 300 | 34,20 | 17,49 | ***20,11* |
| 3983 | AB0-Merkmale, Isoagglutinine und Rhesusformel (C, c, D, E und e) | 500 | 57,00 | 29,14 | ***33,52* |
| Bestimmung weiterer Blutgruppenmerkmale | | | | | |
| *Katalog* | | | | | |
| 3984 | im NaCl- oder Albumin-Milieu (z.B. P, Lewis, MNS), je Merkmal | 120 | 13,68 | 6,99 | ***8,04* |
| 3985 | im indirekten Anti-Humanglobulin-Test (indirekter Coombstest) (z.B. Cw, Kell, Du, Duffy), je Merkmal | 200 | 22,80 | 11,66 | ***13,41* |
| 3986 | im indirekten Anti-Humanglobulin-Test (indirekter Coombstest) (z.B. Kidd, Lutheran), je Merkmal | 360 | 41,04 | 20,98 | ***24,13* |
| | *Bei den Leistungen nach den Nummern 3984 bis 3986 sind die jeweils untersuchten Merkmale in der Rechnung anzugeben.* | | | | |

| | | | | | |
|---|---|---|---|---|---|
| 3987 | Antikörpersuchtest (Antikörper gegen Erythrozytenantigene) mit zwei verschiedenen Test-Erythrozyten-Präparationen im indirekten Anti-Humanglobulin-Test (indirekter Coombstest) ............ | 140 | 15,96 | 8,16 | ****9,38* |
| 3988 | Antikörpersuchtest (Antikörper gegen Erythrozytenantigene) mit drei und mehr verschiedenen Test-Erythrozyten-Präparationen im indirekten Anti-Humanglobulin-Test (indirekter Coombstest) .. | 200 | 22,80 | 11,66 | ****13,41* |
| 3989 | Antikörperdifferenzierung (Antikörper gegen Erythrozytenantigene) mit mindestens acht, jedoch nicht mehr als zwölf verschiedenen Test-Erythrozyten-Präparationen im indirekten Anti-Humanglobulin-Test (indirekter Coombstest) im Anschluß an die Leistung nach Nummer 3987 oder 3988, je Test-Erythrozyten-Präparation ............ | 60 | 6,84 | 3,50 | ****4,02* |
| 3990 | Antikörpersuchtest (Antikörper gegen Erythrozytenantigene) mit zwei verschiedenen Test-Erythrozyten-Präparationen im NaCl- oder Enzymmilieu ............ | 70 | 7,98 | 4,08 | ****4,69* |
| 3991 | Antikörpersuchtest (Antikörper gegen Erythrozytenantigene) mit drei und mehr verschiedenen Test-Erythrozyten-Präparationen im NaCl- oder Enzymmilieu ............ | 100 | 11,40 | 5,83 | ****6,70* |
| 3992 | Antikörperdifferenzierung (Antikörper gegen Erythrozytenantigene) mit mindestens acht, jedoch höchstens zwölf verschiedenen Test-Erythrozyten-Präparationen im NaCl- oder Enzymmilieu im Anschluß an die Leistung nach Nummer 3990 oder 3991, je Test-Erythrozyten-Präparation ............ | 30 | 3,42 | 1,75 | ****2,01* |
| 3993 | Bestimmung des Antikörpertiters bei positivem Ausfall eines Antikörpersuchtests (Antikörper gegen Erythrozytenantigene) im Anschluß an eine der Leistungen nach Nummer 3989 oder 3992............ | 400 | 45,60 | 23,31 | ****26,81* |

| Nummer | Leistung | Punktzahl | Gebühr in DM – einfach – | Gebühr in Euro – einfach – | Gebühr in Euro – 2,3-fach – – *1,8-fach – – **1,15-fach – |
|---|---|---|---|---|---|
| 3994 | Quantitative Bestimmung (Titration) von Antikörpern gegen Erythrozytenantigene (z.B. Kälteagglutinine, Hämolysine) mittels Agglutination, Präzipitation oder Lyse (mit jeweils mindestens vier Titerstufen) | 140 | 15,96 | 8,16 | ***9,38* |
| 3995 | Qualitativer Nachweis von Antikörpern gegen Leukozyten- oder Thrombozytenantigene mittels Fluoreszenzimmunoassay (bis zu zwei Titerstufen) oder ähnlicher Untersuchungsmethoden | 350 | 39,90 | 20,40 | ***23,46* |
| 3996 | Quantitative Bestimmung von Antikörpern gegen Leukozyten- oder Thrombozytenantigene mittels Fluoreszenzimmunoassay (mehr als zwei Titerstufen) oder ähnlicher Untersuchungsmethoden | 600 | 68,40 | 34,97 | ***40,22* |
| 3997 | Direkter Anti-Humanglobulin-Test (direkter Coombstest), mit mindestens zwei Antiseren | 120 | 13,68 | 6,99 | ***8,04* |
| 3998 | Anti-Humanglobulin-Test zur Ermittlung der Antikörperklasse mit monovalenten Antiseren im Anschluß an die Leistung nach Nummer 3989 oder 3997, je Antiserum | 90 | 10,26 | 5,25 | ***6,03* |
| 3999 | Antikörper-Elution, Antikörper-Absorption, Untersuchung auf biphasische Kältehämolysine, Säure-Serum-Test oder ähnlich aufwendige Untersuchungen, je Untersuchung | 360 | 41,04 | 20,98 | ***24,13* |
| | *Die Art der Untersuchung ist in der Rechnung anzugeben.* | | | | |
| 4000 | Serologische Verträglichkeitsprobe (Kreuzprobe) im NaCl-Milieu und im Anti-Humanglobulintest | 200 | 22,80 | 11,66 | ***13,41* |
| 4001 | Serologische Verträglichkeitsprobe (Kreuzprobe) im NaCl-Milieu und im Anti-Humanglobulintest sowie laborinterne Identitätssicherung im AB0-System | 300 | 34,20 | 17,49 | ***20,11* |

| | | | | | |
|---|---|---|---|---|---|
| | *Die Leistung nach Nummer 4001 ist für die Identitätssicherung im AB0-System am Krankenbett (bedside-test) nicht berechnungsfähig.* | | | | |
| 4002 | Serologische Verträglichkeitsprobe (Kreuzprobe) im NaCl- oder Enzym-Milieu als Kälteansatz unter Einschluß einer Eigenkontrolle | 100 | 11,40 | 5,83 | ***6,70* |
| 4003 | Dichtegradientenisolierung von Zellen, Organellen oder Proteinen, je Isolierung | 400 | 45,60 | 23,31 | ***26,81* |
| 4004 | Nachweis eines HLA-Antigens der Klasse I mittels Lymphozytotoxizitätstest nach Isolierung der Zellen | 750 | 85,50 | 43,72 | ***50,27* |
| 4005 | Höchstwert für die Leistung nach Nummer 4004 | 3000 | 342,00 | 174,86 | ***201,09* |
| 4006 | Gesamttypisierung der HLA-Antigene der Klasse I mittels Lymphozytotoxizitätstest mit mindestens 60 Antiseren nach Isolierung der Zellen, je Antiserum | 30 | 3,42 | 1,75 | ***2,01* |
| 4007 | Höchstwert für die Leistung nach Nummer 4006 | 3600 | 410,40 | 209,83 | ***241,31* |
| 4008 | Gesamttypisierung der HLA-Antigene der Klasse II mittels molekularbiologischer Methoden (bis zu 15 Sonden), insgesamt | 2500 | 285,00 | 145,72 | ***167,58* |
| 4009 | Subtypisierung der HLA-Antigene der Klasse II mittels molekularbiologischer Methoden (bis zu 40 Sonden), insgesamt | 2700 | 307,80 | 157,38 | ***180,98* |
| 4010 | HLA-Isoantikörpernachweis | 800 | 91,20 | 46,63 | ***53,62* |
| 4011 | Spezifizierung der HLA-Isoantikörper, insgesamt | 1600 | 182,40 | 93,26 | ***107,25* |
| 4012 | Serologische Verträglichkeitsprobe im Gewebe-HLA-System nach Isolierung von Zellen und Organellen | 750 | 85,50 | 43,72 | ***50,27* |
| 4013 | Lymphozytenmischkultur (MLC) bei Empfänger und Spender – einschließlich Kontrollen – | 4600 | 524,40 | 268,12 | ***308,34* |
| 4014 | Lymphozytenmischkultur (MLC) für jede weitere getestete Person | 2300 | 262,20 | 134,06 | ***154,17* |

| Nummer | Leistung | Punktzahl | Gebühr in DM – einfach – | Gebühr in Euro – einfach – | Gebühr in Euro – 2,3-fach – – *1,8-fach – – **1,15-fach – |
|---|---|---|---|---|---|

### 14. Hormone und ihre Metabolite, biogene Amine, Rezeptoren

**Allgemeine Bestimmung**

Für die mit H4 gekennzeichneten Untersuchungen ist der Höchstwert nach Nummer 3633.H zu beachten.

| Nummer | Leistung | Punktzahl | Gebühr in DM – einfach – | Gebühr in Euro – einfach – | Gebühr in Euro |
|---|---|---|---|---|---|
| | Hormonbestimmung mittels Ligandenassay – gegebenenfalls einschließlich Doppelbestimmung und aktueller Bezugskurve – ................................ | 250 | 28,50 | 14,57 | ***16,76* |
| *Katalog* | | | | | |
| 4020 | Cortisol | | | | |
| 4021 | Follitropin (FSH, follikelstimulierendes Hormon) | | | | |
| 4022.H4 | Freies Trijodthyronin (fT3) | | | | |
| 4023. H4 | Freies Thyroxin (fT4) | | | | |
| 4024 | Humanes Choriongonadotropin (HCG) | | | | |
| 4025 | Insulin | | | | |
| 4026 | Luteotropin (LH, luteinisierendes Hormon) | | | | |
| 4027 | Östriol | | | | |
| 4028 | Plazentalaktogen (HPL) | | | | |
| 4029.H4 | T3-Uptake-Test (TBI, TBK) | | | | |
| 4030 | Thyreoidea stimulierendes Hormon (TSH) | | | | |
| 4031.H4 | Thyroxin | | | | |
| 4032.H4 | Trijodthyronin | | | | |

4033 Untersuchungen mit ähnlichem methodischem Aufwand

*Die untersuchten Parameter sind in der Rechnung anzugeben.*

Hormonbestimmung mittels Ligandenassay – einschließlich Doppelbestimmung und aktueller Bezugskurve – ........ 350 | 39,90 | 20,40 | ***23,46*

*Katalog*

4035 17-Alpha-Hydroxyprogesteron

4036 Androstendion

4037 Dehydroepiandrosteron (DHEA)

4038 Dehydroepiandrosteronsulfat (DHEAS)

4039 Östradiol

4040 Progesteron

4041 Prolaktin

4042 Testosteron

4043 Wachstumshormon (HGH)

4044 Untersuchungen mit ähnlichem methodischem Aufwand

*Die untersuchten Parameter sind in der Rechnung anzugeben.*

Hormonbestimmung mittels Ligandenassay – einschließlich Doppelbestimmung und aktueller Bezugskurve – ........ 480 | 54,72 | 27,98 | ***32,17*

*Katalog*

4045 Aldosteron

4046 C-Peptid

4047 Caicitonin

4048 cAMP

4049 Corticotropin (ACTH)

4050 Erythropoetin

4051 Gastrin

| Nummer | Leistung | Punktzahl | Gebühr in DM – einfach – | Gebühr in Euro – einfach – | Gebühr in Euro – 2,3-fach – – *1,8-fach – – **1,15-fach – |
|---|---|---|---|---|---|
| 4052 | Glukagon | | | | |
| 4053 | Humanes Choriongonadotropin (HCG), zum Ausschluß einer Extrauteringravidität | | | | |
| 4054 | Osteocalcin | | | | |
| 4055 | Oxytocin | | | | |
| 4056 | Parathormon | | | | |
| 4057 | Reninaktivität (PRÄ), kinetische Bestimmung mit mindestens drei Meßpunkten | | | | |
| 4058 | Reninkonzentration | | | | |
| 4060 | Somatomedin | | | | |
| 4061 | Vasopressin (Adiuretin, ADH) | | | | |
| 4062 | Untersuchungen mit ähnlichem methodischem Aufwand | | | | |
| | *Die untersuchten Parameter sind in der Rechnung anzugeben.* | | | | |
| Hormonbestimmung mittels Ligandenassay – einschließlich Doppelbestimmung und aktueller Bezugskurve – ............ | | 750 | 85,50 | 43,72 | ***50,27* |
| *Katalog* | | | | | |
| 4064 | Gastric inhibitory Polypeptid (GIP) | | | | |
| 4065 | Gonadotropin-releasing-Hormon (GnRH) | | | | |
| 4066 | Pankreatisches Polypeptid (PP) | | | | |
| 4067 | Parathyroid hormone related peptide | | | | |
| 4068 | Vasoaktives intestinales Polypeptid (VIP) | | | | |

| Nr. | Leistung | Punktzahl | | | |
|---|---|---|---|---|---|
| 4069 | Untersuchungen mit ähnlichem methodischem Aufwand<br>*Die untersuchten Parameter sind in der Rechnung anzugeben.* | | | | |
| 4070 | Thyreoglobulin, Ligandenassay – einschließlich Doppelbestimmung und aktueller Bezugskurve sowie Kontrollansatz für Anti-Thyreoglobulin-Antikörper – | 900 | 102,60 | 52,46 | ***60,33* |
| | Hormonbestimmung mittels Hochdruckflüssigkeitschromatographie, Gaschromatographie oder Säulenchromatographie und Photometrie | 570 | 64,98 | 33,22 | ***38,21* |
| | *Katalog* | | | | |
| 4071 | 5-Hydroxyindolessigsäure (5-HIES) | | | | |
| 4072 | Adrenalin und/oder Noradrenalin und/oder Dopamin im Plasma oder Urin | | | | |
| 4073 | Homovanillinsäure im Urin (HVA) | | | | |
| 4074 | Metanephrine | | | | |
| 4075 | Serotonin | | | | |
| 4076 | Steroidprofil | | | | |
| 4077 | Vanillinmandelsäure (VMA) | | | | |
| 4078 | Untersuchungen mit ähnlichem methodischem Aufwand<br>*Die untersuchten Parameter sind in der Rechnung anzugeben.* | | | | |
| 4079 | Zuschlag zu den Leistungen nach den Nummern 4071 bis 4078 bei Anwendung der Gaschromatographie-Massenspektrometrie | 350 | 39,90 | 20,40 | ***23,46* |
| 4080 | 5-Hydroxyindolessigsäure (5-HIES), Farbreaktion und visuell, qualitativ | 120 | 13,68 | 6,99 | ***8,04* |
| 4081 | Humanes Choriongonadotropin im Urin, Schwangerschaftstest (Nachweisgrenze des Tests kleiner als 500 U/l) | 120 | 13,68 | 6,99 | ***8,04* |

| Nummer | Leistung | Punktzahl | Gebühr in DM – einfach – | Gebühr in Euro – einfach – | Gebühr in Euro – 2,3-fach – – *1,8-fach – – **1,15-fach – |
|---|---|---|---|---|---|
| 4082 | Humanes Choriongonadotropin im Urin (HCG), Schwangerschaftstest (Nachweisgrenze des Tests kleiner als 50 U/l), Ligandenassay – gegebenenfalls einschließlich Doppelbestimmung und aktueller Bezugskurve – | 140 | 15,96 | 8,16 | ***9,38* |
| 4083 | Luteotropin (LH) im Urin, Agglutination, im Rahmen einer In-vitro-Fertilisation, je Bestimmung | 570 | 64,98 | 33,22 | ***38,21* |
| 4084 | Gesamt-Östrogene im Urin, photometrisch | 570 | 64,98 | 33,22 | ***38,21* |
| 4085 | Vanillinmandelsäure im Urin (VMA), Dünnschichtchromatographie, semiquantitativ | 250 | 28,50 | 14,57 | ***16,76* |
| 4086 | Östrogenrezeptoren – einschließlich Aufbereitung – | 1200 | 136,80 | 69,94 | ***80,44* |
| 4087 | Progesteronrezeptoren – einschließlich Aufbereitung – | 1200 | 136,80 | 69,94 | ***80,44* |
| 4088 | Andere Hormonrezeptoren (z.B. Androgenrezeptoren) – einschließlich Aufbereitung – | 1200 | 136,80 | 69,94 | ***80,44* |
| 4089 | Tumornekrosefaktorrezeptor (p55), Ligandenassay – einschließlich Doppelbestimmung und aktueller Bezugskurve – | 450 | 51,30 | 26,23 | ***30,16* |

## 15. Funktionsteste

**Allgemeine Bestimmungen**

Wird eine vom jeweils genannten Leistungsumfang abweichende geringere Anzahl von Bestimmungen durchgeführt, so ist nur die Zahl der tatsächlich durchgeführten Einzelleistungen berechnungsfähig.

Sind aus medizinischen Gründen über den jeweils genannten Leistungsumfang hinaus weitere Bestimmungen einzelner Meßgrößen erforderlich, so können diese mit entsprechender Begründung als Einzelleistungen gesondert berechnet werden.

| | | | | | |
|---|---|---|---|---|---|
| 4090 | ACTH-Infusionstest (Zweimalige Bestimmung von Cortisol) | 500 | 57,00 | 29,14 | ***33,52* |
| 4091 | ACTH-Kurztest (Zweimalige Bestimmung von Cortisol) | 500 | 57,00 | 29,14 | ***33,52* |
| 4092 | Clonidintest (Zweimalige Bestimmung von Adrenalin/Noradrenalin im Plasma) | 1140 | 129,96 | 66,45 | ***76,41* |
| 4093 | Cortisoltagesprofil (Viermalige Bestimmung von Cortisol) | 1000 | 114,00 | 58,29 | ***67,03* |
| 4094 | CRF-Test (Dreimalige Bestimmung von Corticotropin und Cortisol) | 2190 | 249,66 | 127,65 | ***146,80* |
| 4095 | D-Xylosetest (Einmalige Bestimmung von Xylose) | 200 | 22,80 | 11,66 | ***13,41* |
| 4096 | Desferioxamintest (Einmalige Bestimmung von Eisen im Urin) | 120 | 13,68 | 6,99 | ***8,04* |
| 4097 | Dexamethasonhemmtest, Kurztest (Zweimalige Bestimmung von Cortisol) | 500 | 57,00 | 29,14 | ***33,52* |
| 4098 | Dexamethasonhemmtest, Verabreichung von jeweils 3 mg Dexamethason an drei aufeinander folgenden Tagen (Zweimalige Bestimmung von Cortisol) | 500 | 57,00 | 29,14 | ***33,52* |
| 4099 | Dexamethasonhemmtest, Verabreichung von jeweils 9 mg Dexamethason an drei aufeinander folgenden Tagen (Zweimalige Bestimmung von Cortisol) | 500 | 57,00 | 29,14 | ***33,52* |
| 4100 | Fraktionierte Magensekretionsanalyse mit Pentagastrinstimulation (Viermalige Titration von HCl) | 280 | 31,92 | 16,32 | ***18,77* |
| 4101 | Glukosesuppressionstest (Sechsmalige Bestimmung von Glukose, Wachstumshormon und Insulin) | 3840 | 437,76 | 223,82 | ***257,40* |
| 4102 | GHRH-Test (Sechsmalige Bestimmung von Wachstumshormon) | 2100 | 239,40 | 122,40 | ***140,76* |
| 4103 | HCG-Test (Zweimalige Bestimmung von Testosteron) | 700 | 79,80 | 40,80 | ***46,92* |
| 4104 | Hungerversuch (Zweimalige Bestimmung von C-Peptid) | 960 | 109,44 | 55,96 | ***64,35* |
| 4105 | Hungerversuch (Zweimalige Bestimmung von Insulin) | 500 | 57,00 | 29,14 | ***33,52* |
| 4106 | Insulinhypoglykämietest (Sechsmalige Bestimmung von Glukose, Wachstumshormon und Cortisol) | 3840 | 437,76 | 223,82 | ***257,40* |

| Nummer | Leistung | Punktzahl | Gebühr in DM – einfach – | Gebühr in Euro – einfach – | Gebühr in Euro – 2,3-fach – – *1,8-fach – – **1,15-fach – |
|---|---|---|---|---|---|
| 4107 | Laktat-Ischämietest (Fünfmalige Bestimmung von Laktat) | 900 | 102,60 | 52,46 | ***60,33* |
| 4108 | Laktose-Toleranztest (Fünfmalige Bestimmung von Glukose) | 200 | 22,80 | 11,66 | ***13,41* |
| 4109 | LH-RH-Test (Zweimalige Bestimmung von LH und FSH) | 1000 | 114,00 | 58,29 | ***67,03* |
| 4110 | MEGX-Test (Monoethylglycinxylidid) (Zweimalige Bestimmung von MEGX) | 500 | 57,00 | 29,14 | ***33,52* |
| 4111 | Metociopramidtest (Zweimalige Bestimmung von Prolaktin) | 700 | 79,80 | 40,80 | ***46,92* |
| 4112 | Pentagastrintest (Sechsmalige Bestimmung von Calcitonin) | 2880 | 328,32 | 167,87 | ***193,05* |
| 4113 | Renin-Aldosteron-Stimulationstest (Zweimalige Bestimmung von Renin und Aldosteron) | 1920 | 218,88 | 111,91 | ***128,70* |
| 4114 | Renin-Aldosteron-Suppressionstest (Zweimalige Bestimmung von Renin und Aldosteron) | 1920 | 218,88 | 111,91 | ***128,70* |
| 4115 | Seitengetrennte Reninbestimmung (Viermalige Bestimmung von Renin) | 1920 | 218,88 | 111,91 | ***128,70* |
| 4116 | Sekretin-Pankreozymin-Evokationstest (Dreimalige Bestimmung von Amylase, Lipase, Trypsin und Bikarbonat) | 1080 | 123,12 | 62,95 | ***72,39* |
| 4117 | TRH-Test (Zweimalige Bestimmung von TSH) | 500 | 57,00 | 29,14 | ***33,52* |
| 4118 | Vitamin A-Resorptionstest (Zweimalige Bestimmung von Vitamin A) | 720 | 82,08 | 41,97 | ***48,26* |

### 16. Porphyrine und ihre Vorläufer

| Nummer | Leistung | Punktzahl | Gebühr in DM – einfach – | Gebühr in Euro – einfach – | Gebühr in Euro – 2,3-fach – – *1,8-fach – – **1,15-fach – |
|---|---|---|---|---|---|
| 4120 | Delta-Aminolaevulinsäure (Delta-ALS, Delta-ALA), photometrisch und säulenchromatographisch | 570 | 64,98 | 33,22 | ***38,21* |

| Nr. | Leistung | Punkte | Betrag | | |
|---|---|---|---|---|---|
| 4121 | Gesamt-Porphyrine, photometrisch | 250 | 28,50 | 14,57 | ***16,76* |
| 4122 | Gesamt-Porphyrine, qualitativ | 120 | 13,68 | 6,99 | ***8,04* |
| 4123 | Porphobilinogen (PBG, Hösch-Test, Schwarz-Watson-Test) mit Rückextraktion, Farbreaktion und visuell, qualitativ | 60 | 6,84 | 3,50 | ***4,02* |
| 4124 | Porphobilinogen (PBG), photometrisch und säulenchromatographisch | 570 | 64,98 | 33,22 | ***38,21* |
| 4125 | Porphyrinprofil (Urin, Stuhl, Erythrozyten), Hochdruckflüssigkeitschromatographie, je Material | 570 | 64,98 | 33,22 | ***38,21* |
| 4126 | Porphyrinprofil (Urin, Stuhl, Erythrozyten), Dünnschichtchromatographie, je Material | 460 | 52,44 | 26,81 | ***30,83* |

## 17. Spurenelemente, Vitamine

| Nr. | Leistung | Punkte | Betrag | | |
|---|---|---|---|---|---|
| 4130 | Eisen im Urin, Atomabsorption | 120 | 13,68 | 6,99 | ***8,04* |
| 4131 | Kupfer im Serum oder Plasma | 40 | 4,56 | 2,33 | ***2,68* |
| 4132 | Kupfer im Urin, Atomabsorption | 410 | 46,74 | 23,90 | ***27,48* |
| 4133 | Mangan, Atomabsorption, flammenlos | 410 | 46,74 | 23,90 | ***27,48* |
| 4134 | Selen, Atomabsorption, flammenlos | 410 | 46,74 | 23,90 | ***27,48* |
| 4135 | Zink, Atomabsorption | 90 | 10,26 | 5,25 | ***6,03* |
| 4138 | 25-Hydroxy-Vitamin D (25-OH-D, $D_2$), Ligandenassay – einschließlich Doppelbestimmung und aktueller Bezugskurve – | 480 | 54,72 | 27,98 | ***32,17* |
| 4139 | 1,25-Dihydroxy-Vitamin D (1,25-$(OH)_2$-$D_3$, Calcitriol), Ligandenassay – einschließlich Doppelbestimmung und aktueller Bezugskurve – | 750 | 85,50 | 43,72 | ***50,27* |
| 4140 | Folsäure und/oder Vitamin B12, Ligandenassay – gegebenenfalls einschließlich Doppelbestimmung und aktueller Bezugskurve – | 250 | 28,50 | 14,57 | ***16,76* |

| Nummer | Leistung | Punktzahl | Gebühr in DM – einfach – | Gebühr in Euro – einfach – | Gebühr in Euro – 2,3-fach – – *1,8-fach – – **1,15-fach – |
|---|---|---|---|---|---|
| | Untersuchung von Vitaminen mittels Hochdruckflüssigkeitschromatographie ..................... | 360 | 41,04 | 20,98 | ***24,13* |
| | *Katalog* | | | | |
| 4141 | Vitamin A | | | | |
| 4142 | Vitamin E | | | | |
| | Untersuchung von Vitaminen mittels Hochdruckflüssigkeitschromatographie ..................... | 570 | 64,98 | 33,22 | ***38,21* |
| | *Katalog* | | | | |
| 4144 | 25-Hydroxy-Vitamin D (25-OH-D, $D_2$) | | | | |
| 4145 | Vitamin B1 | | | | |
| 4146 | Vitamin B6 | | | | |
| 4147 | Vitamin K | | | | |

**18. Arzneimittelkonzentrationen, exogene Gifte, Drogen**

| Nummer | Leistung | Punktzahl | Gebühr in DM – einfach – | Gebühr in Euro – einfach – | Gebühr in Euro – 2,3-fach – – *1,8-fach – – **1,15-fach – |
|---|---|---|---|---|---|
| | Untersuchung mittels Ligandenassay – gegebenenfalls einschließlich Doppelbestimmung und aktueller Bezugskurve – ..................... | 250 | 28,50 | 14,57 | ***16,76* |
| | *Katalog* | | | | |
| 4150 | Amikacin | | | | |
| 4151 | Amphetamin | | | | |
| 4152 | Azetaminophen | | | | |
| 4153 | Barbiturate | | | | |
| 4154 | Benzodiazepine | | | | |
| 4155 | Cannabinoide | | | | |

| | |
|---|---|
| 4156 | Carbamazepin |
| 4157 | Chinidin |
| 4158 | Cocainmetabolite |
| 4160 | Desipramin |
| 4161 | Digitoxin |
| 4162 | Digoxin |
| 4163 | Disopyramid |
| 4164 | Ethosuximid |
| 4165 | Flecainid |
| 4166 | Gentamicin |
| 4167 | Lidocain |
| 4168 | Methadon |
| 4169 | Methotrexat |
| 4170 | N-Azetylprocainamid |
| 4171 | Netilmicin |
| 4172 | Opiate |
| 4173 | Phenobarbital |
| 4174 | Phenytoin |
| 4175 | Primidon |
| 4176 | Propaphenon |
| 4177 | Salizylat |
| 4178 | Streptomycin |
| 4179 | Theophyllin |
| 4180 | Tobramicin |
| 4181 | Valproinsäure |

| Nummer | Leistung | Punktzahl | Gebühr in DM – einfach – | Gebühr in Euro – einfach – | Gebühr in Euro – 2,3-fach – – *1,8-fach – – **1,15-fach – |
|---|---|---|---|---|---|
| 4182 | Untersuchungen mit ähnlichem methodischem Aufwand<br>*Die untersuchten Parameter sind in der Rechnung anzugeben.* | | | | |
| 4185 | Cyclosporin (mono- oder polyspezifisch), Ligandenassay – gegebenenfalls einschließlich Doppelbestimmung und aktueller Bezugskurve – | 300 | 34,20 | 17,49 | ***20,11* |
| Untersuchung mittels Ligandenassay – einschließlich vorhergehender Säulentrennung, gegebenenfalls einschließlich Doppelbestimmung und aktueller Bezugskurve – | | 700 | 79,80 | 40,80 | ***46,92* |
| *Katalog* | | | | | |
| 4186 | Amitryptilin | | | | |
| 4187 | Imipramin | | | | |
| 4188 | Nortriptylin | | | | |
| Untersuchung mittels Atomabsorption, flammenlos | | 410 | 46,74 | 23,90 | ***27,48* |
| *Katalog* | | | | | |
| 4190 | Aluminium | | | | |
| 4191 | Arsen | | | | |
| 4192 | Blei | | | | |
| 4193 | Cadmium | | | | |
| 4194 | Chrom | | | | |
| 4195 | Gold | | | | |
| 4196 | Quecksilber | | | | |
| 4197 | Thallium | | | | |

| | | | | | |
|---|---|---|---|---|---|
| 4198 | Untersuchungen mit ähnlichem methodischem Aufwand<br>*Die untersuchten Parameter sind in der Rechnung anzugeben.* | | | | |
| Untersuchung mittels Hochdruckflüssigkeitschromatographie, je Untersuchung | | 360 | 41,04 | 20,98 | ***24,13* |
| *Katalog* | | | | | |
| 4199 | Amiodarone | | | | |
| 4200 | Antiepileptika (Ethosuximid und/oder Phenobarbital und/oder Phenytoin und/oder Primidon) | | | | |
| 4201 | Chinidin | | | | |
| 4202 | Untersuchungen mit ähnlichem methodischem Aufwand<br>*Die untersuchten Parameter sind in der Rechnung anzugeben.* | | | | |
| Untersuchung mittels Hochdruckflüssigkeitschromatographie, je Untersuchung | | 450 | 51,30 | 26,23 | ***30,16* |
| *Katalog* | | | | | |
| 4203 | Antibiotika | | | | |
| 4204 | Antimykotika | | | | |
| Untersuchung mittels Gaschromatographie, je Untersuchung | | 410 | 46,74 | 23,90 | ***27,48* |
| *Katalog* | | | | | |
| 4206 | Valproinsäure | | | | |
| 4207 | Ethanol | | | | |
| 4208 | Untersuchungen mit ähnlichem methodischem Aufwand<br>*Die untersuchten Parameter sind in der Rechnung anzugeben.* | | | | |
| 4209 | Untersuchung mittels Gaschromatographie nach Säulenextraktion und Derivatisierung zum Nachweis von exogenen Giften, je Untersuchung | 480 | 54,72 | 27,98 | ***32,17* |

| Nummer | Leistung | Punktzahl | Gebühr in DM – einfach – | Gebühr in Euro – einfach – | Gebühr in Euro – 2,3-fach – – *1,8-fach – – **1,15-fach – |
|---|---|---|---|---|---|
| 4210 | Untersuchung von exogenen Giften mittels Gaschromatographie-Massenspektrometrie, Bestätigungsanalyse, je Untersuchung | 900 | 102,60 | 52,46 | ***60,33* |
| 4211 | Ethanol, photometrisch | 150 | 17,10 | 8,74 | ***10,05* |
| 4212 | Exogene Gifte, dünnschichtchromatographisches Screening, qualitativ oder semiquantitativ | 250 | 28,50 | 14,57 | ***16,76* |
| 4213 | Identifikation von exogenen Giften mittels aufwendiger Dünnschichtchromatographie mit standardkorrigierten Rf-Werten, je Untersuchung | 360 | 41,04 | 20,98 | ***24,13* |
| 4214 | Lithium | 60 | 6,84 | 3,50 | ***4,02* |

## 19. Antikörper gegen Bakterienantigene

**Allgemeine Bestimmung**

Die Berechnung einer Gebühr für eine qualitative Untersuchung mittels Agglutinations- oder Fällungsreaktion bzw. Immunfluoreszenzuntersuchung (bis zu zwei Titerstufen) neben einer Gebühr für eine quantitative Untersuchung mittels Agglutinations- oder Fällungsreaktion bzw. Immunfluoreszenzuntersuchung (mehr als zwei Titerstufen) oder einer ähnlichen Untersuchungsmethode ist nicht zulässig.

| Nummer | Leistung | Punktzahl | Gebühr in DM – einfach – | Gebühr in Euro – einfach – | Gebühr in Euro – 2,3-fach – – *1,8-fach – – **1,15-fach – |
|---|---|---|---|---|---|
| | Qualitativer Nachweis von Antikörpern mittels Agglutinations- oder Fällungsreaktion (z.B. Hämagglutination, Hämagglutinationshemmung, Latex-Agglutination) | 90 | 10,26 | 5,25 | ***6,03* |

*Katalog*

*Antikörper gegen*

4220 Borrelia burgdorferi

4221 Brucellen

4222 Campylobacter
4223 Francisellen
4224 Legionella pneumophila bis zu fünf Typen, je Typ
4225 Leptospiren
4226 Listerien, je Typ
4227 Rickettsien (Weil-Felix-Reaktion)
4228 Salmonellen-H-Antigene
4229 Salmonellen-O-Antigene
4230 Staphylolysin
4231 Streptolysin
4232 Treponema pallidum (TPHA, Cardiolipinmikroflockungstest, VDRL-Test)
4233 Yersinien bis zu zwei Typen, je Typ
4234 Untersuchungen mit ähnlichem methodischem Aufwand

*Die untersuchten Parameter sind in der Rechnung anzugeben.*

Quantitative Bestimmung von Antikörpern mittels Agglutinations- oder Fällungsreaktion (z.B. Hämagglutination, Hämagglutinationshemmung, Latex-Agglutination) ........ 230 26,22 13,41 ***15,42*

*Katalog*

*Antikörper gegen*

4235 Agglutinierende Antikörper (WIDAL-Reaktion)
4236 Borrelia burgdorferi
4237 Brucellen
4238 Campylobacter
4239 Francisellen
4240 Legionellen bis zu zwei Typen, je Typ

| Nummer | Leistung | Punktzahl | Gebühr in DM – einfach – | Gebühr in Euro – einfach – | Gebühr in Euro – 2,3-fach – – *1,8-fach – – **1,15-fach – |
|---|---|---|---|---|---|
| 4241 | Leptospiren | | | | |
| 4242 | Listerien, je Typ | | | | |
| 4243 | Rickettsien | | | | |
| 4244 | Salmonellen-H-Antigene, bis zu zwei Antigenen, je Antigen | | | | |
| 4245 | Salmonellen-O-Antigene, bis zu vier Antigenen, je Antigen | | | | |
| 4246 | Staphylolysin | | | | |
| 4247 | Streptolysin | | | | |
| 4248 | Treponema pallidum (TPHA, Cardiolipinmikroflockungstest, VDRL-Test) | | | | |
| 4249 | Yersinien, bis zu zwei Typen, je Typ | | | | |
| 4250 | Untersuchungen mit ähnlichem methodischem Aufwand<br>*Die untersuchten Parameter sind in der Rechnung anzugeben.* | | | | |
| Qualitativer Nachweis von Antikörpern mittels Immunfluoreszenz oder ähnlicher Untersuchungsmethoden ........ | | 290 | 33,06 | 16,90 | ***19,44* |
| *Katalog* | | | | | |
| | *Antikörper gegen* | | | | |
| 4251 | Bordetella pertussis | | | | |
| 4252 | Borrelia burgdorferi | | | | |
| 4253 | Chlamydia trachomatis | | | | |
| 4254 | Coxiella burneti | | | | |
| 4255 | Legionella pneumophila | | | | |

4256 Leptospiren (IgA, IgG oder IgM)
4257 Mycoplasma pneumoniae
4258 Rickettsien
4259 Treponema pallidum (IgG und IgM) (FTA-ABS-Test)
4260 Treponema pallidum (IgM) (IgM-FTA-ABS-Test)
4261 Untersuchungen mit ähnlichem methodischem Aufwand

*Die untersuchten Parameter sind in der Rechnung anzugeben.*

Quantitative Bestimmung von Antikörpern mittels Immunfluoreszenz oder ähnlicher Untersuchungsmethoden ........ 510 58,14 29,73 ***34,19*

*Katalog*

*Antikörper gegen*

4263 Bordetella pertussis
4264 Borrelia burgdorferi
4265 Chlamydia trachomatis
4266 Coxiella burneti
4267 Legionella pneumophila
4268 Mycoplasma pneumoniae
4269 Rickettsien
4270 Treponema pallidum (IgG und IgM) (FTA-ABS-Test)
4271 Treponema pallidum (IgM) (IgM-FTA-ABS-Test)
4272 Untersuchungen mit ähnlichem methodischem Aufwand

*Die untersuchten Parameter sind in der Rechnung anzugeben.*

| Nummer | Leistung | Punktzahl | Gebühr in DM – einfach – | Gebühr in Euro – einfach – | Gebühr in Euro – 2,3-fach – – *1,8-fach – – **1,15-fach – |
|---|---|---|---|---|---|
| | Quantitative Bestimmung von Antikörpern mittels Immunfluoreszenz oder ähnlicher Untersuchungsmethoden ........ | 800 | 91,20 | 46,63 | ***53,62* |
| | *Katalog* | | | | |
| | *Antikörper gegen* | | | | |
| 4273 | Treponema pallidum (IgM) (19S-IgM-FTA-ABS-Test) | | | | |
| | Quantitative Bestimmung von Antikörpern mittels Komplementbindungsreaktion (KBR) ........ | 250 | 28,50 | 14,57 | ***16,76* |
| | *Katalog* | | | | |
| | *Antikörper gegen* | | | | |
| 4275 | Campylobacter | | | | |
| 4276 | Chlamydia psittaci (Ornithosegruppe) | | | | |
| 4277 | Chlamydia trachomatis | | | | |
| 4278 | Coxiella burneti | | | | |
| 4279 | Gonokokken | | | | |
| 4280 | Leptospiren | | | | |
| 4281 | Listerien | | | | |
| 4282 | Mycoplasma pneumoniae | | | | |
| 4283 | Treponema pallidum (Cardiolipinreaktion) | | | | |
| 4284 | Yersinien | | | | |
| 4285 | Untersuchungen mit ähnlichem methodischem Aufwand<br>*Die untersuchten Parameter sind in der Rechnung anzugeben.* | | | | |

| Nr. | Leistung | Punkte | | | |
|---|---|---|---|---|---|
| | Bestimmung von Antikörpern mittels Ligandenassay – gegebenenfalls einschließlich Doppelbestimmung und aktueller Bezugskurve – ................ | 350 | 39,90 | 20,40 | ***23,46* |
| | *Katalog* | | | | |
| | *Antikörper gegen* | | | | |
| 4286 | Borrelia burgdorferi | | | | |
| 4287 | Campylobacter | | | | |
| 4288 | Coxiella burneti | | | | |
| 4289 | Leptospiren (IgA, IgG oder IgM) | | | | |
| 4290 | Mycoplasma pneumoniae | | | | |
| 4291 | Untersuchungen mit ähnlichem methodischem Aufwand | | | | |
| | *Die untersuchten Parameter sind in der Rechnung anzugeben.* | | | | |
| | Bestimmung von Antikörpern mit sonstigen Methoden | | | | |
| | *Katalog* | | | | |
| 4293 | Streptolysin, Immundiffusion oder ähnliche Untersuchungsmethoden.......... | 180 | 20,52 | 10,49 | ***12,07* |
| 4294 | Streptolysin, Hämolysehemmung .......... | 230 | 26,22 | 13,41 | ***15,42* |
| 4295 | Streptokokken-Desoxyribonuklease (Antistreptodomase, ADNAse B), Immundiffusion oder ähnliche Untersuchungsmethoden.......... | 180 | 20,52 | 10,49 | ***12,07* |
| 4296 | Streptokokken-Desoxyribonuklease (Antistreptodomase, ADNAse B), Farbreaktion und visuell.......... | 120 | 13,68 | 6,99 | ***8,04* |
| 4297 | Hyaluronidase, Farbreaktion und visuell, qualitativ .......... | 120 | 13,68 | 6,99 | ***8,04* |

| Nummer | Leistung | Punktzahl | Gebühr in DM – einfach – | Gebühr in Euro – einfach – | Gebühr in Euro – 2,3-fach – – *1,8-fach – – **1,15-fach – |
|---|---|---|---|---|---|
| | **20. Antikörper gegen Virusantigene** | | | | |
| | **Allgemeine Bestimmung** | | | | |
| | Die Berechnung einer Gebühr für eine qualitative Untersuchung mittels Agglutinations- oder Fällungsreaktion bzw. Immunfluoreszenzuntersuchung (bis zu zwei Titerstufen) neben einer Gebühr für eine quantitative Untersuchung mittels Agglutinations- oder Fällungsreaktion bzw. Immunfluoreszenzuntersuchung (mehr als zwei Titerstufen) oder einer ähnlichen Untersuchungsmethode ist nicht zulässig. | | | | |
| | Qualitativer Nachweis von Antikörpern mittels Agglutinationsreaktion (z.B. Hämagglutination, Hämagglutinationshemmung, Latex-Agglutination) ........ | 90 | 10,26 | 5,25 | ***6,03* |
| | *Katalog* | | | | |
| | *Antikörper gegen* | | | | |
| 4300 | Epstein-Barr-Virus, heterophile Antikörper (Paul-Bunnel-Test) | | | | |
| 4301 | Röteln-Virus | | | | |
| 4302 | Untersuchungen mit ähnlichem methodischem Aufwand | | | | |
| | *Die untersuchten Parameter sind in der Rechnung anzugeben.* | | | | |
| | Quantitative Bestimmung von Antikörpern mittels Agglutinationsreaktion (z.B. Hämagglutination, Hämagglutinationshemmung, Latex-Agglutination) ........ | 240 | 27,36 | 13,99 | ***16,09* |
| | *Katalog* | | | | |
| | *Antikörper gegen* | | | | |
| 4305 | Epstein-Barr-Virus, heterophile Antikörper (Paul-Bunnel-Test) | | | | |

4306 Röteln-Virus

4307 Untersuchungen mit ähnlichem methodischem Aufwand

*Die untersuchten Viren sind in der Rechnung anzugeben.*

| Qualitativer Nachweis von Antikörpern mittels Immunfluoreszenz oder ähnlicher Untersuchungsmethoden | 290 | 33,06 | 16,90 | ***19,44* |
|---|---|---|---|---|

*Katalog*

*Antikörper gegen*

4310 Adenoviren

4311 Epstein-Barr-Virus Capsid (IgA)

4312 Epstein-Barr-Virus Capsid (IgG)

4313 Epstein-Barr-Virus Capsid (IgM)

4314 Epstein-Barr-Virus Early Antigen diffus

4315 Epstein-Barr-Virus Early Antigen restricted

4316 Epstein-Barr-Virus Nukleares Antigen (EBNA)

4317 FSME-Virus

4318 Herpes simplex-Virus 1 (IgG)

4319 Herpes simplex-Virus 1 (IgM)

4320 Herpes simplex-Virus 2 (IgG)

4321 Herpes simplex-Virus 2 (IgM)

4322 HIV 1

4323 HIV 2

4324 Influenza A-Virus

4325 Influenza B-Virus

4327 Masern-Virus

4328 Mumps-Virus

4329 Parainfluenza-Virus 1

| Nummer | Leistung | Punktzahl | Gebühr in DM – einfach – | Gebühr in Euro – einfach – | Gebühr in Euro – 2,3-fach – – *1,8-fach – – **1,15-fach – |
|---|---|---|---|---|---|
| 4330 | Parainfluenza-Virus 2 | | | | |
| 4331 | Parainfluenza-Virus 3 | | | | |
| 4332 | Respiratory syncytial virus | | | | |
| 4333 | Tollwut-Virus | | | | |
| 4334 | Varizella-Zoster-Virus | | | | |
| 4335 | Untersuchungen mit ähnlichem methodischem Aufwand | | | | |
| | *Die untersuchten Parameter sind in der Rechnung anzugeben.* | | | | |
| Quantitative Bestimmung von Antikörpern mittels Immunfluoreszenz oder ähnlicher Untersuchungsmethoden | | 510 | 58,14 | 29,73 | ***34,19* |
| *Katalog* | | | | | |
| | *Antikörper gegen* | | | | |
| 4337 | Adenoviren | | | | |
| 4338 | Epstein-Barr-Virus Capsid (IgA) | | | | |
| 4339 | Epstein-Barr-Virus Capsid (IgG) | | | | |
| 4340 | Epstein-Barr-Virus Capsid (IgM) | | | | |
| 4341 | Epstein-Barr-Virus Early Antigen diffus | | | | |
| 4342 | Epstein-Barr-Virus Early Antigen restricted | | | | |
| 4343 | Epstein-Barr-Virus Nukleares Antigen (EBNA) | | | | |
| 4344 | FSME-Virus | | | | |
| 4345 | Herpes simplex-Virus 1 (IgG) | | | | |
| 4346 | Herpes simplex-Virus 1 (IgM) | | | | |
| 4347 | Herpes simplex-Virus 2 (IgG) | | | | |

4348 Herpes simplex-Virus 2 (IgM)
4349 HIV 1
4350 HIV 2
4351 Influenza A-Virus
4352 Influenza B-Virus
4353 Lymphozytäres Choriomeningitis-Virus
4354 Masern-Virus
4355 Mumps-Virus
4356 Parainfluenza-Virus 1
4357 Parainfluenza-Virus 2
4358 Parainfluenza-Virus 3
4359 Respiratory syncytial virus
4360 Röteln-Virus
4361 Tollwut-Virus
4362 Varizella-Zoster-Virus
4363 Untersuchungen mit ähnlichem methodischem Aufwand

*Die untersuchten Parameter sind in der Rechnung anzugeben.*

Quantitative Bestimmung von Antikörpern mittels Komplementbindungsreaktion (KBR)........ 250 28,50 14,57 ***16,76*

*Katalog*

*Antikörper gegen*

4365 Adenoviren
4366 Coronaviren
4367 Influenza A-Virus
4368 Influenza B-Virus

| Nummer | Leistung | Punktzahl | Gebühr in DM – einfach – | Gebühr in Euro – einfach – | Gebühr in Euro – 2,3-fach – – *1,8-fach – – **1,15-fach – |
|---|---|---|---|---|---|
| 4369 | Influenza C-Virus | | | | |
| 4370 | Lymphozytäres Choriomeningitis-Virus | | | | |
| 4371 | Parainfluenza-Virus 1 | | | | |
| 4371 a | Parainfluenza-Virus 2 | | | | |
| 4372 | Parainfluenza-Virus 3 | | | | |
| 4373 | Polyomaviren | | | | |
| 4374 | Reoviren | | | | |
| 4375 | Respiratory syncytial virus | | | | |
| 4376 | Untersuchungen mit ähnlichem methodischem Aufwand<br>*Die untersuchten Parameter sind in der Rechnung anzugeben.* | | | | |
| Bestimmung von Antikörpern mittels Ligandenassay – gegebenenfalls einschließlich Doppelbestimmung und aktueller Bezugskurve – ................. | | 240 | 27,36 | 13,99 | ***16,09* |
| *Katalog* | | | | | |
| | *Antikörper gegen* | | | | |
| 4378 | Cytomegalie-Virus (IgG und IgM) | | | | |
| 4379 | FSME-Virus (IgG und IgM) | | | | |
| 4380 | HBe-Antigen (IgG und IgM) | | | | |
| 4381 | HBs-Antigen | | | | |
| 4382 | Hepatitis A-Virus (IgG und IgM) | | | | |
| 4383 | Hepatitis A-Virus (IgM) | | | | |
| 4384 | Herpes simplex-Virus (IgG und IgM) | | | | |

4385 Masern-Virus (IgG und IgM)
4386 Mumps-Virus (IgG und IgM)
4387 Röteln-Virus (IgG und IgM)
4388 Varizella-Zoster-Virus (IgG und IgM)
4389 Untersuchungen mit ähnlichem methodischem Aufwand
*Die untersuchten Parameter sind in der Rechnung anzugeben.*

Bestimmung von Antikörpern mittels Ligandenassay – gegebenenfalls einschließlich Doppelbestimmung und aktueller Bezugskurve – ................. 300 34,20 17,49 ***20,11*

*Katalog*

*Antikörper gegen*
4390 Cytomegalie-Virus (IgM)
4391 Epstein-Barr-Virus (IgG und IgM)
4392 FSME-Virus (IgM)
4393 HBe-Antigen (IgG und IgM)
4394 Herpes simplex-Virus (IgM)
4395 HIV
4396 Masern-Virus (IgM)
4397 Mumps-Virus (IgM)
4398 Röteln-Virus (IgM)
4399 Varizella-Zoster-Virus (IgM)
4400 Untersuchungen mit ähnlichem methodischem Aufwand
*Die untersuchten Parameter sind in der Rechnung anzugeben.*

| Nummer | Leistung | Punktzahl | Gebühr in DM – einfach – | Gebühr in Euro – einfach – | Gebühr in Euro – 2,3-fach – – *1,8-fach – – **1,15-fach – |
|---|---|---|---|---|---|
| | Bestimmung von Antikörpern mittels Ligandenassay – gegebenenfalls einschließlich Doppelbestimmung und aktueller Bezugskurve – ................ | 350 | 39,90 | 20,40 | ***23,46* |
| | *Katalog* | | | | |
| | *Antikörper gegen* | | | | |
| 4402 | HBc-Antigen (IgM) | | | | |
| 4403 | HBe-Antigen (IgM) | | | | |
| 4404 | Untersuchungen mit ähnlichem methodischem Aufwand | | | | |
| | *Die untersuchten Parameter sind in der Rechnung anzugeben.* | | | | |
| | Bestimmung von Antikörpern mittels Ligandenassay – gegebenenfalls einschließlich Doppelbestimmung und aktueller Bezugskurve – | | | | |
| | *Katalog* | | | | |
| | *Antikörper gegen* | | | | |
| 4405 | Delta-Antigen.................. | 800 | 91,20 | 46,63 | ***53,62* |
| 4406 | Hepatitis C-Virus.................. | 400 | 45,60 | 23,31 | ***26,81* |
| | Bestimmung von Antikörpern mittels anderer Methoden.................. | 800 | 91,20 | 46,63 | ***53,62* |
| | *Katalog* | | | | |
| | *Antikörper gegen* | | | | |
| 4408 | Hepatitis C-Virus, Immunoblot | | | | |
| 4409 | HIV, Immunoblot | | | | |

## 21. Antikörper gegen Pilzantigene

**Allgemeine Bestimmung**

Die Berechnung einer Gebühr für eine qualitative Untersuchung mittels Agglutinations- oder Fällungsreaktion bzw. Immunfluoreszenzuntersuchung (bis zu zwei Titerstufen) neben einer Gebühr für eine quantitative Untersuchung mittels Agglutinations- oder Fällungsreaktion bzw. Immunfluoreszenzuntersuchung (mehr als zwei Titerstufen) oder einer ähnlichen Untersuchungsmethode ist nicht zulässig.

Qualitativer Nachweis von Antikörpern mittels Immunfluoreszenz oder ähnlicher Untersuchungsmethoden ........ 290 33,06 16,90 ***19,44*

*Katalog*

*Antikörper gegen*

4415 Candida albicans

4416 Untersuchungen mit ähnlichem methodischem Aufwand

*Die untersuchten Parameter sind in der Rechnung anzugeben.*

Quantitative Bestimmung von Antikörpern mittels Immunfluoreszenz oder ähnlicher Untersuchungsmethoden ........ 510 58,14 29,73 ***34,19*

*Katalog*

*Antikörper gegen*

4418 Candida albicans

4419 Untersuchungen mit ähnlichem methodischem Aufwand

*Die untersuchten Parameter sind in der Rechnung anzugeben.*

| Nummer | Leistung | Punktzahl | Gebühr in DM – einfach – | Gebühr in Euro – einfach – | Gebühr in Euro – 2,3-fach – – *1,8-fach – – **1,15-fach – |
|---|---|---|---|---|---|
| | Qualitativer Nachweis von Antikörpern mittels Agglutinations- oder Fällungsreaktion (z.B. Hämagglutination, Hämagglutinationshemmung, Latex-Agglutination) | 90 | 10,26 | 5,25 | ***6,03* |
| *Katalog* | | | | | |
| | *Antikörper gegen* | | | | |
| 4421 | Aspergillus | | | | |
| 4422 | Candida albicans | | | | |
| 4423 | Untersuchungen mit ähnlichem methodischem Aufwand | | | | |
| | *Die untersuchten Parameter sind in der Rechnung anzugeben.* | | | | |
| | Quantitative Bestimmung von Antikörpern mittels Agglutinations- oder Fällungsreaktion (z.B. Hämagglutination, Hämagglutinationshemmung, Latex-Agglutination | 240 | 27,36 | 13,99 | ***16,09* |
| *Katalog* | | | | | |
| | *Antikörper gegen* | | | | |
| 4425 | Aspergillus | | | | |
| 4426 | Candida albicans | | | | |
| 4427 | Untersuchungen mit ähnlichem methodischem Aufwand | | | | |
| | *Die untersuchten Parameter sind in der Rechnung anzugeben.* | | | | |

## 22. Antikörper gegen Parasitenantigene

**Allgemeine Bestimmung**

Die Berechnung einer Gebühr für eine qualitative Untersuchung mittels Agglutinations- oder Fällungsreaktion bzw. Immunfluoreszenzuntersuchung (bis zu zwei Titerstufen) neben einer Gebühr für eine quantitative Untersuchung mittels Agglutinations- oder Fällungsreaktion bzw. Immunfluoreszenzuntersuchung (mehr als zwei Titerstufen) oder einer ähnlichen Untersuchungsmethode ist nicht zulässig.

Qualitativer Nachweis von Antikörpern mittels Agglutinations- oder Fällungsreaktion (z.B. Hämagglutination, Hämagglutinationshemmung, Latex-Agglutination) ........ 90 | 10,26 | 5,25 | ***6,03*

*Katalog*

*Antikörper gegen*

4430 Echinokokken

4431 Schistosomen

4432 Untersuchungen mit ähnlichem methodischem Aufwand

*Die untersuchten Parameter sind in der Rechnung anzugeben.*

Quantitative Bestimmung von Antikörpern mittels Agglutinations- oder Fällungsreaktion (z.B. Hämagglutination, Hämagglutinationshemmung, Latex-Agglutination) ........ 240 | 27,36 | 13,99 | ***16,09*

*Katalog*

*Antikörper gegen*

4435 Echinokokken

4436 Schistosomen

4437 Untersuchungen mit ähnlichem methodischem Aufwand

*Die untersuchten Parameter sind in der Rechnung anzugeben.*

| Nummer | Leistung | Punktzahl | Gebühr in DM – einfach – | Gebühr in Euro – einfach – | Gebühr in Euro – 2,3-fach – – *1,8-fach – – **1,15-fach – |
|---|---|---|---|---|---|
| | Qualitativer Nachweis von Antikörpern mittels Immunfluoreszenz oder ähnlicher Untersuchungsmethoden ........ | 290 | 33,06 | 16,90 | ***19,44* |
| *Katalog* | | | | | |
| | *Antikörper gegen* | | | | |
| 4440 | Entamoeba histolytica | | | | |
| 4441 | Leishmanien | | | | |
| 4442 | Plasmodien | | | | |
| 4443 | Pneumocystis carinii | | | | |
| 4444 | Schistosomen | | | | |
| 4445 | Toxoplasma gondii | | | | |
| 4446 | Trypanosoma cruzi | | | | |
| 4447 | Untersuchungen mit ähnlichem methodischem Aufwand | | | | |
| | *Die untersuchten Parameter sind in der Rechnung anzugeben.* | | | | |
| | Quantitative Bestimmung von Antikörpern mittels Immunfluoreszenz oder ähnlicher Untersuchungsmethoden ........ | 510 | 58,14 | 29,73 | ***34,19* |
| *Katalog* | | | | | |
| | *Antikörper gegen* | | | | |
| 4448 | Entamoeba histolytica | | | | |
| 4449 | Leishmanien | | | | |
| 4450 | Pneumocystis carinii | | | | |
| 4451 | Plasmodien | | | | |

4452 Schistosomen

4453 Toxoplasma gondii

4454 Trypanosoma cruzi

4455 Untersuchungen mit ähnlichem methodischem Aufwand

*Die untersuchten Parameter sind in der Rechnung anzugeben.*

| | | | | |
|---|---|---|---|---|
| Quantitative Bestimmung von Antikörpern mittels Komplementbindungsreaktion (KBR) | 250 | 28,50 | 14,57 | ***16,76* |

*Katalog*

*Antikörper gegen*

4456 Echinokokken

4457 Entamoeba histolytica

4458 Leishmanien

4459 Toxoplasma gondii

4460 Untersuchungen mit ähnlichem methodischem Aufwand

*Die untersuchten Parameter sind in der Rechnung anzugeben.*

| | | | | |
|---|---|---|---|---|
| Quantitative Bestimmung von Antikörpern mittels Ligandenassay – gegebenenfalls einschließlich Doppelbestimmung und aktueller Bezugskurve – | 230 | 26,22 | 13,41 | ***15,42* |

*Katalog*

*Antikörper gegen*

4461 Toxoplasma gondii

4462 Untersuchungen mit ähnlichem methodischem Aufwand

*Die untersuchten Parameter sind in der Rechnung anzugeben.*

| Nummer | Leistung | Punktzahl | Gebühr in DM – einfach – | Gebühr in Euro – einfach – | Gebühr in Euro – 2,3-fach – – *1,8-fach – – **1,15-fach – |
|---|---|---|---|---|---|
| | Quantitative Bestimmung von Antikörpern mittels Ligandenassay – gegebenenfalls einschließlich Doppelbestimmung und aktueller Bezugskurve –. | 350 | 39,90 | 20,40 | ***23,46* |
| *Katalog* | | | | | |
| | *Antikörper gegen* | | | | |
| 4465 | Entamoeba histolytica | | | | |
| 4466 | Leishmanien | | | | |
| 4467 | Schistosomen | | | | |
| 4468 | Toxoplasma gondii | | | | |
| 4469 | Untersuchungen mit ähnlichem methodischem Aufwand | | | | |
| | *Die untersuchten Parameter sind in der Rechnung anzugeben.* | | | | |

## IV. Untersuchungen zum Nachweis und zur Charakterisierung von Krankheitserregern

**Allgemeine Bestimmung**

Werden Untersuchungen berechnet, die im methodischen Aufwand mit im Leistungstext konkret benannten Untersuchungen vergleichbar sind, so muß die Art der berechneten Untersuchungen genau bezeichnet werden.

### 1. Untersuchungen zum Nachweis und zur Charakterisierung von Bakterien

#### a. Untersuchungen im Nativmaterial

| Nummer | Leistung | Punktzahl | Gebühr in DM – einfach – | Gebühr in Euro – einfach – | Gebühr in Euro – 2,3-fach – – *1,8-fach – – **1,15-fach – |
|---|---|---|---|---|---|
| | Untersuchung zum Nachweis von Bakterien im Nativmaterial mittels Agglutination, je Antiserum. | 130 | 14,82 | 7,58 | ***8,71* |
| *Katalog* | | | | | |
| 4500 | Betahämolysierende Streptokokken Typ B | | | | |

4501 Hämophilus influenzae Kapseltyp b
4502 Neisseria meningitidis Typen A und B
4503 Streptococcus pneumoniae
4504 Untersuchungen mit ähnlichem methodischem Aufwand
*Die untersuchten Parameter sind in der Rechnung anzugeben.*

| | | | | |
|---|---|---|---|---|
| Lichtmikroskopische Untersuchung des Nativmaterials zum Nachweis von Bakterien – einschließlich einfacher Anfärbung –, qualitativ, je Untersuchung ........ | 90 | 10,26 | 5,25 | ***6,03* |

*Katalog*

4506 Methylenblaufärbung
4508 Untersuchungen mit ähnlichem methodischem Aufwand
*Die untersuchten Parameter sind in der Rechnung anzugeben.*

| | | | | |
|---|---|---|---|---|
| Lichtmikroskopische Untersuchung des Nativmaterials zum Nachweis von Bakterien – einschließlich aufwendigerer Anfärbung –, qualitativ, je Untersuchung ........ | 110 | 12,54 | 6,41 | ***7,37* |

*Katalog*

4510 Giemsafärbung (Punktate)
4511 Gramfärbung (Liquor-, Blut-, Punktat-, Sputum-, Eiter- oder Urinausstrich, Nasenabstrich)
4512 Ziehl-Neelsen-Färbung
4513 Untersuchungen mit ähnlichem methodischem Aufwand
*Die untersuchten Parameter sind in der Rechnung anzugeben.*

| | | | | |
|---|---|---|---|---|
| Lichtmikroskopische Untersuchung des Nativmaterials zum Nachweis von Bakterien – einschließlich Anfärbung mit Fluorochromen –, qualitativ, je Untersuchung ........ | 160 | 18,24 | 9,33 | ***10,72* |

*Katalog*

4515 Auraminfärbung
4516 Untersuchungen mit ähnlichem methodischem Aufwand
*Die untersuchten Parameter sind in der Rechnung anzugeben.*

| Nummer | Leistung | Punktzahl | Gebühr in DM – einfach – | Gebühr in Euro – einfach – | Gebühr in Euro – 2,3-fach – – *1,8-fach – – **1,15-fach – |
|---|---|---|---|---|---|
| 4518 | Lichtmikroskopische, immunologische Untersuchung des Nativmaterials zum Nachweis von Bakterien – einschließlich Fluoreszenz-, Enzym- oder anderer Markierung –, je Antiserum | 250 | 28,50 | 14,57 | ***16,76* |
| | *Eine mehr als fünfmalige Berechnung der Leistung nach Nummer 4518 bei Untersuchungen aus demselben Untersuchungsmaterial ist nicht zulässig.* | | | | |
| | Qualitative Untersuchung des Nativmaterials zum Nachweis von Bakterienantigenen mittels Ligandenassay (z.B. Enzym- oder Radioimmunoassay) – gegebenenfalls einschließlich Doppelbestimmung und aktueller Bezugskurve –, je Untersuchung | 250 | 28,50 | 14,57 | ***16,76* |
| | *Katalog* | | | | |
| 4520 | Beta-hämolysierende Streptokokken der Gruppe B | | | | |
| 4521 | Enteropathogene Escherichia coli-Stämme | | | | |
| 4522 | Legionellen | | | | |
| 4523 | Neisseria meningitidis | | | | |
| 4524 | Neisseria gonorrhoeae | | | | |
| 4525 | Untersuchungen mit ähnlichem methodischem Aufwand | | | | |
| | *Die untersuchten Parameter sind in der Rechnung anzugeben.* | | | | |

**b. Züchtung/Gewebekultur**

| Nr. | Leistung | Punkte | | | |
|---|---|---|---|---|---|
| 4530 | Untersuchung zum Nachweis von Bakterien durch einfache Anzüchtung oder Weiterzüchtung auf Nährböden, aerob (z.B. Blut-, Endo-, McConkey-Agar, Nährbouillon), je Nährmedium ..... | 80 | 9,12 | 4,66 | ***5,36* |
| | *Eine mehr als viermalige Berechnung der Leistung nach Nummer 4530 bei Untersuchungen aus demselben Untersuchungsmaterial ist nicht zulässig.* | | | | |
| 4531 | Untersuchung zum Nachweis von Bakterien durch Anzüchtung oder Weiterzüchtung bei besonderer Temperatur, je Nährmedium ..... | 100 | 11,40 | 5,83 | ***6,70* |
| | *Eine mehr als dreimalige Berechnung der Leistung nach Nummer 4531 bei Untersuchungen aus demselben Untersuchungsmaterial ist nicht zulässig.* | | | | |
| 4532 | Untersuchung zum Nachweis von Bakterien durch Anzüchtung oder Weiterzüchtung in $CO_2$-Atmosphäre, je Nährmedium ..... | 100 | 11,40 | 5,83 | ***6,70* |
| 4533 | Untersuchung zum Nachweis von Bakterien durch Anzüchtung oder Weiterzüchtung in anaerober oder mikroaerophiler Atmosphäre, je Nährmedium ..... | 250 | 28,50 | 14,57 | ***16,76* |
| | *Eine mehr als viermalige Berechnung der Leistung nach Nummer 4533 bei Untersuchungen aus demselben Untersuchungsmaterial ist nicht zulässig.* | | | | |
| 4538 | Untersuchung zum Nachweis von Bakterien durch Anzüchtung oder Weiterzüchtung auf Selektiv- oder Anreicherungsmedien, aerob (z.B. Blutagar mit Antibiotikazusätzen, Schokoladen-, Yersinien-, Columbia-, Kochsalz-Mannit-Agar, Thayer-Martin-Medium), je Nährmedium ..... | 120 | 13,68 | 6,99 | ***8,04* |
| | *Eine mehr als viermalige Berechnung der Leistung nach Nummer 4538 bei Untersuchungen aus demselben Untersuchungsmaterial ist nicht zulässig.* | | | | |

| Nummer | Leistung | Punktzahl | Gebühr in DM – einfach – | Gebühr in Euro – einfach – | Gebühr in Euro – 2,3-fach – – *1,8-fach – – **1,15-fach – |
|---|---|---|---|---|---|
| 4539 | Untersuchung zum Nachweis von Bakterien durch besonders aufwendige Anzüchtung oder Weiterzüchtung auf Selektiv- oder Anreicherungsmedien (z.B. Campylobacter-, Legionellen-, Mycoplasmen-, Clostridium difficile-Agar), je Nährmedium | 250 | 28,50 | 14,57 | ***16,76* |
| | *Eine mehr als viermalige Berechnung der Leistung nach Nummer 4539 bei Untersuchungen aus demselben Untersuchungsmaterial ist nicht zulässig.* | | | | |
| 4540 | Anzüchtung von Mykobakterien mit mindestens zwei festen und einem flüssigen Nährmedium, je Untersuchungsmaterial | 400 | 45,60 | 23,31 | ***26,81* |
| 4541 | Untersuchung zum Nachweis von Chlamydien durch Anzüchtung auf Gewebekultur, je Ansatz | 350 | 39,90 | 20,40 | ***23,46* |
| 4542 | Untersuchung zum Nachweis von bakteriellen Toxinen durch Anzüchtung auf Gewebekultur, je Untersuchung | 250 | 28,50 | 14,57 | ***16,76* |
| 4543 | Untersuchung zum Nachweis von bakteriellen Toxinen durch Anzüchtung auf Gewebekultur mit Spezifitätsprüfung durch Neutralisationstest, je Untersuchung | 500 | 57,00 | 29,14 | ***33,52* |
| | **c. Identifizierung/Typisierung** | | | | |
| 4545 | Orientierende Identifizierung, Untersuchung von angezüchteten Bakterien mit einfachen Verfahren (z.B. Katalase-, Optochin-, Oxidase-, Galle-, Klumpungstest), je Test und Keim | 60 | 6,84 | 3,50 | ***4,02* |
| 4546 | Identifizierung, Untersuchung von angezüchteten Bakterien mit aufwendigeren Verfahren (z.B. Äskulinspaltung, Methylenblau-, Nitratreduktion, Harnstoffspaltung, Koagulase-, cAMP-, O-F-, Ammen-, DNAase-Test), je Test und Keim | 120 | 13,68 | 6,99 | ***8,04* |

| Nr. | Leistung | Punkte | 2,3fach | 1,0fach | 1,15fach |
|---|---|---|---|---|---|
| 4547 | Identifizierung, Untersuchung von angezüchteten Bakterien mit Mehrtestverfahren (z.B. Kombination von Zitrat-, Kligler-, SIM-Agar), je Keim | 120 | 13,68 | 6,99 | ***8,04* |
| 4548 | Identifizierung, Untersuchung von aerob angezüchteten Bakterien mittels bunter Reihe (bis zu acht Reaktionen), je Keim | 160 | 18,24 | 9,33 | ***10,72* |
| 4549 | Identifizierung, Untersuchung von aerob angezüchteten Bakterien mittels erweiterter bunter Reihe – mindestens zwanzig Reaktionen –, je Keim | 240 | 27,36 | 13,99 | ***16,09* |
| 4550 | Identifizierung, Untersuchung anaerob angezüchteter Bakterien mittels erweiterter bunter Reihe in anaerober oder mikroaerophiler Atmosphäre, je Keim | 330 | 37,62 | 19,23 | ***22,12* |
| 4551 | Identifizierung, Untersuchung von Mykobakterium tuberkulosis-Komplex mittels biochemischer Reaktionen | 300 | 34,20 | 17,49 | ***20,11* |
| | *Eine mehr als viermalige Berechnung der Leistung nach Nummer 4551 bei Untersuchungen aus demselben Untersuchungsmaterial ist nicht zulässig.* | | | | |
| Lichtmikroskopische Untersuchung angezüchteter Bakterien – einschließlich Anfärbung –, qualitativ, je Untersuchung | | 60 | 6,84 | 3,50 | ***4,02* |
| *Katalog* | | | | | |
| 4553 | Gramfärbung (Bakterienkulturausstrich) | | | | |
| 4554 | Neisser-Färbung (Bakterienkulturausstrich) | | | | |
| 4555 | Ziehl-Neelsen-Färbung (Bakterienkulturausstrich) | | | | |
| 4556 | Untersuchungen mit ähnlichem methodischem Aufwand | | | | |
| | *Die durchgeführten Färbungen sind in der Rechnung anzugeben.* | | | | |
| 4560 | Lichtmikrokospische, immunologische Untersuchung von angezüchteten Bakterien – einschließlich Fluoreszenz-, Enzym- oder anderer Markierung –, je Antiserum | 290 | 33,06 | 16,90 | ***19,44* |

| Nummer | Leistung | Punktzahl | Gebühr in DM – einfach – | Gebühr in Euro – einfach – | Gebühr in Euro – 2,3-fach – – *1,8-fach – – **1,15-fach – |
|---|---|---|---|---|---|
| | Untersuchung zum Nachweis von Bakterienantigenen mittels Ligandenassay (z.B. Enzym-, Radioimmunoassay) – gegebenenfalls einschließlich Doppelbestimmung und aktueller Bezugskurve –, qualitativ, je Untersuchung | 250 | 28,50 | 14,57 | ***16,76* |
| *Katalog* | | | | | |
| 4561 | Beta-hämolysierende Streptokokken | | | | |
| 4562 | Enteropathogene Escherichia coli-Stämme | | | | |
| 4563 | Legionellen | | | | |
| 4564 | Neisseria meningitidis | | | | |
| 4565 | Untersuchungen mit ähnlichem methodischem Aufwand *Die untersuchten Keime sind in der Rechnung anzugeben.* | | | | |
| | Untersuchung von angezüchteten Bakterien über Metabolitprofil mittels Gaschromatographie, je Untersuchung | 410 | 46,74 | 23,90 | ***27,48* |
| *Katalog* | | | | | |
| 4567 | Anaerobier | | | | |
| 4568 | Untersuchungen mit ähnlichem methodischem Aufwand *Die untersuchten Keime sind in der Rechnung anzugeben.* | | | | |
| 4570 | Untersuchung von angezüchteten Bakterien über Metabolitprofil (z.B. Fettsäurenprofil) mittels Gaschromatographie – einschließlich aufwendiger Probenvorbereitung (z.B. Extraktion) und Derivatisierungreaktion –, je Untersuchung | 570 | 64,98 | 33,22 | ***38,21* |
| 4571 | Untersuchung von angezüchteten Bakterien mittels chromatographischer Analyse struktureller Komponenten, je Untersuchung | 570 | 64,98 | 33,22 | ***38,21* |

| Nr. | Leistung | Punkte | Euro | | |
|---|---|---|---|---|---|
| | Untersuchung von angezüchteten Bakterien mittels Agglutination (bis zu höchstens 15 Antiseren je Keim), je Antiserum .......... | 120 | 13,68 | 6,99 | ***8,04* |
| *Katalog* | | | | | |
| 4572 | Beta-hämolysierende Streptokokken | | | | |
| 4573 | Escherichia coli | | | | |
| 4574 | Salmonellen | | | | |
| 4575 | Shigellen | | | | |
| 4576 | Untersuchungen mit ähnlichem methodischem Aufwand<br>*Die untersuchten Keime sind in der Rechnung anzugeben.* | | | | |
| | Untersuchung durch Phagentypisierung von angezüchteten Bakterien (Bacteriocine oder ähnliche Methoden), je Untersuchung. .......... | 250 | 28,50 | 14,57 | ***16,76* |
| *Katalog* | | | | | |
| 4578 | Brucellen | | | | |
| 4579 | Pseudomonaden | | | | |
| 4580 | Staphylokokken | | | | |
| 4581 | Salmonellen | | | | |
| 4582 | Untersuchungen mit ähnlichem methodischem Aufwand<br>*Die untersuchten Keime sind in der Rechnung anzugeben.* | | | | |
| 4584 | Untersuchung zum Nachweis und zur Identifizierung von Bakterien durch Anzüchtung in Flüssigmedien und Nachweis von Substratverbrauch oder Reaktionsprodukten durch photometrische, spektrometrische oder elektrochemische Messung (z.B. teil- oder vollmechanisierte Geräte für Blutkulturen), je Untersuchung .......... | 250 | 28,50 | 14,57 | ***16,76* |
| 4585 | Untersuchung zum Nachweis und zur Identifizierung von Mykobakterien durch Anzüchtung in Flüssigmedien und photometrische, elektrochemische oder radiochemische Messung (z.B. teil- oder vollmechanisierte Geräte), je Untersuchung .......... | 350 | 39,90 | 20,40 | ***23,46* |

| Nummer | Leistung | Punktzahl | Gebühr in DM – einfach – | Gebühr in Euro – einfach – | Gebühr in Euro – 2,3-fach – – *1,8-fach – – **1,15-fach – |
|---|---|---|---|---|---|
| | **d. Toxinnachweis** | | | | |
| | Untersuchung zum Nachweis von Bakterientoxinen mittels Ligandenassay (z.B. Enzym-, Radioimmunoassay) – gegebenenfalls einschließlich Doppelbestimmung und aktueller Bezugskurve –, je Untersuchung .................. | 250 | 28,50 | 14,57 | ***16,76* |
| *Katalog* | | | | | |
| 4590 | Clostridium difficile, tetani oder botulinum | | | | |
| 4591 | Enteropathogene Escherichia coli-Stämme | | | | |
| 4592 | Staphylococcus aureus | | | | |
| 4593 | Vibrionen | | | | |
| 4594 | Untersuchungen mit ähnlichem methodischem Aufwand | | | | |
| | *Die untersuchten Keime sind in der Rechnung anzugeben.* | | | | |
| | Untersuchung zum Nachweis von Bakterienantigenen oder -toxinen durch Präzipitation im Agargel mittels Antitoxinen, je Untersuchung...................... | 250 | 28,50 | 14,57 | ***16,76* |
| *Katalog* | | | | | |
| 4596 | Clostridium botulinum | | | | |
| 4597 | Corynebacterium diphtheriae | | | | |
| 4598 | Staphylokokkentoxin | | | | |
| 4599 | Untersuchungen mit ähnlichem methodischem Aufwand | | | | |
| | *Die untersuchten Keime sind in der Rechnung anzugeben.* | | | | |

| | | | | | |
|---|---|---|---|---|---|
| 4601 | Untersuchung zum Nachweis von Bakterientoxinen durch Inokulation in Versuchstiere, je Untersuchung ........ | 500 | 57,00 | 29,14 | ***33,52* |
| | *Eine mehr als dreimalige Berechnung der Leistung nach Nummer 4601 im Behandlungsfall ist nicht zulässig.* | | | | |
| | *Kosten für Versuchstiere sind nicht gesondert berechnungsfähig.* | | | | |
| | **e. Keimzahl, Hemmstoffe** | | | | |
| 4605 | Untersuchung zur Bestimmung der Keimzahl mittels Eintauchobjektträgerkultur (z.B. Cult-dip Plus®, Dip-Slide®. Uricount®, Uricult®, Uriline®, Urotube®), semiquantitativ, je Urinuntersuchung ........ | 60 | 6,84 | 3,50 | ***4,02* |
| 4606 | Untersuchung zur Bestimmung der Keimzahl in Flüssigkeiten mittels Oberflächenkulturen oder Plattengußverfahren nach quantitativer Aufbringung des Untersuchungsmaterials, je Untersuchungsmaterial ........ | 250 | 28,50 | 14,57 | ***16,76* |
| 4607 | Untersuchung zum Nachweis von Hemmstoffen, je Material ....... | 60 | 6,84 | 3,50 | ***4,02* |
| | **f. Empfindlichkeitstestung** | | | | |
| 4610 | Untersuchung zur Prüfung der Empfindlichkeit von Bakterien gegen Antibiotika und/oder Chemotherapeutika mittels semiquantitativem Agardiffusionstest und trägergebundenen Testsubstanzen (Plättchentest), je geprüfter Substanz ........ | 20 | 2,28 | 1,17 | ***1,34* |
| | *Eine mehr als sechzehnmalige Berechnung der Leistung nach Nummer 4610 ist in der Rechnung zu begründen.* | | | | |
| 4611 | Untersuchung zur Prüfung der Empfindlichkeit von Bakterien gegen Antibiotika und/oder Chemotherapeutika nach der Break-Point-Methode, bis zu acht Substanzen, je geprüfter Substanz... | 30 | 3,42 | 1,75 | ***2,01* |

| Nummer | Leistung | Punktzahl | Gebühr in DM – einfach – | Gebühr in Euro – einfach – | Gebühr in Euro – 2,3-fach – – *1,8-fach – – **1,15-fach – |
|---|---|---|---|---|---|
| 4612 | Untersuchung zur Prüfung der Empfindlichkeit von Bakterien gegen Antibiotika und/oder Chemotherapeutika mittels semiquantitativem Antibiotikadilutionstest (Agardilution oder MHK-Bestimmung), bis zu acht Substanzen, je geprüfter Substanz | 50 | 5,70 | 2,91 | ***3,35* |
| 4613 | Untersuchung zur Prüfung der Empfindlichkeit von Bakterien gegen Antibiotika und/oder Chemotherapeutika mittels semiquantitativer Bestimmung der minimalen mikrobiziden Antibiotikakonzentration (MBC), bis zu acht Substanzen, je geprüfter Substanz | 75 | 8,55 | 4,37 | ***5,03* |
| 4614 | Untersuchung zur quantitativen Prüfung der Empfindlichkeit von Bakterien gegen Antibiotika und/oder Chemotherapeutika durch Anzüchtung in entsprechenden Flüssigmedien und photometrische, turbidimetrische oder nephelometrische Messung (teil- oder vollmechanisierte Geräte), je Untersuchung | 250 | 28,50 | 14,57 | ***16,76* |

**2. Untersuchungen zum Nachweis und zur Charakterisierung von Viren**

**a. Untersuchungen im Nativmaterial**

| Nummer | Leistung | Punktzahl | Gebühr in DM – einfach – | Gebühr in Euro – einfach – | Gebühr in Euro – 2,3-fach – – *1,8-fach – – **1,15-fach – |
|---|---|---|---|---|---|
| | Nachweis von viralen Antigenen im Nativmaterial mittels Agglutinationsreaktion (z.B. Latex-Agglutination), je Untersuchung | 60 | 6,84 | 3,50 | ***4,02* |
| *Katalog* | | | | | |
| 4630 | Rota-Viren | | | | |
| 4631 | *Untersuchungen mit ähnlichem methodischem Aufwand. Die untersuchten Viren sind in der Rechnung anzugeben.* | | | | |

| Nr. | Leistung | Punkte | 2,3fach/1,8fach € | 1,15fach/1,0fach € | Basis € |
|---|---|---|---|---|---|
| | Lichtmikroskopische Untersuchung im Nativmaterial zum Nachweis von Einschluß- oder Elementarkörperchen aus Zellmaterial – einschließlich Anfärbung –, qualitativ, je Untersuchung | 80 | 9,12 | 4,66 | ***5,36* |
| | *Katalog* | | | | |
| 4633 | Herpes Simplex Viren | | | | |
| 4634 | *Untersuchungen mit ähnlichem methodischem Aufwand* *Die untersuchten Viren sind in der Rechnung anzugeben.* | | | | |
| 4636 | Lichtmikroskopische immunologische Untersuchung im Nativmaterial zum Nachweis von Viren – einschließlich Fluoreszenz-, Enzym- oder anderer Markierung –, je Antiserum | 290 | 33,06 | 16,90 | ***19,44* |
| 4637 | Elektronenmikroskopischer Nachweis und Identifizierung von Viren im Nativmaterial, je Untersuchung | 3180 | 362,52 | 185,35 | ***213,16* |
| | Ligandenassay (z.B. Enzym- oder Radioimmunoassay) – gegebenenfalls einschließlich Doppelbestimmung und aktueller Bezugskurve –, zum Nachweis von viralen Antigenen im Nativmaterial, je Untersuchung | 250 | 28,50 | 14,57 | ***16,76* |
| | *Katalog* | | | | |
| 4640 | Adeno-Viren | | | | |
| 4641 | Hepatitis A-Viren | | | | |
| 4642 | Hepatitis B-Viren (HBe-Antigen) | | | | |
| 4643 | Hepatitis B-Viren (HBs-Antigen) | | | | |
| 4644 | Influenza-Viren | | | | |
| 4645 | Parainfluenza-Viren | | | | |
| 4646 | Rota-Viren | | | | |
| 4647 | Respiratory syncytial virus | | | | |
| 4648 | Untersuchungen mit ähnlichem methodischem Aufwand *Die untersuchten Viren sind in der Rechnung anzugeben.* | | | | |

| Nummer | Leistung | Punktzahl | Gebühr in DM – einfach – | Gebühr in Euro – einfach – | Gebühr in Euro – 2,3-fach – – *1,8-fach – – **1,15-fach – |
|---|---|---|---|---|---|
| | **b. Züchtung** | | | | |
| 4655 | Untersuchung zum Nachweis von Viren durch Anzüchtung auf Gewebekultur oder Gewebesubkultur, je Ansatz. | 450 | 51,30 | 26,23 | *****30,16*** |

## c. Identifizierung, Charakterisierung

**Allgemeine Bestimmungen**

Die zur Identifizierung geeigneten Verfahren können nur dann in Ansatz gebracht werden, wenn zuvor im Rahmen der Leistung nach Nummer 4655 ein positiver Nachweis gelungen ist und die Charakterisierung nach der Leistung nach Nummer 4665 durchgeführt wurde. Es können jedoch nicht mehr als zwei Verfahren nach den Nummern 4666 bis 4671 zur Identifizierung berechnet werden.

| Nummer | Leistung | Punktzahl | Gebühr in DM – einfach – | Gebühr in Euro – einfach – | Gebühr in Euro – 2,3-fach – – *1,8-fach – – **1,15-fach – |
|---|---|---|---|---|---|
| 4665 | Untersuchung zur Charakterisierung von Viren mittels einfacher Verfahren (z.B. Ätherresistenz, Chloroformresistenz, pH3-Test), je Ansatz | 250 | 28,50 | 14,57 | ***16,76* |
| 4666 | Identifizierung von Viren durch aufwendigere Verfahren (Hämabsorption, Hämagglutination, Hämagglutinationshemmung), je Ansatz | 250 | 28,50 | 14,57 | ***16,76* |
| 4667 | Identifizierung von Viren durch Neutralisationstest, je Untersuchung | 250 | 28,50 | 14,57 | ***16,76* |
| 4668 | Identifizierung von Virus-Antigenen durch Immunoblotting, je Untersuchung | 330 | 37,62 | 19,23 | ***22,12* |
| 4670 | Lichtmikroskopische immunologische Untersuchung zur Identifizierung von Viren – einschließlich Fluoreszenz-, Enzym- oder anderer Markierung –, je Antiserum | 290 | 33,06 | 16,90 | ***19,44* |

| | | | | | |
|---|---|---|---|---|---|
| 4671 | Elektronenmikroskopischer Nachweis und Identifizierung von Viren nach Anzüchtung, je Untersuchung | 3180 | 362,52 | 185,35 | ***213,16* |
| | Ligandenassay (z.B. Enzym- oder Radioimmunoassay) – gegebenenfalls einschließlich Doppelbestimmung und aktueller Bezugskurve –, zum Nachweis von viralen Antigenen angezüchteter Viren, je Untersuchung | 250 | 28,50 | 14,57 | ***16,76* |

*Katalog*

4675 Adeno-Viren
4676 Influenza-Viren
4677 Parainfluenza-Viren
4678 Rota-Viren
4679 Respiratory syncytial virus
4680 Untersuchungen mit ähnlichem methodischem Aufwand

*Die untersuchten Viren sind in der Rechnung anzugeben.*

## 3. Untersuchungen zum Nachweis und zur Charakterisierung von Pilzen

### a. Untersuchungen im Nativmaterial

| | | | | |
|---|---|---|---|---|
| Untersuchungen zum Nachweis von Pilzantigenen mittels Agglutination, je Antiserum | 120 | 13,68 | 6,99 | ***8,04* |

*Katalog*

4705 Aspergillus
4706 Candida
4707 Kryptokokkus neoformans
4708 Untersuchungen mit ähnlichem methodischem Aufwand

*Die untersuchten Viren sind in der Rechnung anzugeben.*

| Nummer | Leistung | Punktzahl | Gebühr in DM – einfach – | Gebühr in Euro – einfach – | Gebühr in Euro – 2,3-fach – – *1,8-fach – – **1,15-fach – |
|---|---|---|---|---|---|
| 4710 | Lichtmikroskopische Untersuchung zum Nachweis von Pilzen ohne Anfärbung im Nativmaterial, je Material | 80 | 9,12 | 4,66 | ***5,36* |
| 4711 | Lichtmikroskopische Untersuchung zum Nachweis von Pilzen im Nativmaterial nach Präparation (z.B. Kalilauge) oder aufwendigerer Anfärbung (z.B. Färbung mit Fluorochromen, Baumwollblau-, Tuschefärbung), je Material | 120 | 13,68 | 6,99 | ***8,04* |
| 4712 | Lichtmikroskopische immunologische Untersuchung zum Nachweis von Pilzen im Nativmaterial – einschließlich Fluoreszenz-, Enzym- oder anderer Markierung –, je Antiserum | 290 | 33,06 | 16,90 | ***19,44* |
| 4713 | Untersuchung im Nativmaterial zum Nachweis von Pilzantigenen mittels Ligandenassay (z.B. Enzym- oder Radioimmunoassay) – gegebenenfalls einschließlich Doppelbestimmung und aktueller Bezugskurve –, je Untersuchung | 250 | 28,50 | 14,57 | ***16,76* |
| | **b. Züchtung** | | | | |
| 4715 | Untersuchung zum Nachweis von Pilzen durch An- oder Weiterzüchtung auf einfachen Nährmedien (z.B. Sabouraud-Agar), je Nährmedium | 100 | 11,40 | 5,83 | ***6,70* |
| | *Eine mehr als fünfmalige Berechnung der Leistung nach Nummer 4715 bei Untersuchungen aus demselben Untersuchungsmaterial ist nicht zulässig.* | | | | |
| 4716 | Untersuchung zum Nachweis von Pilzen durch An- oder Weiterzüchtung auf aufwendigeren Nährmedien (z.B. Antibiotika-, Wuchsstoffzusatz), je Nährmedium | 120 | 13,68 | 6,99 | ***8,04* |

| Nr. | Leistung | Punkte | | | |
|---|---|---|---|---|---|
| | *Eine mehr als fünfmalige Berechnung der Leistung nach Nummer 4716 bei Untersuchungen aus demselben Untersuchungsmaterial ist nicht zulässig.* | | | | |
| 4717 | Züchtung von Pilzen auf Differenzierungsmedien (z.B. Harnstoff-, Stärkeagar), je Nährmedium | 120 | 13,68 | 6,99 | **8,04 |
| | *Eine mehr als dreimalige Berechnung der Leistung nach Nummer 4717 je Pilz ist nicht zulässig.* | | | | |
| | **c. Identifizierung/Charakterisierung** | | | | |
| 4720 | Identifizierung von angezüchteten Pilzen mittels Röhrchen- oder Mehrkammerverfahren bis zu fünf Reaktionen, je Pilz | 120 | 13,68 | 6,99 | **8,04 |
| 4721 | Identifizierung von angezüchteten Pilzen mittels Röhrchen- oder Mehrkammerverfahren mit mindestens sechs Reaktionen, je Pilz | 250 | 28,50 | 14,57 | **16,76 |
| 4722 | Lichtmikroskopische Identifizierung angezüchteter Pilze – einschließlich Anfärbung (z.B. Färbung mit Fluorochromen, Baumwollblau-, Tuschefärbung) –, je Untersuchung | 120 | 13,68 | 6,99 | **8,04 |
| 4723 | Lichtmikroskopische immunologische Untersuchung zur Identifizierung angezüchteter Pilze – einschließlich Fluoreszenz-, Enzym- oder anderer Markierung –, je Antiserum | 290 | 33,06 | 16,90 | **19,44 |
| 4724 | Untersuchung zur Identifizierung von Antigenen angezüchteter Pilze mittels Ligandenassay (z.B. Enzym- oder Radioimmunoassay) – gegebenenfalls einschließlich Doppelbestimmung und aktueller Bezugskurve –, je Untersuchung | 250 | 28,50 | 14,57 | **16,76 |
| | **d. Empfindlichkeitstestung** | | | | |
| 4727 | Untersuchung zur Prüfung der Empfindlichkeit von angezüchteten Pizen gegen Antimykotika und/oder Chemotherapeutika mittels trägergebundener Testsubstanzen, je Pilz | 120 | 13,68 | 6,99 | **8,04 |

| Nummer | Leistung | Punktzahl | Gebühr in DM – einfach – | Gebühr in Euro – einfach – | Gebühr in Euro – 2,3-fach – – *1,8-fach – – **1,15-fach – |
|---|---|---|---|---|---|
| 4728 | Untersuchung zur Prüfung der Empfindlichkeit von angezüchteten Pilzen gegen Antimykotika und/oder Chemotherapeutika mittels Reihenverdünnungstest, je Reihenverdünnungstest ........ | 250 | 28,50 | 14,57 | ***16,76* |

## 4. Untersuchungen zum Nachweis und zur Charakterisierung von Parasiten

### a. Untersuchungen im Nativmaterial oder nach Anreicherung

| | | | | | |
|---|---|---|---|---|---|
| | Lichtmikroskopische Untersuchung zum Nachweis von Parasiten, ohne oder mit einfacher Anfärbung (z.B. Lugol- oder Methylenblaufärbung) – gegebenenfalls einschließlich spezieller Beleuchtungsverfahren (z.B. Phasenkontrast) –, qualitativ, je Untersuchung ........................................... | 120 | 13,68 | 6,99 | ***8,04* |

*Katalog*

| | |
|---|---|
| 4740 | Amöben |
| 4741 | Lamblien |
| 4742 | Sarcoptes scabiei (Krätzmilbe) |
| 4743 | Trichomonaden |
| 4744 | Würmer und deren Bestandteile, Wurmeier |
| 4745 | Untersuchungen mit ähnlichem methodischem Aufwand |
| | *Die untersuchten Parasiten sind in der Rechnung anzugeben.* |

| | | | | | |
|---|---|---|---|---|---|
| | Lichtmikroskopische Untersuchung zum Nachweis von Parasiten, ohne oder mit einfacher Anfärbung (z.B. Lugol- oder Methylenblaufärbung) – gegebenenfalls einschließlich spezieller Beleuchtungsverfahren (z.B. Phasenkontrast) –, nach einfacher Anreicherung (z.B. Sedimentation, Filtration, Kochsalzaufschwemmung), qualitativ, je Untersuchung ............ | 160 | 18,24 | 9,33 | ***10,72* |
| *Katalog* | | | | | |
| 4747 | Amöben | | | | |
| 4748 | Lamblien | | | | |
| 4749 | Trichomonaden | | | | |
| 4750 | Würmer und deren Bestandteile, Wurmeier | | | | |
| 4751 | Untersuchungen mit ähnlichem methodischem Aufwand | | | | |
| | *Die untersuchten Parasiten sind in der Rechnung anzugeben.* | | | | |
| | Lichtmikroskopische Untersuchung zum Nachweis von Parasiten – einschließlich aufwendigerer Anfärbung –, qualitativ, je Untersuchung ........... | 250 | 28,50 | 14,57 | ***16,76* |
| *Katalog* | | | | | |
| 4753 | Giemsafärbung (Blutausstrich) (z.B. Malariaplasmodien) | | | | |
| 4754 | Untersuchungen mit ähnlichem methodischem Aufwand | | | | |
| | *Die untersuchten Parasiten sind in der Rechnung anzugeben.* | | | | |
| 4756 | Lichtmikroskopische Untersuchung zum Nachweis von Parasiten, ohne oder mit einfacher Anfärbung (z.B. Lugol- oder Methylenblaufärbung) oder speziellen Beleuchtungsverfahren (z.B. Phasenkontrast), nach aufwendiger Anreicherung oder Vorbereitung (z.B. Schlüpfversuch, Formalin-Äther-Verfahren), qualitativ, je Untersuchung ............ | 200 | 22,80 | 11,66 | ***13,41* |

| Nummer | Leistung | Punktzahl | Gebühr in DM – einfach – | Gebühr in Euro – einfach – | Gebühr in Euro – 2,3-fach – – *1,8-fach – – **1,15-fach – |
|---|---|---|---|---|---|
| 4757 | Lichtmikroskopische Untersuchung zum Nachweis von Parasiten, ohne oder mit einfacher Anfärbung (z.B. Lugolfärbung oder Methylenblaufärbung) oder speziellen Beleuchtungsverfahren (z.B. Phasenkontrast), nach aufwendiger Anreicherung oder Vorbereitung (z.B. Schlüpfversuch, Formalin-Äther-Verfahren), quantitativ (z.B. Filtermethode, Zählkammer), je Untersuchung | 250 | 28,50 | 14,57 | ***16,76* |
| 4758 | Lichtmikroskopische immunologische Untersuchung zum Nachweis von Parasiten im Nativmaterial – einschließlich Fluoreszenz-, Enzym- oder anderer Markierung –, je Antiserum | 290 | 33,06 | 16,90 | ***19,44* |
| 4759 | Ligandenassay (z.B. Enzym-, Radioimmunoassay) – gegebenenfalls einschließlich Doppelbestimmung und aktueller Bezugskurve –, zum Nachweis von Parasitenantigenen im Nativmaterial, je Untersuchung | 250 | 28,50 | 14,57 | ***16,76* |

**b. Züchtung**

| | | Punktzahl | DM | Euro | Euro |
|---|---|---|---|---|---|
| Untersuchung zum Nachweis von Parasiten durch Züchtung auf Kulturmedien, je Untersuchung | | 250 | 28,50 | 14,57 | ***16,76* |

*Katalog*

4760 Amöben

4761 Lamblien

4762 Trichomonaden

4763 Untersuchungen mit ähnlichem methodischem Aufwand

*Die untersuchten Parasiten sind in der Rechnung anzugeben.*

### c. Identifizierung

| | | | | | |
|---|---|---|---|---|---|
| | Lichtmikroskopische Untersuchung zur Identifizierung von Parasiten nach Anzüchtung, je Untersuchung | 120 | 13,68 | 6,99 | ***8,04* |
| *Katalog* | | | | | |
| 4765 | Trichomonaden | | | | |
| 4766 | Untersuchungen mit ähnlichem methodischem Aufwand<br>*Die untersuchten Parasiten sind in der Rechnung anzugeben.* | | | | |
| 4768 | Ligandenassay (z.B. Enzym- oder Radioimmunoassay) – gegebenenfalls einschließlich Doppelbestimmung und aktueller Bezugskurve –, zum Nachweis von Parasitenantigenen, je Untersuchung | 250 | 28,50 | 14,57 | ***16,76* |

### d. Xenodiagnostische Untersuchungen

| | | | | | |
|---|---|---|---|---|---|
| | Xenodiagnostische Untersuchung zum Nachweis von parasitären Krankheitserregern, je Untersuchung | 250 | 28,50 | 14,57 | ***16,76* |
| *Katalog* | | | | | |
| 4770 | Trypanosoma cruzi | | | | |
| 4771 | Untersuchungen mit ähnlichem methodischem Aufwand<br>*Die untersuchten Parasiten sind in der Rechnung anzugeben.* | | | | |

| Nummer | Leistung | Punktzahl | Gebühr in DM – einfach – | Gebühr in Euro – einfach – | Gebühr in Euro – 2,3-fach – – *1,8-fach – – **1,15-fach – |
|---|---|---|---|---|---|

## 5. Untersuchungen zur molekularbiologischen Identifizierung von Bakterien, Viren, Pilzen und Parasiten

**Allgemeine Bestimmung**

Bei der Berechnung der Leistungen nach den Nummern 4780 bis 4787 ist die Art des untersuchten Materials (Nativmaterial oder Material nach Anzüchtung) sowie der untersuchte Mikroorganismus (Bakterium, Virus, Pilz oder Parasit) in der Rechnung anzugeben.

| Nummer | Leistung | Punktzahl | Gebühr in DM – einfach – | Gebühr in Euro – einfach – | Gebühr in Euro – 2,3-fach – – *1,8-fach – – **1,15-fach – |
|---|---|---|---|---|---|
| 4780 | Isolierung von Nukleinsäuren | 900 | 102,60 | 52,46 | ***60,33* |
| 4781 | Verdau (Spaltung) isolierter Nukleinsäuren mit Restriktionsenzymen, je Enzym | 150 | 17,10 | 8,74 | ***10,05* |
| 4782 | Enzymatische Transkription von RNA mittels reverser Transkriptase | 500 | 57,00 | 29,14 | ***33,52* |
| 4783 | Amplifikation von Nukleinsäuren oder Nukleinsäurefragmenten mit Polymerasekettenreaktion (PCR) | 500 | 57,00 | 29,14 | ***33,52* |
| 4784 | Amplifikation von Nukleinsäuren oder Nukleinsäurefragmenten mit geschachtelter Polymerasekettenreaktion (nested PCR) | 1000 | 114,00 | 58,29 | ***67,03* |
| 4785 | Identifizierung von Nukleinsäurefragmenten durch Hybridisierung mit radioaktiv oder nichtradioaktiv markierten Sonden und nachfolgender Detektion, je Sonde | 300 | 34,20 | 17,49 | ***20,11* |
| 4786 | Trennung von Nukleinsäurefragmenten mittels elektrophoretischer Methoden und anschließendem Transfer auf Trägermaterialien (z.B. Dot-Blot, Slot-Blot) | 600 | 68,40 | 34,97 | ***40,22* |
| 4787 | Identifizierung von Nukleinsäurefragmenten durch Sequenzermittlung | 2000 | 228,00 | 116,57 | ***134,06* |

## N. Histologie, Zytologie und Zytogenetik

### I. Histologie

| Nr. | Leistung | Punkte | | | |
|---|---|---|---|---|---|
| 4800 | Histologische Untersuchung und Begutachtung eines Materials . | 217 | 24,74 | 12,65 | *29,09* |
| 4801 | Histologische Untersuchung und Begutachtung mehrerer Zupfpräparate aus der Magen- oder Darmschleimhaut | 289 | 32,95 | 16,85 | *38,75* |
| 4802 | Histologische Untersuchung und Begutachtung eines Materials mit besonders schwieriger Aufbereitung desselben (z.B. Knochen mit Entkalkung) | 289 | 32,95 | 16,85 | *38,75* |
| 4810 | Histologische Untersuchung eines Materials und zytologische Untersuchung zur Krebsdiagnostik | 289 | 32,95 | 16,85 | *38,75* |
| 4811 | Histologische Untersuchung und Begutachtung eines Materials (z.B. Portio, Zervix, Bronchus) anhand von Schnittserien bei zweifelhafter oder positiver Zytologie | 289 | 32,95 | 16,85 | *38,75* |
| 4815 | Histologische Untersuchung und Begutachtung von Organbiopsien (z.B. Leber, Lunge, Niere, Milz, Knochen, Lymphknoten) unter Anwendung histochemischer oder optischer Sonderverfahren (Elektroneninterferenz-, Polarisationsmikroskopie) | 350 | 39,90 | 20,40 | *46,92* |
| 4816 | Histologische Sofortuntersuchung und -begutachtung während einer Operation (Schnellschnitt) | 250 | 28,50 | 14,57 | *33,52* |

### II. Zytologie

| Nr. | Leistung | Punkte | | | |
|---|---|---|---|---|---|
| 4850 | Zytologische Untersuchung zur Phasenbestimmung des Zyklus – gegebenenfalls einschließlich der Beurteilung nichtzytologischer mikroskopischer Befunde an demselben Material – | 87 | 9,92 | 5,07 | **9,13* |

*Neben der Leistung nach Nummer 4850 ist die Leistung nach Nummer 297 nicht berechnungsfähig.*

| Nummer | Leistung | Punktzahl | Gebühr in DM – einfach – | Gebühr in Euro – einfach – | Gebühr in Euro – 2,3-fach – – *1,8-fach – – **1,15-fach – |
|---|---|---|---|---|---|
| 4851 | Zytologische Untersuchung zur Krebsdiagnostik als Durchmusterung der in zeitlichem Zusammenhang aus einem Untersuchungsgebiet gewonnenen Präparate (z.B. aus dem Genitale der Frau) – gegebenenfalls einschließlich der Beurteilung nichtzytologischer mikroskopischer Befunde an demselben Material – .... | 130 | 14,82 | 7,58 | **13,64* |
| | *Neben der Leistung nach Nummer 4851 ist die Leistung nach Nummer 4850 bei Untersuchungen aus demselben Material nicht berechnungsfähig.* | | | | |
| 4852 | Zytologische Untersuchung von z.B. Punktaten, Sputum, Sekreten, Spülflüssigkeiten mit besonderen Aufbereitungsverfahren – gegebenenfalls einschließlich der Beurteilung nichtzytologischer mikroskopischer Befunde an demselben Material –, je Untersuchungsmaterial .... | 174 | 19,84 | 10,14 | **18,26* |
| 4860 | Mikroskopische Differenzierung von Haaren und deren Wurzeln (Trichogramm) – einschließlich Epilation und Aufbereitung sowie gegebenenfalls einschließlich Färbung –, auch mehrere Präparate .... | 160 | 18,24 | 9,33 | **16,79* |

## III. Zytogenetik

| Nummer | Leistung | Punktzahl | Gebühr in DM – einfach – | Gebühr in Euro – einfach – | Gebühr in Euro – 2,3-fach – – *1,8-fach – – **1,15-fach – |
|---|---|---|---|---|---|
| 4870 | Kerngeschlechtsbestimmung mittels Untersuchung auf X-Chromosomen, auch nach mehreren Methoden – gegebenenfalls einschließlich Materialentnahme – .... | 273 | 31,12 | 15,91 | **28,64* |
| 4871 | Kerngeschlechtsbestimmung mittels Untersuchung auf Y-Chromosomen, auch nach mehreren Methoden – gegebenenfalls einschließlich Materialentnahme – .... | 289 | 32,95 | 16,85 | **30,32* |

| | | | | | |
|---|---|---|---|---|---|
| 4872 | Chromosomenanalyse, auch einschließlich vorangehender kurzzeitiger Kultivierung – gegebenenfalls einschließlich Materialentnahme – ........ | 1950 | 222,30 | 113,66 | **204,59* |
| 4873 | Chromosomenanalyse an Fibroblasten oder Epithelien einschließlich vorangehender Kultivierung und langzeitiger Subkultivierung – gegebenenfalls einschließlich Materialentnahme – .... | 3030 | 345,42 | 176,61 | *406,20* |

## O. Strahlendiagnostik, Nuklearmedizin, Magnetresonanztomographie und Strahlentherapie

### I. Strahlendiagnostik

**Allgemeine Bestimmungen**

1. Mit den Gebühren sind alle Kosten (auch für Dokumentation und Aufbewahrung der Datenträger) abgegolten.
2. Die Leistungen für Strahlendiagnostik mit Ausnahme der Durchleuchtung(en) (Nummer 5295) sind nur bei Bilddokumentation auf einem Röntgenfilm oder einem anderen Langzeitdatenträger berechnungsfähig.
3. Die Befundmitteilung oder der einfache Befundbericht mit Angaben zu Befund(en) und zur Diagnose ist Bestandteil der Leistungen und nicht gesondert berechnungsfähig.
4. Die Beurteilung von Röntgenaufnahmen (auch Fremdaufnahmen) als selbständige Leistung ist nicht berechnungsfähig.
5. Die nach dem Strahlenschutzgesetz und den auf dessen Grundlage erlassenen Rechtsverordnungen notwendige ärztliche Überprüfung der Indikation und des Untersuchungsumfangs ist auch im Überweisungsfall Bestandteil der Leistungen des Abschnitts O und mit den Gebühren abgegolten.
6. Die Leistungen nach den Nummern 5011, 5021, 5031, 5101, 5106, 5121, 5201, 5267, 5295, 5302, 5305, 5308, 5311, 5318, 5331, 5339, 5376 und 5731 dürfen unabhängig von der Anzahl der Ebenen, Projektionen, Durchleuchtungen bzw. Serien insgesamt jeweils nur einmal berechnet werden.
7. Die Kosten für Kontrastmittel auf Bariumbasis und etwaige Zusatzmittel für die Doppelkontrastuntersuchung sind in den abrechnungsfähigen Leistungen enthalten.

| Nummer | Leistung | Punktzahl | Gebühr in DM – einfach – | Gebühr in Euro – einfach – | Gebühr in Euro – 2,3-fach – – *1,8-fach – – **1,15-fach – |
|---|---|---|---|---|---|
| | **1. Skelett** | | | | |
| | **Allgemeine Bestimmung** | | | | |
| | Neben den Leistungen nach den Nummern 5050, 5060 und 5070 sind die Leistungen nach den Nummern 300 bis 302, 372, 373, 490, 491 und 5295 nicht berechnungsfähig. | | | | |
| | Zähne | | | | |
| 5000 | Zähne, je Projektion | 50 | 5,70 | 2,91 | **5,25* |
| | *Werden mehrere Zähne mittels einer Röntgenaufnahme erfaßt, so darf die Leistung nach Nummer 5000 nur einmal und nicht je aufgenommenem Zahn berechnet werden.* | | | | |
| 5002 | Panoramaaufnahme(n) eines Kiefers | 250 | 28,50 | 14,57 | **26,23* |
| 5004 | Panoramaschichtaufnahme der Kiefer | 400 | 45,60 | 23,31 | **41,97* |
| | Finger oder Zehe | | | | |
| 5010 | jeweils in zwei Ebenen | 180 | 20,52 | 10,49 | **18,89* |
| 5011 | ergänzende Ebene(n) | 60 | 6,84 | 3,50 | **6,29* |
| | *Werden mehrere Finger oder Zehen mittels einer Röntgenaufnahme erfaßt, so dürfen die Leistungen nach den Nummern 5010 und 5011 nur einmal und nicht je aufgenommenem Finger oder Zehen berechnet werden.* | | | | |
| | Handgelenk, Mittelhand, alle Finger einer Hand, Sprunggelenk, Fußwurzel und/oder Mittelfuß, Kniescheibe | | | | |
| 5020 | jeweils in zwei Ebenen | 220 | 25,08 | 12,82 | **23,08* |
| 5021 | ergänzende Ebene(n) | 80 | 9,12 | 4,66 | **8,39* |

| | | | | | |
|---|---|---|---|---|---|
| | *Werden mehrere der in der Leistungsbeschreibung genannten Skeletteile mittels einer Röntgenaufnahme erfaßt, so dürfen die Leistungen nach den Nummern 5020 und 5021 nur einmal und nicht je aufgenommenem Skeletteil berechnet werden.* | | | | |
| Oberarm, Unterarm, Ellenbogengelenk, Oberschenkel, Unterschenkel, Kniegelenk, ganze Hand oder ganzer Fuß, Gelenke der Schulter, Schlüsselbein, Beckenteilaufnahme, Kreuzbein oder Hüftgelenk | | | | | |
| 5030 | jeweils in zwei Ebenen | 360 | 41,04 | 20,98 | **37,77* |
| 5031 | ergänzende Ebene(n) | 100 | 11,40 | 5,83 | **10,49* |
| | *Werden mehrere der in der Leistungsbeschreibung genannten Skeletteile mittels einer Röntgenaufnahme erfaßt, so dürfen die Leistungen nach den Nummern 5030 und 5031 nur einmal und nicht je aufgenommenem Skeletteil berechnet werden.* | | | | |
| 5035 | Teile des Skeletts in einer Ebene, je Teil | 160 | 18,24 | 9,33 | **16,79* |
| | *Die Leistung nach Nummer 5035 ist je Skeletteil und Sitzung nur einmal berechnungsfähig. Das untersuchte Skeletteil ist in der Rechnung anzugeben. Die Leistung nach Nummer 5035 ist neben den Leistungen nach den Nummern 5000 bis 5031 und 5037 bis 5121 nicht berechnungsfähig.* | | | | |
| 5037 | Bestimmung des Skelettalters – gegebenenfalls einschließlich Berechnung der prospektiven Endgröße, einschließlich der zugehörigen Röntgendiagnostik und gutachterlichen Beurteilung – | 300 | 34,20 | 17,49 | **31,48* |
| 5040 | Beckenübersicht | 300 | 34,20 | 17,49 | **31,48* |
| 5041 | Beckenübersicht bei einem Kind bis zum vollendeten 14. Lebensjahr | 200 | 22,80 | 11,66 | **20,98* |

| Nummer | Leistung | Punktzahl | Gebühr in DM – einfach – | Gebühr in Euro – einfach – | Gebühr in Euro – 2,3-fach – – *1,8-fach – – **1,15-fach – |
|---|---|---|---|---|---|
| 5050 | Kontrastuntersuchung eines Hüftgelenks, Kniegelenks oder Schultergelenks, einschließlich Punktion, Stichkanalanästhesie und Kontrastmitteleinbringung – gegebenenfalls einschließlich Durchleuchtung(en) – | 950 | 108,30 | 55,37 | *99,67* |
| 5060 | Kontrastuntersuchung eines Kiefergelenks, einschließlich Punktion, Stichkanalanästhesie und Kontrastmitteleinbringung – gegebenenfalls einschließlich Durchleuchtung(en) – | 500 | 57,00 | 29,14 | *52,46* |
| 5070 | Kontrastuntersuchung der übrigen Gelenke, einschließlich Punktion, Stichkanalanästhesie und Kontrastmitteleinbringung – gegebenenfalls einschließlich Durchleuchtung(en) –, je Gelenk | 400 | 45,60 | 23,31 | *41,97* |
| 5090 | Schädel-Übersicht, in zwei Ebenen | 400 | 45,60 | 23,31 | *41,97* |
| 5095 | Schädelteile in Spezialprojektionen, je Teil | 200 | 22,80 | 11,66 | *20,98* |
| 5098 | Nasennebenhöhlen – gegebenenfalls auch in mehreren Ebenen – | 260 | 29,64 | 15,15 | *27,28* |
| 5100 | Halswirbelsäule, in zwei Ebenen | 300 | 34,20 | 17,49 | *31,48* |
| 5101 | ergänzende Ebene(n) | 160 | 18,24 | 9,33 | *16,79* |
| 5105 | Brust- oder Lendenwirbelsäule, in zwei Ebenen, je Teil | 400 | 45,60 | 23,31 | *41,97* |
| 5106 | ergänzende Ebene(n) | 180 | 20,52 | 10,49 | *18,89* |
| 5110 | Ganzaufnahme der Wirbelsäule oder einer Extremität | 500 | 57,00 | 29,14 | *52,46* |
| 5111 | ergänzende Ebene(n) | 200 | 22,80 | 11,66 | *20,98* |
| | *Die Leistung nach Nummer 5111 ist je Sitzung nicht mehr als zweimal berechnungsfähig.* | | | | |

| | | | | | |
|---|---|---|---|---|---|
| | *Die Leistungen nach den Nummern 5110 und 5111 sind neben den Leistungen nach den Nummern 5010, 5011, 5020, 5021, 5030 und 5031 nicht berechnungsfähig.* | | | | |
| | *Die Nebeneinanderberechnung der Leistungen nach den Nummern 5100, 5105 und 5110 bedarf einer besonderen Begründung.* | | | | |
| 5115 | Untersuchung von Teilen der Hand oder des Fußes mittels Feinstfokustechnik (Fokusgröße maximal 0,2 mm) oder Xeroradiographietechnik zur gleichzeitigen Beurteilung von Knochen und Weichteilen, je Teil | 400 | 45,60 | 23,31 | **41,97* |
| 5120 | Rippen einer Thoraxhälfte, Schulterblatt oder Brustbein, in einer Ebene | 260 | 29,64 | 15,15 | **27,28* |
| 5121 | ergänzende Ebene(n) | 140 | 15,96 | 8,16 | **14,69* |

## 2. Hals- und Brustorgane

| | | | | | |
|---|---|---|---|---|---|
| 5130 | Halsorgane oder Mundboden – gegebenenfalls in mehreren Ebenen – | 280 | 31,92 | 16,32 | **29,38* |
| 5135 | Brustorgane-Übersicht, in einer Ebene | 280 | 31,92 | 16,32 | **29,38* |
| | *Die Leistung nach Nummer 5135 ist je Sitzung nur einmal berechnungsfähig.* | | | | |
| 5137 | Brustorgane-Übersicht – gegebenenfalls einschließlich Breischluck und Durchleuchtung(en) –, in mehreren Ebenen | 450 | 51,30 | 26,23 | **47,21* |
| 5139 | Teil der Brustorgane | 180 | 20,52 | 10,49 | **18,89* |
| | *Die Berechnung der Leistung nach Nummer 5139 neben den Leistungen nach den Nummern 5135, 5137 und/oder 5140 ist in der Rechnung zu begründen.* | | | | |
| 5140 | Brustorgane, Übersicht im Mittelformat | 100 | 11,40 | 5,83 | **10,49* |

| Nummer | Leistung | Punktzahl | Gebühr in DM – einfach – | Gebühr in Euro – einfach – | Gebühr in Euro – 2,3-fach – – *1,8-fach – – **1,15-fach – |
|---|---|---|---|---|---|
| | **3. Bauch- und Verdauungsorgane** | | | | |
| 5150 | Speiseröhre, gegebenenfalls einschließlich ösophago-gastraler Übergang, Kontrastuntersuchung (auch Doppelkontrast) – einschließlich Durchleuchtung(en) –, als selbständige Leistung....... | 550 | 62,70 | 32,06 | **57,70* |
| 5157 | Oberer Verdauungstrakt (Speiseröhre, Magen, Zwölffingerdarm und oberer Abschnitt des Dünndarms), Monokontrastuntersuchung – einschließlich Durchleuchtung(en) – ............................ | 700 | 79,80 | 40,80 | **73,44* |
| 5158 | Oberer Verdauungstrakt (Speiseröhre, Magen, Zwölffingerdarm und oberer Abschnitt des Dünndarms), Kontrastuntersuchung – einschließlich Doppelkontrastdarstellung und Durchleuchtung(en), gegebenenfalls einschließlich der Leistung nach Nummer 5150 – ............................ | 1200 | 136,80 | 69,94 | **125,90* |
| 5159 | Zuschlag zu den Leistungen nach den Nummern 5157 und 5158 bei Erweiterung der Untersuchung bis zum Ileozökalgebiet | 300 | 34,20 | 17,49 | **31,48* |
| 5163 | Dünndarmkontrastuntersuchung mit im Bereich der Flexura duodenojejunalis endender Sonde – einschließlich Durchleuchtung(en) – ............................ | 1300 | 148,20 | 75,77 | **136,39* |
| 5165 | Monokontrastuntersuchung von Teilen des Dickdarms – einschließlich Durchleuchtung(en) – ............................ | 700 | 79,80 | 40,80 | **73,44* |
| 5166 | Dickdarmdoppelkontrastuntersuchung – einschließlich Durchleuchtung(en) – ............................ | 1400 | 159,60 | 81,60 | **146,88* |

| | | | | | |
|---|---|---|---|---|---|
| 5167 | Defäkographie nach Markierung der benachbarten Hohlorgane – einschließlich Durchleuchtung(en) – | 1000 | 114,00 | 58,29 | **104,92* |
| 5168 | Pharyngographie unter Verwendung kinematographischer Techniken – einschließlich Durchleuchtung(en) –, als selbständige Leistung | 800 | 91,20 | 46,63 | **83,93* |
| 5169 | Pharyngographie unter Verwendung kinematographischer Techniken – einschließlich Durchleuchtung(en) und einschließlich der Darstellung der gesamten Speiseröhre – | 1100 | 125,40 | 64,12 | **115,41* |
| 5170 | Kontrastuntersuchung von Gallenblase und/oder Gallenwegen und/oder Pankreasgängen | 400 | 45,60 | 23,31 | **41,97* |
| 5190 | Bauchübersicht, in einer Ebene oder Projektion | 300 | 34,20 | 17,49 | **31,48* |
| | *Die Leistung nach Nummer 5190 ist je Sitzung nur einmal berechnungsfähig.* | | | | |
| 5191 | Bauchübersicht, in zwei oder mehr Ebenen oder Projektionen | 500 | 57,00 | 29,14 | **52,46* |
| 5192 | Bauchteilaufnahme – gegebenenfalls in mehreren Ebenen oder Spezialprojektionen – | 200 | 22,80 | 11,66 | **20,98* |
| 5200 | Harntraktkontrastuntersuchung – einschließlich intravenöser Verabreichung des Kontrastmittels – | 600 | 68,40 | 34,97 | **62,95* |
| 5201 | Ergänzende Ebene(n) oder Projektion(en) im Anschluß an die Leistung nach Nummer 5200 – gegebenenfalls einschließlich Durchleuchtung(en) – | 200 | 22,80 | 11,66 | **20,98* |
| 5220 | Harntraktkontrastuntersuchung – einschließlich retrograder Verabreichung des Kontrastmittels, gegebenenfalls einschließlich Durchleuchtung(en) –, je Seite | 300 | 34,20 | 17,49 | **31,48* |
| 5230 | Harnröhren- und/oder Harnblasenkontrastuntersuchung (Urethrozystographie) – einschließlich retrograder Verabreichung des Kontrastmittels, gegebenenfalls einschließlich Durchleuchtung(en) –, als selbständige Leistung | 300 | 34,20 | 17,49 | **31,48* |

| Nummer | Leistung | Punktzahl | Gebühr in DM – einfach – | Gebühr in Euro – einfach – | Gebühr in Euro – 2,3-fach – – *1,8-fach – – **1,15-fach – |
|---|---|---|---|---|---|
| 5235 | Refluxzystographie – einschließlich retrograder Verabreichung des Kontrastmittels, einschließlich Miktionsaufnahmen und gegebenenfalls einschließlich Durchleuchtung(en) –, als selbständige Leistung | 500 | 57,00 | 29,14 | *52,46 |
| 5250 | Gebärmutter- und/oder Eileiterkontrastuntersuchung – einschließlich Durchleuchtung(en) – | 400 | 45,60 | 23,31 | *41,97 |
| | **4. Spezialuntersuchungen** | | | | |
| 5260 | Röntgenuntersuchung natürlicher, künstlicher oder krankhaft entstandener Gänge, Gangsysteme, Hohlräume oder Fisteln (z.B. Sialographie, Galaktographie, Kavernographie, Vesikulographie) – gegebenenfalls einschließlich Durchleuchtung(en) – . | 400 | 45,60 | 23,31 | *41,97 |
| | *Die Leistung nach Nummer 5260 ist nicht berechnungsfähig für Untersuchungen des Harntrakts, der Gebärmutter und Eileiter sowie der Gallenblase.* | | | | |
| 5265 | Mammographie einer Seite, in einer Ebene | 300 | 34,20 | 17,49 | *31,48 |
| | *Die Leistung nach Nummer 5265 ist je Seite und Sitzung nur einmal berechnungsfähig.* | | | | |
| 5266 | Mammographie einer Seite, in zwei Ebenen | 450 | 51,30 | 26,23 | *47,21 |
| 5267 | Ergänzende Ebene(n) oder Spezialprojektion(en) im Anschluß an die Leistung nach Nummer 5266 | 150 | 17,10 | 8,74 | *15,74 |
| 5280 | Myelographie | 750 | 85,50 | 43,72 | *78,69 |
| 5285 | Bronchographie – einschließlich Durchleuchtung(en) – | 450 | 51,30 | 26,23 | *47,21 |

| | | | | | |
|---|---|---|---|---|---|
| 5290 | Schichtaufnahme(n) (Tomographie), bis zu fünf Strahlenrichtungen oder Projektionen, je Strahlenrichtung oder Projektion .... | 650 | 74,10 | 37,89 | *68,20* |
| 5295 | Durchleuchtung(en), als selbständige Leistung .......................... | 240 | 27,36 | 13,99 | *25,18* |
| 5298 | Zuschlag zu den Leistungen nach den Nummern 5010 bis 5290 bei Anwendung digitaler Radiographie (Bildverstärker-Radiographie) | | | | |
| | *Der Zuschlag nach Nummer 5298 beträgt 25 v.H. des einfachen Gebührensatzes der betreffenden Leistung.* | | | | |

## 5. Angiographie

**Allgemeine Bestimmungen**

Die Zahl der Serien im Sinne der Leistungsbeschreibungen der Leistungen nach den Nummern 5300 bis 5327 wird durch die Anzahl der Kontrastmittelgaben bestimmt.

Die Leistungen nach den Nummern 5300, 5302, 5303, 5305 bis 5313, 5315, 5316, 5318, 5324, 5325, 5327, 5329 bis 5331, 5338 und 5339 sind je Sitzung jeweils nur einmal berechnungsfähig.

| | | | | | |
|---|---|---|---|---|---|
| 5300 | Serienangiographie im Bereich von Schädel, Brust- und/oder Bauchraum, eine Serie .......................... | 2000 | 228,00 | 116,57 | *209,83* |
| 5301 | Zweite bis dritte Serie im Anschluß an die Leistung nach Nummer 5300, je Serie .......................... | 400 | 45,60 | 23,31 | *41,97* |
| | *Bei der angiographischen Darstellung von hirnversorgenden Arterien ist auch die vierte bis sechste Serie jeweils nach Nummer 5301 berechnungsfähig.* | | | | |
| 5302 | Weitere Serien im Anschluß an die Leistungen nach den Nummern 5300 und 5301, insgesamt .......................... | 600 | 68,40 | 34,97 | *62,95* |
| 5303 | Serienangiographie im Bereich von Schädel, Brust- und Bauchraum im zeitlichen Zusammenhang mit einer oder mehreren Leistungen nach den Nummern 5315 bis 5327, eine Serie ......... | 1000 | 114,00 | 58,29 | *104,92* |

| Nummer | Leistung | Punktzahl | Gebühr in DM – einfach – | Gebühr in Euro – einfach – | Gebühr in Euro – 2,3-fach – – *1,8-fach – – **1,15-fach – |
|---|---|---|---|---|---|
| 5304 | Zweite bis dritte Serie im Anschluß an die Leistung nach Nummer 5303, je Serie | 200 | 22,80 | 11,66 | *20,98* |
| | *Bei der angiographischen Darstellung von hirnversorgenden Arterien ist auch die vierte bis sechste Serie jeweils nach Nummer 5304 berechnungsfähig.* | | | | |
| 5305 | Weitere Serien im Anschluß an die Leistungen nach den Nummern 5303 und 5304, insgesamt | 300 | 34,20 | 17,49 | *31,48* |
| 5306 | Serienangiographie im Bereich des Beckens und beider Beine, eine Serie | 2000 | 228,00 | 116,57 | *209,83* |
| 5307 | Zweite Serie im Anschluß an die Leistung nach Nummer 5306 | 600 | 68,40 | 34,97 | *62,95* |
| 5308 | Weitere Serien im Anschluß an die Leistungen nach den Nummern 5306 und 5307, insgesamt | 800 | 91,20 | 46,63 | *83,93* |
| | *Neben den Leistungen nach den Nummern 5306 bis 5308 sind die Leistungen nach den Nummern 5309 bis 5312 für die Untersuchung der Beine nicht berechnungsfähig.* | | | | |
| | *Werden die Leistungen nach den Nummern 5306 bis 5308 im zeitlichen Zusammenhang mit einer oder mehreren Leistung(en) nach den Nummern 5300 bis 5305 erbracht, sind die Leistungen nach den Nummern 5306 bis 5308 nur mit dem einfachen Gebührensatz berechnungsfähig.* | | | | |
| 5309 | Serienangiographie einer Extremität, eine Serie | 1800 | 205,20 | 104,92 | *188,85* |
| 5310 | Weitere Serien im Anschluß an die Leistung nach Nummer 5309, insgesamt | 600 | 68,40 | 34,97 | *62,95* |
| 5311 | Serienangiographie einer weiteren Extremität im zeitlichen Zusammenhang mit der Leistung nach Nummer 5309, eine Serie | 1000 | 114,00 | 58,29 | *104,92* |

| | | | | | |
|---|---|---|---|---|---|
| 5312 | Weitere Serien im Anschluß an die Leistung nach Nummer 5311, insgesamt | 600 | 68,40 | 34,97 | *62,95* |
| 5313 | Angiographie der Becken- und Beingefäße in Großkassetten-Technik, je Sitzung | 800 | 91,20 | 46,63 | *83,93* |
| | *Die Leistung nach Nummer 5313 ist neben den Leistungen nach den Nummern 5300 bis 5312 sowie 5315 bis 5339 nicht berechnungsfähig.* | | | | |
| 5315 | Angiokardiographie einer Herzhälfte, eine Serie | 2200 | 250,80 | 128,23 | *230,82* |
| | *Die Leistung nach Nummer 5315 ist je Sitzung nur einmal berechnungsfähig.* | | | | |
| 5316 | Angiokardiographie beider Herzhälften, eine Serie | 3000 | 342,00 | 174,86 | *314,75* |
| | *Die Leistung nach Nummer 5316 ist je Sitzung nur einmal berechnungsfähig.* | | | | |
| | *Neben der Leistung nach Nummer 5316 ist die Leistung nach Nummer 5315 nicht berechnungsfähig.* | | | | |
| 5317 | Zweite bis dritte Serie im Anschluß an die Leistungen nach Nummer 5315 oder 5316, je Serie | 400 | 45,60 | 23,31 | *41,97* |
| 5318 | Weitere Serien im Anschluß an die Leistung nach Nummer 5317, insgesamt | 600 | 68,40 | 34,97 | *62,95* |
| | *Die Leistungen nach den Nummern 5315 bis 5318 sind neben den Leistungen nach den Nummern 5300 bis 5302 sowie 5324 bis 5327 nicht berechnungsfähig.* | | | | |
| 5324 | Selektive Koronarangiographie eines Herzkranzgefäßes oder Bypasses mittels Cinetechnik, eine Serie | 2400 | 273,60 | 139,89 | *251,80* |
| | *Die Leistungen nach den Nummern 5324 und 5325 sind nicht nebeneinander berechnungsfähig.* | | | | |
| 5325 | Selektive Koronarangiographie aller Herzkranzgefäße oder Bypasse mittels Cinetechnik, eine Serie | 3000 | 342,00 | 174,86 | *314,75* |

| Nummer | Leistung | Punktzahl | Gebühr in DM – einfach – | Gebühr in Euro – einfach – | Gebühr in Euro – 2,3-fach – – *1,8-fach – – **1,15-fach – |
|---|---|---|---|---|---|
| 5326 | Selektive Koronarangiographie eines oder aller Herzkranzgefäße im Anschluß an die Leistungen nach Nummer 5324 oder 5325, zweite bis fünfte Serie, je Serie | 400 | 45,60 | 23,31 | **41,97* |
| 5327 | Zusätzliche Linksventrikulographie bei selektiver Koronarangiographie | 1000 | 114,00 | 58,29 | **104,92* |
| | *Die Leistungen nach den Nummern 5324 bis 5327 sind neben den Leistungen nach den Nummern 5300 bis 5302 und 5315 bis 5318 nicht berechnungsfähig.* | | | | |
| 5328 | Zuschlag zu den Leistungen nach den Nummern 5300 bis 5327 bei Anwendung der simultanen Zwei-Ebenen-Technik | 1200 | 136,80 | 69,94 | |
| | *Der Zuschlag nach Nummer 5328 ist je Sitzung nur einmal und nur mit dem einfachen Gebührensatz berechnungsfähig.* | | | | |
| 5329 | Venographie im Bereich des Brust- und Bauchraums | 1600 | 182,40 | 93,26 | **167,87* |
| 5330 | Venographie einer Extremität | 750 | 85,50 | 43,72 | **78,69* |
| 5331 | Ergänzende Projektion(en) (insbesondere des zentralen Abflußgebiets) im Anschluß an die Leistung nach Nummer 5330, insgesamt | 200 | 22,80 | 11,66 | **20,98* |
| 5335 | Zuschlag zu den Leistungen nach den Nummern 5300 bis 5331 bei computergestützter Analyse und Abbildung | 800 | 91,20 | 46,63 | |
| | *Der Zuschlag nach Nummer 5335 kann je Untersuchungstag unabhängig von der Anzahl der Einzeluntersuchungen nur einmal und nur mit dem einfachen Gebührensatz berechnet werden.* | | | | |
| 5338 | Lymphographie, je Extremität | 1000 | 114,00 | 58,29 | **104,92* |

| | | | | | |
|---|---|---|---|---|---|
| 5339 | Ergänzende Projektion(en) im Anschluß an die Leistung nach Nummer 5338 – einschließlich Durchleuchtung(en) –, insgesamt ........ | 250 | 28,50 | 14,57 | **26,23* |

## 6. Interventionelle Maßnahmen

**Allgemeine Bestimmung**

Die Leistungen nach den Nummern 5345 bis 5356 können je Sitzung nur einmal berechnet werden.

| | | | | | |
|---|---|---|---|---|---|
| 5345 | Perkutane transluminale Dilatation und Rekanalisation von Arterien mit Ausnahme der Koronararterien – einschließlich Kontrastmitteleinbringungen und Durchleuchtung(en) im zeitlichen Zusammenhang mit dem gesamten Eingriff – ........ | 2800 | 319,20 | 163,20 | **293,77* |
| | *Neben der Leistung nach Nummer 5345 sind die Leistungen nach den Nummern 350 bis 361 sowie 5295 nicht berechnungsfähig.* | | | | |
| | *Wurde innerhalb eines Zeitraums von vierzehn Tagen vor Erbringung der Leistung nach Nummer 5345 bereits eine Leistung nach den Nummern 5300 bis 5313 berechnet, darf neben der Leistung nach Nummer 5345 für dieselbe Sitzung eine Leistung nach den Nummern 5300 bis 5313 nicht erneut berechnet werden. Im Falle der Nebeneinanderberechnung der Leistung nach Nummer 5345 neben einer Leistung nach den Nummern 5300 bis 5313 ist in der Rechnung zu bestätigen, daß in den vorhergehenden vierzehn Tagen eine Leistung nach den Nummern 5300 bis 5313 nicht berechnet wurde.* | | | | |
| 5346 | Zuschlag zu der Leistung nach Nummer 5345 bei Dilatation und Rekanalisation von mehr als zwei Arterien, insgesamt ........ | 600 | 68,40 | 34,97 | **62,95* |
| | *Neben der Leistung nach Nummer 5346 sind die Leistungen nach den Nummern 350 bis 361 sowie 5295 nicht berechnungsfähig.* | | | | |

| Nummer | Leistung | Punktzahl | Gebühr in DM – einfach – | Gebühr in Euro – einfach – | Gebühr in Euro – 2,3-fach – – *1,8-fach – – **1,15-fach – |
|---|---|---|---|---|---|
| 5348 | Perkutane transluminale Dilatation und Rekanalisation von Koronararterien – einschließlich Kontrastmitteleinbringungen und Durchleuchtung(en) im zeitlichen Zusammenhang mit dem gesamten Eingriff – ........ | 3800 | 433,20 | 221,49 | **398,68* |
| | *Neben der Leistung nach Nummer 5348 sind die Leistungen nach den Nummern 350 bis 361 sowie 5295 nicht berechnungsfähig.* | | | | |
| | *Wurde innerhalb eines Zeitraums von vierzehn Tagen vor Erbringung der Leistung nach Nummer 5348 bereits eine Leistung nach den Nummern 5315 bis 5327 berechnet, darf neben der Leistung nach Nummer 5348 für dieselbe Sitzung eine Leistung nach den Nummern 5315 bis 5327 nicht erneut berechnet werden. Im Falle der Nebeneinanderberechnung der Leistung nach Nummer 5348 neben einer Leistung nach den Nummern 5315 bis 5327 ist in der Rechnung zu bestätigen, daß in den vorhergehenden vierzehn Tagen eine Leistung nach den Nummern 5315 bis 5327 nicht berechnet wurde.* | | | | |
| 5349 | Zuschlag zu der Leistung nach Nummer 5348 bei Dilatation und Rekanalisation von mehr als einer Koronararterie, insgesamt..... | 1000 | 114,00 | 58,29 | **104,92* |
| | *Neben der Leistung nach Nummer 5349 sind die Leistungen nach den Nummern 350 bis 361 sowie 5295 nicht berechnungsfähig.* | | | | |
| 5351 | Lysebehandlung, als Einzelbehandlung oder ergänzend zu den Leistungen nach Nummer 2826, 5345 oder 5348 – bei einer Lysedauer von mehr als einer Stunde –........ | 500 | 57,00 | 29,14 | **52,46* |

| Nr. | Leistung | Punkte | € | 1,0fach | *1,8fach |
|---|---|---|---|---|---|
| 5352 | Zuschlag zu der Leistung nach Nummer 5351 bei Lysebehandlung der hirnversorgenden Arterien | 1000 | 114,00 | 58,29 | **104,92* |
| 5353 | Perkutane transluminale Dilatation und Rekanalisation von Venen – einschließlich Kontrastmitteleinbringungen und Durchleuchtung(en) im zeitlichen Zusammenhang mit dem gesamten Eingriff – | 2000 | 228,00 | 116,57 | **209,83* |
| | *Neben der Leistung nach Nummer 5353 sind die Leistungen nach den Nummern 344 bis 347, 5295 sowie 5329 bis 5331 nicht berechnungsfähig.* | | | | |
| 5354 | Zuschlag zu der Leistung nach Nummer 5353 bei Dilatation und Rekanalisation von mehr als zwei Venen, insgesamt | 200 | 22,80 | 11,66 | **20,98* |
| | *Neben der Leistung nach Nummer 5354 sind die Leistungen nach den Nummern 344 bis 347, 5295 sowie 5329 bis 5331 nicht berechnungsfähig.* | | | | |
| 5355 | Einbringung von Gefäßstützen oder Anwendung alternativer Angioplastiemethoden (Atherektomie, Laser), zusätzlich zur perkutanen transluminalen Dilatation – einschließlich Kontrastmitteleinbringungen und Durchleuchtung(en) im zeitlichen Zusammenhang mit dem gesamten Eingriff – | 2000 | 228,00 | 116,57 | **209,83* |
| | *Neben der Leistung nach Nummer 5355 sind die Leistungen nach den Nummern 344 bis 361, 5295 sowie 5300 bis 5327 nicht berechnungsfähig.* | | | | |
| 5356 | Einbringung von Gefäßstützen oder Anwendung alternativer Angioplastiemethoden (Atherektomie, Laser), zusätzlich zur perkutanen transluminalen Dilatation einer Koronararterie – einschließlich Kontrastmitteleinbringungen und Durchleuchtung(en) im zeitlichen Zusammenhang mit dem gesamten Eingriff – | 2500 | 285,00 | 145,72 | **262,29* |
| | *Neben der Leistung nach Nummer 5356 sind die Leistungen nach den Nummern 350 bis 361, 5295, 5315 bis 5327, 5345, 5353 sowie 5355 nicht berechnungsfähig.* | | | | |

| Nummer | Leistung | Punktzahl | Gebühr in DM – einfach – | Gebühr in Euro – einfach – | Gebühr in Euro – 2,3-fach – – *1,8-fach – – **1,15-fach – |
|---|---|---|---|---|---|
| | *Neben der Leistung nach Nummer 5356 ist die Leistung nach Nummer 5355 für Eingriffe an Koronararterien nicht berechnungsfähig.* | | | | |
| 5357 | Embolisation einer oder mehrerer Arterie(n) mit Ausnahme der Arterien im Kopf-Halsbereich oder Spinalkanal – einschließlich Kontrastmitteleinbringung(en) und angiographischer Kontrollen im zeitlichen Zusammenhang mit dem gesamten Eingriff –, je Gefäßgebiet | 3500 | 399,00 | 204,01 | *367,21 |
| | *Neben der Leistung nach Nummer 5357 sind die Leistungen nach den Nummern 350 bis 361, 5295 sowie 5300 bis 5312 nicht berechnungsfähig.* | | | | |
| 5358 | Embolisation einer oder mehrerer Arterie(n) im Kopf-Halsbereich oder Spinalkanal – einschließlich Kontrastmitteleinbringung(en) und angiographischer Kontrollen im zeitlichen Zusammenhang mit dem gesamten Eingriff –, je Gefäßgebiet | 4500 | 513,00 | 262,29 | *472,13 |
| | *Neben der Leistung nach Nummer 5358 sind die Leistungen nach den Nummern 350, 351, 5295 sowie 5300 bis 5305 nicht berechnungsfähig.* | | | | |
| 5359 | Embolisation der Vena spermatica – einschließlich Kontrastmitteleinbringung(en) und angiographischer Kontrollen im zeitlichen Zusammenhang mit dem gesamten Eingriff – | 2500 | 285,00 | 145,72 | *262,29 |
| | *Neben der Leistung nach Nummer 5359 sind die Leistungen nach den Nummern 344 bis 347, 5295 sowie 5329 bis 5331 nicht berechnungsfähig.* | | | | |

| | | | | | |
|---|---|---|---|---|---|
| 5360 | Embolisation von Venen – einschließlich Kontrastmitteleinbringung(en) und angiographischer Kontrollen im zeitlichen Zusammenhang mit dem gesamten Eingriff – ............ | 2000 | 228,00 | 116,57 | **209,83* |
| | *Neben der Leistung nach Nummer 5360 sind die Leistungen nach den Nummern 344 bis 347, 5295 sowie 5329 bis 5331 nicht berechnungsfähig.* | | | | |
| 5361 | Transhepatische Drainage und/oder Dilatation von Gallengängen – einschließlich Kontrastmitteleinbringung(en) und cholangiographischer Kontrollen im zeitlichen Zusammenhang mit dem gesamten Eingriff – ............ | 2600 | 296,40 | 151,55 | **272,78* |
| | *Neben der Leistung nach Nummer 5361 sind die Leistungen nach den Nummern 370, 5170 sowie 5295 nicht berechnungsfähig.* | | | | |

## 7. Computertomographie

**Allgemeine Bestimmungen**

Die Leistungen nach den Nummern 5369 bis 5375 sind je Sitzung jeweils nur einmal berechnungsfähig.

Die Nebeneinanderberechnung von Leistungen nach den Nummern 5370 bis 5374 ist in der Rechnung gesondert zu begründen. Bei Nebeneinanderberechnung von Leistungen nach den Nummern 5370 bis 5374 ist der Höchstwert nach Nummer 5369 zu beachten.

| | | | | | |
|---|---|---|---|---|---|
| 5369 | Höchstwert für Leistungen nach den Nummern 5370 bis 5374 ... | 3000 | 342,00 | 174,86 | **314,75* |
| | *Die im einzelnen erbrachten Leistungen sind in der Rechnung anzugeben.* | | | | |
| 5370 | Computergesteuerte Tomographie im Kopfbereich – gegebenenfalls einschließlich des kranio-zervikalen Übergangs – ......... | 2000 | 228,00 | 116,57 | **209,83* |
| 5371 | Computergesteuerte Tomographie im Hals- und/oder Thoraxbereich............ | 2300 | 262,20 | 134,06 | **241,31* |
| 5372 | Computergesteuerte Tomographie im Abdominalbereich............ | 2600 | 296,40 | 151,55 | **272,78* |

| Nummer | Leistung | Punktzahl | Gebühr in DM – einfach – | Gebühr in Euro – einfach – | Gebühr in Euro – 2,3-fach – – *1,8-fach – – **1,15-fach – |
|---|---|---|---|---|---|
| 5373 | Computergesteuerte Tomographie des Skeletts (Wirbelsäule, Extremitäten oder Gelenke bzw. Gelenkpaare) | 1900 | 216,60 | 110,75 | **199,34* |
| 5374 | Computergesteuerte Tomographie der Zwischenwirbelräume im Bereich der Hals-, Brust- und/oder Lendenwirbelsäule – gegebenenfalls einschließlich der Übergangsregionen – | 1900 | 216,60 | 110,75 | **199,34* |
| 5375 | Computergesteuerte Tomographie der Aorta in ihrer gesamten Länge | 2000 | 228,00 | 116,57 | **209,83* |
| | *Die Leistung nach Nummer 5375 ist neben den Leistungen nach den Nummern 5371 und 5372 nicht berechnungsfähig.* | | | | |
| 5376 | Ergänzende computergesteuerte Tomographie(n) mit mindestens einer zusätzlichen Serie (z.B. bei Einsatz von Xenon, bei Einsatz der High-Resolution-Technik, bei zusätzlichen Kontrastmittelgaben) – zusätzlich zu den Leistungen nach den Nummern 5370 bis 5375 – | 500 | 57,00 | 29,14 | **52,46* |
| 5377 | Zuschlag für computergesteuerte Analyse – einschließlich speziell nachfolgender 3D-Rekonstruktion | 800 | 91,20 | 46,63 | |
| | *Der Zuschlag nach Nummer 5377 ist nur mit dem einfachen Gebührensatz berechnungsfähig.* | | | | |
| 5378 | Computergesteuerte Tomographie zur Bestrahlungsplanung oder zu interventionellen Maßnahmen | 1000 | 114,00 | 58,29 | **104,92* |
| | *Neben oder anstelle der computergesteuerten Tomographie zur Bestrahlungsplanung oder zu interventionellen Maßnahmen sind die Leistungen nach den Nummern 5370 bis 5376 nicht berechnungsfähig.* | | | | |

| | | | | | |
|---|---|---|---|---|---|
| 5380 | Bestimmung des Mineralgehalts (Osteodensitometrie) von repräsentativen (auch mehreren) Skeletteilen mit quantitativer Computertomographie oder quantitativer digitaler Röntgentechnik | 300 | 34,20 | 17,49 | *31,48* |

## II. Nuklearmedizin

**Allgemeine Bestimmungen**

1. Szintigraphische Basisleistung ist grundsätzlich die planare Szintigraphie mit der Gammakamera, gegebenenfalls in mehreren Sichten/Projektionen. Bei der Auswahl des anzuwendenden Radiopharmazeutikums sind wissenschaftliche Erkenntnisse und strahlenhygienische Gesichtspunkte zu berücksichtigen. Wiederholungsuntersuchungen, die nicht ausdrücklich aufgeführt sind, sind nur mit besonderer Begründung und wie die jeweilige Basisleistung berechnungsfähig.
2. Ergänzungsleistungen nach den Nummern 5480 bis 5485 sind je Basisleistung oder zulässiger Wiederholungsuntersuchung nur einmal berechnungsfähig. Neben Basisleistungen, die quantitative Bestimmungen enthalten, dürfen Ergänzungsleistungen für Quantifizierungen nicht zusätzlich berechnet werden. Die Leistungen nach den Nummern 5473 und 5481 dürfen nicht nebeneinander berechnet werden. Die Leistungen nach den Nummern 5473, 5480, 5481 und 5483 sind nur mit Angabe der Indikation berechnungsfähig.
3. Die Befunddokumentation, die Aufbewahrung der Datenträger sowie die Befundmitteilung oder der einfache Befundbericht mit Angaben zu Befund(en) und zur Diagnose sind Bestandteil der Leistungen und nicht gesondert berechnungsfähig.
4. Die Materialkosten für das Radiopharmazeutikum (Nuklid, Markierungs- oder Testbestecke) sind gesondert berechnungsfähig. Kosten für Beschaffung, Aufbereitung, Lagerung und Entsorgung der zur Untersuchung notwendigen Substanzen, die mit ihrer Anwendung verbraucht sind, sind nicht gesondert berechnungsfähig.
5. Die Einbringung von zur Diagnostik erforderlichen Stoffen in den Körper – mit Ausnahme der Einbringung durch Herzkatheter, Arterienkatheter, Subokzipitalpunktion oder Lumbalpunktion – sowie die gegebenenfalls erforderlichen Entnahmen von Blut oder Urin sind mit den Gebühren abgegolten, soweit zu den einzelnen Leistungen dieses Abschnitts nichts anderes bestimmt ist.
6. Die Einbringung von zur Therapie erforderlichen radioaktiven Stoffen in den Körper – mit Ausnahme der intraartikulären, intralymphatischen, endoskopischen oder operativen Einbringungen des Strahlungsträgers oder von Radionukliden – ist mit den Gebühren abgegolten, soweit zu den einzelnen Leistungen dieses Abschnitts nichts anderes bestimmt ist.

| Nummer | Leistung | Punktzahl | Gebühr in DM – einfach – | Gebühr in Euro – einfach – | Gebühr in Euro – 2,3-fach – – *1,8-fach – – **1,15-fach – |
|---|---|---|---|---|---|

7. Rechnungsbestimmungen

a) Der Arzt darf nur die für den Patienten verbrauchte Menge an radioaktiven Stoffen berechnen.

b) Bei der Berechnung von Leistungen nach Abschnitt O II sind die Untersuchungs- und Behandlungsdaten der jeweils eingebrachten Stoffe sowie die Art der ausgeführten Maßnahmen in der Rechnung anzugeben, sofern nicht durch die Leistungsbeschreibung eine eindeutige Definition gegeben ist.

## 1. Diagnostische Leistungen (In-vivo-Untersuchungen)

### a. Schilddrüse

| Nummer | Leistung | Punktzahl | Gebühr in DM – einfach – | Gebühr in Euro – einfach – | Gebühr in Euro – 2,3-fach – – *1,8-fach – – **1,15-fach – |
|---|---|---|---|---|---|
| 5400 | Szintigraphische Untersuchung (Schilddrüse) – gegebenenfalls einschließlich Darstellung dystoper Anteile – ............................ | 350 | 39,90 | 20,40 | **36,72* |
| 5401 | Szintigraphische Untersuchung (Schilddrüse) – einschließlich quantitativer Untersuchung –, mit Bestimmung der globalen, gegebenenfalls auch der regionalen Radionuklidaufnahme in der Schilddrüse mit Gammakamera und Meßwertverarbeitungssystem als Jodidclearance-Äquivalent – einschließlich individueller Kalibrierung und Qualitätskontrollen (z.B. Bestimmung der injizierten Aktivität) – ............................ | 1300 | 148,20 | 75,77 | **136,39* |
| 5402 | Radiojodkurztest bis zu 24 Stunden (Schilddrüse) – gegebenenfalls einschließlich Blutaktivitätsbestimmungen und/oder szintigraphischer Untersuchung(en) – ............................ | 1000 | 114,00 | 58,29 | **104,92* |
| | *Die Leistungen nach den Nummern 5400 bis 5402 sind nicht nebeneinander berechnungsfähig.* | | | | |

| | | | | | |
|---|---|---|---|---|---|
| 5403 | Radiojodtest (Schilddrüse) vor Radiojodtherapie mit 131J mit mindestens drei zeitlichen Meßpunkten, davon zwei später als 24 Stunden nach Verabreichung – gegebenenfalls einschließlich Blutaktivitätsbestimmungen – ............ | 1200 | 136,80 | 69,94 | **125,90* |
| | *Die Leistungen nach den Nummern 5402 und 5403 sind nicht nebeneinander berechnungsfähig.* | | | | |

**b. Gehirn**

| | | | | | |
|---|---|---|---|---|---|
| 5410 | Szintigraphische Untersuchung des Gehirns ............ | 1200 | 136,80 | 69,94 | **125,90* |
| 5411 | Szintigraphische Untersuchung des Liquorraums ............ | 900 | 102,60 | 52,46 | **94,43* |
| | *Für die Leistung nach Nummer 5411 sind zwei Wiederholungsuntersuchungen zugelassen, davon eine später als 24 Stunden nach Einbringung(en) des radioaktiven Stoffes.* | | | | |

**c. Lunge**

| | | | | | |
|---|---|---|---|---|---|
| 5415 | Szintigraphische Untersuchung der Lungenperfusion – mindestens vier Sichten/Projektionen –, insgesamt ............ | 1300 | 148,20 | 75,77 | **136,39* |
| 5416 | Szintigraphische Untersuchung der Lungenbelüftung mit Inhalation radioaktiver Gase, Aerosole oder Stäube ............ | 1300 | 148,20 | 75,77 | **136,39* |

**d. Herz**

| | | | | | |
|---|---|---|---|---|---|
| 5420 | Radionuklidventrikulographie mit quantitativer Bestimmung von mindestens Auswurffraktion und regionaler Wandbewegung in Ruhe – gegebenenfalls einschließlich EKG im zeitlichen Zusammenhang mit der Untersuchung – ............ | 1200 | 136,80 | 69,94 | **125,90* |

| Nummer | Leistung | Punktzahl | Gebühr in DM – einfach – | Gebühr in Euro – einfach – | Gebühr in Euro – 2,3-fach – – *1,8-fach – – **1,15-fach – |
|---|---|---|---|---|---|
| 5421 | Radionuklidventrikulographie als kombinierte quantitative Mehrfachbestimmung von mindestens Auswurffraktion und regionaler Wandbewegung in Ruhe und unter körperlicher oder pharmakologischer Stimulation – gegebenenfalls einschließlich EKG im zeitlichen Zusammenhang mit der Untersuchung – .............. | 3800 | 433,20 | 221,49 | **398,68* |
| | *Neben der Leistung nach Nummer 5421 ist bei zusätzlicher Erste-Passage-Untersuchung die Leistung nach Nummer 5473 berechnungsfähig.* | | | | |
| 5422 | Szintigraphische Untersuchung des Myokards mit myokardaffinen Tracern in Ruhe – gegebenenfalls einschließlich EKG im zeitlichen Zusammenhang mit der Untersuchung – .................... | 1000 | 114,00 | 58,29 | **104,92* |
| | *Die Leistungen nach den Nummern 5422 und 5423 sind nicht nebeneinander berechnungsfähig.* | | | | |
| 5423 | Szintigraphische Untersuchung des Myokards mit myokardaffinen Tracern unter körperlicher oder pharmakologischer Stimulation – gegebenenfalls einschließlich EKG im zeitlichen Zusammenhang mit der Untersuchung – ....................................... | 2000 | 228,00 | 116,57 | **209,83* |
| 5424 | Szintigraphische Untersuchung des Myokards mit myokardaffinen Tracern in Ruhe und unter körperlicher oder pharmakologischer Stimulation – gegebenenfalls einschließlich EKG im zeitlichen Zusammenhang mit der Untersuchung – ........................... | 2800 | 319,20 | 163,20 | **293,77* |
| | *Neben der Leistung nach Nummer 5424 sind die Leistungen nach den Nummern 5422 und/oder 5423 nicht berechnungsfähig.* | | | | |

### e. Knochen- und Knochenmarkszintigraphie

| Nr. | Leistung | Punkte | € | € | € |
|---|---|---|---|---|---|
| 5425 | Ganzkörperskelettszintigraphie, Schädel und Körperstamm in zwei Sichten/Projektionen – einschließlich der proximalen Extremitäten, gegebenenfalls einschließlich der distalen Extremitäten – | 2250 | 256,50 | 131,15 | **236,06* |
| 5426 | Teilkörperskelettszintigraphie – gegebenenfalls einschließlich der kontralateralen Seite – | 1260 | 143,64 | 73,44 | **132,20* |
| 5427 | Zusätzliche Szintigraphische Abbildung des regionalen Blutpools (Zwei-Phasenszintigraphie) – mindestens zwei Aufnahmen – | 400 | 45,60 | 23,31 | **41,97* |
| 5428 | Ganzkörperknochenmarkszintigraphie, Schädel und Körperstamm in zwei Sichten/Projektionen – einschließlich der proximalen Extremitäten, gegebenenfalls einschließlich der distalen Extremitäten – | 2250 | 256,50 | 131,15 | **236,06* |

### f. Tumorszintigraphie

Tumorszintigraphie mit radioaktiv markierten unspezifischen Tumormarkern (z.B. Radiogallium oder -thallium), metabolischen Substanzen (auch 131J), Rezeptorsubstanzen oder monoklonalen Antikörpern

| Nr. | Leistung | Punkte | € | € | € |
|---|---|---|---|---|---|
| 5430 | eine Region | 1200 | 136,80 | 69,94 | **125,90* |
| 5431 | Ganzkörper (Stamm und/oder Extremitäten). | 2250 | 256,50 | 131,15 | **236,06* |

*Für die Untersuchung mehrerer Regionen ist die Leistung nach Nummer 5430 nicht mehrfach berechnungsfähig.*

*Für die Leistung nach Nummer 5430 sind zwei Wiederholungsuntersuchungen zugelassen, davon eine später als 24 Stunden nach Einbringung der Testsubstanz(en).*

*Die Leistungen nach den Nummern 5430 und 5431 sind nicht nebeneinander berechnungsfähig.*

| Nummer | Leistung | Punktzahl | Gebühr in DM – einfach – | Gebühr in Euro – einfach – | Gebühr in Euro – 2,3-fach – – *1,8-fach – – **1,15-fach – |
|---|---|---|---|---|---|
| | **g. Nieren** | | | | |
| 5440 | Nierenfunktionsszintigraphie mit Bestimmung der quantitativen Ganzkörper-Clearance und der Einzelnieren-Clearance – gegebenenfalls einschließlich Blutaktivitätsbestimmungen und Vergleich mit Standards – | 2800 | 319,20 | 163,20 | **293,77* |
| 5441 | Perfusionsszintigraphie der Nieren – einschließlich semiquantitativer oder quantitativer Auswertung – | 1600 | 182,40 | 93,26 | **167,87* |
| 5442 | Statische Nierenszintigraphie | 600 | 68,40 | 34,97 | **62,95* |
| | *Die Leistungen nach den Nummern 5440 bis 5442 sind je Sitzung nur einmal und nicht nebeneinander berechnungsfähig.* | | | | |
| 5443 | Zusatzuntersuchung zu den Leistungen nach Nummer 5440 oder 5441 – mit Angabe der Indikation (z.B. zusätzliches Radionephrogramm als Einzel- oder Wiederholungsuntersuchung, Tiefenkorrektur durch Verwendung des geometrischen Mittels, Refluxprüfung, forcierte Diurese) – | 700 | 79,80 | 40,80 | **73,44* |
| 5444 | Quantitative Clearanceuntersuchungen der Nieren an Sondenmeßplätzen – gegebenenfalls einschließlich Registrierung mehrerer Kurven und Blutaktivitätsbestimmungen – | 1000 | 114,00 | 58,29 | **104,92* |
| | *Neben der Leistung nach Nummer 5444 ist die Leistung nach Nummer 5440 nicht berechnungsfähig.* | | | | |

**h. Endokrine Organe**

| Nr. | Leistung | Punkte | Euro | | |
|---|---|---|---|---|---|
| 5450 | Szintigraphische Untersuchung von endokrin aktivem Gewebe – mit Ausnahme der Schilddrüse – ........ | 1000 | 114,00 | 58,29 | *104,92* |
| | *Das untersuchte Gewebe ist in der Rechnung anzugeben. Für die Leistung nach Nummer 5450 sind zwei Wiederholungsuntersuchungen zugelassen, davon eine später als 24 Stunden nach Einbringung der radioaktiven Substanz(en). Die Leistung nach Nummer 5450 ist neben den Leistungen nach den Nummern 5430 und 5431 nicht berechnungsfähig.* | | | | |

**i. Gastrointestinaltrakt**

| Nr. | Leistung | Punkte | Euro | | |
|---|---|---|---|---|---|
| 5455 | Szintigraphische Untersuchung im Bereich des Gastrointestinaltrakts (z.B. Speicheldrüsen, Ösophagus-Passage – gegebenenfalls einschließlich gastralem Reflux und Magenentleerung –, Gallenwege – gegebenenfalls einschließlich Gallenreflux –, Blutungsquellensuche, Nachweis eines Meckel'schen Divertikels) ........ | 1300 | 148,20 | 75,77 | *136,39* |
| 5456 | Szintigraphische Untersuchung von Leber und/oder Milz (z.B. mit Kolloiden, gallengängigen Substanzen, Erythrozyten), in mehreren Ebenen ........ | 1300 | 148,20 | 75,77 | *136,39* |

**j. Hämatologie, Angiologie**

| Nr. | Leistung | Punkte | Euro | | |
|---|---|---|---|---|---|
| 5460 | Szintigraphische Untersuchung von großen Gefäßen und/oder deren Stromgebieten – gegebenenfalls einschließlich der kontralateralen Seite – ........ | 900 | 102,60 | 52,46 | *94,43* |
| | *Die Leistung nach Nummer 5460 ist neben der Leistung nach Nummer 5473 nicht berechnungsfähig.* | | | | |
| 5461 | Szintigraphische Untersuchung von Lymphabflußgebieten an Stamm und/oder Kopf und/oder Extremitäten – gegebenenfalls einschließlich der kontralateralen Seite – ........ | 2200 | 250,80 | 128,23 | *230,82* |

| Nummer | Leistung | Punktzahl | Gebühr in DM – einfach – | Gebühr in Euro – einfach – | Gebühr in Euro – 2,3-fach – – *1,8-fach – – **1,15-fach – |
|---|---|---|---|---|---|
| 5462 | Bestimmung von Lebenszeit und Kinetik zellulärer Blutbestandteile – einschließlich Blutaktivitätsbestimmungen – | 2200 | 250,80 | 128,23 | **230,82* |
| 5463 | Zuschlag zu der Leistung nach Nummer 5462, bei Bestimmung des Abbauorts | 500 | 57,00 | 29,14 | **52,46* |
| | Szintigraphische Suche nach Entzündungsherden oder Thromben mit Radiogallium, markierten Eiweißen, Zellen oder monoklonalen Antikörpern | | | | |
| 5465 | eine Region | 1260 | 143,64 | 73,44 | **132,20* |
| 5466 | Ganzkörper (Stamm und Extremitäten) | 2250 | 256,50 | 131,15 | **236,06* |
| | *Für die Untersuchung mehrerer Regionen ist die Leistung nach Nummer 5465 nicht mehrfach berechnungsfähig.* | | | | |
| | *Für die Leistungen nach den Nummern 5462 bis 5466 sind zwei Wiederholungsuntersuchungen zugelassen, davon eine später als 24 Stunden nach Einbringung der Testsubstanz(en).* | | | | |

**k. Resorptions- und Exkretionsteste**

| Nummer | Leistung | Punktzahl | Gebühr in DM – einfach – | Gebühr in Euro – einfach – | Gebühr in Euro – 2,3-fach – – *1,8-fach – – **1,15-fach – |
|---|---|---|---|---|---|
| 5470 | Nachweis und/oder quantitative Bestimmung von Resorption, Exkretion oder Verlust von körpereigenen Stoffen (durch Bilanzierung nach radioaktiver Markierung) und/oder von radioaktiv markierten Analoga, in Blut, Urin, Faeces oder Liquor – einschließlich notwendiger Radioaktivitätsmessungen über dem Verteilungsraum – | 950 | 108,30 | 55,37 | **99,67* |

### l. Sonstige

| Nr. | Leistung | Punkte | Euro | | |
|---|---|---|---|---|---|
| 5472 | Szintigraphische Untersuchungen (z.B. von Hoden, Tränenkanälen, Augen, Tuben) oder Funktionsmessungen (z.B. Ejektionsfraktion mit Meßsonde) ohne Gruppenzuordnung – auch nach Einbringung eines Radiopharmazeutikums in eine Körperhöhle – | 950 | 108,30 | 55,37 | *99,67* |
| 5473 | Funktionsszintigraphie – einschließlich Sequenzszintigraphie und Erstellung von Zeit-Radioaktivitätskurven aus ROI und quantifizierender Berechnung (z.B. von Transitzeiten, Impulsratenquotienten, Perfusionsindex, Auswurffraktion aus Erster-Radionuklid-Passage) – | 900 | 102,60 | 52,46 | *94,43* |
| | *Die Leistung nach Nummer 5473 ist neben den Leistungen nach den Nummern 5460 und 5481 nicht berechnungsfähig.* | | | | |
| 5474 | Nachweis inkorporierter unbekannter Radionuklide | 1350 | 153,90 | 78,69 | *141,64* |

### m. Mineralgehalt

| Nr. | Leistung | Punkte | Euro | | |
|---|---|---|---|---|---|
| 5475 | Quantitative Bestimmung des Mineralgehalts im Skelett (Osteodensitometrie) in einzelnen oder mehreren repräsentativen Extremitäten- oder Stammskelettabschnitten mittels Dual-Photonen-Absorptionstechnik | 300 | 34,20 | 17,49 | *31,48* |

### n. Ergänzungsleistungen

**Allgemeine Bestimmung**

Die Ergänzungsleistungen nach den Nummern 5480 bis 5485 sind nur mit dem einfachen Gebührensatz berechnungsfähig.

| Nr. | Leistung | Punkte | Euro | | |
|---|---|---|---|---|---|
| 5480 | Quantitative Bestimmung von Impulsen/Impulsratendichte (Fläche, Pixel, Voxel) mittels Gammakamera mit Meßwertverarbeitung – mindestens zwei ROI – | 750 | 85,50 | 43,72 | *78,69* |
| 5481 | Sequenzszintigraphie – mindestens sechs Bilder in schneller Folge – | 680 | 77,52 | 39,64 | *71,34* |

| Nummer | Leistung | Punktzahl | Gebühr in DM – einfach – | Gebühr in Euro – einfach – | Gebühr in Euro – 2,3-fach – – *1,8-fach – – **1,15-fach – |
|---|---|---|---|---|---|
| 5483 | Subtraktionsszintigraphie oder zusätzliche Organ- oder Blutpoolszintigraphie als anatomische Ortsmarkierung | 680 | 77,52 | 39,64 | *71,34* |
| 5484 | In-vitro-Markierung von Blutzellen (z.B. Erythrozyten, Leukozyten, Thrombozyten), – einschließlich erforderlicher In-vitro-Qualitätskontrollen – | 1300 | 148,20 | 75,77 | *136,39* |
| 5485 | Messung mit dem Ganzkörperzähler – gegebenenfalls einschließlich quantitativer Analysen von Gammaspektren – | 980 | 111,72 | 57,12 | *102,82* |
| | **o. Emissions-Computer-Tomographie** | | | | |
| 5486 | Single-Photonen-Emissions-Computertomographie (SPECT) mit Darstellung in drei Ebenen | 1200 | 136,80 | 69,94 | *125,90* |
| 5487 | Single-Photonen-Emissions-Computertomographie (SPECT) mit Darstellung in drei Ebenen und regionaler Quantifizierung | 2000 | 228,00 | 116,57 | *209,83* |
| 5488 | Positronen-Emissions-Tomographie (PET) – gegebenenfalls einschließlich Darstellung in mehreren Ebenen – | 6000 | 684,00 | 349,72 | *629,50* |
| 5489 | Positronen-Emissions-Tomographie (PET) mit quantifizierender Auswertung – gegebenenfalls einschließlich Darstellung in mehreren Ebenen – | 7500 | 855,00 | 437,15 | *786,88* |
| | **2. Therapeutische Leistungen (Anwendung offener Radionuklide)** | | | | |
| 5600 | Radiojodtherapie von Schilddrüsenerkrankungen | 2480 | 282,72 | 144,55 | *260,19* |
| 5602 | Radiophosphortherapie bei Erkrankungen der blutbildenden Organe | 1350 | 153,90 | 78,69 | *141,64* |

| | | | | | |
|---|---|---|---|---|---|
| 5603 | Behandlung von Knochenmetastasen mit knochenaffinen Radiopharmazeutika | 1080 | 123,12 | 62,95 | **113,31* |
| 5604 | Instillation von Radiopharmazeutika in Körperhöhlen, Gelenke oder Hohlorgane | 2700 | 307,80 | 157,38 | **283,28* |
| 5605 | Tumorbehandlung mit radioaktiv markierten, metabolisch aktiven oder rezeptorgerichteten Substanzen oder Antikörpern | 2250 | 256,50 | 131,15 | **236,06* |
| 5606 | Quantitative Bestimmung der Therapieradioaktivität zur Anwendung eines individuellen Dosiskonzepts – einschließlich Berechnungen auf Grund von Vormessungen – | 900 | 102,60 | 52,46 | **94,43* |
| | *Die Leistung nach Nummer 5606 ist nur bei Zugrundeliegen einer Leistung nach den Nummern 5600, 5603 und/oder 5605 berechnungsfähig.* | | | | |
| 5607 | Posttherapeutische Bestimmung von Herddosen – einschließlich Berechnungen auf Grund von Messungen der Kinetik der Therapieradioaktivität – | 1620 | 184,68 | 94,43 | **169,97* |
| | *Die Leistung nach Nummer 5607 ist nur bei Zugrundeliegen einer Leistung nach den Nummern 5600, 5603 und/oder 5605 berechnungsfähig.* | | | | |

## III. Magnetresonanztomographie

**Allgemeine Bestimmungen**

Die Leistungen nach den Nummern 5700 bis 5735 sind je Sitzung jeweils nur einmal berechnungsfähig.

Die Nebeneinanderberechnung von Leistungen nach den Nummern 5700 bis 5730 ist in der Rechnung besonders zu begründen.

Bei Nebeneinanderberechnung von Leistungen nach den Nummern 5700 bis 5730 ist der Höchstwert nach Nummer 5735 zu beachten.

| Nummer | Leistung | Punktzahl | Gebühr in DM – einfach – | Gebühr in Euro – einfach – | Gebühr in Euro – 2,3-fach – – *1,8-fach – – **1,15-fach – |
|---|---|---|---|---|---|
| 5700 | Magnetresonanztomographie im Bereich des Kopfes – gegebenenfalls einschließlich des Halses –, in zwei Projektionen, davon mindestens eine Projektion unter Einschluß T2-gewichteter Aufnahmen | 4400 | 501,60 | 256,46 | **461,64* |
| 5705 | Magnetresonanztomographie im Bereich der Wirbelsäule, in zwei Projektionen | 4200 | 478,80 | 244,81 | **440,65* |
| 5715 | Magnetresonanztomographie im Bereich des Thorax – gegebenenfalls einschließlich des Halses –, der Thoraxorgane und/oder der Aorta in ihrer gesamten Länge | 4300 | 490,20 | 250,64 | **451,14* |
| 5720 | Magnetresonanztomographie im Bereich des Abdomens und/oder des Beckens | 4400 | 501,60 | 256,46 | **461,64* |
| 5721 | Magnetresonanztomographie der Mamma(e) | 4000 | 456,00 | 233,15 | **419,67* |
| 5729 | Magnetresonanztomographie eines oder mehrerer Gelenke oder Abschnitte von Extremitäten | 2400 | 273,60 | 139,89 | **251,80* |
| 5730 | Magnetresonanztomographie einer oder mehrerer Extremität(en) mit Darstellung von mindestens zwei großen Gelenken einer Extremität | 4000 | 456,00 | 233,15 | **419,67* |
| | *Neben der Leistung nach Nummer 5730 ist die Leistung nach Nummer 5729 nicht berechnungsfähig.* | | | | |
| 5731 | Ergänzende Serie(n) zu den Leistungen nach den Nummern 5700 bis 5730 (z.B. nach Kontrastmitteleinbringung, Darstellung von Arterien als MR-Angiographie) | 1000 | 114,00 | 58,29 | **104,92* |
| 5732 | Zuschlag zu den Leistungen nach den Nummern 5700 bis 5730 für Positionswechsel und/oder Spulenwechsel | 1000 | 114,00 | 58,29 | |

| Nr. | Leistung | Punkte | | | |
|---|---|---|---|---|---|
| | *Der Zuschlag nach Nummer 5732 ist nur mit dem einfachen Gebührensatz berechnungsfähig.* | | | | |
| 5733 | Zuschlag für computergesteuerte Analyse (z.B. Kinetik, 3D-Rekonstruktion) ...................... | 800 | 91,20 | 46,63 | |
| | *Der Zuschlag nach Nummer 5733 ist nur mit dem einfachen Gebührensatz berechnungsfähig.* | | | | |
| 5735 | Höchstwert für Leistungen nach den Nummern 5700 bis 5730 ... | 6000 | 684,00 | 349,72 | **629,50* |
| | *Die im einzelnen erbrachten Leistungen sind in der Rechnung anzugeben.* | | | | |

## IV. Strahlentherapie

**Allgemeine Bestimmungen**

1. Eine Bestrahlungsserie umfaßt grundsätzlich sämtliche Bestrahlungsfraktionen bei der Behandlung desselben Krankheitsfalls, auch wenn mehrere Zielvolumina bestrahlt werden.
2. Eine Bestrahlungsfraktion umfaßt alle für die Bestrahlung eines Zielvolumens erforderlichen Einstellungen, Bestrahlungsfelder und Strahleneintrittsfelder. Die Festlegung der Ausdehnung bzw. der Anzahl der Zielvolumina und Einstellungen muß indikationsgerecht erfolgen.
3. Eine mehrfache Berechnung der Leistungen nach den Nummern 5800, 5810, 5831 bis 5833, 5840 und 5841 bei der Behandlung desselben Krankheitsfalls ist nur zulässig, wenn wesentliche Änderungen der Behandlung durch Umstellung der Technik (z.B. Umstellung von Stehfeld auf Pendeltechnik, Änderung der Energie und Strahlenart) oder wegen fortschreitender Metastasierung, wegen eines Tumorrezidivs oder wegen zusätzlicher Komplikationen notwendig werden. Die Änderungen sind in der Rechnung zu begründen.
4. Bei Berechnung einer Leistung für Bestrahlungsplanung sind in der Rechnung anzugeben: die Diagnose, das/die Zielvolumen/ina, die vorgesehene Bestrahlungsart und -dosis sowie die geplante Anzahl von Bestrahlungsfraktionen.

| Nummer | Leistung | Punktzahl | Gebühr in DM – einfach – | Gebühr in Euro – einfach – | Gebühr in Euro – 2,3-fach – – *1,8-fach – – **1,15-fach – |
|---|---|---|---|---|---|
| | **1. Strahlenbehandlung dermatologischer Erkrankungen** | | | | |
| 5800 | Erstellung eines Bestrahlungsplans für die Strahlenbehandlung nach den Nummern 5802 bis 5806, je Bestrahlungsserie | 250 | 28,50 | 14,57 | **26,23* |
| | *Der Bestrahlungsplan nach Nummer 5800 umfaßt Angaben zur Indikation und die Beschreibung des zu bestrahlenden Volumens, der vorgesehenen Dosis, der Fraktionierung und der Strahlenschutzmaßnahmen und gegebenenfalls die Fotodokumentation.* | | | | |
| | Orthovoltstrahlenbehandlung (10 bis 100 kV Röntgenstrahlen) | | | | |
| 5802 | *Bestrahlung von bis zu zwei Bestrahlungsfeldern bzw. Zielvolumina, je Fraktion.* | 200 | 22,80 | 11,66 | **20,98* |
| 5803 | *Zuschlag zu der Leistung nach Nummer 5802 bei Bestrahlung von mehr als zwei Bestrahlungsfeldern bzw. Zielvolumina, je Fraktion* | 100 | 11,40 | 5,83 | |
| | *Der Zuschlag nach Nummer 5803 ist nur mit dem einfachen Gebührensatz berechnungsfähig.* | | | | |
| | *Die Leistungen nach den Nummern 5802 und 5803 sind für die Bestrahlung flächenhafter Dermatosen jeweils nur einmal berechnungsfähig.* | | | | |
| 5805 | Strahlenbehandlung mit schnellen Elektronen, je Fraktion | 1000 | 114,00 | 58,29 | **104,92* |
| 5806 | Strahlenbehandlung der gesamten Haut mit schnellen Elektronen, je Fraktion | 2000 | 228,00 | 116,57 | **209,83* |

## 2. Orthovolt- oder Hochvoltstrahlenbehandlung

| | | | | | |
|---|---|---|---|---|---|
| 5810 | Erstellung eines Bestrahlungsplans für die Strahlenbehandlung nach den Nummern 5812 und 5813, je Bestrahlungsserie .......... | 200 | 22,80 | 11,66 | **20,98* |
| | *Der Bestrahlungsplan nach Nummer 5810 umfaßt Angaben zur Indikation und die Beschreibung des zu bestrahlenden Volumens, der vorgesehenen Dosis, der Fraktionierung und der Strahlenschutzmaßnahmen und gegebenenfalls die Fotodokumentation.* | | | | |
| 5812 | Orthovolt- (100 bis 400 kV Röntgenstrahlen) oder Hochvoltstrahlenbehandlung bei gutartiger Erkrankung, je Fraktion.......... | 190 | 21,66 | 11,07 | **19,93* |
| | *Bei Bestrahlung mit einem Telecaesiumgerät wegen einer bösartigen Erkrankung ist die Leistung nach Nummer 5812 je Fraktion zweimal berechnungsfähig.* | | | | |
| 5813 | Hochvoltstrahlenbehandlung von gutartigen Hypophysentumoren oder der endokrinen Orbitopathie, je Fraktion........................ | 900 | 102,60 | 52,46 | **94,43* |

## 3. Hochvoltstrahlenbehandlung bösartiger Erkrankungen (mindestens 1 MeV)

**Allgemeine Bestimmungen**

Die Leistungen nach den Nummern 5834 bis 5837 sind grundsätzlich nur bei einer Mindestdosis von 1,5 Gy im Zielvolumen berechnungsfähig. Muß diese im Einzelfall unterschritten werden, ist für die Berechnung dieser Leistungen eine besondere Begründung erforderlich.

Bei Bestrahlungen von Systemerkrankungen oder metastasierten Tumoren gilt als ein Zielvolumen derjenige Bereich, der in einem Großfeld (z.B. Mantelfeld, umgekehrtes Y-Feld) bestrahlt werden kann.

Die Kosten für die Anwendung individuell geformter Ausblendungen (mit Ausnahme der Kosten für wiederverwendbares Material) und/oder Kompensatoren oder für die Anwendung individuell gefertigter Lagerungs- und/oder Fixationshilfen sind gesondert berechnungsfähig.

| Nummer | Leistung | Punktzahl | Gebühr in DM – einfach – | Gebühr in Euro – einfach – | Gebühr in Euro – 2,3-fach – – *1,8-fach – – **1,15-fach – |
|---|---|---|---|---|---|
| 5831 | Erstellung eines Bestrahlungsplans für die Strahlenbehandlung nach den Nummern 5834 bis 5837, je Bestrahlungsserie | 1500 | 171,00 | 87,43 | **157,38* |
| | *Der Bestrahlungsplan nach Nummer 5831 umfaßt Angaben zur Indikation und die Beschreibung des Zielvolumens, der Dosisplanung, der Berechnung der Dosis im Zielvolumen, der Ersteinstellung einschließlich Dokumentation (Feldkontrollaufnahme).* | | | | |
| 5832 | Zuschlag zu der Leistung nach Nummer 5831 bei Anwendung eines Simulators und Anfertigung einer Körperquerschnittszeichnung oder Benutzung eines Körperquerschnitts anhand vorliegender Untersuchungen (z.B. Computertomogramm), je Bestrahlungsserie | 500 | 57,00 | 29,14 | |
| | *Der Zuschlag nach Nummer 5832 ist nur mit dem einfachen Gebührensatz berechnungsfähig.* | | | | |
| 5833 | Zuschlag zu der Leistung nach Nummer 5831 bei individueller Berechnung der Dosisverteilung mit Hilfe eines Prozeßrechners, je Bestrahlungsserie. | 2000 | 228,00 | 116,57 | |
| | *Der Zuschlag nach Nummer 5833 ist nur mit dem einfachen Gebührensatz berechnungsfähig.* | | | | |
| 5834 | Bestrahlung mittels Telekobaltgerät mit bis zu zwei Strahleneintrittsfeldern – gegebenenfalls unter Anwendung von vorgefertigten, wiederverwendbaren Ausblendungen –, je Fraktion | 720 | 82,08 | 41,97 | **75,54* |
| 5835 | Zuschlag zu der Leistung nach Nummer 5834 bei Bestrahlung mit Großfeld oder von mehr als zwei Strahleneintrittsfeldern, je Fraktion | 120 | 13,68 | 6,99 | **12,59* |

| | | | | | |
|---|---|---|---|---|---|
| 5836 | Bestrahlung mittels Beschleuniger mit bis zu zwei Strahleneintrittsfeldern – gegebenenfalls unter Anwendung von vorgefertigten, wiederverwendbaren Ausblendungen –, je Fraktion | 1000 | 114,00 | 58,29 | **104,92* |
| 5837 | Zuschlag zu der Leistung nach Nummer 5836 bei Bestrahlung mit Großfeld oder von mehr als zwei Strahleneintrittsfeldern, je Fraktion | 120 | 13,68 | 6,99 | **12,59* |

### 4. Brachytherapie mit umschlossenen Radionukliden

**Allgemeine Bestimmungen**

Der Arzt darf nur die für den Patienten verbrauchte Menge an radioaktiven Stoffen berechnen.

Bei der Berechnung von Leistungen nach Abschnitt O IV 4 sind die Behandlungsdaten der jeweils eingebrachten Stoffe sowie die Art der ausgeführten Maßnahmen in der Rechnung anzugeben, sofern nicht durch die Leistungsbeschreibung eine eindeutige Definition gegeben ist.

| | | | | | |
|---|---|---|---|---|---|
| 5840 | Erstellung eines Bestrahlungsplans für die Brachytherapie nach den Nummern 5844 und/oder 5846, je Bestrahlungsserie | 1500 | 171,00 | 87,43 | **157,38* |
| | *Der Bestrahlungsplan nach Nummer 5840 umfaßt Angaben zur Indikation, die Berechnung der Dosis im Zielvolumen, die Lokalisation und Einstellung der Applikatoren und die Dokumentation (Feldkontrollaufnahmen).* | | | | |
| 5841 | Zuschlag zu der Leistung nach Nummer 5840 bei individueller Berechnung der Dosisverteilung mit Hilfe eines Prozeßrechners, je Bestrahlungsserie | 2000 | 228,00 | 116,57 | |
| | *Der Zuschlag nach Nummer 5841 ist nur mit dem einfachen Gebührensatz berechnungsfähig.* | | | | |
| 5842 | Brachytherapie an der Körperoberfläche – einschließlich Bestrahlungsplanung, gegebenenfalls einschließlich Fotodokumentation –, je Fraktion | 300 | 34,20 | 17,49 | **31,48* |
| 5844 | Intrakavitäre Brachytherapie, je Fraktion | 1000 | 114,00 | 58,29 | **104,92* |
| 5846 | Interstitielle Brachytherapie, je Fraktion | 2100 | 239,40 | 122,40 | **220,33* |

| Nummer | Leistung | Punktzahl | Gebühr in DM – einfach – | Gebühr in Euro – einfach – | Gebühr in Euro – 2,3-fach – – *1,8-fach – – **1,15-fach – |
|---|---|---|---|---|---|
| | **5. Besonders aufwendige Bestrahlungstechniken** | | | | |
| 5851 | Ganzkörperstrahlenbehandlung vor Knochenmarktransplantation – einschließlich Bestrahlungsplanung – | 6900 | 786,60 | 402,18 | **723,93* |
| | *Die Leistung nach Nummer 5851 ist unabhängig von der Anzahl der Fraktionen insgesamt nur einmal berechnungsfähig.* | | | | |
| 5852 | Oberflächen-Hyperthermie, je Fraktion | 1000 | 114,00 | 58,29 | |
| 5853 | Halbtiefen-Hyperthermie, je Fraktion | 2000 | 228,00 | 116,57 | |
| 5854 | Tiefen-Hyperthermie, je Fraktion | 2490 | 283,86 | 145,14 | |
| | *Die Leistungen nach den Nummern 5852 bis 5854 sind nur in Verbindung mit einer Strahlenbehandlung oder einer regionären intravenösen oder intraarteriellen Chemotherapie und nur mit dem einfachen Gebührensatz berechnungsfähig.* | | | | |
| 5855 | Intraoperative Strahlenbehandlung mit Elektronen | 6900 | 786,60 | 402,18 | **723,93* |

## P. Sektionsleistungen

| | | | | | |
|---|---|---|---|---|---|
| 6000 | Vollständige innere Leichenschau – einschließlich Leichenschaubericht und pathologisch-anatomischer Diagnose – .......... | 1710 | 194,94 | 99,67 | *229,24* |
| 6001 | Vollständige innere Leichenschau, die zusätzliche besonders zeitaufwendige oder umfangreiche ärztliche Verrichtungen erforderlich macht (z.B. ausgedehnte Untersuchung des Knochensystems oder des peripheren Gefäßsystems mit Präparierung und/oder Untersuchung von Organen bei fortschreitender Zersetzung mit bereits wesentlichen Fäulniserscheinungen) – einschließlich Leichenschaubericht und pathologisch-anatomischer Diagnose – .......... | 2300 | 262,20 | 134,06 | *308,34* |
| 6002 | Vollständige innere Leichenschau einer exhumierten Leiche am Ort der Exhumierung – einschließlich Leichenschaubericht und pathologischanatomischer Diagnose – .......... | 3200 | 364,80 | 186,52 | *428,99* |
| 6003 | Innere Leichenschau, die sich auf Teile einer Leiche und/oder auf einzelne Körperhöhlen beschränkt – einschließlich Leichenschaubericht und pathologisch-anatomischer Diagnose – .......... | 739 | 84,25 | 43,08 | *99,08* |
| 6010 | Makroskopische neuropathologische Untersuchung des Zentralnervensystems (Gehirn, Rückenmark) einer Leiche – einschließlich Organschaubericht und pathologisch-anatomischer Diagnose – .......... | 400 | 45,60 | 23,31 | *53,62* |
| 6015 | Mikroskopische Untersuchung von Organen (Haut, Muskel, Leber, Niere, Herz, Milz, Lunge) nach innerer Leichenschau – einschließlich Beurteilung des Befundes –, je untersuchtes Organ.......... | 242 | 27,59 | 14,11 | *32,44* |
| 6016 | Mikroskopische Untersuchung eines Knochens nach innerer Leichenschau – einschließlich Beurteilung des Befundes –, je Knochen .......... | 300 | 34,20 | 17,49 | *40,22* |

| Nummer | Leistung | Punktzahl | Gebühr in DM – einfach – | Gebühr in Euro – einfach – | Gebühr in Euro – 2,3-fach – – *1,8-fach – – **1,15-fach – |
|---|---|---|---|---|---|
| 6017 | Mikroskopische Untersuchung von vier oder mehr Knochen nach innerer Leichenschau – einschließlich Beurteilung des Befundes – | 1045 | 119,13 | 60,91 | *140,09* |
| 6018 | Mikroskopische Untersuchung von Nerven oder Rückenmark oder Gehirn nach innerer Leichenschau – einschließlich des Befundes – | 300 | 34,20 | 17,49 | *40,22* |

# 2. Gebührenordnung für Zahnärzte (GOZ)

Vom 22. Oktober 1987
(BGBl. I S. 2316)

**FNA 2123-5**

zuletzt geänd. durch Bek. v. 2. 7. 2012 (BAnz AT 2. 7. 2012 B3)

Auf Grund des § 15 des Gesetzes über die Ausübung der Zahnheilkunde in der durch Artikel 5 des Gesetzes vom 22. Dezember 1981 (BGBl. I S. 1568) geänderten Fassung verordnet die Bundesregierung mit Zustimmung des Bundesrates:

**Inhaltsübersicht**



**§ 1 Anwendungsbereich.** (1) Die Vergütungen für die beruflichen Leistungen der Zahnärzte bestimmen sich nach dieser Verordnung, soweit nicht durch Bundesgesetz etwas anderes bestimmt ist.

(2) [1] Vergütungen darf der Zahnarzt nur für Leistungen berechnen, die nach den Regeln der zahnärztlichen Kunst für eine zahnmedizinisch notwendige zahnärztliche Versorgung erforderlich sind. [2] Leistungen, die über das Maß einer zahnmedizinisch notwendigen zahnärztlichen Versorgung hinausgehen, darf er nur berechnen, wenn sie auf Verlangen des Zahlungspflichtigen erbracht worden sind.

**§ 2 Abweichende Vereinbarung.** (1) [1] Durch Vereinbarung zwischen Zahnarzt und Zahlungspflichtigem kann eine von dieser Verordnung abweichende Gebührenhöhe festgelegt werden. [2] Die Vereinbarung einer abweichenden Punktzahl (§ 5 Absatz 1 Satz 2) oder eines abweichenden Punktwertes (§ 5 Absatz 1 Satz 3) ist nicht zulässig. [3] Notfall- und akute Schmerzbehandlungen dürfen nicht von einer Vereinbarung nach Satz 1 abhängig gemacht werden.

(2) [1] Eine Vereinbarung nach Absatz 1 Satz 1 ist nach persönlicher Absprache im Einzelfall zwischen Zahnarzt und Zahlungspflichtigem vor Erbringung der Leistung des Zahnarztes schriftlich zu treffen. [2] Dieses muß neben der

Nummer und der Bezeichnung der Leistung, dem vereinbarten Steigerungssatz und dem sich daraus ergebenden Betrag auch die Feststellung enthalten, daß eine Erstattung der Vergütung durch Erstattungsstellen möglicherweise nicht in vollem Umfang gewährleistet ist. [3] Weitere Erklärungen darf die Vereinbarung nicht enthalten. [4] Der Zahnarzt hat dem Zahlungspflichtigen einen Abdruck der Vereinbarung auszuhändigen.

(3) [1] Leistungen nach § 1 Absatz 2 Satz 2 und ihre Vergütung müssen in einem Heil- und Kostenplan schriftlich vereinbart werden. [2] Der Heil- und Kostenplan muß vor Erbringung der Leistung erstellt werden; er muß die einzelnen Leistungen und Vergütungen sowie die Feststellung enthalten, daß es sich um Leistungen auf Verlangen handelt und eine Erstattung möglicherweise nicht gewährleistet ist. [3] § 6 Absatz 1 bleibt unberührt.

(4) Bei vollstationären, teilstationären sowie vor- und nachstationären privatzahnärztlichen Leistungen ist eine Vereinbarung nach Absatz 1 Satz 1 nur für vom Wahlzahnarzt persönlich erbrachte Leistungen zulässig.

**§ 3 Vergütungen.** Als Vergütungen stehen dem Zahnarzt Gebühren, Entschädigungen und Ersatz von Auslagen zu.

**§ 4 Gebühren.** (1) Gebühren sind Vergütungen für die im Gebührenverzeichnis (Anlage 1) genannten zahnärztlichen Leistungen.

(2) [1] Der Zahnarzt kann Gebühren nur für selbständige zahnärztliche Leistungen berechnen, die er selbst erbracht hat oder die unter seiner Aufsicht nach fachlicher Weisung erbracht wurden (eigene Leistungen). [2] Für eine Leistung, die Bestandteil oder eine besondere Ausführung einer anderen Leistung nach dem Gebührenverzeichnis ist, kann der Zahnarzt eine Gebühr nicht berechnen, wenn er für die andere Leistung eine Gebühr berechnet. [3] Dies gilt auch für die zur Erbringung der im Gebührenverzeichnis aufgeführten operativen Leistungen methodisch notwendigen operativen Einzelschritte. [4] Eine Leistung ist methodisch notwendiger Bestandteil einer anderen Leistung, wenn sie inhaltlich von der Leistungsbeschreibung der anderen Leistung (Zielleistung) umfasst und auch in deren Bewertung berücksichtigt worden ist.

(3) [1] Mit den Gebühren sind die Praxiskosten einschließlich der Kosten für Füllungsmaterial, für den Sprechstundenbedarf, für die Anwendung von Instrumenten und Apparaten sowie für Lagerhaltung abgegolten, soweit nicht im Gebührenverzeichnis etwas anderes bestimmt ist. [2] Hat der Zahnarzt zahnärztliche Leistungen unter Inanspruchnahme Dritter, die nach dieser Verordnung selbst nicht liquidationsberechtigt sind, erbracht, so sind die hierdurch entstandenen Kosten ebenfalls mit der Gebühr abgegolten.

(4) [1] Kosten, die nach Absatz 3 mit den Gebühren abgegolten sind, dürfen nicht gesondert berechnet werden. [2] Eine Abtretung des Vergütungsanspruchs in Höhe solcher Kosten ist gegenüber dem Zahlungspflichtigen unwirksam.

(5) Sollen Leistungen durch Dritte erbracht werden, die diese dem Zahlungspflichtigen unmittelbar berechnen, so hat der Zahnarzt ihn darüber zu unterrichten.

**§ 5 Bemessung der Gebühren für Leistungen des Gebührenverzeichnisses.** (1) [1] Die Höhe der einzelnen Gebühr bemißt sich nach dem Einfachen bis Dreieinhalbfachen des Gebührensatzes. [2] Gebührensatz ist der Betrag, der sich ergibt, wenn die Punktzahl der einzelnen Leistung des Gebührenverzeichnisses mit dem Punktwert vervielfacht wird. [3] Der Punktwert beträgt 5,62421 Cent. [4] Bei der Bemessung von Gebühren sind sich ergebende Bruchteile eines Cents unter 0,5 abzurunden und Bruchteile von 0,5 und mehr aufzurunden; die Rundung ist erst nach der Multiplikation mit dem Steigerungsfaktor nach Satz 1 vorzunehmen.

(2) [1] Innerhalb des Gebührenrahmens sind die Gebühren unter Berücksichtigung der Schwierigkeit und des Zeitaufwandes der einzelnen Leistung sowie der Umstände bei der Ausführung nach billigem Ermessen zu bestimmen. [2] Die Schwierigkeit der einzelnen Leistung kann auch durch die Schwierigkeit des Krankheitsfalles begründet sein. [3] Bemessungskriterien, die bereits in der Leistungsbeschreibung berücksichtigt worden sind, haben hierbei außer Betracht zu bleiben. [4] Der 2,3fache Gebührensatz bildet die nach Schwierigkeit und Zeitaufwand durchschnittliche Leistung ab; ein Überschreiten dieses Gebührensatzes ist nur zulässig, wenn Besonderheiten der in Satz 1 genannten Bemessungskriterien dies rechtfertigen; Leistungen mit unterdurchschnittlichem Schwierigkeitsgrad oder Zeitaufwand sind mit einem niedrigeren Gebührensatz zu berechnen.

**§ 5 a** *(aufgehoben)*

**§ 6 Gebühren für andere Leistungen.** (1) [1] Selbstständige zahnärztliche Leistungen, die in das Gebührenverzeichnis nicht aufgenommen sind, können entsprechend einer nach Art, Kosten- und Zeitaufwand gleichwertigen Leistung des Gebührenverzeichnisses dieser Verordnung berechnet werden. [2] Sofern auch eine nach Art, Kosten- und Zeitaufwand gleichwertige Leistung im Gebührenverzeichnis dieser Verordnung nicht enthalten ist, kann die selbstständige zahnärztliche Leistung entsprechend einer nach Art, Kosten- und Zeitaufwand gleichwertigen Leistung der in Absatz 2 genannten Leistungen des Gebührenverzeichnisses der Gebührenordnung für Ärzte berechnet werden.

(2) Die Vergütungen sind nach den Vorschriften der Gebührenordnung für Ärzte zu berechnen, soweit die Leistung nicht als selbstständige Leistung oder Teil einer anderen Leistung im Gebührenverzeichnis der Gebührenordnung für Zahnärzte enthalten ist und wenn die Leistungen, die der Zahnarzt erbringt, in den folgenden Abschnitten des Gebührenverzeichnisses der Gebührenordnung für Ärzte aufgeführt sind:

1. B I, B II, B III unter den Nummern 30, 31 und 34, B IV bis B VI,
2. C I unter den Nummern 200, 204, 210 und 211, C II, C III bis C VII, C VIII nur soweit eine zugrunde liegende ambulante operative Leistung berechnet wird,
3. E V und E VI,
4. J,
5. L I, L II unter den Nummern 2072 bis 2074, L III, L V unter den Nummern 2253 bis 2256 im Rahmen der Behandlung von Kieferbrüchen, L VI unter den Nummern 2321, 2355 und 2356 im Rahmen der Behandlung von Kieferbrüchen, L VII, L IX,
6. M unter den Nummern 3511, 3712, 3714, 3715, 4504, 4530, 4538, 4605, 4606 und 4715,

7. N unter der Nummer 4852 sowie
8. O.

**§ 7 Gebühren bei stationärer Behandlung.** (1) [1] Bei vollstationären, teilstationären sowie vor- und nachstationären privatzahnärztlichen Leistungen sind die nach dieser Verordnung berechneten Gebühren einschließlich der darauf entfallenden Zuschläge um 25 vom Hundert zu mindern. [2] Abweichend davon beträgt die Minderung für Leistungen und Zuschläge nach Satz 1 von Belegzahnärzten oder niedergelassenen anderen Zahnärzten 15 vom Hundert. [3] Ausgenommen von dieser Minderungspflicht ist der Zuschlag nach Buchstabe J in Abschnitt B V des Gebührenverzeichnisses der Gebührenordnung für Ärzte.

(2) Neben den nach Absatz 1 geminderten Gebühren darf der Zahnarzt Kosten nicht berechnen; die §§ 8 und 9 bleiben unberührt.

**§ 8 Entschädigungen.** (1) Als Entschädigungen für Besuche erhält der Zahnarzt Wegegeld oder Reiseentschädigung; hierdurch sind Zeitversäumnisse und die durch den Besuch bedingten Mehrkosten abgegolten.

(2) [1] Der Zahnarzt kann für jeden Besuch ein Wegegeld berechnen. [2] Das Wegegeld beträgt für einen Besuch innerhalb eines Radius um die Praxisstelle des Zahnarztes von

1. bis zu zwei Kilometern 4,30 Euro, bei Nacht (zwischen 20 und 8 Uhr) 8,60 Euro,
2. mehr als zwei Kilometern bis zu fünf Kilometern 8,00 Euro, bei Nacht 12,30 Euro,
3. mehr als fünf Kilometern bis zu zehn Kilometern 12,30 Euro, bei Nacht 18,40 Euro,
4. mehr als zehn Kilometern bis zu 25 Kilometern 18,40 Euro, bei Nacht 30,70 Euro.

[3] Erfolgt der Besuch von der Wohnung des Zahnarztes aus, so tritt bei der Berechnung des Radius die Wohnung des Zahnarztes an die Stelle der Praxisstelle. [4] Werden mehrere Patienten in derselben häuslichen Gemeinschaft oder in einem Heim, insbesondere in einem Alten- oder Pflegeheim besucht, darf der Zahnarzt das Wegegeld unabhängig von der Anzahl der besuchten Patienten und deren Versichertenstatus insgesamt nur einmal und nur anteilig berechnen.

(3) [1] Bei Besuchen außerhalb eines Radius von 25 Kilometern um die Praxisstelle des Zahnarztes tritt an die Stelle des Wegegeldes eine Reiseentschädigung. [2] Als Reiseentschädigung erhält der Zahnarzt

1. 0,42 Euro für jeden zurückgelegten Kilometer, wenn er einen eigenen Kraftwagen benutzt, bei Benutzung anderer Verkehrsmittel die tatsächlichen Aufwendungen,
2. bei Abwesenheit bis zu acht Stunden 56,00 Euro, bei Abwesenheit von mehr als acht Stunden 112,50 Euro je Tag,
3. Ersatz der Kosten für notwendige Übernachtungen.

[3] Absatz 2 Satz 3 und 4 gilt entsprechend.

**§ 9 Ersatz von Auslagen für zahntechnische Leistungen.** (1) Neben den für die einzelnen zahnärztlichen Leistungen vorgesehenen Gebühren können als Auslagen die dem Zahnarzt tatsächlich entstandenen angemessenen Kosten für zahntechnische Leistungen berechnet werden, soweit diese Kosten nicht nach den Bestimmungen des Gebührenverzeichnisses mit den Gebühren abgegolten sind.

(2) [1] Der Zahnarzt hat dem Zahlungspflichtigen vor der Behandlung einen Kostenvoranschlag des gewerblichen oder des praxiseigenen Labors über die voraussichtlich entstehenden Kosten für zahntechnische Leistungen anzubieten und auf dessen Verlangen in Textform vorzulegen, sofern die Kosten insgesamt voraussichtlich einen Betrag von 1 000 Euro überschreiten. [2] Für Behandlungen, die auf der Grundlage eines Heil- und Kostenplans für einen Behandlungszeitraum von mehr als zwölf Monaten geplant werden, gilt Satz 1 nur, sofern voraussichtlich bereits innerhalb eines Zeitraums von sechs Monaten Kosten von mehr als 1 000 Euro entstehen. [3] Der Kostenvoranschlag muss die voraussichtlichen Gesamtkosten für zahntechnische Leistungen und die dabei verwendeten Materialien angeben. [4] Art, Umfang und Ausführung der einzelnen Leistungen, Berechnungsgrundlage und Herstellungsort der zahntechnischen Leistungen sind dem Zahlungspflichtigen auf Verlangen näher zu erläutern. [5] Ist eine Überschreitung der im Kostenvoranschlag genannten Kosten um mehr als 15 vom Hundert zu erwarten, hat der Zahnarzt den Zahlungspflichtigen hierüber unverzüglich in Textform zu unterrichten.

**§ 10 Fälligkeit und Abrechnung der Vergütung; Rechnung.**

***[Abs. 1 bis 30. 6. 2012:]***

(1) Die Vergütung wird fällig, wenn dem Zahlungspflichtigen eine dieser Verordnung entsprechende Rechnung erteilt worden ist.

***[Abs. 1 ab 1. 7. 2012:]***

*(1) [1] Die Vergütung wird fällig, wenn dem Zahlungspflichtigen eine dieser Verordnung entsprechende Rechnung nach der Anlage 2 erteilt worden ist. [2] Künftige Änderungen der Anlage 2 werden durch das Bundesministerium für Gesundheit durch Bekanntmachung veröffentlicht.*

(2) Die Rechnung muß insbesondere enthalten:

1. das Datum der Erbringung der Leistung,
2. bei Gebühren die Nummer und die Bezeichnung der einzelnen berechneten Leistung einschließlich einer verständlichen Bezeichnung des behandelten Zahnes und einer in der Leistungsbeschreibung oder einer Abrechnungsbestimmung gegebenenfalls genannten Mindestdauer sowie den jeweiligen Betrag und den Steigerungssatz,
3. bei Gebühren für vollstationäre, teilstationäre sowie vor- und nachstationäre privatzahnärztliche Leistungen zusätzlich den Minderungsbetrag nach § 7,
4. bei Entschädigungen nach § 8 den Betrag, die Art der Entschädigung und die Berechnung,
5. bei Ersatz von Auslagen nach § 9 Art, Umfang und Ausführung der einzelnen Leistungen und deren Preise sowie die direkt zurechenbaren Materialien und deren Preise, insbesondere Bezeichnung, Gewicht und Tagespreis der verwendeten Legierungen,

6. bei nach dem Gebührenverzeichnis gesondert berechnungsfähigen Kosten Art, Menge und Preis verwendeter Materialien; die Auslagen sind dem Zahlungspflichtigen auf Verlangen näher zu erläutern.

(3) [1] Überschreitet die berechnete Gebühr nach Absatz 2 Nummer 2 das 2,3 fache des Gebührensatzes, ist dies auf die einzelne Leistung bezogen für den Zahlungspflichtigen verständlich und nachvollziehbar schriftlich zu begründen. [2] Auf Verlangen ist die Begründung näher zu erläutern. [3] Soweit im Fall einer abweichenden Vereinbarung nach § 2 auch ohne die getroffene Vereinbarung ein Überschreiten der in Satz 1 genannten Steigerungssätze gerechtfertigt gewesen wäre, ist das Überschreiten auf Verlangen des Zahlungspflichtigen schriftlich zu begründen; die Sätze 1 und 2 gelten entsprechend. [4] Die Bezeichnung der Leistung nach Absatz 2 Nr. 2 kann entfallen, wenn der Rechnung eine Zusammenstellung beigefügt ist, der die Bezeichnung für die abgerechnete Leistungsnummer entnommen werden kann. [5] Bei Auslagen nach Absatz 2 Nr. 5 ist der Beleg oder ein sonstiger Nachweis beizufügen. [6] Wurden zahntechnische Leistungen in Auftrag gegeben, ist eine den Erfordernissen des Absatzes 2 Nr. 5 entsprechende Rechnung des Dentallabors beizufügen; insoweit genügt es, in der Rechnung des Zahnarztes den Gesamtbetrag für diese Leistungen anzugeben. [7] Leistungen, die auf Verlangen erbracht worden sind (§ 1 Abs. 2 Satz 2 und § 2 Abs. 3), sind als solche zu bezeichnen.

(4) Wird eine Leistung nach § 6 Absatz 1 berechnet, ist die entsprechend bewertete Leistung für den Zahlungspflichtigen verständlich zu beschreiben und mit dem Hinweis „entsprechend“ sowie der Nummer und der Bezeichnung der als gleichwertig erachteten Leistung zu versehen.

(5) Durch Vereinbarung mit öffentlich-rechtlichen Kostenträgern kann eine von den Vorschriften der Absätze 1 bis 4 abweichende Regelung getroffen werden.

(6) Die Übermittlung von Daten an einen Dritten zum Zwecke der Abrechnung ist nur zulässig, wenn der Betroffene gegenüber dem Zahnarzt in die Übermittlung der für die Abrechnung erforderlichen Daten schriftlich eingewilligt und den Zahnarzt insoweit schriftlich von seiner Schweigepflicht entbunden hat.

**§ 11 Übergangsvorschrift.** Die Gebührenordnung für Zahnärzte in der vor dem 1. Januar 2012 geltenden Fassung gilt weiter für

1. Leistungen, die vor dem Inkrafttreten der Verordnung vom 5. Dezember 2011 (BGBl. I S. 2661) erbracht worden sind,
2. vor dem Inkrafttreten der Verordnung vom 5. Dezember 2011 (BGBl. I S. 2661) begonnene Leistungen nach den Nummern 215 bis 222, 500 bis 523 und 531 bis 534 des Gebührenverzeichnisses der Gebührenordnung für Zahnärzte in der vor dem 1. Januar 2012 geltenden Fassung, wenn sie erst nach Inkrafttreten der Verordnung vom 5. Dezember 2011 (BGBl. I S. 2661) beendet werden,
3. Leistungen des Gebührenverzeichnisses der Gebührenordnung für Zahnärzte in der vor dem 1. Januar 2012 geltenden Fassung, die auf Grund einer vor dem Inkrafttreten der Verordnung vom 5. Dezember 2011 (BGBl. I S. 2661) geplanten und begonnenen kieferorthopädischen Behandlung bis

zum Behandlungsabschluss, längstens jedoch bis zum Ablauf von vier Jahren nach Inkrafttreten dieser Verordnung, erbracht werden.

**§ 12 Überprüfung.** [1] Die Bundesregierung prüft die Auswirkungen der Neustrukturierung und -bewertung der Leistungen der Gebührenordnung für Zahnärzte. [2] Sie berichtet dem Bundesrat bis spätestens Mitte des Jahres 2015 über das Ergebnis der Prüfung und die tragenden Gründe.

**Anlage 1**

## Gebührenverzeichnis für zahnärztliche Leistungen

### A. Allgemeine zahnärztliche Leistungen

**Allgemeine Bestimmungen**

1. Eine Beratungsgebühr nach der Nummer 1 des Gebührenverzeichnisses für ärztliche Leistungen – Anlage zur Gebührenordnung für Ärzte in der am 1. Januar 2012 geltenden Fassung – darf im Behandlungsfall nur einmal zusammen mit einer Gebühr für eine Leistung nach diesem Gebührenverzeichnis und für eine Leistung aus den Abschnitten C bis O des Gebührenverzeichnisses für ärztliche Leistungen berechnet werden.
   Eine Beratungsgebühr nach der Nummer 3 des Gebührenverzeichnisses für ärztliche Leistungen ist nur berechnungsfähig als einzige Leistung oder im Zusammenhang mit einer Untersuchung nach der Nummer 0010 oder einer Untersuchung nach den Nummern 5 oder 6 des Gebührenverzeichnisses für ärztliche Leistungen. Andere weitere Leistungen dürfen neben der Leistung nach der Nummer 3 nicht berechnet werden.
   Als Behandlungsfall gilt für die Behandlung derselben Erkrankung der Zeitraum eines Monats nach der jeweils ersten Inanspruchnahme des Zahnarztes.
2. Das bei Leistungen nach diesem Gebührenverzeichnis verwendete Abformungsmaterial ist gesondert berechnungsfähig.
3. Material- und Laborkosten im Sinne dieses Gebührenverzeichnisses umfassen Praxiskosten nach § 4 Absatz 3 und Auslagen für zahntechnische Leistungen nach § 9 dieser Gebührenordnung.

| Nummer | Leistungstext | Punktzahl | *Gebühr einfach (Euro)*[1)] | *Gebühr 2,3fach (Euro)*[1)] |
|---|---|---|---|---|
| 0010 | Eingehende Untersuchung zur Feststellung von Zahn-, Mund- und Kiefererkrankungen einschließlich Erhebung des Parodontalbefundes sowie Aufzeichnung des Befundes | 100 | *5,62* | *12,94* |
| 0030 | Aufstellung eines schriftlichen Heil- und Kostenplans nach Befundaufnahme und gegebenenfalls Auswertung von Modellen | 200 | *11,25* | *25,87* |
| 0040 | Aufstellung eines schriftlichen Heil- und Kostenplans bei kieferorthopädischer Behandlung oder bei funktionsanalytischen und funktionstherapeutischen Maßnahmen nach Befundaufnahme und Ausarbeitung einer Behandlungsplanung<br>*Die Leistungen nach den Nummern 0030 und 0040 sind nicht nebeneinander berechnungsfähig.* | 250 | *14,06* | *32,34* |
| 0050 | Abformung oder Teilabformung eines Kiefers für ein Situationsmodell einschließlich Auswertung zur Diagnose oder Planung | 120 | *6,75* | *15,52* |

[1)] Die Spalten 4 und 5 wurden redaktionell erstellt.

| Nummer | Leistungstext | Punktzahl | *Gebühr einfach (Euro)*[1] | *Gebühr 2,3fach (Euro)*[1] |
|---|---|---|---|---|
| 0060 | Abformung beider Kiefer für Situationsmodelle und einfache Bissfixierung einschließlich Auswertung zur Diagnose oder Planung<br>*Die Nebeneinanderberechnung der Leistungen nach den Nummern 0050 und 0060 ist in der Rechnung zu begründen.* | 260 | *14,62* | *33,63* |
| 0065 | Optisch-elektronische Abformung einschließlich vorbereitender Maßnahmen, einfache digitale Bissregistrierung und Archivierung, je Kieferhälfte oder Frontzahnbereich<br>*Neben der Leistung nach der Nummer 0065 sind konventionelle Abformungen nach diesem Gebührenverzeichnis für dieselbe Kieferhälfte oder denselben Frontzahnbereich nicht berechnungsfähig.* | 80 | *4,50* | *10,35* |
| 0070 | Vitalitätsprüfung eines Zahnes oder mehrerer Zähne einschließlich Vergleichstest, je Sitzung | 50 | *2,81* | *6,47* |
| 0080 | Intraorale Oberflächenanästhesie, je Kieferhälfte oder Frontzahnbereich | 30 | *1,69* | *3,88* |
| 0090 | Intraorale Infiltrationsanästhesie | 60 | *3,37* | *7,76* |
| 0100 | Intraorale Leitungsanästhesie<br>*Wird die Leistung nach der Nummer 0090 je Zahn mehr als einmal berechnet, ist dies in der Rechnung zu begründen.*<br>*Bei den Leistungen nach den Nummern 0090 und 0100 sind die Kosten der verwendeten Anästhetika gesondert berechnungsfähig.* | 70 | *3,94* | *9,05* |
| 0110 | Zuschlag für die Anwendung eines Operationsmikroskops bei den Leistungen nach den Nummern 2195, 2330, 2340, 2360, 2410, 2440, 3020, 3030, 3040, 3045, 3060, 3110, 3120, 3190, 3200, 4090, 4100, 4130, 4133, 9100, 9110, 9120, 9130 und 9170<br>*Der Zuschlag nach der Nummer 0110 ist je Behandlungstag nur einmal und nur mit dem einfachen Gebührensatz berechnungsfähig.* | 400 | *22,50* | – |
| 0120 | Zuschlag für die Anwendung eines Lasers bei den Leistungen nach den Nummern 2410, 3070, 3080, 3210, 3240, 4080, 4090, 4100, 4130, 4133 und 9160<br>*Der Zuschlag nach der Nummer 0120 beträgt 100 v.H. des einfachen Gebührensatzes der betreffenden Leistung, jedoch nicht mehr als 68 Euro.*<br>*Der Zuschlag nach der Nummer 0120 ist je Behandlungstag nur einmal berechnungsfähig.* | | | |

[1] Die Spalten 4 und 5 wurden redaktionell erstellt.

## B. Prophylaktische Leistungen

### Allgemeine Bestimmungen

Prophylaktische Leistungen nach Abschnitt B sind nur bei Einzelunterweisung (Individualprophylaxe) berechnungsfähig; bei Gruppenunterweisung (Gruppenprophylaxe) sind sie nicht berechnungsfähig.

| Nummer | Leistungstext | Punktzahl | *Gebühr einfach (Euro)*[1] | *Gebühr 2,3fach (Euro)*[1] |
|---|---|---|---|---|
| 1000 | Erstellung eines Mundhygienestatus und eingehende Unterweisung zur Vorbeugung gegen Karies und parodontale Erkrankungen, Dauer mindestens 25 Minuten | 200 | *11,25* | *25,87* |
| 1010 | Kontrolle des Übungserfolges einschließlich weiterer Unterweisung, Dauer mindestens 15 Minuten | 100 | *5,62* | *12,94* |
| 1020 | Lokale Fluoridierung zur Verbesserung der Zahnhartsubstanz, zur Kariesvorbeugung und -behandlung, mit Lack oder Gel, je Sitzung<br>*Die Leistung nach der Nummer 1000 ist innerhalb eines Jahres einmal, die Leistung nach der Nummer 1010 innerhalb eines Jahres dreimal berechnungsfähig.*<br>*Die Leistungen umfassen die Erhebung von Mundhygiene-Indizes, das Anfärben der Zähne, die praktische Unterweisung mit individuellen Übungen und die Motivierung des Patienten.*<br>*Im Zusammenhang mit den Leistungen nach den Nummern 1000 und 1010 sind Leistungen nach den Nummern 0010, 4000 und 8000 sowie Beratungen und Untersuchungen nach der Gebührenordnung für Ärzte nur dann berechnungsfähig, wenn diese Leistungen anderen Zwecken dienen und dies in der Rechnung begründet wird.*<br>*Die Leistung nach der Nummer 1020 ist innerhalb eines Jahres höchstens viermal berechnungsfähig.* | 50 | *2,81* | *6,47* |
| 1030 | Lokale Anwendung von Medikamenten zur Kariesvorbeugung oder initialen Kariesbehandlung mit einer individuell gefertigten Schiene als Medikamententräger, je Kiefer<br>*1. Die Herstellung einer individuell angefertigten Schiene als Medikamententräger (z.B. Tiefziehschiene) ist gesondert berechnungsfähig.*<br>*2. Mit der Gebühr sind die Kosten für das verwendete Medikament abgegolten.*<br>*3. Die Anwendung eines konfektionierten Löffels als Medikamententräger erfüllt nicht den Inhalt der Leistung nach der Nummer 1030.*<br>*4. Bei Anwendung einer individuell gefertigten Schiene als Medikamententräger für Fluoridierungsmittel ist die mehr als viermalige Berechnung der Leistung nach der Nummer 1030 innerhalb eines Jahres in der Rechnung zu begründen.* | 90 | *5,06* | *11,64* |
| 1040 | Professionelle Zahnreinigung<br>*Die Leistung umfasst das Entfernen der supragingivalen/gingivalen Beläge auf Zahn- und Wurzeloberflächen einschließlich Reinigung der Zahnzwischenräume, das Entfernen des Biofilms, die Oberflächenpolitur und geeignete Fluoridierungsmaßnahmen, je Zahn oder Implantat oder Brückenglied.* | 28 | *1,57* | *3,62* |

[1] Die Spalten 4 und 5 wurden redaktionell erstellt.

| Nummer | Leistungstext | Punktzahl | Gebühr einfach (Euro)[1] | Gebühr 2,3fach (Euro)[1] |
|---|---|---|---|---|
| | *Die Leistung nach der Nummer 1040 ist neben den Leistungen nach den Nummern 1020, 4050, 4055, 4060, 4070, 4075, 4090 und 4100 nicht berechnungsfähig.* | | | |

**C. Konservierende Leistungen**

**Allgemeine Bestimmungen**

Nur einmal verwendbare Nickel-Titan-Instrumente zur Wurzelkanalaufbereitung sind gesondert berechnungsfähig.

| Nummer | Leistungstext | Punktzahl | Gebühr einfach (Euro)[1] | Gebühr 2,3fach (Euro)[1] |
|---|---|---|---|---|
| 2000 | Versiegelung von kariesfreien Zahnfissuren mit aushärtenden Kunststoffen, auch Glattflächenversiegelung, je Zahn | 90 | *5,06* | *11,64* |
| 2010 | Behandlung überempfindlicher Zahnflächen, je Kiefer | 50 | *2,81* | *6,47* |
| 2020 | Temporärer speicheldichter Verschluss einer Kavität | 98 | *5,51* | *12,68* |
| 2030 | Besondere Maßnahmen beim Präparieren oder Füllen von Kavitäten (z.B. Separieren, Beseitigen störenden Zahnfleisches, Stillung einer übermäßigen Papillenblutung), je Kieferhälfte oder Frontzahnbereich<br>*Die Leistung nach der Nummer 2030 ist je Sitzung für eine Kieferhälfte oder einen Frontzahnbereich höchstens einmal für besondere Maßnahmen beim Präparieren und höchstens einmal für besondere Maßnahmen beim Füllen von Kavitäten berechnungsfähig.* | 65 | *3,66* | *8,41* |
| 2040 | Anlegen von Spanngummi, je Kieferhälfte oder Frontzahnbereich | 65 | *3,66* | *8,41* |
| 2050 | Präparieren einer Kavität und Restauration mit plastischem Füllungsmaterial einschließlich Unterfüllung, Anlegen einer Matrize oder Benutzen anderer Hilfsmittel zur Formung der Füllung, einflächig | 213 | *11,98* | *27,55* |
| 2060 | Präparieren einer Kavität und Restauration mit Kompositmaterialien, in Adhäsivtechnik (Konditionieren), einflächig, gegebenenfalls einschließlich Mehrschichttechnik, einschließlich Polieren, gegebenenfalls einschließlich Verwendung von Inserts | 527 | *29,64* | *68,17* |
| 2070 | Präparieren einer Kavität und Restauration mit plastischem Füllungsmaterial einschließlich Unterfüllung, Anlegen einer Matrize oder Benutzen anderer Hilfsmittel zur Formung der Füllung, zweiflächig | 242 | *13,61* | *31,30* |
| 2080 | Präparieren einer Kavität und Restauration mit Kompositmaterialien, in Adhäsivtechnik (Konditionieren), zweiflächig, gegebenenfalls einschließlich Mehrschichttechnik, einschließlich Polieren, gegebenenfalls einschließlich Verwendung von Inserts | 556 | *31,27* | *71,92* |
| 2090 | Präparieren einer Kavität und Restauration mit plastischem Füllungsmaterial einschließlich Unterfüllung, Anlegen einer Matrize oder Benutzen anderer Hilfsmittel zur Formung der Füllung, dreiflächig | 297 | *16,70* | *38,42* |

[1] Die Spalten 4 und 5 wurden redaktionell erstellt.

| Nummer | Leistungstext | Punktzahl | *Gebühr einfach (Euro)*[1] | *Gebühr 2,3fach (Euro)*[1] |
|---|---|---|---|---|
| 2100 | Präparieren einer Kavität und Restauration mit Kompositmaterialien, in Adhäsivtechnik (Konditionieren), dreiflächig, gegebenenfalls einschließlich Mehrschichttechnik, einschließlich Polieren, gegebenenfalls einschließlich Verwendung von Inserts | 642 | *36,11* | *83,05* |
| 2110 | Präparieren einer Kavität und Restauration mit plastischem Füllungsmaterial einschließlich Unterfüllung, Anlegen einer Matrize oder Benutzen anderer Hilfsmittel zur Formung der Füllung, mehr als dreiflächig | 319 | *17,94* | *41,26* |
| 2120 | Präparieren einer Kavität und Restauration mit Kompositmaterialien, in Adhäsivtechnik (Konditionieren), mehr als dreiflächig, gegebenenfalls einschließlich Mehrschichttechnik, einschließlich Polieren, gegebenenfalls einschließlich Verwendung von Inserts | 770 | *43,31* | *99,60* |
| 2130 | Kontrolle, Finieren/Polieren einer Restauration in separater Sitzung, auch Nachpolieren einer vorhandenen Restauration | 104 | *5,85* | *13,45* |
| 2150 | Einlagefüllung, einflächig | 1141 | *64,17* | *147,60* |
| 2160 | Einlagefüllung, zweiflächig | 1356 | *76,26* | *175,41* |
| 2170 | Einlagefüllung, mehr als zweiflächig | 1709 | *96,12* | *221,07* |
| 2180 | Vorbereitung eines zerstörten Zahnes mit plastischem Aufbaumaterial zur Aufnahme einer Krone | 150 | *8,44* | *19,40* |
| 2190 | Vorbereitung eines zerstörten Zahnes durch gegossenen Aufbau mit Stiftverankerung zur Aufnahme einer Krone | 450 | *25,31* | *58,21* |
| 2195 | Vorbereitung eines zerstörten Zahnes durch einen Schraubenaufbau oder Glasfaserstift o.Ä. zur Aufnahme einer Krone<br>*Die Leistungen nach den Nummern 2180, 2190 oder 2195 sind neben den Leistungen nach den Nummern 2150 bis 2170 nicht berechnungsfähig.*<br>*Die Leistung nach der Nummer 2180 ist neben der Leistung nach der Nummer 2190 nicht berechnungsfähig.*<br>*Die Leistung nach der Nummer 2195 ist neben der Leistung nach der Nummer 2180 berechnungsfähig.*<br>*Die Leistungen nach den Nummern 2180, 2190 und/oder die Leistung nach der Nummer 2195 ist je Zahn nur jeweils einmal berechnungsfähig.*<br>*Die Kosten für die Verankerungselemente sind gesondert berechnungsfähig.* | 300 | *16,87* | *38,81* |
| 2197 | Adhäsive Befestigung (plastischer Aufbau, Stift, Inlay, Krone, Teilkrone, Veneer etc.) | 130 | *7,31* | *16,82* |
| 2200 | Versorgung eines Zahnes oder Implantats durch eine Vollkrone (Tangentialpräparation) | 1322 | *74,35* | *171,01* |
| 2210 | Versorgung eines Zahnes durch eine Vollkrone (Hohlkehl- oder Stufenpräparation) | 1678 | *94,37* | *217,06* |
| 2220 | Versorgung eines Zahnes durch eine Teilkrone mit Retentionsrillen oder -kästen oder mit Pinledges einschließlich Rekonstruktion der gesamten Kaufläche, auch Versorgung eines Zahnes durch ein Veneer | 2067 | *116,25* | *267,38* |

[1] Die Spalten 4 und 5 wurden redaktionell erstellt.

| Nummer | Leistungstext | Punktzahl | *Gebühr einfach (Euro)*[1] | *Gebühr 2,3fach (Euro)*[1] |
|---|---|---|---|---|
| | *Neben den Leistungen nach den Nummern 2200 bis 2220 sind die Leistungen nach den Nummern 2050 bis 2130 nicht berechnungsfähig.*<br>*Die Leistung nach der Nummer 2210 ist im Zusammenhang mit Implantaten nicht berechnungsfähig.*<br>*Durch die Leistungen nach den Nummern 2150 bis 2170 und 2200 bis 2220 sind folgende zahnärztliche Leistungen abgegolten: Präparieren des Zahnes oder Implantats, Relationsbestimmung, Abformungen, Einproben, provisorisches Eingliedern, festes Einfügen der Einlagefüllung oder der Krone oder der Teilkrone oder des Veneers, Nachkontrolle und Korrekturen.*<br>*Die Leistung nach der Nummer 2200 umfasst auch die Verschraubung und Abdeckung mit Füllungsmaterial.*<br>*Zu den Kronen nach den Nummern 2200 bis 2220 gehören Kronen (Voll- und Teilkronen) jeder zahntechnischen Ausführung.* | | | |
| | Teilleistungen nach den Nummern 2200 bis 2220: | | | |
| 2230 | Enden die Leistungen mit der Präparation eines Zahnes oder der Abdrucknahme beim Implantat, so ist die Hälfte der jeweiligen Gebühr berechnungsfähig. | | | |
| 2240 | Sind darüber hinaus weitere Maßnahmen erfolgt, so sind drei Viertel der jeweiligen Gebühr berechnungsfähig.<br>*Die Leistungen nach den Nummern 2230 oder 2240 sind nur berechnungsfähig, wenn es dem Zahnarzt objektiv auf Dauer unmöglich war, die Behandlung fortzusetzen oder eine Fortsetzung aus medizinischen Gründen nicht indiziert war.* | | | |
| 2250 | Eingliederung einer konfektionierten Krone in der pädiatrischen Zahnheilkunde<br>*Die Kosten für konfektionierte Kronen sind gesondert berechnungsfähig.* | 210 | *11,81* | *27,16* |
| 2260 | Provisorium im direkten Verfahren ohne Abformung, je Zahn oder Implantat, einschließlich Entfernung | 100 | *5,62* | *12,94* |
| 2270 | Provisorium im direkten Verfahren mit Abformung, je Zahn oder Implantat, einschließlich Entfernung<br>*Bei Verwendung eines konfektionierten Provisoriums sind die Kosten hierfür gesondert berechnungsfähig.*<br>*Das Wiedereingliedern desselben Provisoriums, gegebenenfalls auch mehrmals, einschließlich Entfernung, ist mit der Gebühr nach der Nummer 2260 oder 2270 abgegolten.* | 270 | *15,19* | *34,93* |
| 2290 | Entfernung einer Einlagefüllung, einer Krone, eines Brückenankers, Abtrennen eines Brückengliedes oder Steges oder Ähnliches | 180 | *10,12* | *23,28* |
| 2300 | Entfernung eines Wurzelstiftes | 270 | *15,19* | *34,93* |
| 2310 | Wiedereingliederung einer Einlagefüllung, einer Teilkrone, eines Veneers oder einer Krone oder Wiederherstellung einer Verblendschale an herausnehmbarem Zahnersatz | 145 | *8,16* | *18,76* |

[1] Die Spalten 4 und 5 wurden redaktionell erstellt.

| **Nummer** | **Leistungstext** | **Punktzahl** | *Gebühr einfach (Euro)*[1] | *Gebühr 2,3fach (Euro)*[1] |
|---|---|---|---|---|
| 2320 | Wiederherstellung einer Krone, einer Teilkrone, eines Veneers, eines Brückenankers, einer Verblendschale oder einer Verblendung an festsitzendem Zahnersatz, gegebenenfalls einschließlich Wiedereingliederung und Abformung | 350 | *19,68* | *45,27* |
| 2330 | Maßnahmen zur Erhaltung der vitalen Pulpa bei Caries profunda (Exkavieren, indirekte Überkappung), je Kavität | 110 | *6,19* | *14,23* |
| 2340 | Maßnahmen zur Erhaltung der freiliegenden vitalen Pulpa (Exkavieren, direkte Überkappung), je Kavität | 200 | *11,25* | *25,87* |
| 2350 | Amputation und Versorgung der vitalen Pulpa einschließlich Exkavieren | 290 | *16,31* | *37,51* |
| 2360 | Exstirpation der vitalen Pulpa einschließlich Exkavieren, je Kanal | 110 | *6,19* | *14,23* |
| 2380 | Amputation und endgültige Versorgung der avitalen Milchzahnpulpa | 160 | *9,00* | *20,70* |
| 2390 | Trepanation eines Zahnes, als selbstständige Leistung | 65 | *3,66* | *8,41* |
| 2400 | Elektrometrische Längenbestimmung eines Wurzelkanals<br>*Die Leistung nach der Nummer 2400 ist je Wurzelkanal höchstens zweimal je Sitzung berechnungsfähig.* | 70 | *3,94* | *9,05* |
| 2410 | Aufbereitung eines Wurzelkanals auch retrograd, je Kanal, gegebenenfalls in mehreren Sitzungen<br>*Die Leistung nach der Nummer 2410 ist für denselben Wurzelkanal nur dann erneut berechnungsfähig, wenn der Wurzelkanal nach der ersten Aufbereitung definitiv versorgt worden ist.*<br>*Wenn auf Grund anatomischer Besonderheiten eine Aufbereitung in einer Sitzung nicht erfolgen kann, ist die Leistung nach der Nummer 2410 für denselben Wurzelkanal erneut berechnungsfähig. Dies ist in der Rechnung zu begründen. Je Aufbereitung eines Wurzelkanals ist die Leistung in diesem Fall höchstens zweimal berechnungsfähig.* | 392 | *22,05* | *50,71* |
| 2420 | Zusätzliche Anwendung elektrophysikalisch-chemischer Methoden, je Kanal | 70 | *3,94* | *9,05* |
| 2430 | Medikamentöse Einlage in Verbindung mit Maßnahmen nach den Nummern 2360, 2380 und 2410, je Zahn und Sitzung | 204 | *11,47* | *26,39* |
| 2440 | Füllung eines Wurzelkanals | 258 | *14,51* | *33,37* |

## D. Chirurgische Leistungen

### Allgemeine Bestimmungen

1. Die primäre Wundversorgung (z.B. Reinigen der Wunde, Glätten des Knochens, Umschneidung, Tamponieren, Wundverschluss ohne zusätzliche Lappenbildung, gegebenenfalls Fixieren eines plastischen Wundverbandes) ist Bestandteil der Leistungen nach Abschnitt D und nicht gesondert berechnungsfähig.

[1] Die Spalten 4 und 5 wurden redaktionell erstellt.

2. Die Schaffung des operativen Zugangs ist Bestandteil der Leistungen nach Abschnitt D und nicht gesondert berechnungsfähig.
3. Knochenersatzmaterialien sowie Materialien zur Förderung der Blutgerinnung oder der Geweberegeneration (z.B. Membranen) sowie zum Verschluss von oberflächlichen Blutungen bei hämorrhagischen Diathesen oder, wenn dies zum Schutz wichtiger anatomischer Strukturen (z.B. Nerven) erforderlich ist, sowie atraumatisches Nahtmaterial oder nur einmal verwendbare Explantationsfräsen, sind gesondert berechnungsfähig.

| **Nummer** | **Leistungstext** | **Punktzahl** | *Gebühr einfach (Euro)*[1] | *Gebühr 2,3fach (Euro)*[1] |
|---|---|---|---|---|
| 3000 | Entfernung eines einwurzeligen Zahnes oder eines enossalen Implantats | 70 | *3,94* | *9,05* |
| 3010 | Entfernung eines mehrwurzeligen Zahnes | 110 | *6,19* | *14,23* |
| 3020 | Entfernung eines tief frakturierten oder tief zerstörten Zahnes | 270 | *15,19* | *34,93* |
| 3030 | Entfernung eines Zahnes oder eines enossalen Implantats durch Osteotomie | 350 | *19,68* | *45,27* |
| 3040 | Entfernung eines retinierten, impaktierten oder verlagerten Zahnes durch Osteotomie | 540 | *30,37* | *69,85* |
| 3045 | Entfernen eines extrem verlagerten und/oder extrem retinierten Zahnes durch umfangreiche Osteotomie bei gefährdeten anatomischen Nachbarstrukturen | 767 | *43,14* | *99,22* |
| 3050 | Stillung einer übermäßigen Blutung im Mund- und/oder Kieferbereich, als selbstständige Leistung | 110 | *6,19* | *14,23* |
| 3060 | Stillung einer Blutung durch Abbinden oder Umstechen des Gefäßes oder durch Knochenbolzung | 140 | *7,87* | *18,11* |
| 3070 | Exzision von Schleimhaut oder Granulationsgewebe, als selbstständige Leistung | 45 | *2,53* | *5,82* |
| 3080 | Exzision einer Schleimhautwucherung größeren Umfangs (z.B. lappiges Fibrom, Epulis) | 150 | *8,44* | *19,40* |
| 3090 | Plastischer Verschluss einer eröffneten Kieferhöhle | 370 | *20,81* | *47,86* |
| 3100 | Plastische Deckung im Rahmen einer Wundversorgung einschließlich einer Periostschlitzung, je Operationsgebiet (Raum einer zusammenhängenden Schnittführung)<br>*Die Leistung nach der Nummer 3100 ist für dasselbe Operationsgebiet nicht neben der Leistung nach der Nummer 3090 berechnungsfähig.* | 270 | *15,19* | *34,93* |
| 3110 | Resektion einer Wurzelspitze an einem Frontzahn | 460 | *25,87* | *59,50* |
| 3120 | Resektion einer Wurzelspitze an einem Seitenzahn<br>*Die Kosten für konfektionierte apikale Stiftsysteme sind gesondert berechnungsfähig.* | 580 | *32,62* | *75,03* |
| 3130 | Hemisektion und Teilextraktion eines mehrwurzeligen Zahnes | 280 | *15,75* | *36,22* |
| 3140 | Reimplantation eines Zahnes einschließlich einfacher Fixation | 550 | *30,93* | *71,15* |
| 3160 | Transplantation eines Zahnes einschließlich operativer Schaffung des Knochenbettes | 650 | *36,56* | *84,08* |
| 3190 | Operation einer Zyste durch Zystektomie in Verbindung mit einer Osteotomie oder Wurzelspitzenresektion | 270 | *15,19* | *34,93* |

[1] Die Spalten 4 und 5 wurden redaktionell erstellt.

| Nummer | Leistungstext | Punktzahl | *Gebühr einfach (Euro)*[1] | *Gebühr 2,3fach (Euro)*[1] |
|---|---|---|---|---|
| 3200 | Operation einer Zyste durch Zystektomie, als selbstständige Leistung<br>*Das Auskratzen von Granulationsgewebe oder kleinen Zysten in Verbindung mit Extraktionen, Osteotomien oder Wurzelspitzenresektionen kann nicht nach den Nummern 3190 bis 3200 sowie 3310 berechnet werden.* | 500 | *28,12* | *64,68* |
| 3210 | Beseitigung störender Schleimhautbänder, je Kieferhälfte oder Frontzahnbereich | 140 | *7,87* | *18,11* |
| 3230 | Knochenresektion am Alveolarfortsatz zur Formung des Prothesenlagers, als selbstständige Leistung, je Kiefer | 440 | *24,75* | *56,92* |
| 3240 | Vestibulumplastik oder Mundbodenplastik kleineren Umfangs auch Gingivaextensionsplastik, je Kieferhälfte oder Frontzahnbereich, für einen Bereich bis zu zwei nebeneinander liegenden Zähnen, gegebenenfalls auch am zahnlosen Kieferabschnitt | 550 | *30,93* | *71,15* |
| 3250 | Tuberplastik, einseitig | 270 | *15,19* | *34,93* |
| 3260 | Freilegen eines retinierten oder verlagerten Zahnes zur orthopädischen Einstellung | 550 | *30,93* | *71,15* |
| 3270 | Germektomie | 590 | *33,18* | *76,32* |
| 3280 | Lösen, Verlegen und Fixieren des Lippenbändchens und Durchtrennen des Septums bei echtem Diastema | 270 | *15,19* | *34,93* |
| 3290 | Kontrolle nach chirurgischem Eingriff, als selbstständige Leistung, je Kieferhälfte oder Frontzahnbereich | 55 | *3,09* | *7,11* |
| 3300 | Nachbehandlung nach chirurgischem Eingriff (z.B. Tamponieren), als selbstständige Leistung, je Operationsgebiet (Raum einer zusammenhängenden Schnittführung)<br>*Die Leistung nach der Nummer 3300 ist höchstens zweimal je Kieferhälfte oder Frontzahnbereich berechnungsfähig.*<br>*Neben der Leistung nach der Nummer 3300 sind die Leistungen nach den Nummern 3060 oder 3310 nicht berechnungsfähig.* | 65 | *3,66* | *8,41* |
| 3310 | Chirurgische Wundrevision (z.B. Glätten des Knochens, Auskratzen, Naht), je Operationsgebiet (Raum einer zusammenhängenden Schnittführung)<br>*Die Leistung nach der Nummer 3310 ist höchstens zweimal je Kieferhälfte oder Frontzahnbereich berechnungsfähig.*<br>*Neben der Leistung nach der Nummer 3310 sind die Leistungen nach den Nummern 3060 oder 3300 nicht berechnungsfähig.* | 100 | *5,62* | *12,94* |

**E. Leistungen bei Erkrankungen der Mundschleimhaut und des Parodontiums**

**Allgemeine Bestimmungen**

1. Die primäre Wundversorgung (z.B. Reinigen der Wunde, Glätten des Knochens, Umschneidung, Tamponieren, Wundverschluss ohne zusätzliche Lappenbildung, gegebenenfalls Fixieren eines plastischen Wundverbandes) ist Bestandteil der Leistungen nach Abschnitt E und nicht gesondert berechnungsfähig.
2. Knochenersatzmaterialien sowie Materialien zur Förderung der Blutgerinnung oder der Geweberegeneration (z.B. Membranen) sowie zum Verschluss von oberflächlichen Blutungen bei hämor-

[1] Die Spalten 4 und 5 wurden redaktionell erstellt.

rhagischen Diathesen oder, wenn dies zum Schutz wichtiger anatomischer Strukturen (z.B. Nerven) erforderlich ist, sowie atraumatisches Nahtmaterial und Materialien zur Fixierung von Membranen sind gesondert berechnungsfähig.

| Nummer | Leistungstext | Punktzahl | *Gebühr einfach (Euro)*[1] | *Gebühr 2,3 fach (Euro)*[1] |
|---|---|---|---|---|
| 4000 | Erstellen und Dokumentieren eines Parodontalstatus<br>*Die Leistung nach der Nummer 4000 ist innerhalb eines Jahres höchstens zweimal berechnungsfähig.* | 160 | *9,00* | *20,70* |
| 4005 | Erhebung mindestens eines Gingivalindex und/oder eines Parodontalindex (z.B. des Parodontalen Screening-Index PSI)<br>*Die Leistung nach der Nummer 4005 ist innerhalb eines Jahres höchstens zweimal berechnungsfähig.* | 80 | *4,50* | *10,35* |
| 4020 | Lokalbehandlung von Mundschleimhauterkrankungen gegebenenfalls einschließlich Taschenspülungen, je Sitzung | 45 | *2,53* | *5,82* |
| 4025 | Subgingivale medikamentöse antibakterielle Lokalapplikation, je Zahn<br>*Die verwendeten antibakteriellen Materialien sind gesondert berechnungsfähig.* | 15 | *0,84* | *1,94* |
| 4030 | Beseitigung von scharfen Zahnkanten, störenden Prothesenrändern und Fremdreizen am Parodontium, je Kieferhälfte oder Frontzahnbereich | 35 | *1,97* | *4,53* |
| 4040 | Beseitigung grober Vorkontakte der Okklusion und Artikulation durch Einschleifen des natürlichen Gebisses oder bereits vorhandenen Zahnersatzes, je Sitzung | 45 | *2,53* | *5,82* |
| 4050 | Entfernung harter und weicher Zahnbeläge, gegebenenfalls einschließlich Polieren an einem einwurzeligen Zahn oder Implantat, auch Brückenglied | 10 | *0,56* | *1,29* |
| 4055 | Entfernung harter und weicher Zahnbeläge gegebenenfalls einschließlich Polieren an einem mehrwurzeligen Zahn<br>*Die Leistungen nach den Nummern 4050 und 4055 sind für denselben Zahn innerhalb von 30 Tagen nur einmal berechnungsfähig.* | 13 | *0,73* | *1,68* |
| 4060 | Kontrolle nach Entfernung harter und weicher Zahnbeläge oder professioneller Zahnreinigung nach der Nummer 1040 mit Nachreinigung einschließlich Polieren, je Zahn, oder Implantat, auch Brückenglied<br>*Die Leistung nach der Nummer 4060 ist neben den Leistungen nach den Nummern 1040, 4050 und 4055 nicht berechnungsfähig.* | 7 | *0,39* | *0,91* |
| 4070 | Parodontalchirurgische Therapie (insbesondere Entfernung subgingivaler Konkremente und Wurzelglättung) an einem einwurzeligen Zahn oder Implantat, geschlossenes Vorgehen | 100 | *5,62* | *12,94* |
| 4075 | Parodontalchirurgische Therapie (insbesondere Entfernung subgingivaler Konkremente und Wurzelglättung) an einem mehrwurzeligen Zahn, geschlossenes Vorgehen | 130 | *7,31* | *16,82* |
| 4080 | Gingivektomie, Gingivoplastik, je Parodontium | 45 | *2,53* | *5,82* |

[1] Die Spalten 4 und 5 wurden redaktionell erstellt.

| Nummer | Leistungstext | Punktzahl | *Gebühr einfach (Euro)*[1] | *Gebühr 2,3fach (Euro)*[1] |
|---|---|---|---|---|
| 4090 | Lappenoperation, offene Kürettage einschließlich Osteoplastik an einem Frontzahn, je Parodontium | 180 | *10,12* | *23,28* |
| 4100 | Lappenoperation, offene Kürettage einschließlich Osteoplastik an einem Seitenzahn, je Parodontium<br>*Neben den Leistungen nach den Nummern 4090 und 4100 sind Leistungen nach den Nummern 4050 bis 4080 in der gleichen Sitzung nicht berechnungsfähig.* | 275 | *15,47* | *35,57* |
| 4110 | Auffüllen von parodontalen Knochendefekten mit Aufbaumaterial (Knochen- und/oder Knochenersatzmaterial), auch Einbringen von Proteinen, zur regenerativen Behandlung parodontaler Defekte, gegebenenfalls einschließlich Materialentnahme im Aufbaugebiet, je Zahn oder Parodontium oder Implantat<br>*Die Leistung nach der Nummer 4110 ist auch im Rahmen einer chirurgischen Behandlung berechnungsfähig.*<br>*Die Kosten eines einmal verwendbaren Knochenkollektors oder -schabers sind gesondert berechnungsfähig.* | 180 | *10,12* | *23,28* |
| 4120 | Verlegen eines gestielten Schleimhautlappens, je Kieferhälfte oder Frontzahnbereich | 275 | *15,47* | *35,57* |
| 4130 | Gewinnung und Transplantation von Schleimhaut, gegebenenfalls einschließlich Versorgung der Entnahmestelle, je Transplantat | 180 | *10,12* | *23,28* |
| 4133 | Gewinnung und Transplantation von Bindegewebe einschließlich Versorgung der Entnahmestelle, je Zahnzwischenraum | 880 | *49,49* | *113,83* |
| 4136 | Osteoplastik auch Kronenverlängerung, Tunnelierung oder Ähnliches je Zahn oder Parodontium, auch Implantat, als selbstständige Leistung | 200 | *11,25* | *25,87* |
| 4138 | Verwendung einer Membran zur Behandlung eines Knochendefektes einschließlich Fixierung, je Zahn, je Implantat | 220 | *12,37* | *28,46* |
| 4150 | Kontrolle/Nachbehandlung nach parodontalchirurgischen Maßnahmen, je Zahn, Implantat oder Parodontium | 7 | *0,39* | *0,91* |

## F. Prothetische Leistungen

| Nummer | Leistungstext | Punktzahl | *Gebühr einfach (Euro)*[1] | *Gebühr 2,3fach (Euro)*[1] |
|---|---|---|---|---|
| 5000 | Versorgung eines Lückengebisses durch eine Brücke oder Prothese: je Pfeilerzahn oder Implantat als Brücken- oder Prothesenanker mit einer Vollkrone (Tangentialpräparation) | 1016 | *57,14* | *131,43* |
| 5010 | Versorgung eines Lückengebisses durch eine Brücke oder Prothese: je Pfeilerzahn als Brücken- oder Prothesenanker mit einer Vollkrone (Hohlkehl- und Stufenpräparation) oder Einlagefüllung | 1483 | *83,41* | *191,84* |

[1] Die Spalten 4 und 5 wurden redaktionell erstellt.

| Nummer | Leistungstext | Punktzahl | *Gebühr einfach (Euro)*[1] | *Gebühr 2,3fach (Euro)*[1] |
|---|---|---|---|---|
| 5020 | Versorgung eines Lückengebisses durch eine Brücke oder Prothese: je Pfeilerzahn als Brücken- oder Prothesenanker mit einer Teilkrone mit Retentionsrillen oder -kasten oder mit Pinledges einschließlich Rekonstruktion der Kaufläche | 1997 | *112,32* | *258,33* |
| 5030 | Versorgung eines Lückengebisses durch eine Brücke oder Prothese: je Pfeilerzahn oder Implantat als Brücken- oder Prothesenanker mit einer Wurzelkappe mit Stift, gegebenenfalls zur Aufnahme einer Verbindungsvorrichtung oder anderer Verbindungselemente | 1483 | *83,41* | *191,84* |
| 5040 | Versorgung eines Lückengebisses durch eine Brücke oder Prothese: je Pfeilerzahn oder Implantat als Brücken- oder Prothesenanker mit einer Teleskopkrone, auch Konuskrone<br>*Die Leistung nach der Nummer 5040 ist neben der Leistung nach der Nummer 5080 nicht berechnungsfähig.* | 2605 | *146,51* | *336,97* |
| | Durch die Leistungen nach den Nummern 5000 bis 5040 sind folgende zahnärztliche Leistungen abgegolten: Präparieren des Zahnes oder Implantats, Relationsbestimmung, Abformungen, Einproben, provisorisches Eingliedern, festes Einfügen der Krone, der Einlagefüllung, der Teilkrone o.a., Nachkontrolle und Korrekturen<br>Die Leistungen nach den Nummern 5000 und 5030 umfassen auch die Verschraubung und Abdeckung mit Füllungsmaterial.<br>Zu den Leistungen nach den Nummern 5000 bis 5040 gehören Brücken- oder Prothesenanker mit Verbindungselementen jeder Ausführung.<br>*Die Leistungen nach den Nummern 5010 und 5020 sind im Zusammenhang mit Implantaten nicht berechnungsfähig.*<br>*Zu den Kronen nach den Nummern 5000 bis 5040 gehören Kronen (Voll-, Teil- und Teleskopkronen, sowie Wurzelstiftkappen) jeder zahntechnischen Ausführung.* | | | |
| | Teilleistungen nach den Nummern 5000 bis 5040: | | | |
| 5050 | Enden die Leistungen mit der Präparation der Brückenpfeiler oder Prothesenanker mit Verbindungselementen oder der Abdrucknahme beim Implantat, so ist die Hälfte der jeweiligen Gebühr berechnungsfähig. | | | |
| 5060 | Sind darüber hinaus weitere Maßnahmen erfolgt, so sind drei Viertel der jeweiligen Gebühr berechnungsfähig.<br>*Die Leistungen nach den Nummern 5050 oder 5060 sind nur berechnungsfähig, wenn es dem Zahnarzt objektiv auf Dauer unmöglich war, die Behandlung fortzusetzen, oder eine Fortsetzung aus medizinischen Gründen nicht indiziert war.* | | | |
| 5070 | Versorgung eines Lückengebisses durch eine Brücke oder Prothese: Verbindung von Kronen oder Einlagefüllungen durch Brückenglieder, Prothesenspannen oder Stege, je zu überbrückende Spanne oder Freiendsattel | 400 | *22,50* | *51,74* |

[1] Die Spalten 4 und 5 wurden redaktionell erstellt.

| Nummer | Leistungstext | Punktzahl | *Gebühr einfach (Euro)*[1] | *Gebühr 2,3 fach (Euro)*[1] |
|---|---|---|---|---|
| 5080 | Versorgung eines Lückengebisses durch eine zusammengesetzte Brücke oder Prothese, je Verbindungselement<br>*Matrize und Patrize gelten als ein Verbindungselement.*<br>*Die Leistung nach der Nummer 5080 ist neben der Leistung nach der Nummer 5040 nicht berechnungsfähig.* | 230 | *12,94* | *29,75* |
| 5090 | Wiederherstellung der Funktion eines Verbindungselements nach der Nummer 5080 | 110 | *6,19* | *14,23* |
| 5100 | Erneuern des Sekundärteils einer Teleskopkrone einschließlich Abformung | 450 | *25,31* | *58,21* |
| 5110 | Wiedereingliederung einer endgültigen Brücke nach Wiederherstellung der Funktion | 360 | *20,25* | *46,57* |
| 5120 | Provisorische Brücke im direkten Verfahren mit Abformung, je Zahn oder Implantat, einschließlich Entfernung | 240 | *13,50* | *31,05* |
| 5140 | Provisorische Brücke im direkten Verfahren mit Abformung, je Brückenspanne oder Freiendsattel, einschließlich Entfernung<br>*Das Wiedereingliedern derselben provisorischen Brücke, gegebenenfalls auch mehrmals, einschließlich Entfernung ist mit den Gebühren nach den Nummern 5120 bis 5140 abgegolten.* | 80 | *4,50* | *10,35* |
| 5150 | Versorgung eines Lückengebisses mit Hilfe einer durch Adhäsivtechnik befestigten Brücke, für die erste zu überbrückende Spanne | 730 | *41,06* | *94,43* |
| 5160 | Versorgung eines Lückengebisses nach der Nummer 5150, für jede weitere zu überbrückende Spanne | 360 | *20,25* | *46,57* |
| 5170 | Anatomische Abformung des Kiefers mit individuellem Löffel bei ungünstigen Zahnbogen- und Kieferformen und/oder tief ansetzenden Bändern oder spezielle Abformung zur Remontage, je Kiefer | 250 | *14,06* | *32,34* |
| 5180 | Funktionelle Abformung des Oberkiefers mit individuellem Löffel | 450 | *25,31* | *58,21* |
| 5190 | Funktionelle Abformung des Unterkiefers mit individuellem Löffel | 540 | *30,37* | *69,85* |
| 5200 | Versorgung eines teilbezahnten Kiefers durch eine Teilprothese mit einfachen, gebogenen Haftelementen einschließlich Einschleifen der Auflagen | 700 | *39,37* | *90,55* |
| 5210 | Versorgung eines teilbezahnten Kiefers durch eine Modellgussprothese mit gegossenen Halte- und Stützelementen einschließlich Einschleifen der Auflagen | 1400 | *78,74* | *181,10* |
| 5220 | Versorgung eines zahnlosen Kiefers durch eine totale Prothese oder Deckprothese bei Verwendung einer Kunststoff- oder Metallbasis, im Oberkiefer<br>*Eine Deckprothese setzt eine Basisgestaltung wie bei einer totalen Prothese voraus.* | 1850 | *104,05* | *239,31* |
| 5230 | Versorgung eines zahnlosen Kiefers durch eine totale Prothese oder Deckprothese bei Verwendung einer Kunststoff- oder Metallbasis, im Unterkiefer | 2200 | *123,73* | *284,59* |

[1] Die Spalten 4 und 5 wurden redaktionell erstellt.

| Nummer | Leistungstext | Punktzahl | *Gebühr einfach (Euro)*[1] | *Gebühr 2,3 fach (Euro)*[1] |
|---|---|---|---|---|
| | *Eine Deckprothese setzt eine Basisgestaltung wie bei einer totalen Prothese voraus.* *Durch die Leistungen nach den Nummern 5200 bis 5230 sind folgende Leistungen abgegolten:* *Anatomische Abformungen (auch des Gegenkiefers), Bestimmung der Kieferrelation, Einproben, Einpassen bzw. Einfügen, Nachkontrolle und Korrekturen.* | | | |
| 5240 | Teilleistungen nach den Nummern 5200 und 5230: *Für Maßnahmen bis einschließlich Bestimmung der Kieferrelation ist die Hälfte der jeweiligen Gebühr berechnungsfähig; bei weitergehenden Maßnahmen sind drei Viertel der jeweiligen Gebühr berechnungsfähig.* | | | |
| 5250 | Maßnahmen zur Wiederherstellung der Funktion oder zur Erweiterung einer abnehmbaren Prothese (ohne Abformung) | 140 | *7,87* | *18,11* |
| 5260 | Maßnahmen zur Wiederherstellung der Funktion oder zur Erweiterung einer abnehmbaren Prothese (mit Abformung) einschließlich Halte- und Stützvorrichtungen | 270 | *15,19* | *34,93* |
| 5270 | Teilunterfütterung einer Prothese | 180 | *10,12* | *23,28* |
| 5280 | Vollständige Unterfütterung einer Prothese | 270 | *15,19* | *34,93* |
| 5290 | Vollständige Unterfütterung einer Prothese einschließlich funktioneller Randgestaltung, im Oberkiefer | 450 | *25,31* | *58,21* |
| 5300 | Vollständige Unterfütterung einer Prothese einschließlich funktioneller Randgestaltung, im Unterkiefer | 540 | *30,37* | *69,85* |
| 5310 | Vollständige Unterfütterung bei einer Defektprothese einschließlich funktioneller Randgestaltung *Im Zusammenhang mit Leistungen nach den Nummern 5270 bis 5310 dürfen Leistungen nach den Nummern 5250 und 5260 nur berechnet werden, wenn es sich um zeitlich getrennte Verrichtungen handelt.* *Leistungen nach den Nummern 5270 bis 5310 sind nur als Maßnahmen zur Wiederherstellung der Funktion einer abnehmbaren Prothese berechnungsfähig.* | 730 | *41,01* | *94,43* |
| 5320 | Eingliederung eines Obturators zum Verschluss von Defekten des Gaumens | 2200 | *123,73* | *284,59* |
| 5330 | Eingliederung einer Resektionsprothese zum Verschluss und zum Ausgleich von Defekten der Kiefer | 2800 | *157,48* | *362,20* |
| 5340 | Eingliederung einer Prothese oder Epithese zum Verschluss extraoraler Weichteildefekte oder zum Ersatz fehlender Gesichtsteile einschließlich Stütz-, Halte- oder Hilfsvorrichtungen *Maßnahmen zur Weichteilstützung sind mit den Leistungen nach den Nummern 5200 bis 5340 abgegolten.* | 7300 | *410,57* | *944,30* |

**G. Kieferorthopädische Leistungen**

**Allgemeine Bestimmungen**

Die Leistungen nach den Nummern 6100, 6120, 6140 und 6150 beinhalten auch die Material- und Laborkosten für Standardmaterialien wie zum Beispiel unprogrammierte Edelstahlbrackets, unprogrammierte Attachments und Edelstahlbänder.

[1] Die Spalten 4 und 5 wurden redaktionell erstellt.

Werden darüber hinausgehende Materialien verwendet, können die Mehrkosten für diese Materialien gesondert berechnet werden, wenn dies vor der Verwendung mit dem Zahlungspflichtigen nach persönlicher Absprache schriftlich vereinbart worden ist. Diese Vereinbarung hat Angaben über die voraussichtliche Höhe der einzelnen Material- und Laborkosten und die Material- und Laborkosten der in Abzug zu bringenden Standardmaterialien zu enthalten. In der Vereinbarung ist darauf hinzuweisen, dass eine Erstattung durch Erstattungsstellen möglicherweise nicht im vollen Umfang gewährleistet ist.

| **Nummer** | **Leistungstext** | **Punktzahl** | *Gebühr einfach (Euro)*[1] | *Gebühr 2,3fach (Euro)*[1] |
|---|---|---|---|---|
| 6000 | Profil- oder Enfacefotografie einschließlich kieferorthopädischer Auswertung<br>*Eine mehr als viermalige Berechnung der Leistung nach der Nummer 6000 im Verlauf einer kieferorthopädischen Behandlung ist in der Rechnung zu begründen.* | 80 | *4,50* | *10,35* |
| 6010 | Anwendung von Methoden zur Analyse von Kiefermodellen (dreidimensionale, graphische oder metrische Analysen, Diagramme), je Leistung nach der Nummer 0060 | 180 | *10,12* | *23,28* |
| 6020 | Anwendung von Methoden zur Untersuchung des Gesichtsschädels (zeichnerische Auswertung von Röntgenaufnahmen des Schädels, Wachstumsanalysen) | 360 | *20,25* | *46,57* |
| 6030 | Maßnahmen zur Umformung eines Kiefers einschließlich Retention, geringer Umfang | 1350 | *75,93* | *174,63* |
| 6040 | Maßnahmen zur Umformung eines Kiefers einschließlich Retention, mittlerer Umfang | 2100 | *118,11* | *271,65* |
| 6050 | Maßnahmen zur Umformung eines Kiefers einschließlich Retention, hoher Umfang<br>*Bei Maßnahmen von mittlerem Umfang nach der Nummer 6040 müssen mindestens drei, bei Maßnahmen von hohem Umfang mindestens vier der Kriterien nach den Buchstaben a bis e erfüllt sein:*<br>*a) Zahl der bewegten Zahngruppen: zwei und mehr Zahngruppen,*<br>*b) Ausmaß der Zahnbewegung: mehr als 2 Millimeter,*<br>*c) Art der Zahnbewegung: körperlich mehr als 2 Millimeter, kontrollierte Wurzelbewegung, direkte Veränderung der Bisshöhe, Zahndrehung mehr als 30 Grad,*<br>*d) Richtung der Zahnbewegung: entgegen Wanderungstendenz,*<br>*e) Verankerung: mit zusätzlichen intra- oder extraoralen Maßnahmen.* | 3600 | *202,47* | *465,68* |
| 6060 | Maßnahmen zur Einstellung der Kiefer in den Regelbiss während der Wachstumsphase einschließlich Retention, geringer Umfang | 1800 | *101,24* | *232,84* |
| 6070 | Maßnahmen zur Einstellung der Kiefer in den Regelbiss während der Wachstumsphase einschließlich Retention, mittlerer Umfang | 2600 | *146,23* | *336,33* |
| 6080 | Maßnahmen zur Einstellung der Kiefer in den Regelbiss während der Wachstumsphase einschließlich Retention, hoher Umfang<br>*Bei Maßnahmen von mittlerem Umfang muss mindestens ein Kriterium nach den Buchstaben a bis c, bei Maßnahmen von* | 3600 | *202,47* | *465,68* |

[1] Die Spalten 4 und 5 wurden redaktionell erstellt.

| Nummer | Leistungstext | Punktzahl | *Gebühr einfach (Euro)*[1] | *Gebühr 2,3fach (Euro)*[1] |
|---|---|---|---|---|
| | *hohem Umfang müssen mindestens zwei der Kriterien erfüllt sein:* *a) Ausmaß der Bissverschiebung: mehr als 4 Millimeter,* *b) Richtung der durchzuführenden Bissverschiebung, Unterkiefer relativ zum Oberkiefer: dorsal,* *c) Skelettale Bedingungen: ungünstige Wachstumsvoraussetzungen.* *Die Leistungen nach den Nummern 6030 bis 6080 umfassen alle im Behandlungsplan festgelegten Maßnahmen innerhalb eines Zeitraumes von bis zu vier Jahren.* *Die Maßnahmen im Sinne der Nummern 6030 bis 6080 umfassen alle Leistungen zur Kieferumformung und Retention bzw. zur Einstellung des Unterkiefers in den Regelbiss innerhalb eines Zeitraumes von bis zu vier Jahren, unabhängig von den angewandten Behandlungsmethoden oder den verwendeten Therapiegeräten.* *Neben den Leistungen nach den Nummern 6030 bis 6080 sind Leistungen nach den Nummern 6190 bis 6260 nicht berechnungsfähig.* | | | |
| 6090 | Maßnahmen zur Einstellung der Okklusion durch alveolären Ausgleich bei abgeschlossener Wachstumsphase einschließlich Retention, je Kiefer | 700 | *39,37* | *90,55* |
| 6100 | Eingliederung eines Klebebrackets zur Aufnahme orthodontischer Hilfsmittel | 165 | *9,28* | *21,34* |
| 6110 | Entfernung eines Klebebrackets einschließlich Polieren und gegebenenfalls Versiegelung des Zahnes | 70 | *3,94* | *9,05* |
| 6120 | Eingliederung eines Bandes zur Aufnahme orthodontischer Hilfsmittel | 230 | *12,94* | *29,75* |
| 6130 | Entfernung eines Bandes einschließlich Polieren und gegebenenfalls Versiegelung des Zahnes | 20 | *1,12* | *2,59* |
| 6140 | Eingliederung eines Teilbogens | 210 | *11,81* | *27,16* |
| 6150 | Eingliederung eines ungeteilten Bogens, alle Zahngruppen umfassend, je Kiefer | 500 | *28,12* | *64,68* |
| 6160 | Eingliederung einer intra-/extraoralen Verankerung (z. B. Headgear). | 370 | *20,81* | *47,86* |
| 6170 | Eingliederung einer Kopf-Kinn-Kappe. *Die Kosten für die eingegliederten Hilfsmittel nach den Nummern 6160 und 6170 sind gesondert berechnungsfähig.* | 500 | *28,12* | *64,68* |
| 6180 | Maßnahmen zur Wiederherstellung der Funktionsfähigkeit und/oder Erweiterung von herausnehmbaren Behandlungsgeräten einschließlich Abformung und Wiedereinfügen, je Kiefer und je Sitzung einmal berechnungsfähig | 270 | *15,19* | *34,93* |
| 6190 | Beratendes und belehrendes Gespräch mit Anweisungen zur Beseitigung von schädlichen Gewohnheiten und Dysfunktionen *Neben der Leistung nach der Nummer 6190 ist die Leistung nach der Nummer 0010 in derselben Sitzung nicht berechnungsfähig.* | 140 | *7,87* | *18,11* |

[1] Die Spalten 4 und 5 wurden redaktionell erstellt.

| Nummer | Leistungstext | Punktzahl | *Gebühr einfach (Euro)*[1] | *Gebühr 2,3fach (Euro)*[1] |
|---|---|---|---|---|
| 6200 | Eingliedern von Hilfsmitteln zur Beseitigung von Funktionsstörungen (z.B. Mundvorhofplatte) einschließlich Anweisung zum Gebrauch und Kontrollen | 450 | *25,31* | *58,21* |
| 6210 | Kontrolle des Behandlungsverlaufs oder Weiterführung der Retention einschließlich kleiner Änderungen der Behandlungs- oder Retentionsgeräte, Therapiekontrolle der gesteuerten Extraktion, je Sitzung | 90 | *5,06* | *11,64* |
| 6220 | Vorbereitende Maßnahmen zur Herstellung von kieferorthopädischen Behandlungsmitteln (z.B. Abformung, Bissnahme), je Kiefer | 180 | *10,12* | *23,28* |
| 6230 | Eingliederung von kieferorthopädischen Behandlungsmitteln, je Kiefer | 180 | *10,12* | *23,28* |
| 6240 | Maßnahmen zur Verhütung von Folgen vorzeitigen Zahnverlustes (Offenhalten einer Lücke) | 270 | *15,19* | *34,93* |
| 6250 | Beseitigung des Diastemas, als selbstständige Leistung | 450 | *25,31* | *58,21* |
| 6260 | Maßnahmen zur Einordnung eines verlagerten Zahnes in den Zahnbogen, als selbstständige Leistung | 1100 | *61,87* | *142,29* |

## H. Eingliederung von Aufbissbehelfen und Schienen

### Allgemeine Bestimmungen

Endgültige Kronen, Brücken und Prothesen dürfen nicht als Aufbissbehelfe oder Schienen nach Abschnitt H berechnet werden.

| Nummer | Leistungstext | Punktzahl | *Gebühr einfach (Euro)*[1] | *Gebühr 2,3fach (Euro)*[1] |
|---|---|---|---|---|
| 7000 | Eingliederung eines Aufbissbehelfs ohne adjustierte Oberfläche | 270 | *15,19* | *34,93* |
| 7010 | Eingliederung eines Aufbissbehelfs mit adjustierter Oberfläche | 800 | *44,99* | *103,49* |
| 7020 | Umarbeitung einer vorhandenen Prothese zum Aufbissbehelf | 450 | *25,31* | *58,21* |
| 7030 | Wiederherstellung der Funktion eines Aufbissbehelfs, z. B. durch Unterfütterung | 370 | *20,81* | *47,86* |
| 7040 | Kontrolle eines Aufbissbehelfs | 65 | *3,66* | *8,41* |
| 7050 | Kontrolle eines Aufbissbehelfs mit adjustierter Oberfläche: subtraktive Maßnahmen, je Sitzung | 180 | *10,12* | *23,28* |
| 7060 | Kontrolle eines Aufbissbehelfs mit adjustierter Oberfläche: additive Maßnahmen, je Sitzung | 410 | *23,06* | *53,04* |
| 7070 | Semipermanente Schiene unter Anwendung der Ätztechnik, je Interdentalraum | 90 | *5,06* | *11,64* |
| 7080 | Versorgung eines Kiefers mit einem festsitzenden laborgefertigten Provisorium (einschließlich Vorpräparation) im indirekten Verfahren, je Zahn oder je Implantat, einschließlich Entfernung | 600 | *33,75* | *77,61* |
| 7090 | Versorgung eines Kiefers mit einem laborgefertigten Provisorium im indirekten Verfahren, je Brückenglied, einschließlich Entfernung | 270 | *15,19* | *34,93* |

[1] Die Spalten 4 und 5 wurden redaktionell erstellt.

| Nummer | Leistungstext | Punktzahl | *Gebühr einfach (Euro)*[1] | *Gebühr 2,3fach (Euro)*[1] |
|---|---|---|---|---|
| | *Die Berechnung der Leistungen nach den Nummern 7080 und 7090 setzt voraus, dass es sich bei dem festsitzenden laborgefertigten Provisorium um ein Langzeitprovisorium mit einer Tragezeit von mindestens drei Monaten handelt.*<br>*Beträgt die Tragezeit des festsitzenden laborgefertigten Provisoriums unter drei Monaten, sind anstelle der Leistungen nach den Nummern 7080 und 7090 die Leistungen nach den Nummern 2260, 2270 oder 5120 und 5140 berechnungsfähig.*<br>*Im Zusammenhang mit den Leistungen nach den Nummern 7080 oder 7090 sind die Leistungen nach den Nummern 2230, 2240, 5050 oder 5060 nicht berechnungsfähig.* | | | |
| 7100 | Maßnahmen zur Wiederherstellung der Funktion eines Langzeitprovisoriums, je Krone, Spanne oder Freiendbrückenglied<br>*Die Wiedereingliederung desselben festsitzenden laborgefertigten Provisoriums nach den Nummern 7080 oder 7090, gegebenenfalls auch mehrmals, einschließlich Entfernung, ist mit den Gebühren nach den Nummern 7080 bis 7100 abgegolten.* | 200 | *11,25* | *25,87* |

**J. Funktionsanalytische und funktionstherapeutische Leistungen**

| Nummer | Leistungstext | Punktzahl | *Gebühr einfach (Euro)*[1] | *Gebühr 2,3fach (Euro)*[1] |
|---|---|---|---|---|
| 8000 | Klinische Funktionsanalyse einschließlich Dokumentation<br>*Die Leistung nach der Nummer 8000 umfasst auch folgende zahnärztliche Leistungen: prophylaktische, prothetische, parodontologische und okklusale Befunderhebung, funktionsdiagnostische Auswertung von Röntgenaufnahmen des Schädels und der Halswirbelsäule, klinische Reaktionstests (z.B. Resilienztest, Provokationstest).* | 500 | *28,12* | *64,68* |
| 8010 | Registrieren der gelenkbezüglichen Zentrallage des Unterkiefers, auch Stützstiftregistrierung, je Registrat<br>*Die Leistung nach der Nummer 8010 ist je Sitzung höchstens zweimal berechnungsfähig.*<br>*Neben der Leistung nach der Nummer 8010 sind die Material- und Laborkosten für die Bissnahme und die Lieferung und Anbringung des Stützstiftbestecks gesondert berechnungsfähig.* | 180 | *10,12* | *23,28* |
| 8020 | Arbiträre Scharnierachsenbestimmung (eingeschlossen sind die arbiträre Scharnierachsenbestimmung, das Anlegen eines Übertragungsbogens, das Koordinieren eines Übertragungsbogens mit einem Artikulator) | 300 | *16,87* | *38,81* |
| 8030 | Kinematische Scharnierachsenbestimmung (eingeschlossen sind die kinematische Scharnierachsenbestimmung, das definitive Markieren der Referenzpunkte, das Anlegen eines Übertragungsbogens, das Koordinieren eines Übertragungsbogens mit einem Artikulator) | 550 | *30,93* | *71,15* |

[1] Die Spalten 4 und 5 wurden redaktionell erstellt.

| Nummer | Leistungstext | Punktzahl | *Gebühr einfach (Euro)*[1] | *Gebühr 2,3 fach (Euro)*[1] |
|---|---|---|---|---|
| 8035 | Kinematische Scharnierachsenbestimmung mittels elektronischer Aufzeichnung (eingeschlossen sind die kinematische Scharnierachsenbestimmung, das definitive Markieren der Referenzpunkte, gegebenenfalls das Anlegen eines Übertragungsbogens, gegebenenfalls das Koordinieren eines Übertragungsbogens mit einem Artikulator)<br>*Neben den Leistungen nach den Nummern 8020 bis 8035 sind die Material- und Laborkosten für die Artikulation des Ober- und Unterkiefermodells im (halb) individuellen Artikulator gesondert berechnungsfähig.* | 550 | *30,93* | *71,15* |
| 8050 | Registrieren von Unterkieferbewegungen zur Einstellung halbindividueller Artikulatoren und Einstellung nach den gemessenen Werten, je Sitzung | 500 | *28,12* | *64,68* |
| 8060 | Registrieren von Unterkieferbewegungen zur Einstellung voll adjustierbarer Artikulatoren und Einstellung nach den gemessenen Werten, je Sitzung | 750 | *42,18* | *97,02* |
| 8065 | Registrieren von Unterkieferbewegungen mittels elektronischer Aufzeichnung zur Einstellung voll adjustierbarer Artikulatoren und Einstellung nach den gemessenen Werten, je Sitzung<br>*Neben den Leistungen nach den Nummern 8050 bis 8065 sind Material- und Laborkosten für die Einstellung des (halb) individuellen Artikulators nach den gemessenen Werten gesondert berechnungsfähig.* | 850 | *47,81* | *109,95* |
| 8080 | Diagnostische Maßnahmen an Modellen im Artikulator einschließlich subtraktiver oder additiver Korrekturen, Befundauswertung und Behandlungsplanung, je Sitzung | 250 | *14,06* | *32,34* |
| 8090 | Diagnostischer Aufbau von Funktionsflächen am natürlichen Gebiss, am festsitzenden und/oder herausnehmbaren Zahnersatz, je Sitzung | 250 | *14,06* | *32,34* |
| 8100 | Systematische subtraktive Maßnahmen am natürlichen Gebiss, am festsitzenden und/oder herausnehmbaren Zahnersatz, je Zahnpaar | 20 | *1,12* | *2,59* |

## K. Implantologische Leistungen

### Allgemeine Bestimmungen

1. Die primäre Wundversorgung (z.B. Reinigen der Wunde, Wundverschluss ohne zusätzliche Lappenbildung, gegebenenfalls einschließlich Fixieren eines plastischen Wundverbandes) ist Bestandteil der Leistungen nach Abschnitt K und nicht gesondert berechnungsfähig.

2. Die bei den Leistungen nach Abschnitt K verwendeten Implantate, Implantatteile und nur einmal verwendbare Implantatfräsen sind gesondert berechnungsfähig.
   Knochenersatzmaterialien sowie Materialien zur Förderung der Blutgerinnung oder der Geweberegeneration (z.B. Membranen), zur Fixierung von Membranen, zum Verschluss von oberflächlichen Blutungen bei hämorrhagischen Diathesen oder, wenn dies zum Schutz wichtiger anatomischer Strukturen (z.B. Nerven) erforderlich ist, sowie atraumatisches Nahtmaterial oder nur einmal verwendbare Explantationsfräsen, sind gesondert berechnungsfähig.

---

[1] Die Spalten 4 und 5 wurden redaktionell erstellt.

| **Nummer** | **Leistungstext** | **Punktzahl** | *Gebühr einfach (Euro)*[1] | *Gebühr 2,3fach (Euro)*[1] |
|---|---|---|---|---|
| 9000 | Implantatbezogene Analyse und Vermessung des Alveolarfortsatzes, des Kieferkörpers und der angrenzenden knöchernen Strukturen sowie der Schleimhaut, einschließlich metrischer Auswertung von radiologischen Befundunterlagen, Modellen und Fotos zur Feststellung der Implantatposition, gegebenenfalls mit Hilfe einer individuellen Schablone zur Diagnostik, einschließlich Implantatauswahl, je Kiefer.<br>*Bei Verwendung einer Röntgenmessschablone sind die Material- und Laborkosten gesondert berechnungsfähig.* | 884 | *49,72* | *114,35* |
| 9003 | Verwenden einer Orientierungsschablone/Positionierungsschablone zur Implantation, je Kiefer<br>*Bei Verwendung einer Orientierungsschablone sind die Material- und Laborkosten gesondert berechnungsfähig.* | 100 | *5,62* | *12,94* |
| 9005 | Verwenden einer auf dreidimensionale Daten gestützten Navigationsschablone/chirurgischen Führungsschablone zur Implantation, gegebenenfalls einschließlich Fixierung, je Kiefer<br>*Die verwendeten Fixierungselemente sowie die Material- und Laborkosten der Navigationsschablone sind gesondert berechnungsfähig.* | 300 | *16,87* | *38,81* |
| 9010 | Implantatinsertion, je Implantat<br>Präparieren einer Knochenkavität für ein enossales Implantat, Einsetzen einer Implantatschablone zur Überprüfung der Knochenkavität (z.B. Tiefenlehre), gegebenenfalls einschließlich Knochenkondensation, Knochenglättung im Bereich des Implantats, Einbringen eines enossalen Implantats einschließlich Verschlussschraube und gegebenenfalls Einbringen von Aufbauelementen bei offener Einheilung sowie Wundverschluss | 1545 | *88,89* | *199,86* |
| 9020 | Insertion eines Implantats zum temporären Verbleib, auch orthodontisches Implantat | 515 | *28,96* | *66,62* |
| 9040 | Freilegen eines Implantats, und Einfügen eines oder mehrerer Aufbauelemente (z.B. eines Gingivaformers) bei einem zweiphasigen Implantatsystem | 626 | *35,21* | *80,98* |
| 9050 | Entfernen und Wiedereinsetzen sowie Auswechseln eines oder mehrerer Aufbauelemente bei einem zweiphasigen Implantatsystem während der rekonstruktiven Phase<br>*1. Die Leistung nach der Nummer 9050 ist nicht neben den Leistungen nach den Nummern 9010 und 9040 berechnungsfähig.*<br>*2. Die Leistung nach der Nummer 9050 ist je Implantat höchstens dreimal und höchstens einmal je Sitzung berechnungsfähig.* | 313 | *17,60* | *40,49* |
| 9060 | Auswechseln von Aufbauelementen (Sekundärteilen) im Reparaturfall<br>*Die Leistung nach der Nummer 9060 ist für ein Implantat höchstens einmal je Sitzung berechnungsfähig.* | 313 | *17,60* | *40,49* |

[1] Die Spalten 4 und 5 wurden redaktionell erstellt.

| Nummer | Leistungstext | Punktzahl | *Gebühr einfach (Euro)*[1] | *Gebühr 2,3fach (Euro)*[1] |
|---|---|---|---|---|
| 9090 | Knochengewinnung (z.B. Knochenkollektor oder Knochenschaber), Knochenaufbereitung und -implantation, auch zur Weichteilunterfütterung<br>*Die Kosten eines einmal verwendbaren Knochenkollektors oder -schabers sind gesondert berechnungsfähig.* | 400 | *22,50* | *51,74* |
| 9100 | Aufbau des Alveolarfortsatzes durch Augmentation ohne zusätzliche Stabilisierungsmaßnahmen, je Kieferhälfte oder Frontzahnbereich<br>Mit der Leistung nach der Nummer 9100 sind folgende Leistungen abgegolten:<br>Lagerbildung, Glättung des Alveolarfortsatzes, gegebenenfalls Entnahme von Knochen innerhalb des Aufbaugebietes, Einbringung von Aufbaumaterial (Knochen und/oder Knochenersatzmaterial) und Wundverschluss mit vollständiger Schleimhautabdeckung, gegebenenfalls einschließlich Einbringung und Fixierung resorbierbarer oder nicht resorbierbarer Barrieren<br>*1. Die Leistung nach der Nummer 9100 ist für die Glättung des Alveolarfortsatzes im Bereich des Implantatbettes nicht berechnungsfähig.*<br>*2. Neben der Leistung nach der Nummer 9100 sind die Leistungen nach der Nummer 9130 nicht berechnungsfähig.*<br>*3. Wird die Leistung nach der Nummer 9100 in derselben Kieferhälfte neben der Leistung nach der Nummer 9110 erbracht, ist die Hälfte der Gebühr der Nummer 9100 berechnungsfähig.*<br>*4. Wird die Leistung nach der Nummer 9100 in derselben Kieferhälfte neben der Leistung nach der Nummer 9120 erbracht, ist ein Drittel der Gebühr der Nummer 9100 berechnungsfähig.* | 2694 | *151,52* | *348,49* |
| 9110 | Geschlossene Sinusbodenelevation vom Kieferkamm aus (interner Sinuslift)<br>Mit einer Leistung nach der Nummer 9110 sind folgende Leistungen abgegolten:<br>Schaffung des Zugangs durch die Alveole oder das Implantatfach, Anhebung des Kieferhöhlenbodens durch knochenverdrängende oder knochenverdichtende Maßnahmen und der Kieferhöhlenmembran, Entnahme von Knochenspänen innerhalb des Aufbaugebietes des Implantatfaches und Einbringen von Aufbaumaterial (Knochen und/oder Knochenersatzmaterial)<br>*Die Leistung nach der Nummer 9110 ist für dieselbe Implantatkavität nicht neben den Leistungen nach den Nummern 9120 und 9130 berechnungsfähig.* | 1500 | *84,36* | *194,04* |
| 9120 | Sinusbodenelevation durch externe Knochenfensterung (externer Sinuslift), je Kieferhälfte<br>Mit einer Leistung nach der Nummer 9120 sind folgende Leistungen abgegolten:<br>Schaffung des Zugangs zur Kieferhöhle durch Knochenfensterung (auch Knochendeckel), Präparation der Kieferhöhlenmembran, Anhebung des Kieferhöhlenbodens und der Kieferhöhlenmembran, Lagerbildung, ge- | 3000 | *168,73* | *388,07* |

[1] Die Spalten 4 und 5 wurden redaktionell erstellt.

| Nummer | Leistungstext | Punktzahl | *Gebühr einfach (Euro)*[1] | *Gebühr 2,3 fach (Euro)*[1] |
|---|---|---|---|---|
| | gebenenfalls Entnahme von Knochenspänen innerhalb des Aufbaugebietes, Einbringung von Aufbaumaterial (Knochen und/oder Knochenersatzmaterial), gegebenenfalls Einbringung resorbierbarer oder nicht resorbierbarer Barrieren – einschließlich Fixierung –, gegebenenfalls Reposition des Knochendeckels, Verschluss der Kieferhöhle und Wundverschluss | | | |
| 9130 | Spaltung und Spreizung von Knochensegmenten (Bone Splitting), gegebenenfalls mit Auffüllung der Spalträume mittels Knochen oder Knochenersatzmaterial, gegebenenfalls einschließlich zusätzlicher Osteosynthesemaßnahmen, gegebenenfalls einschließlich Einbringung resorbierbarer oder nicht resorbierbarer Barrieren und deren Fixierung je Kieferhälfte oder Frontzahnbereich, oder vertikale Distraktion des Alveolarfortsatzes einschließlich Fixierung, je Kieferhälfte oder Frontzahnbereich<br>*Neben der Leistung nach der Nummer 9130 ist die Leistung nach der Nummer 9100 nicht berechnungsfähig.* | 1540 | *86,61* | *199,21* |
| 9140 | Intraorale Entnahme von Knochen außerhalb des Aufbaugebietes gegebenenfalls einschließlich Aufbereitung des Knochenmaterials und/oder der Aufnahmeregion, einschließlich der notwendigen Versorgung der Entnahmestelle, je Kieferhälfte oder Frontzahnbereich<br>*Bei Entnahme von einem oder mehreren Knochenblöcken ist das Doppelte der Gebühr nach der Nummer 9140 berechnungsfähig. Von einem Knochenblock im Sinne dieser Abrechnungsbestimmung ist auszugehen, wenn dieser bei der Implantation eigenständig fixiert werden muss.* | 650 | *36,56* | *84,08* |
| 9150 | Fixation oder Stabilisierung des Augmentates durch Osteosynthesemaßnahmen (z.B. Schrauben- oder Plattenosteosynthese oder Titannetze), zusätzlich zu der Leistung nach der Nummer 9100, je Kieferhälfte oder Frontzahnbereich | 675 | *37,96* | *87,32* |
| 9160 | Entfernung unter der Schleimhaut liegender Materialien (z.B. Barrieren – einschließlich Fixierung –, Osteosynthesematerial), je Kieferhälfte oder Frontzahnbereich | 330 | *18,56* | *42,69* |
| 9170 | Entfernung im Knochen liegender Materialien durch Osteotomie (z.B. Osteosynthesematerial, Knochenschrauben) oder Entfernung eines subperiostalen Gerüstimplantats, je Kieferhälfte oder Frontzahnbereich<br>*Die Entfernung eines Implantats ist mit der Gebühr für die Leistungen nach den Nummern 3000 und 3030 abgegolten.* | 500 | *28,12* | *64,68* |

### L. Zuschläge zu bestimmten zahnärztlich-chirurgischen Leistungen

**Allgemeine Bestimmungen**

1. Bei nichtstationärer Durchführung bestimmter zahnärztlich-chirurgischer Leistungen in der Praxis niedergelassener Zahnärzte oder in Krankenhäusern können zur Abgeltung der Kosten für die Aufbereitung wiederverwendbarer Operationsmaterialien bzw. -geräte und/oder von Materialien, die mit der einmaligen Verwendung verbraucht sind, Zuschläge berechnet werden.

---

[1] Die Spalten 4 und 5 wurden redaktionell erstellt.

2. Die Zuschläge nach den Nummern 0500 bis 0530 sind nur mit dem einfachen Gebührensatz berechnungsfähig.
3. Die Zuschläge nach den Nummern 0500 bis 0530 sind zahnärztlich-chirurgische Leistungen
   - nach den Nummern 3020, 3030, 3040, 3045, 3090, 3100, 3110, 3120, 3130, 3140, 3160, 3190, 3200, 3230, 3240, 3250, 3260, 3270, 3280 in Abschnitt D,
   - nach den Nummern 4090, 4100, 4130 und 4133 in Abschnitt E sowie
   - nach den Nummern 9010, 9020, 9090, 9100, 9110, 9120, 9130, 9140, 9150, 9160 und 9170 in Abschnitt K

   zuzuordnen.
4. Die Zuschläge sind in der Rechnung unmittelbar im Anschluss an die zugeordnete zahnärztlich-chirurgische Leistung aufzuführen.
5. Maßgeblich für den Ansatz eines Zuschlags nach den Nummern 0500 bis 0530 ist die erbrachte zahnärztlich-chirurgische Leistung mit der höchsten Punktzahl. Eine Zuordnung des Zuschlags nach den Nummern 0500 bis 0530 zu der Summe der jeweils ambulant erbrachten einzelnen zahnärztlich-chirurgischen Leistungen ist nicht möglich.
6. Die Zuschläge nach den Nummern 0500 bis 0530 sind nicht berechnungsfähig, wenn der Patient an demselben Tag wegen derselben Erkrankung in stationäre Krankenhausbehandlung aufgenommen wird; das gilt nicht, wenn die stationäre Behandlung wegen unvorhersehbarer Komplikationen während oder nach der nichtstationären Operation notwendig und entsprechend begründet wird.
7. Die Zuschläge nach den Nummern 0110, 0120 sowie 0500 bis 0530 sind neben den entsprechenden Zuschlägen nach den Nummern 440 bis 445 des Gebührenverzeichnisses für ärztliche Leistungen für dieselbe Sitzung nicht berechnungsfähig.

| **Nummer** | **Leistungstext** | **Punktzahl** | *Gebühr einfach (Euro)*[1] | *Gebühr 2,3 fach (Euro)*[1] |
|---|---|---|---|---|
| 0500 | Zuschlag bei nichtstationärer Durchführung von zahnärztlich-chirurgischen Leistungen, die mit Punktzahlen von 250 bis 499 Punkten bewertet sind, oder zu den Leistungen nach den Nummern 4090 oder 4130<br>*Der Zuschlag nach der Nummer 0500 ist je Behandlungstag nur einmal berechnungsfähig. Der Zuschlag nach der Nummer 0500 ist neben den Zuschlägen nach den Nummern 0510 bis 0530 nicht berechnungsfähig.* | 400 | *22,50* | – |
| 0510 | Zuschlag bei nichtstationärer Durchführung von zahnärztlich-chirurgischen Leistungen, die mit Punktzahlen von 500 bis 799 Punkten bewertet sind<br>*Der Zuschlag nach der Nummer 0510 ist je Behandlungstag nur einmal berechnungsfähig. Der Zuschlag nach der Nummer 0510 ist neben den Zuschlägen nach den Nummern 0500, 0520 und/oder 0530 nicht berechnungsfähig.* | 750 | *42,18* | – |
| 0520 | Zuschlag bei nichtstationärer Durchführung von zahnärztlich-chirurgischen Leistungen, die mit Punktzahlen von 800 bis 1199 Punkten bewertet sind<br>*Der Zuschlag nach der Nummer 0520 ist je Behandlungstag nur einmal berechnungsfähig. Der Zuschlag nach der Nummer 0520 ist neben den Zuschlägen nach den Nummern 0500, 0510 und/oder 0530 nicht berechnungsfähig.* | 1300 | *73,11* | – |
| 0530 | Zuschlag bei nichtstationärer Durchführung von zahnärztlich-chirurgischen Leistungen, die mit Punktzahlen von 1200 und mehr Punkten bewertet sind<br>*Der Zuschlag nach der Nummer 0530 ist je Behandlungstag nur einmal berechnungsfähig. Der Zuschlag nach der Nummer 0530 ist neben den Zuschlägen nach den Nummern 0500 bis 0520 nicht berechnungsfähig.* | 2200 | *123,73* | – |

[1] Die Spalten 4 und 5 wurden redaktionell erstellt.

**Anlage 2**[1)]

**Anhang**

**Name und Adresse der Zahnärztin/ des Zahnarztes, ggf. Verrechnungsstelle** **ggf. LOGO**

ggf. Titel, Vorname, Nachname, Straßenname, Hausnummer, PLZ, Ort ggf. Angaben bei Verrechnungsstelle

ggf. Beförderungsvermerke

Anrede, Adressat
ggf. Titel, Vorname, Nachname
Straßenname, Hausnummer
PLZ, Ort

Telefon: Vorwahl Rufnummer
ggf. Fax: Vorwahl Rufnummer
ggf. E-Mail: empfänger@dienst.de
ggf. Internet: www.internetadresse.de

**RECHNUNG**

Rechnungsnummer: XXXXXX
Abschlagsnummer: X (falls erforderlich)

Rechnungsdatum: tt.mm.jjjj
ggf. Steuernummer: xx/xxx/xxxxx

Behandelte Person: ggf. Titel, Vorname, Nachname
ggf. Geburtsdatum: tt.mm.jjjj

ggf. FREITEXT (z. B. Einleitungstext, Hinweise, Angaben zur Diagnose, Angaben des Zahnarztes bei Verrechnungsstelle, etc.)

| Datum | Region | Nr. | Leistungsbeschreibung/Auslagen | Bgr. | Faktor | Anz. | EUR |
|---|---|---|---|---|---|---|---|
| tt.mm.jj | xx<br>ggf. - xx | xxxx | GOZ-Leistungsbeschreibung ... | 1) | x,xx | x | xxxxx,xx |

Konto: Name der Bank BLZ: xxx xxx xx Kto.-Nr.: xxxxxxxxxx IBAN: xxxx xxxx xxxx xxxx xxxx xx

1) Beachte hierzu § 10 Abs. 1 Satz 1 in der ab 1. 7. 2012 geltenden Fassung, geänd. durch Bek. v. 2. 7. 2012 (BAnz. AT 2. 7. 2012 B 3).

**Name und Adresse der Zahnärztin/ des Zahnarztes, ggf. Verrechnungsstelle** ggf. **LOGO**

---

| Datum | Region | Nr. | Leistungsbeschreibung/Auslagen | Bgr. | Faktor | Anz. | EUR |
|---|---|---|---|---|---|---|---|
| tt.mm.jj | xx | Äxxxx | GOÄ-Leistungsbeschreibung … | | x,xx | x | xxxxx,xx |
| tt.mm.jj | xx | xxxxa | Beschreibung der analogen Leistung … | | x,xx | x | xxxxx,xx |
| tt.mm.jj | xx | xxxx | ggf. Beschreibung der Verlangensleistung …<br>(anfügen: auf Wunsch)<br>ggf. Angaben zur MwSt. | | x,xx | x | xxxxx,xx |
| | | | Zwischensumme Honorar: | | | | xxxxx,xx |
| tt.mm.jj | | xxxxx | Material-Beschreibung …<br>mit Mengenangabe etc. | | | x | xxxxx,xx |

ggf. Kosten für Auslagen nach den §§ 3 und 4 GOZ und § 10 GOÄ: xxxxx,xx
ggf. Auslagen nach § 9 GOZ gemäß Praxislaborbeleg: xxxxx,xx
ggf. Auslagen nach § 9 GOZ gemäß Fremdlaborrechnung: xxxxx,xx
ggf. Entschädigungen nach § 8 GOZ für Wegegeld/Reiseentschädigung: xxxxx,xx
ggf. abzgl. Minderungsbetrag für stationäre Behandlung: xxxxx,xx
ggf. abzgl. Vorleistung anderer Kostenträger: xxxxx,xx

**Rechnungsbetrag: xxxxx,xx**

ggf. abzgl. Vorauszahlung: xxxxx,xx

**ggf. offener Betrag: xxxxx,xx**

ggf. Hinweise zu Zahlungsmodalitäten (z. B. Angaben zur Bankverbindung, zum Zahlungsziel)

**Bgr. Weitere Ausführungen, soweit in Spalte Begründungen (Bgr.) Kennzeichen gesetzt wurde**

1) Begründungstext/Erläuterungen/Details …

***Platzhalter für optionalen Aufdruck eines zwei- oder dreidimensionalen Barcode***

---

Konto: Name der Bank BLZ: xxx xxx xx Kto.-Nr.: xxxxxxxxxx IBAN: xxxx xxxx xxxx xxxx xxxx xx

# Sachverzeichnis

Mager gedruckte Zahlen bezeichnen die Nummern der Anlage zur GOÄ, eine vorangestellte **1** bezeichnet die Paragraphen der GOÄ; eine vorangestellte **2** bezeichnet Paragraphen bzw. Nummern der Anlage zur GOZ.

# Sachverzeichnis

## Sachverzeichnis

# Sachverzeichnis

Bürgerliches Gesetzbuch

Allgemeines GleichbehandlungsG
ProdukthaftungsG
WohnungseigentumsG
ErbbauRG

94. Auflage
2024

Beck-Texte im dtv

**BGB · Bürgerliches Gesetzbuch**
Textausgabe
94. Aufl. 2024. 935 S.
€ 8,90. dtv 5001
**Neu im August 2024**

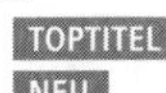


NEU

# Die wichtigsten Gesetze für jeden Bürger.

Die Textausgabe umfasst die wichtigsten Gesetze für die Rechtsbeziehungen zwischen Privatpersonen:

- Bürgerliches Gesetzbuch (BGB)
- Einführungsgesetz zum Bürgerlichen Gesetzbuch
- Allgemeines Gleichbehandlungsgesetz (AGG)
- Unterlassungsklagengesetz (UKlaG)
- Wohnungseigentumsgesetz (WEG)
- Beurkundungsgesetz
- Erbbaurechtsgesetz (ErbbauRG)
- ROM I bis III

Die Neuauflage bringt u.a. die Änderungen durch das Gesetz zum Schutz Minderjähriger bei Auslandsehen.

## Einstieg

**RVG · Rechtsanwaltsvergütungs-gesetz**
Textausgabe TOPTITEL
16. Aufl. 2024. 301 S.
€ 15,90. dtv 5762

Rechtsanwaltsvergütungsgesetz, Gerichtskostengesetz, Justizvergütungs- und -entschädigungsgesetz.

Loos
**Recht: verstanden!**
So funktioniert unser Rechtssystem.
Juristische Grundlagen einfach erklärt.
Beck im dtv
3. Auflage 2022. 212 S.
€ 19,90. dtv 51278
Auch als **ebook** erhältlich.

Warum gibt es Recht? Wer macht die Gesetze? Warum bekommt der, der Recht hat, nicht immer Recht? Mit vielen Beispielen.

Haft
**Aus der Waagschale der Justitia**
Eine Reise durch 4000 Jahre Rechtsgeschichte.
Beck im dtv
4. Aufl. 2009. 335 S.
€ 18,90. dtv 5690

EuR
Europa-Recht
Europäische Union
(EUV/AEUV)
Charta der Grundrechte
Gerichtsbarkeit
Europarat-Satzung
EMRK
Begleitgesetze
29. Auflage
2024
Beck-Texte im dtv

## Europa

**EuR · Europa-Recht**
Textausgabe TOPTITEL
29. Auflage 2024. 766 S.
€ 15,90. dtv 5014

Vertrag über die Europäische Union, Vertrag über die Arbeitsweise der Europäischen Union, Charta der Grundrechte der Europäischen Union, Rechtsstellung des Unionsbürgers, Integrationsverantwortungsgesetz, Ausführungsgesetze zu Art. 23 GG, Europawahl-Gesetz, Verfahrensordnungen, Satzung des Europarates, Menschenrechtskonvention.

**Europäisches Beihilfenrecht**
Textausgabe
2017. 382 S.
€ 15,90. dtv 5784

## Weltweit

### Völkerrechtliche Verträge

Vereinte Nationen, Zwischenstaatliche Beziehungen, Menschenrechte, See-, Luft- und WeltraumR, UmweltR, Streitbeilegung, KriegsverhütungsR, KriegsR, Internationale Strafgerichtsbarkeit.

Textausgabe **TOPTITEL**

16. Aufl. 2022. 902 S.

€ 21,90. dtv 5031

Die umfassend aktualisierte 16. Auflage mit Einführung von Prof. Dr. Oliver Dörr enthält jetzt auch das Übereinkommen über die Rechte behinderter Menschen.

### WTO · Welthandelsorganisation

Textausgabe

6. Aufl. 2020. 448 S.

€ 25,90. dtv 5752

Mit WTO-Übereinkommen, GATT 1947/1994, Landwirtschaftsübereinkommen, Übereinkommen über Handelserleichterungen (TFA), Übereinkommen über gesundheitspolizeiliche Maßnahmen (SPS), Übereinkommen über technische Handelshemmnisse (TBT), Subventionsübereinkommen, Antidumping-Übereinkommen, Dienstleistungsabkommen (GATS), Übereinkommen über geistiges Eigentum (TRIPS), Streitbeilegungsvereinbarung (DSU), Übereinkommen über das öffentliche Beschaffungswesen (GPA).

### Menschenrechte – Ihr internationaler Schutz

Menschenrechtspakte, EU-Grundrechtecharta, Flüchtlinge, Folter/Todesstrafe, Antidiskriminierung, Biomedizin/Genomforschung, Internationaler Strafgerichtshof, Verfahrensordnungen u.a.

Textausgabe

8. Aufl. 2024. Rund 800 S. **NEU**

Ca. € 32,90. dtv 5531

**Neu im September 2024**

Rehabilitation und Teilhabe von Menschen mit Behinderungen

BehindertengleichstG
BundesversorgungsG
Werkstättenverordnung
Gemeinsame Empfehlungen
GdS-Tabelle

12. Auflage
2023

Beck-Texte im dtv

BtR

Betreuungsrecht

BetreuungsorganisationsG
Vormünder- und BetreuervergütungsG
und Auszüge aus
Bürgerliches Gesetzbuch
RPflG, FamFG, GNotKG

19. Auflage
2024

Beck-Texte im dtv

## Behinderung

**SGB IX · Rehabilitation und Teilhabe von Menschen mit Behinderungen**
Textausgabe TOPTITEL
12. Aufl. 2023. 1008 S.
€ 20,90. dtv 5755

Mit Behindertengleichstellungsgesetz, Schwerbehinderten-Ausgleichsabgabeverordnung, Werkstättenverordnung, Versorgungsmedizinverordnung, ICF-Praxisleitfaden, Kinderreha- und Chroniker-Richtlinie, Bundesversorgungsgesetz und weiteren wichtigen Vorschriften.

## Betreuung und Alter

**BtR · Betreuungsrecht**
Mit Bürgerlichem Gesetzbuch (Auszug), mit Einführungsgesetz zum BGB (Auszug), Gerichtsverfassungsgesetz (Auszug), Rechtspflegergesetz (Auszug), FamFG (Auszug), Betreuungsbehördengesetz, Gerichts- und Notarkostengesetz (Auszug), Vormünder- und Betreuervergütungsgesetz.
Textausgabe

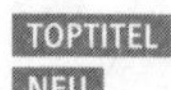


19. Aufl. 2024. 230 S.
€ 10,90. dtv 5570

Haack/Böttger

**Patientenrechte und Behandlungsfehler**

Recht bekommen und durchsetzen.

Rechtsberater im großen Format

2. Aufl. 2022. 198 S.

€ 24,90. dtv 51271

Auch als **ebook** erhältlich.

Dieser Ratgeber klärt die Rechte bei Behandlungsfehlern von Ärzten oder Kliniken. Er gibt Orientierung für die Situation der Betroffenen nach einem Behandlungsfehler durch Medizinpersonal oder Klinik:

- Liegt ein Behandlungsfehler vor?
- Mögliche Vorgehensweisen
- Klärung finanzieller Hürden bei juristischer Überprüfung

Putz/Steldinger/Unger

**Patientenrechte am Ende des Lebens**

Vorsorgevollmacht · Patientenverfügung · Selbstbestimmtes Sterben.

Rechtsberater TOPTITEL

7. Aufl. 2021. 379 S.

€ 19,90. dtv 51242

Auch als **ebook** erhältlich.

Der Ratgeber konzentriert sich auf den Aspekt der Vorsorge, auf **Patientenverfügung und Vorsorgevollmacht**.

Lindemann-Hinz/Wabbel

**Elternunterhalt**

Das müssen Kinder für ihre Eltern zahlen.

Rechtsberater TOPTITEL

4. Aufl. 2020. XIV, 163 S.

€ 15,90. dtv 51246

Auch als **ebook** erhältlich.

Erfahren Sie hier, wie viel Unterhalt Sie für Ihre Eltern zahlen müssen, wenn diese sich nicht mehr selbst unterhalten können. Von der Erteilung der Auskunft über das eigene Einkommen und Vermögen über die Freibeträge und die eigene Altersvorsorge bis zum Zugriff auf Immobilienvermögen behandelt der Band alle relevanten Themen.

**Zahlreiche Tipps** lassen den Betroffenen nicht im Regen stehen. Viele Beispiele mit **Musterberechnungen** machen die Ausführungen anschaulich.

## Freizeit und Gesundheit

**LMR · Lebensmittelrecht**
EG-Lebensmittel-BasisVO, Lebensmittel- und Futtermittelgesetzbuch, EU-Verbraucherinformation, Los-Kennzeichnungs-VO, Health-Claim-VO.
Textausgabe TOPTITEL
10. Aufl. 2024. 280 S.
€ 17,90. dtv 5766

**GOÄ · Gebührenordnungen für Ärzte und Zahnärzte**
Mit Gebührenverzeichnissen für ärztliche und zahnärztliche Leistungen.
Textausgabe
14. Aufl. 2024. 403 S. NEU
€ 14,90. dtv 5551
**Neu im September 2024**

## Natur und Umwelt

**UmwR · Umweltrecht**
Wichtige Gesetze und Verordnungen zum Schutz von Umwelt und Klima.
Textausgabe TOPTITEL
34. Aufl. 2024. 1840 S.
€ 21,90. dtv 5533

**NatSchR · Naturschutzrecht**
BundesnaturschutzG, FFH-RL, VogelschutzRL, EG-ArtenschutzVO, BundesartenschutzVO, BundesjagdG, UmweltschadensG, NaturschutzG der Länder.
Textausgabe TOPTITEL
15. Aufl. 2024. Rund 700 S. NEU
Ca. € 18,90. dtv 5528
**Neu im November 2024**

**TierSchR · Tierschutzrecht**
Tierhaltung, Tiertransport, Schlachttiere, Versuchstiere.
Textausgabe
3. Aufl. 2014. 412 S.
€ 14,90. dtv 5576

Diekmann
**China Knigge**
Business und Interkulturelle Kommunikation.
Wirtschaftsberater
2. Aufl. 2015. 200 S.
€ 16,90. dtv 50944
Auch als **ebook** erhältlich.

Ein Überblick über die Bandbreite chinesischer Verhaltenstraditionen im Alltags- und Geschäftsleben.

Knieß
**Kreativitätstechniken**
Methoden und Übungen.
Beck im dtv
2006. 268 S.
€ 9,50. dtv 50906

## Arbeitsrecht

**ArbG · Arbeitsgesetze**
Textausgabe TOPTITEL
105. Aufl. 2024. 1142 S. NEU
€ 13,90. dtv 5006
**Neu im August 2024**

Mit den wichtigsten Bestimmungen zum Arbeitsverhältnis, Kündigungsrecht, Arbeitsschutzrecht, Berufsbildungsrecht, Tarifrecht, Betriebsverfassungsrecht, Mitbestimmungsrecht und Verfahrensrecht.

**Mitbestimmungsgesetze in den Unternehmen mit allen Wahlordnungen**
Textausgabe
8. Aufl. 2017. 532 S.
€ 16,90. dtv 5524

**EU-Arbeitsrecht**
Textausgabe TOPTITEL
9. Aufl. 2023. 834 S.
€ 19,90. dtv 5751

Mit den wichtigsten Verträgen, Verordnungen und Richtlinien der EU zu Freizügigkeit, Arbeitsvertrag, Arbeitsschutz, Betriebsverfassung, Verfahrensrecht.

Jährlich neu im Februar/März

Schaub/Koch
**Arbeitsrecht von A–Z**
Verständlich, übersichtlich, klar.
Beck im dtv TOPTITEL
28. Aufl. 2024. 925 S.
€ 23,90. dtv 51284

Mit diesem Lexikon erfahren Sie leicht verständlich, was Sie vom Arbeitsrecht wissen sollten. Die Stichworte geben mehr als eine erste Orientierung. Dargestellt ist **das gesamte Arbeitsrecht** von der Begründung bis zur Beendigung des Arbeitsverhältnisses. Zusätzlich werden viele Randgebiete behandelt, wie zum Beispiel Arbeitsvermittlung, Arbeitslosenversicherung, Ausbildungsförderung, Lohnpfändung und Lohnsteuerrecht. Einen weiteren Schwerpunkt bildet das Recht besonderer Gruppen von Arbeitnehmern, etwa von Jugendlichen, schwerbehinderten Menschen und Heimarbeitern.

Für die Neuauflage haben die Autoren neue Stichworte ergänzt und die bestehenden hinsichtlich Rechtsprechung und Gesetzgebung komplett überarbeitet. Alle bisher umgesetzten arbeitsrechtlichen Änderungen aus dem Koalitionsvertrag sind berücksichtigt.

Beamt R
Beamtenrecht
BundesbeamtenG
BeamtenstatusG
BundesdisziplinarG
BundesbesoldungsG
BeamtenversorgungsG
BundeslaufbahnVO
BundesbeihilfeVO
37. Auflage
2024
Beck-Texte im dtv

Hromadka/Maschmann
**Arbeitsrecht für Vorgesetzte**
Rechte und Pflichten bei der Mitarbeiterführung.
Rechtsberater TOPTITEL
6. Aufl. 2019. 486 S.
€ 24,90. dtv 51239
Auch als **ebook** erhältlich.

Notter/Ruf/Schönleben
**Arbeitsrecht in Frage und Antwort**
Bewerbung, Vertrag, Entgeltfortzahlung, Urlaub, Krankheit, Kündigungsschutz, Abfindung, Zeugnis.
Rechtsberater
4. Aufl. 2017. 444 S.
€ 19,90. dtv 51205
Auch als **ebook** erhältlich.

Fragen und Antworten rund um das Arbeitsverhältnis.

Schulz/Jarvers/Gerauer
**Alles über Arbeitszeugnisse**
Form und Inhalt · Zeugnissprache.
Mit Beispielen und Zeugnismustern.
Rechtsberater
9. Aufl. 2015. 191 S.
€ 12,90. dtv 50767
Auch als **ebook** erhältlich.

**BeamtR · Beamtenrecht**
BundesbeamtenG, BeamtenstatusG, BundesbesoldungsG, BeamtenversorgungsG, BundesdisziplinarG, BundesbeihilfeVO und weitere Vorschriften des Bundesbeamtenrechts.
Textausgabe TOPTITEL
37. Aufl. 2024. 663 S.
€ 15,90. dtv 5529

**TVöD/TV-L · Tarifrecht öffentlicher Dienst.**
Mit einer Einführung von Gabriele Cerff und Andreas Winter.
Textausgabe TOPTITEL
10. Aufl. 2024. 1800 S.
€ 23,90. dtv 5790

TVAöD – Allgemeiner Teil und Besonderer Teil – BBiG und Pflege, TV EntgO Bund, EntgO (VKA), TVöD – Allgemeiner Teil, DigiTV, TV-Ärzte (VKA), TVÜ-Ärzte, TVÜ-Bund, TVÜ-VKA sowie TV-L, TVA-L BBiG, Gesundheit und Pflege, TV-Ärzte (Länder), TV-Hessen, TV-L EntgO, TV EntgO-L, TVÜ-Länder u.a.

## Sozialversicherung, sonstige Versicherungen und Altersvorsorge

### SGB · Sozialgesetzbuch

Textausgabe TOPTITEL

53. Aufl. 2024. 2572 S.
€ 20,90. dtv 5024

Sämtliche Bücher des Sozialgesetzbuches (I bis XII und XIV) sowie Sozialgerichtsgesetz.

### SGB V · Recht des öffentlichen Gesundheitswesens

Textausgabe TOPTITEL

23. Aufl. 2024. 1525 S. NEU
€ 29,90. dtv 5559

**Neu im September 2024**

Mit zahlreichen Gesetzen und Verordnungen aus dem Rechtsgebiet des öffentlichen Gesundheitswesens. Enthalten sind u. a. Vorschriften zur vertragsärztlichen Versorgung (BÄO, MBO-Ä, PsychThG und Ärzte-ZV), zum Krankenhausrecht (KHG, KHEntgG), zur Heilmittelversorgung (MPhG, PodG, ErgThG, DiätAssG), zur Hilfsmittelversorgung (HwO, MPDG) und zur Arzneimittelversorgung (AMG, AMPreisV und ApoG).

### VersR · Privatversicherungsrecht

Textausgabe TOPTITEL

31. Aufl. 2025. Rund 700 S. NEU
Ca. € 17,90. dtv 5579

**Neu im Dezember 2024**

Der Band enthält die wichtigsten Vorschriften zum Privatversicherungsrecht – u.a. VersicherungsaufsichtsG, FinanzdienstleistungsaufsichtsG, Rom I-VO (Auszug), VersicherungsvertragsG, VVG-InformationspflichtenVO, PflichtversicherungsG, Wettbewerbsrichtlinien & die Ombudsmann-Verfahrensordnungen.

### SGB IX · Rehabilitation und Teilhabe von Menschen mit Behinderungen

Textausgabe TOPTITEL

12. Aufl. 2023. 1008 S.
€ 20,90. dtv 5755

Mit Behindertengleichstellungsgesetz, Schwerbehinderten-Ausgleichsabgabeverordnung, Werkstättenverordnung, Versorgungsmedizinverordnung, ICF-Praxisleitfaden, Kinderhilfebehandlung- und Chroniker-Richtlinie, Bundesversorgungsgesetz und weiteren wichtigen Vorschriften.

**GG · Grundgesetz**
Textausgabe TOPTITEL
54. Aufl. 2024. 437 S. NEU
€ 9,90. dtv 5003
**Neu im September 2024**

Mit Menschenrechtskonvention, Verfahrensordnung Europäischer Gerichtshof für Menschenrechte, BundesverfassungsgerichtsG, ParteienG, UntersuchungsausschussG, Gesetz über den Petitionsausschuss, Vertrag über die Europäische Union, Vertrag über die Arbeitsweise der Europäischen Union, Charta der Grundrechte der Europäischen Union.

**VwGO · Verwaltungsgerichtsordnung – Verwaltungsverfahrensgesetz**
Textausgabe TOPTITEL
49. Aufl. 2024. 423 S. NEU
€ 13,90. dtv 5526
**Neu im September 2024**

Mit Bundesgebührengesetz, Verwaltungszustellungsgesetz, Verwaltungs-Vollstreckungsgesetz, Deutsches Richtergesetz, Justizvergütungs- und -entschädigungsgesetz, E-Government-Gesetz, Mediationsgesetz, Umwelt-Rechtsbehelfsgesetz, Umweltverträglichkeitsprüfungsgesetz, Gerichtsverfassungsgesetz (Auszug), Zivilprozessordnung (Auszug), Streitwertkatalog.

**ÖffR · Basistexte Öffentliches Recht**
Textausgabe TOPTITEL
35. Aufl. 2024. 929 S. NEU
€ 19,90. dtv 5756
**Neu im September 2024**

Mit allen wichtigen Verwaltungsgesetzen einschließlich der EU-Verträge und der EMRK auf aktuellem Stand.

**WaffR · Waffenrecht**
Textausgabe TOPTITEL
20. Aufl. 2023. 486 S.
€ 16,90. dtv 5032